全国高等教育自学考试指定教材
农学专业(独立本科段)

作物栽培生理

Zuowu Zaipei Shengli

(附:作物栽培生理自学考试大纲)

全国高等教育自学考试指导委员会　组编

主　编　任昌福

图书在版编目（CIP）数据

作物栽培生理／任昌福主编；全国高等教育自学考试指导委员会组编．--北京：高等教育出版社，2013.8（2023.2 重印）

ISBN 978-7-04-038410-9

Ⅰ.①作…　Ⅱ.①任…　②全…　Ⅲ.①作物-植物生理学-高等教育-自学考试-教材　Ⅳ.①S311

中国版本图书馆 CIP 数据核字（2013）第 192403 号

策划编辑　雷旭波　　责任编辑　雷旭波　　责任印制　田　甜

出　　版	高等教育出版社	咨询电话	400-810-0598
社　　址	北京市西城区德外大街 4 号	网　　址	http://www.hep.edu.cn
邮政编码	100120		http://www.hep.com.cn
印　　刷	北京市鑫霸印务有限公司		
开　　本	880mm×1230mm　1/32	版　　次	2013 年 8 月第 1 版
印　　张	14.25	印　　次	2023 年 2 月第 3 次印刷
字　　数	410 千字	定　　价	18.00 元

本书如有质量问题，请与教材供应部门联系。

物 料 号　38410-00

组编前言

当您开始阅读本书时，人类已经迈入了二十一世纪。

这是一个变幻难测的世纪，这是一个催人奋进的时代。科学技术飞速发展，知识更替日新月异。希望、困惑、机遇、挑战，随时随地都有可能出现在每一个社会成员的生活之中。抓住机遇，寻求发展，迎接挑战，适应变化的制胜法宝就是学习——依靠自己学习、终生学习。

作为我国高等教育组成部分的自学考试，其职责就是在高等教育这个水平上倡导自学、鼓励自学、帮助自学、推动自学，为每一个自学者铺就成才之路，组织编写供读者学习的教材就是履行这个职责的重要环节。毫无疑问，这种教材应当适合自学，应当有利于学习者掌握、了解新知识、新信息，有利于学习者增强创新意识、培养实践能力，形成自学能力，也有利于学习者学以致用、解决实际工作中所遇到的问题。具有如此特点的书，我们虽然沿用了“教材”这个概念，但它与那种仅供教师讲、学生听，教师不讲，学生不懂，以“教”为中心的教科书相比，已经在内容安排、形式体例、行文风格等方面都大不相同了。希望读者对此有所了解，以便从一开始就树立起依靠自己学习的坚定信念，不断探索适合自己的学习方法，充分利用自己已有的知识基础和实际工作经验，最大限度地发挥自己的潜能达到学习的目标。

欢迎读者提出意见和建议。

祝每一位读者自学成功。

全国高等教育自学考试指导委员会

1999 年 10 月

目　录

第一章　作物种子萌发与出苗生理

农作物的种子在农业实践上是最基本的生产资料。农业上的种子是从生产观点出发,具有比较广泛的涵义,凡在农业生产上可被利用作为播种材料的都包括在内。一般农业生产上常用的播种材料大体可归纳为三大类。第一类为真正的种子,整个籽粒由胚珠发育而来,这一类就是植物学上所说的种子,在作物中常见的主要有豆类、油菜、芝麻、棉花、黄麻、亚麻、蓖麻、烟草、番茄、苋菜、辣椒等。第二类为类似种子的果实,其内部含有一颗或几颗种子,而外部则由子房壁或花蕾的其他部分发育而来,在植物学上称为果实,在农业生产上通常直接作为播种材料,其中又分为颖果(如稻、麦、玉米等)、瘦果(如荞麦、大麻、向日葵、苎麻等)、其他(如黄花苜蓿的荚果、甜茶的小坚果、胡萝卜的离果等)。第三类为营养器官,主要包括根茎类作物的无性繁殖器官,如甘薯和山药(薯蓣)的块根、马铃薯和菊芋的块茎、蒜的鳞茎、芋和慈姑的球茎、甘蔗的地上茎以及苎麻的地下茎等。

种子的萌发(或其他繁殖器官芽的萌发)代表作物个体生长发育过程的起点,代谢上由静止向活跃生长的转变过程,是种子(或其他繁殖器官)形成后中断生长的恢复。种子萌发是一复杂的生理过程,其中涉及到胚的重新水合和活化作用,同时释放出激发酶活性的生长调节物质,这些生长物质,关系到细胞分化和生长的新 RNA(核糖核酸)和新 DNA(脱氧核糖核酸)的合成。本章重点阐述作物种子贮藏与后熟生理;作物种子的萌发与出苗生理。

第一节　作物种子的贮藏与后熟生理

作物种子收获以后,进入一个新的阶段,在贮藏前后,对其生理特点和对环境条件的要求,与收获前在植株发育、成熟时大不相同,而这段时间的状况，对以后的萌发、成苗、作物产量及品质均具有一定的影响。

一、收后种子的生物学特点

作物种子在成熟后期及收获以后经历强烈的脱水过程，当种子达到干燥时，才认定种子已经发育完成。种子在脱水干燥过程中，产生许多重要的生理效应，同时在细胞结构上也发生了明显的变化。

（一）种皮较疏松、孔隙增多

成熟的种子种皮经脱水、干燥以后，其物理性质发生变化。大多数作物种子的种皮变得比较疏松，种皮上的孔隙增多，对气体的通透性大大增强，有利于氧气的透入及其内部抑制物质的消失或转化。

对于某些作物种子如棉花、豆类种子，种皮的强烈脱水会导致种皮“硬化”，使种皮产生不透性。豆科的某些种子，如紫云英、三叶草等，种子“脐门”能控制种子水分，当环境相对湿度低时开放“脐门”使种子内水分逸出，而在相对湿度高时紧闭“脐门”，不让水汽或水分进入种子。

作物种子种皮上发生的上述变化，与种子的休眠、发芽及种子贮藏的稳定性和寿命均有密切的关系。

（二）酶类钝化

种子中含有各种酶，干燥脱水后，其种子内部首先发生酶类的钝化。钝化的原因有如下几方面：

1. 底物减少，酶与底物隔离　所有的酶都需有底物，还需辅酶和辅基（如各种金属离子）才能发生作用。因此酶的作用决定于底物以及辅酶和辅基的可得性。普通植物细胞中含有水分 70% ~80%，细胞内充满水分，缺乏氧气，不易氧化，底物可运往酶所在部位而发生作用。一旦种子脱水干燥，发生孔隙，将底物与酶隔开，无法相遇，则酶不能发生作用。酶的作用还受辅基影响，辅基可使酶活化并与底物结合，水分缺乏时，辅基也无法输送至酶及底物所在部位。

2. 酸度增加　各种酶的作用均有最适的 pH。pH 的变化会降低酶的活性，当种子干燥时，干燥细胞中因水分降低，而氢离子浓度增高，pH 值下降使酶活性降低，甚至完全丧失。

3. 离子浓度增加　在正常的细胞中，有各种适宜的离子浓度。种子干燥随失水而发生细胞内离子浓度的增加，会影响信使核糖核酸（mRNA）的翻译作用。

离子浓度还与许多酶的活性有关，因为辅基包括 Mg^{++}、K^{+}、Mn^{++} 和 Na^{+} 等多种离子。这些离子的浓度适当，对于保持酶的活性可能是重要的条件。

（三）RNA 水解酶类增加

随着种子逐渐干燥，RNA 水解酶增加，则多核糖体水解成单核糖体，使 mRNA 失去活性。

（四）长寿命 mRNA 和酶原形成

1. 长寿命 mRNA　种子在脱水干燥期间，mRNA 有着不同的去向和结局。成熟后期大量 mRNA 破坏消失，但在干燥种子中仍有一部分保留在细胞内。有人根据棉籽子叶观察结果，指出 mRNA 有若干类型。一类称为残余 mRNA，它在种子发育期间产生，到了成熟后期也不会被破坏，这类 mRNA 对萌发并不重要，可能在种子吸胀时就很早降解消失。凡与贮藏蛋白质的翻译作用有关，而在干燥时不致破坏的 mRNA 都属于这一类型。另一类称为贮存 mRNA，它在发育种子中形成后，并未参与蛋白质的合成，而是贮存在种子内，在种子萌发时，就起翻译作用。这类 mRNA 也称为长寿命 mRNA，在干燥种子中，含有很多这类 mRNA。

2. 酶原　酶原是无活性状态的酶的前身，没有催化活性。酶很容易被水解酶所水解，但与蛋白质形成复合体后，就达到保护本身的作用。随着种子的脱水干燥，细胞中的酶转化成酶原的种类很多，有酸性磷酸酶、植酸酶、核糖核酸酶、β-淀粉酶和蛋白酶等，他们在种子萌发时通过水解而恢复活性。在干燥的小麦、大豆、油菜、蚕豆、豌豆、水稻和黑麦种子中，也发现过酶原的存在。

（五）解偶联呼吸

种子含水量在正常情况下，进行偶联呼吸，呼吸过程中释放 ATP；但在干燥状态下，线粒体细胞膜不完整，氧化磷酸化解偶联，呼吸作用不产生 ATP。种子中原有的 ATP，在种子脱水干燥的情况下也会发生变化，因为 ATP 是很敏感的生化物质，它在干燥种子中很容易变为 ADP 再变为 AMP、腺苷、腺嘌呤。ATP 的水解使种子中一切生长现象和需能合成过程均告停止。

二、种子的后熟生理

种子的后熟作用具有不同的涵义,从种子休眠的角度来说,是种子本身还未完全通过生理成熟阶段,虽然给予适当的发芽条件而仍不能发芽,它们需要在一定的条件下经历一段时间贮藏,使种子进行各种发芽的准备工作,当完成了这些变化以后,种子才能获得发芽能力。从广义方面来说,种子的后熟是指种子在收获以后发生的各种变化,这些变化与种子品质其中包括发芽率的提高有关,与食用及工艺品质有关,亦影响到贮藏条件和贮藏的稳定性,因此有必要对其现象及生理生化过程有所了解。此处所指的后熟是广义的后熟作用。

(一)种子后熟中的生理生化特点

作物种子几乎都是耐干藏的种子,它们与需要湿藏的种子的变化差异很大,当它们脱离母株以后,仍然延续成熟过程中发生的生理生化变化,但干物质的累积已经停止,只有贮藏物质的消耗而没有增加(尽管由于种子含水量低而使这种消耗降至很低的水平),种子内发生的主要是质变过程——继续进行一定程度的合成作用,使种子化学成分的比例、结构及存在状态有某些方面的改变,并使种子的生理特性及品质亦随之发生变化。主要的表现有以下几方面:

(1)低分子的可溶性物质继续合成高分子的贮藏物质。由于种子没有完成后熟作用,其生理成熟阶段尚未结束,其内部贮藏物质还需要进行生化转变过程,因此种子在后熟过程中可溶性糖、氨基酸和脂肪酸的含量降低,高分子的淀粉、蛋白质和脂肪的含量略有增高。

(2)种子含水量降低,自由水显著减少,种子硬度提高。

(3)种子酸度或酸价降低,油质种子中的脂类物质进一步转化为中性脂肪。

(4)种子内酶的活性降低,如各种贮藏物质的合成酶、脱氢酶、ATP 酶等。由于各种酶的活性降低或失活,使种子通过后熟以后,进入一个生理代谢特点显然不同的阶段,呼吸强度显著降低。

(5)种子的发芽率增高。原来不休眠的作物种子,在正常条件下进行后熟作用,其发芽率一般很少变化。通过后熟的种子由于发芽率提高,发芽整齐一致,播种品质得到改善。大麦的发芽状况影响到啤酒酿造,只有经过后熟的大麦种子才能用于酿造工业。小麦种子通过后熟后面筋含量略为增高,且由于面筋蛋白质中硫氢基的氧化而使面筋品质明显改善,面团保持气体的能力增强,因而使面包烤制品质量提高。

由于后熟前后种子生理特性的不同,对环境条件的反应和抗性亦有一定程度的差异。对于休眠种子来说,在通过后熟以后随着发芽率提高而抗性下降,高温贮藏、高温干燥或是化学药剂熏蒸都会对种子的生活力产生显著不利的影响。

种子后熟作用进行的速率主要取决于干燥和贮藏条件——温度和湿度。适宜的条件有利于酶的催化作用,因此收获后适当加温促进种子干燥,贮藏期间保持良好的通风,能促使后熟作用加速进行。

在农业生产上往往由于某些原因需要提早收获,在这种情况下如果立即脱粒,则将对种子的产量和品质发生严重的影响。但如留在植株上一段时间,使植株内的营养物质继续向种子输送,则可大大减少这种损失和显著提高种子品质——种子干重、种子发芽率和活力,这一措施称之为留株后熟。留株后熟期间种子的生理生化变化和成熟期间的变化相同,但其强度有所减弱。

(二)种子后熟中的"出汗"现象

新收获的种子在贮藏过程中释放出较多水分,水分子以气体状态从细胞组织中经毛细管(种子内部的间隙处联成许多大大小小的毛细管,遍布于种子的各部分)逸出,使种子堆的间隙处水汽压明显增高,当达到饱和状态时,这些水汽就凝结成很小的液滴,粘附在种子的表面,这就是种子的"出汗"现象。如果种子收获以后未经充分干燥,贮藏中通风条件又较差,则这种"出汗"现象就难以防止,结果会在很大程度上影响贮藏的稳定性。种子的出汗现象是由下列生理原因造成的:

(1)刚收获的种子呼吸作用(尤其是胚部的呼吸作用)比较旺盛,以后随着贮藏组织细胞(胚乳细胞)的进一步死亡和酶活性的降低,呼吸作用下降。当呼吸作用较旺盛时,产生较多的二氧化碳和水分，水分子在通风不良的条件下积聚在种子堆中而日益增高其在仓内空气中的含量。

（2）种子收获以后的后熟过程中，仍继续进行成熟期间发生的物质转化作用，低分子的可溶性物质缩水结合为高分子的不溶性贮藏物。脱出的水分提高了种子的含水量，继而以水汽状态逸出种子而积聚于仓内，终至达到饱和点。不同的贮藏物质均有这种缩水结合过程。例如很多葡萄糖分子结合成淀粉时，可放出很多水分子。同样，氨基酸亦可缩合，形成多缩氨基酸和蛋白质，同时放出水分。

种子发生“出汗”现象，促使种子表面凝结的水分在通风不良的条件下又逐渐吸入种子内部，增高了种子的含水量，其结果是加强了种子的呼吸作用，这就造成了不良的恶性循环，引起种子回潮发热，并造成微生物繁殖活动的有利条件，最终可能发生霉变腐烂，完全丧失种用或食用价值。因此对种子“出汗”的问题应予以充分重视，采取有效措施加以预防和及时进行通风、曝晒、摊放等处理予以抢救。

种子表面凝结水分这一现象可以由两种原因造成，一是“出汗”，这是种子本身的生理原因所导致，即水分是种子生理活动的产物；二是“结露”，这是环境条件直接造成的。具体地说，“结露”是由于种子堆周围大气中的温湿度与种子温度和水分存在一定的差距，由于温湿度的变化，空气的保湿量降低，促使大气中的水汽凝结于种子表面。二者原因不同，但现象和结果却十分相似，其防治措施亦相一致。

（三）种子后熟中贮藏物质的变化

1. 酶活性的变化　种子在后熟过程中，酶活性，尤其是淀粉糖化酶，过氧化氢酶及酪氨酸酶的活性减弱。据北京农业大学及中央粮食科学设计院试验证明，农大 183 号小麦在后熟期间，其呼吸强度，过氧化氢酶及脱氢酶的活性都有不同程度的下降。并且呼吸强度，过氧化氢酶与脱氢酶的活性三者都有一定的相关性，即在 8 月上旬三者都降低，8 月中旬又略有提高，收获后经 50 ~ 55 天的贮存，过氧化氢酶与脱氢酶的活性都达到高峰，之后又开始下降。高峰出现的时间正是小麦完成生理后熟的时间。

2. 主要化合物的变化　种子在后熟期中所发生的生物化学变化，主要是以原有的可溶性物质继续合成高分子化合物，不过这种转化作用比种子在生长成熟时期较缓慢。根据许多研究表明，种子在后熟期中，多糖、脂肪和蛋白质的合成过程结束，但因酶活性的变化，脂肪含量增大，脂肪酸值变小，酒精提出物的酸度降低，通过利用非蛋白肽氮而合成蛋白质，完成蛋白质的密集，蛋白质的品质变好。但是，Dobczynska（1966）对小麦的研究指出，即使在良好的贮藏条件下，小麦种子中赖氨酸含量会降低，若贮藏条件不良，赖氨酸降低更为严重。据北京农大研究，小麦后熟期水溶性氮和醇溶性氮的含量趋向降低，而面筋含量增加（后熟前湿面筋为 30.76%，后熟后为 36.48%），还原糖一直在减少，淀粉的含量在呼吸强度下降阶段中增加，脂肪酸值随呼吸强度减弱或增强而下降或上升。

3. 维生素的变化　充分成熟的农作物种子中一般维生素 C 的含量很低，但在马铃薯块茎中含量很高，成为人类维生素 C 的一个重要来源。未熟块茎中维生素 C 的丧失在贮藏初期的数周内非常迅速，但成熟块茎则比较缓慢。Zilva（1939）将不同成熟度的马铃薯贮藏在 10℃条件下，经 8 ~ 10 个月，维生素 C 从开始时的 31 ~ 45mg/g 降至 8 ~ 9mg/g 左右。贮藏温度对其丧失的速率也有影响，贮藏在 5℃条件下的马铃薯比 15℃或 1℃的维生素 C 损失较少，含量降低是由于发生了不可逆的氧化：

抗坏血酸⟷脱氢抗坏血酸 → 2,3- 双氧古罗酸 → 进一步代谢

关于维生素 B_1 和维生素 PP 在后熟期间的变化情况，马铃薯贮藏在 5℃和 10℃条件下 7 个月，这两种维生素并未降低或变化不大。

维生素 A 在作物中并不存在，但在作物体和种子中含有维生素 A 原，食用后可在动物体内转化为维生素 A。作物中的维生素 A 原主要是 β-胡萝卜素，在黄玉米及小麦种子中和黄色的甘薯块根中含量较高。

从胡萝卜素的结构来看，属于高度不饱和的物质，理应容易发生变化，但事实上它们在活体的细胞中是非常稳定的，因为它们与磷酸结合在一起。根据对甘薯块根及其他富于维生素 A 原的多种农产品进行研究，确证在贮藏最初几个月内几乎没有丧失胡萝卜素。另外的试验结果指出，贮藏温度对胡萝卜素的含量无明显影响，在 2 ~ 24℃范围内，几乎对胡萝卜素的含量没有影响。

第二节 种子的萌发与出苗

一、种子萌发、出苗过程

（一）种子萌发过程

种子萌发实质上是幼胚从休眠状态恢复到活跃状态的生命活动过程，即从吸水开始，经酶的活化、水解作用和贮藏物质的代谢，胚的萌动，合成代谢和新细胞结构形成，以及根、芽突破种皮等一系列形态和生理生化变化的连续渐进过程。根据萌发特征将这一过程分为吸胀、萌动和发芽三个阶段。

1. 吸胀 种子发芽过程的第一个变化是吸胀。种子在成熟过程，由于含水量下降（贮藏的种子含水量一般多为 10% ~14%），而种子发芽时细胞分裂和生长所需的物质和能量，均需通过酶的水解。因此，种子的发芽过程，首先是吸水和蛋白质、酶以及细胞器的重新水合，然后才能在各自酶系的作用下，将种子中的蛋白质、淀粉和脂肪等贮藏物质逐渐分解和转移，为胚根和胚芽的生长提供建造新细胞的材料和维持生命活动的能量。吸胀期间所吸收的水量，一般不超过干种子重量的 2 ~3 倍。吸胀过程完成后，由于细胞膨胀使细胞体积增大，种子的体积也比开始水合时约增大 30% ~40%。

在种子吸水过程中，一些因素影响水分从土壤中进入种子，其中最重要的是种子和土壤水分的关系。水势（Ψ_W）是水分能量状况的表现。水分的净扩散导致能量梯度由高到低的变化，由于种子细胞的水势受渗透势（Ψ_s），衬质势（Ψ_m）和压力势（Ψ_p）所影响，可用下式表示：

$$\Psi_w = \Psi_s + \Psi_m + \Psi_p$$

Ψ_s和 Ψ_m由于水势低于纯水而产生负势，而 Ψ_p为正势。完全膨胀的细胞，水势接近于零。土壤的水势也为其 Ψ_s、Ψ_m和 Ψ_p的总和。除盐碱土的 Ψ_s很大外，一般 Ψ_m起主要调节作用。因此，种子和土壤之间的水势差，是土壤水分可利用程度和进入种子中速率的决定因素。吸水开始时，由于种子干种皮、细胞壁和种子中贮藏物质的亲水性很强，其 Ψ_m 很低，湿土和种子之间的水势差很大。随着种子含水量逐渐增加和衬质的水化，种子的水势也增大，种子周围的水分因被种子所吸收而逐渐减少，由土壤进入种子的水分也随时间进程而变少。种子进一步吸水和土壤水分的有效性，取决于土壤水的导电率。

在正常条件下，种子吸水过程可以分为三个阶段。

阶段 1：迅速吸水过程。由于成熟的干种子衬质势很高，水势可以达到 $-1\ 000\times10^5$ Pa，远低于种子周围湿润的基质，因此在这一吸水过程中，不论种子是否处于休眠或有无生命力，由于衬质势的力量，都可以迅速吸水。正由于有生命和无生命种子这一吸水过程并不存在差异（图 1-1），所以一般认为这一过程的吸水是纯物理过程。

由于种子外围细胞和胚根部组织吸水很快，有生命的种子在开始吸水后数分钟，代谢作用就已开始。因此，种子不同部位的吸水过程可以是不同步的。大粒种子靠近表面的整个胚或胚轴，可以在大量贮藏物质完全吸胀之前出现伸长活动。马齿型玉米种子吸水后整个子粒的含水量达到 75% 时，胚部含水量高达 261%，其他部分只有 50%。

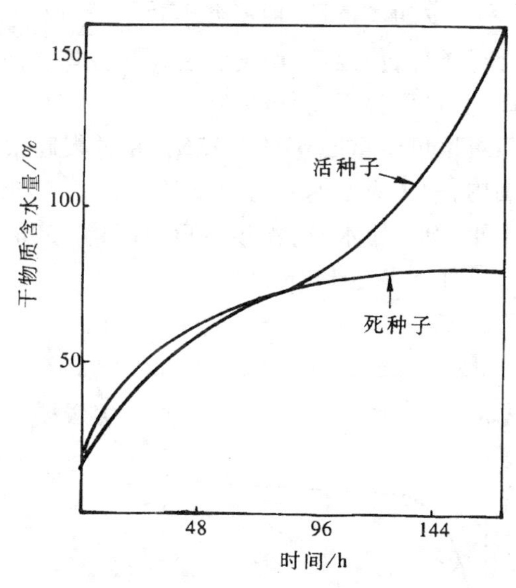

图 1-1　活种子和死种子的水分吸收

（Owens，1952）

阶段 2：水分吸收的滞后过程。随着种子含水量增加，衬质势不再起明显作用，水分吸收迟滞，此时种子的水势主要由 Ψ_s 和 Ψ_p 组成，大多数作物种子这一吸水过程的 Ψ_w 值不超过（$-10\sim-15$）$\times10^5$ Pa。水分吸收滞后过程在于为胚根生长做准备，故也具代谢活性。休眠种子的吸水可继续到这一阶段,但只有能发芽的种子才能进入胚根伸长阶段。由于这一阶段吸收缓慢和酶的激活、物质转变和运转等生物学变化,故也可视为缓慢吸水的生物化学过程。

阶段3:胚根伸长阶段。胚根伸长后水分吸收继续增加,与胚根伸长的细胞变化有关,胚部器官的生长是本阶段的基本特征。故这一过程也可称为新器官生长的生物学过程,至此,整个发芽过程结束,以后水分的吸收受 Ψ_s 下降的影响,主要是由于发芽后贮藏物质水解,导致产生低分子量渗透物质的结果。图1-2是种子发芽过程各个阶段的吸水特点。

吸水过程各个阶段的长短,取决于种子的遗传性,如水合底物的水平,种皮的渗透性,种子大小和 O_2 的吸收以及水合作用过程的主要外界条件,如温度、湿度和底物成分等。油菜种子油分和蛋白质含量高,负衬质势很高,极易吸水,在15~30℃条件下,8~24h,种子吸水量可达风干重的65%~75%,并进入胚根伸长阶段,在15~40℃范围内,种子吸水速度与温度的升高呈正相关。籼稻种子要吸收占风干重30%的水分,温度30℃时只需30h左右,20℃约60h,而在15℃条件下多达140h以上。

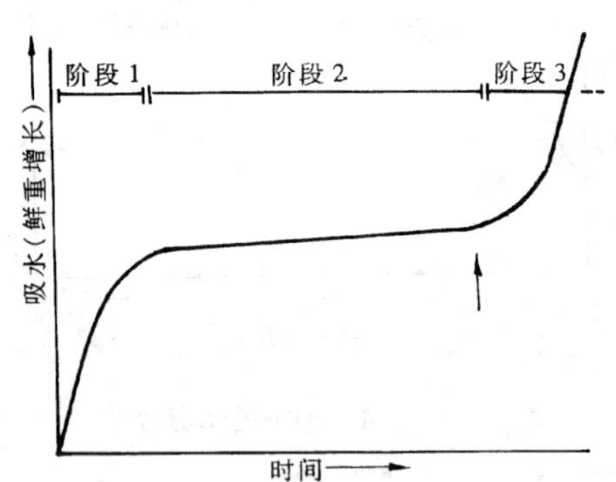

图1-2 种子在正常条件下发芽过程的吸水特点
(Bewley & Black,1985)

种子吸水过程中,有一些糖、有机酸、离子、氨基酸和蛋白质渗出体外,导致土壤中细胞和真菌的生长,影响正常发芽和出苗。曾经认为溶质外渗与膜的结构有关,含水量低于20%的磷脂被认为是六边构型,膜在这种状态下不是薄层而且是多孔,溶质经孔渗出,一直到双层薄片结构形成,正常的生理调控系统才得以起作用。但进一步的研究指出,植物磷脂被不同程度水合后(含水量5%~40%),经X射线衍射分析表明,所有水平的水合作用均存在于薄片构型中。微结构研究进一步指出，干种子的核、束传膜、线粒体和前质体均具正常形态。虽然这些细胞器的内膜畸形，质膜也可能不完整，但在开始吸水的20min内，所有的膜均显示其正常形态。渗出也与温度有关，一些作物低温反应敏感，刚过冰点以上的温度条件下，比20℃渗出更多的溶质，但另一些作物渗出量则随温度升高而增多，并常在30℃和32℃之间出现明显过渡。

死种子的吸水特点和活种子的吸水情况不同，前者不仅没有第二阶段的吸水过程，而且通常还存在水肿再现。死种子的蛋白质变性，原生质的透性提高，胶体的亲水性和组织的保水能力降低，而使死种子的水分平衡大大改变。当死种子吸水后，水分很快充满细胞间隙以及胚与胚乳的空间，种子呈现典型的水肿状态。进一步的吸水导致细胞壁破裂，使溶液以极小的液滴分泌到种子表面，以后这些液滴可以合并起来成为较大的水珠。

死种子吸水时，由于产生水肿，体积的增加比活种子快些，以致死种子和活种子体积的差异非常显著。例如活的亚麻种子在12h内膨胀的厚度只提高15%～16%，而死种子则为122%～123%。因此，有些作物种子可以把吸胀时体积增大的程度作为快速测定种子生活力的依据。

2. 萌动　种子吸胀后，胚部细胞开始分裂、伸长，胚的体积增大，胚根胚芽向外生长达一定程度就会突破种皮，这种现象就称为萌动，俗称“露白”。

萌动是种子萌发的第二阶段，此期种子吸水很少，但内部生理生化却开始变得异常旺盛，首先是酶活性迅速提高，呼吸作用增强，营养物质的代谢强烈，大量贮藏物质被水解成小分子可溶性物质，被胚吸收后作为构成新细胞的原材料。种子开始吸水阶段，各种酶系统就已激活，细胞的生理活性也逐渐增强。参与代谢的酶可能在种子成熟期间就已形成，也可能是在种子发芽过程中重新合成。原来形成的酶有两种，一是经水合作用便迅速活化的酶，活性因种子干燥而被逆转，丙糖磷酸异构酶、细胞色素还原酶和腺苷酸循环酶属之；另一是通过激素或其他酶系的作用而获得活性的酶，这类酶被激活所需的时间多数只有几分钟到几个小时。新合成的酶也有两类，一是由原有的 mRNA 利用原有的氨基酸合成的酶，活性在 2～4h 内产生；一是由 mRNA 合成的酶，用于合成这类酶的氨基酸由贮藏蛋白质降解而成，最早出现于水合作用开始后的 2～12h。

激素在很多方面对种子发芽进行调节，但机理尚待进一步深入探索。一般认为随种子水合作用而后发生的是赤霉素（GA）的出现。GA 起明显活化剂的作用，主要影响膜的透性、ATP 的合成和与细胞分裂素类（CTK）和脱落酸（ABA）之间的相互作用。由于 GA 促进酶活性的作用取决于 RNA 和蛋白质的合成，并在酶的不断合成和扩散中出现，因而认为 GA 可能不单纯起触发器的作用。研究证明，种子发芽过程中，已鉴定出 40 多种不同的 GA 异构体。最初合成的 GA 位于盾片，但发芽第三天，胚轴处也出现 GA。GA 对种子发芽的效应，已在大麦中得到广泛研究并表明，GA 提高由糊粉细胞合成 α-淀粉酶的 mRNA，α-淀粉酶起水解淀粉为麦芽糖的作用，GA 在诱导糊粉细胞合成和分泌 α-淀粉酶以前，先诱导了粗糙内质网（RER）的增殖。糊粉细胞中核糖核酸酶和蛋白酶的合成也为 GA 所促进，已经证明，要连续合成 RNA（包括合成 RNA 的初级阶段在内）和 α-淀粉酶必须有 GA，因此，在种子发芽过程中，GA 也起调节核酸代谢的作

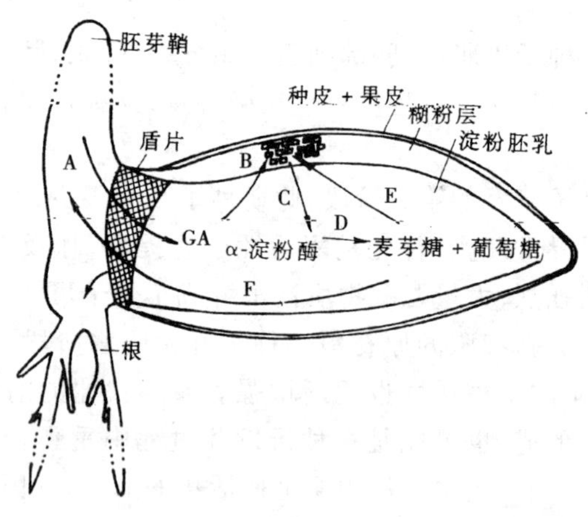

图 1-3　发芽大麦种子中 α-淀粉酶产生的调控

（Jones & Armstrong，1971）

用。此外,GA 还加强 β-1,3-葡聚糖酶的释出。β-1,3-葡聚糖酶起消化糊粉层细胞壁的作用,增强胚乳向胚部的养分供应(图 1-3)。图 1-3 表明,由芽鞘和盾片(A)产生的 GA 转移到糊粉层(B),并在该处合成水解酶,然后释出(C),作用于胚乳中的贮藏物质(D),所产生的溶质,一方面能进一步抑制新的水解酶的合成(E),另一方面为生长的胚提供养料(F)。

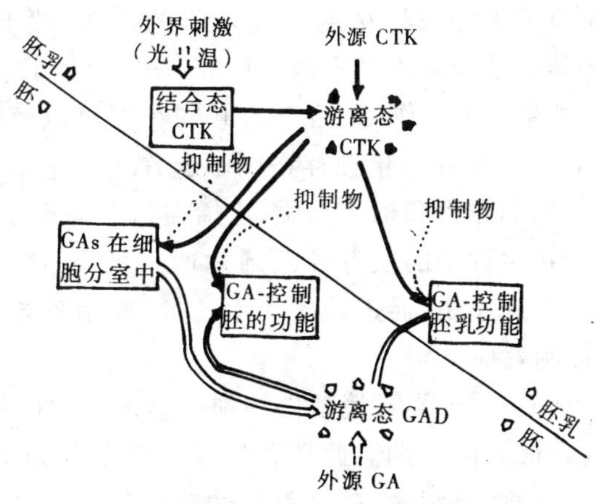

图 1-4　CTK 与抑制物相互作用通过膜透性对 GA 的调控

(Thomas,1977)

细胞分裂素(CTK)位于种子的非胚区,影响膜的透性和克服抑制物质(如 ABA)的影响,对 tRNA 或 mRNA 起作用,也和与膜结合的色素(如光敏色素)相互作用,调节种子的发芽过程。CTK 与 ABA 之间存在明显的对抗作用,富含 ABA 等抑制物质的种子,可以通过外源 CTK 而促进发芽,这一作用在大麦 α-淀粉酶合成的试验中得到证实。CTK 与抑制物质相互作用在于通过改变膜的透性以调控 GA 的释放。Khan(1971)称 CTK 在种子休眠与发芽中的这种调节作用为解抑作用,GA 对发芽所起的促进作用为原初作用,ABA 对发芽的抑制为阻抑作用。图 1-4 是 CTK 与抑制物质相互作用通过胚乳种子膜透性调控 GA 释放的过程。

ABA 在种子萌发过程中的出现,阻碍 DNA 的合成和通过 mRNA

为一些关键酶(如异柠檬酸酶和磷酸甘油脂转移酶)进行翻译。ABA 的抑制作用,可以随时间推移或提高 GA 和 CTK 水平而得到克服。野生稻贮藏 90 天后,ABA 下降 50% 时发芽率一般不超过 15%;但用外源 GA 和 CTK 处理后,可以使贮藏 30 ~ 60 天的休眠种子发芽。研究还表明,胚轴中 ABA 的作用要比种子覆盖层更为有效,ABA 由胚轴向种皮重新分配(不改变总的含量),可以促使种子发芽。激素在调节种子休眠与发芽中,除激素的种类和作用水平外,也取决于激素之间的结合作用和平衡。例如 ABA 对休眠起主导作用,GA 和 CTK 对发芽起主导作用,后者的共同存在可以解除前者的抑制作用,但 GA 和 CTK 任一单独存在则不起作用。近期的一些研究表明,对一些作物如花生和棉花来说,乙烯在休眠解除和发芽过程中也起调节作用,花生种子的发芽和乙烯的产生可为 ABA 所抑制,而 CTK 对 ABA 的解抑作用,促进种子产生乙烯,应用乙烯处理也可以解除 ABA 的抑制效应。

种子萌动期间,对外界环境条件特别敏感,是植物一生中对不良环境条件抵抗力最弱的时期。此期若遇到异常条件如不良的温、湿度,缺氧等,或各种理化刺激,都会引起幼苗生长发育的失常或活力的降低,严重时会导致死亡。因此要特别注意给予萌动中的种子提供良好的环境条件。但从育种角度讲,萌动期间是创造变异型的良好时机,较低强度的刺激诱导便会引起较大变异,可从中选择优良的变异类型。

3. 发芽　种子萌动后,随着胚部细胞分裂、分化的明显加快,胚根、胚芽迅速生长,当胚根、胚芽伸长达到一定长度时就称为发芽。传统习惯是把胚根与种子等长,胚芽达种子长度的一半作为发芽的标准。国际种子检验协会(ISTA)认为种子萌发长成正常幼苗才称为发芽。我国新颁布的《1995 农作物种子检验规程》接纳了国际标准。但从生理角度讲,胚根(芽)突破种皮应是生理上发芽的标志。

种子发芽期间,若处于适宜的水、气条件下,则首先突破种皮向外伸长的是胚根、胚芽随后伸长约达胚根长的 1/2。若萌发期间水分过少,则胚根生长明显快于胚芽,造成根长芽短的现象;若水分过多,则胚芽生长快于胚根,导致芽长根短,原因是胚根对水多、氧气少的条件反应比胚芽敏感。因此，种子萌发期间的根芽比例，是协调水、气矛盾的形态依据。

处于发芽期间的种子，内部新陈代谢极为旺盛，产生足够的能量和代谢产物，因而需氧量很大。如果 O_2 不足，易引起缺氧呼吸，不但能量产生少，还会使种胚发生乙醇、CO_2 中毒。据王爱国（1981）研究，O_2 和 CO_2 分压能有效地控制水稻种子发芽时器官的生长，在正常环境条件下发芽时，呼吸途径由糖酵解途径（EMP）转向磷酸戊糖途径（PPP），种子正常发芽；而缺 O_2 或过高的 CO_2 条件下，EMP 和 PPP 消长不明显，种子发芽时器官生长受抑制。因此，农作物种子在催芽不当或播后遇不良条件如土质粘重、覆土过深或雨后表土板结等，萌动中的种子会因缺 O_2 使呼吸受阻、生长停滞，或能发芽但幼苗无力顶出土面而导致烂种或缺苗断垅。

（二）出苗

种子发芽后，根据幼苗出土时的子叶发展趋向，可分成子叶出土型和子叶留土型两类。

1. 子叶出土型　种子萌发时，其下胚轴显著伸长，初期弯曲成弧状，拱出土面后逐渐伸直，生长的胚与种皮脱落，子叶迅速展开，见光后逐渐转绿，可进行光合作用。随后从两子叶间的胚芽长出真叶和主茎。绝大多数双子叶植物的幼苗属子叶出土型，常见的作物有大豆、棉花、十字花科蔬菜、蓖麻、烟草、瓜类、向日葵、甜菜等；单子叶植物中只有少数属于子叶出土型，如葱、韭菜等。子叶出土型幼苗的优点是幼苗出土时顶芽苞被在两子叶间受保护，子叶转绿后能进行光合作用，继续为生长提供能量，有的作物这种功能可保持数周。若子叶受损，则对幼苗的生长乃至开花结实不利，因而在作物移栽、间苗过程应注意对子叶的保护。另外，此类作物顶土力弱，对土壤的要求高，播种时应精细整地，防止土壤板结，且应适当浅播。

2. 子叶留土型　种子萌发时，上胚轴伸长露出土面，随即长出真叶而成幼苗的地上部分，子叶连同种皮留在土中，直至内部养分耗尽才萎缩或解体。禾本科等大部分单子叶植物种子和少部分双子叶植物种子如蚕豆、豌豆、茶等属这一类。子叶留土型的种子发芽时，幼苗的穿土力较强，播种时可较出土型的略深，尤其在干旱地区更有必要。禾本科作物种子出苗时最先顶出地面的实为胚芽鞘,出土后在光照下开裂,内部的真叶陆续伸出。没有胚芽鞘的保护,幼苗出土将受阻,因而要注意保护胚芽鞘的完整性。又由于此类幼苗的营养组织和部分侧芽留在土中,一旦幼苗的地上部分受到损害,有可能从土中长出幼苗。

还有少数作物如花生,其下胚轴粗短且萌发时伸长较缓慢,若覆土浅则子叶出土,覆土深则子叶留土,故属子叶半留土类型。当然出土与否还与品种有关,播时应注意品种特性。

二、影响种子萌发出苗的内外条件

种子是作物生产最基本的生产资料之一,优质种子是壮苗和高产的保证。具有较高活力是优质种子的基本特点,苗齐苗壮,除与栽培技术密切有关外,在很大程度上取决于种子的活力。1950 年,国际种子会议把种子活力确定为种子质量的一个独立因素,明确与种子的潜在发芽率区别开来。尽管不同研究者对种子活力的理解有很大差异,但从已有的研究可以认为,种子的活力与种子发芽速率和整齐度以及幼苗健壮生长密切有关,可视为种子发芽,生长、生产性能和产量的内在潜力。活力高的种子,发芽迅速、整齐,田间出苗率高,反之,不仅出苗能力弱,受不利的环境条件影响也大。

种子的活力,既取决于遗传基础,也受种子成熟期间和收获、加工、贮藏和萌发过程外界条件的影响。研究表明品种间种子活力有明显差异,种子活力遗传力高的亲本的高活力可在杂种中得到表现,通过选用活力高的亲本组配,可以提高品种的种子活力。在生理上,种子活力与种子发芽过程中膜的有效修复和再活化系统强弱,以及影响种子中贮藏物质的降解和酶及细胞器合成能力大小密切有关。

(一)内因

1. 种子的成熟度　种子发芽力一般是以发芽势和发芽率来表示的。在种子发育过程中,发芽力的变化可分为三种情况。一是随种子发育而逐渐提高,即愈成熟的种子,发芽势愈强,发芽率愈高(表 1-1)。一般农作物中无休眠期的品种都表现出这样的趋势;另一种是在种子发育过程中,发芽力虽然也随成熟而提高,但其最高的时期却不是完熟期而是在此以前，发芽力呈现由低到高，再由高到低的趋势（表 1-2）。这种情况出现在有后熟休眠的作物种子如水稻、小麦、大麦等的某些品种。这些种子在形态成熟以前，胚就基本发育完成，而在胚的发育过程中，发芽力是由低到高的，但到了种子成熟的后期，胚虽然分化更趋完善，但由于种子中可溶性养分减少，酶活性降低，某些萌发抑制物质积累，同时还有色素物质在种皮细胞中的沉积导致透气性变差，种子的发芽力反而下降。这样的种子在收获后须经一段时间的干藏，发芽率才能逐渐增加直至最高，也即打破了休眠；第三种情况是种子在整个母株上的生长阶段都不具有发芽力，甚至成熟收获后也不能发芽。所以产生这种情况是因为某些植物如银杏、毛茛、冬青、人参、兰花等的种子在外形成熟并收获时，其内部的胚并未发育成熟，有的仅为一团分生细胞，必须在收获后置一定条件下数周或数月，胚发育完全后方能发芽。

表 1-1　不同成熟度黄麻种子的发芽力

发芽力 \ 花后天数	34d	37d	43d	49d	55d	61d	67d
发芽率/%	3	19	50	70	89	83	97
发芽势/%	5	22	56	86	97	100	100

表 1-2　玉米籽粒发育过程中发芽率的变化

（山东农业大学，1976）

发芽率/% \ 授粉后天数		14d	15d	16d	17d	20d	25d	30d	33d	38d	43d
泰单 75	种胚	—	—	95	95	95	100	100	100	100	100
	鲜种子	—	—	0	0	3	46	85	85	54	74
	干种子	—	—	0	14	48	52	60	80	88	—
泰单 72	种胚	30	60	50	90	95	100	100	100	100	100
	鲜种子	0	0	0	0	6	14	22	19.6	—	—
	干种子	0	6.7	7.1	50	67	82	90	95	95	100

2. 种子休眠　种子休眠是自然界植物对环境条件的一种适应

性，它可以避免种子萌发后幼苗在不良条件下的死亡，但是这种特性对人类不一定有利：休眠种子用于播种时会导致出苗率的降低和出苗生长不一致而影响作物生产。用有生活力的休眠种子做常规的发芽试验时易导致种子检验的错误结论，这些都是休眠特性带来的困难和问题。另一方面，休眠特性对作物生产确实也有有利的一面，如作物种子在成熟后期休眠较深，就可以有效地降低甚至避免早萌（植株上发芽，如麦类的穗发芽）的损失。

种子休眠的类型（原因）可分为以下几种：

（1）种胚尚未成熟　有些植物种子除胚以外的其他部分组织都已达到成熟阶段，种子也已脱离了母株，但种子的主要部分种胚仍需从胚乳或其他组织中吸收养料，进行细胞组织的分化或继续生长，直到完成生理成熟。如银杏（白果）、冬青、白蜡树、人参、香榧、浙贝母、棕榈、毛茛就是常见的例子。这些种子脱离母株以后，其胚部可能需经过数周以至数月，才能发育完全而达真正成熟，但一般农作物中，很少见到这种现象。

解除这种休眠需温暖潮湿的条件，通常是在较高温度下进行层积。一般宜用 15～20℃ 的温度（有极少数的植物则要求低温层积）。但是这种类型的休眠在许多种子中不是单独存在的，因此必须进行多种处理，解除不同类型的休眠，种子才得以萌发。如人参种子在采收时胚长仅 0.3～0.4mm，在 18～20℃ 中层积 3～4 月，胚的长度可达 3mm，再在 4℃ 经 3～4 个月的层积，使之通过后熟，才能使休眠破除。因此人参种子在自然条件下，需经 8 至 22 个月才能发芽。

（2）种子尚未完成后熟　有些植物种子的种胚虽然从形态上看已经长成，但还没有通过一系列复杂的生物化学变化，激素的水平还不足以导致种子萌发，也可能在胚部细胞中还缺少萌发时所需的同化物质和能量；这时虽给以适宜的条件，种胚仍不能萌动，必须再经过一个后熟期。例如许多林木种子在晚秋采收以后，需要保持湿润，让它度过低温的冬季，到来春才能正常萌发。自然条件下，在土壤中过冬，就能满足所需条件。而生产上则往往需采取低温层积的方法，使它完成后熟作用，以保证播种后能很快发芽成苗。层积的温度一般是 0～10℃，不同植物要求的层积温度和时间存在一定差异，例如苹果的种子可在低温5℃左右层积保藏2～3个月，让促进生长的物质在这个期间形成。经这样处理后，呼吸强度增高，吸水力和酶的活性增强，氨基酸的含量亦有提高。

需要低温层积通过休眠的种子有不同的类型。最普通的一种类型是胚的各部分都存在休眠，给予适宜的后熟条件后，各部分能同时解除休眠，如山楂等；第二种类型是上胚轴休眠，这类种子在得到发芽条件后，胚根能够生长，但上胚轴却是休眠，必须经过低温层积使其休眠解除，再给予发芽条件时，上胚轴才能生长，因此这类种子的发芽需经过高温（使胚根生长）—低温（使上胚轴解除休眠）—高温（使上胚轴生长）的交替过程，在自然界里一年内不能发芽，如牡丹、芍药和几种百合的种子等；第三种类型是下胚轴休眠，这种类型的休眠种子也能生长，但生长次序与通过休眠的种子相反，即先长子叶，然后依次长上胚轴、下胚轴和幼根，而且以后长成矮植株；而通过休眠的种子则能正常发芽生长。如果在矮苗生长阶段给予适宜的低温条件，也可逐渐恢复正常。生理性的矮苗认为是激素分布不平衡引起的，如苹果、梨和大多数山栌属的种子等；第四种类型是双重休眠，即上胚轴和下胚轴均发生休眠，需要低温层积使下胚轴先通过休眠，再给予适宜条件使胚根生长，然后在胚根生长的基础上，才能在低温条件下使上胚轴通过休眠，因此这类种子需经二次低温层积，在自然界里一年内亦不能发芽，需经历低温（使下胚轴解除休眠）—高温（使胚根生长）—低温（使上胚轴通过休眠）—高温（使上胚轴生长）的交替过程，经过二个冬天才能发芽生长，如三叶草、延龄草、黄精、鹿药、麦叶牡丹、草玉铃等重要观赏植物和药用植物。

（3）种皮的障碍　有些种子充分成熟以后，种皮往往成为种子萌发的障碍，一般有下列几种情况。

①种皮的不透水性：有些种子的种皮非常坚韧，在细胞中还具有一些疏水性物质，阻碍水分的渗入，使种子不能吸胀。如豆科植物的硬实，就是常见的例子。

种皮不透水的部位因植物种类而不同，有些植物种子控制透水的关键部位是脐部，有的则主要是内脐和发芽口，另一些种子则并无特殊部位。种皮细胞不透水的所在其层次也很复杂，有着各种不同的情况和类型。影响不透水的化学成分种类很多,如果胶、木栓、角质及一些胶类物质。

这类种子休眠的解除,常是通过物理性的擦伤,土壤微生物对种皮的侵蚀作用以及气候的变化尤其是温度的波动所造成。

②种皮的不透气性:有些种子的种皮虽能吸收水分,但对气体的通透性差,尤其在含水量高的情况下,气体更难透过潮湿的种皮。又由于种子的水分高,呼吸旺盛,消耗氧气而放出二氧化碳,这时氧气不能吸入,也有可能二氧化碳又无法排出,以致气体交换受阻,妨碍生化变化的进行和胚部细胞的生长发育。禾谷类种子、棉籽等的休眠状态,主要由这一原因所造成。

种皮透气性不良是许多重要作物种子休眠的主要原因,在种子干藏过程中,透性逐渐增强,休眠就会解除。

③种皮的机械约束作用:有些种子种皮的透水性和透气性都较好,但由于种皮的阻力较大,成为一种机械约束力量,限制种胚向外伸展,种子长期处于吸胀饱和状态,直到种皮得到干燥机会,细胞壁的胶体性质发生变化,阻力就会降低,随着时间的延长,种皮的约束力也会逐渐减弱。当种子处于高温的土中,如在自然条件下度过一个夏季,则由于微生物的作用使种皮腐烂分解,降低了阻碍作用而导致种子发芽。种皮坚硬而限制种子萌发的种子,在苋属、芸薹属、荠属、泽泻属、独行菜属等常见杂种子中有不少实例。此外蔷薇科的桃、李、杏等核果以及榛、椰子、桑子等,种皮外部包有木质化的坚硬内果皮,对种胚萌发均有明显的机械约束作用。

种皮对休眠的作用,除上述的几种情况外,还有阻止抑制物质的渗出、变化和挥发的作用,使活性状态的抑制物质保留在种子内而阻碍萌发。

(4)存在抑制物质和(或)缺乏萌发促进物质　较早的研究发现许多植物种子中存在一些抑制发芽的物质,因而影响种子的发芽。抑制物质的种类很多,包括有机物质和无机物质,其中重要的是激素——ABA 和乙烯。此外,许多酚酸(咖啡酸、阿魏酸、水杨酸、五倍子酸等)或其他酚类物质、一些普通的有机酸如苹果酸、柠檬酸等,氰化氢(是含氰糖甙的成分,如蔷薇科及某些豆科植物)、植物碱(如咖啡碱、可可碱等）、醛类（柠檬醛等）、芳香油类和不饱和内酯（如香豆灵、原银莲花素）等都是一些比较常见的抑制萌发物质。自然界植物种类复杂，抑制物质种类繁多，在植物中的分布广泛，而且它可以分布在种子的不同部位，如果皮、种皮、胚或胚乳中，均有存在的实例。许多十字花科植物的角果内含有抑制物质，种子在田间成熟后残留在果壳内就不能发芽，直到果皮内的抑制物被雨水淋洗掉以后，才能萌发。番茄、黄瓜等新鲜果实含有能够抑制自己种子萌发的物质（在种子尚包在果实内的时候），甜菜种球的纤维物质和莴苣种子的种皮也含有抑制萌发的物质，甜菜种子（一般称种球，实际上是果球）中的抑制物质种类很多，起重要作用的是草酸钠，主要存在于果皮和萼片中。又如向日葵的抑制物质存在于果皮及花盘中，野燕麦等存在于稃壳中；苹果、梨等存在于胚乳及种皮中，茭瓜则存在于种胚中。抑制物质对种子发芽的抑制作用没有专一性，它不仅影响本身的正常发芽，对其他种子也能发生抑制作用。如将不含抑制物质的种子与含有这类物质的种子混合贮藏，或放置在一起发芽时，就会受到抑制作用，例如将小麦和堇菜子放在一起，小麦就不会发芽；又如马铃薯和大蒜放在一起贮藏，马铃薯发芽也会受到抑制，因为大蒜中的抑制物质具有很强的挥发性。

抑制物质易溶于水，在低温层积进程中或浸种、播于土壤中后，可以逐渐得到排除，如甜菜种球在土中抑制物质可被水分带出种子而吸附于土壤上，因此在实验室滤纸上发芽时的萌发率远较土壤萌发率为低。又据观察，葡萄浸种时，酚类物质尤其单宁大量渗出，脱落酸亦是同样情况。

抑制物质对萌发的抑制作用不是绝对的，在一定条件下可能转化为刺激作用，如乙烯在低浓度时起萌发的促进作用，高浓度时起抑制作用。因此乙烯既可称之为萌发促进物质，亦可作为萌发抑制物质。又如蔷薇科种子中的苦杏仁甙在苦杏仁甙酶的作用下可以分解为氰化氢、苯醛和葡萄糖，其中氰化氢对萌发起抑制作用；但在硫化酶的作用下，氰化氢可与硫化合成硫氰酸，从而促进了发芽。抑制物质的生理作用，主要是抑制 DNA 和 RNA 的合成，抵消生长刺激物质的作用，以及抑制呼吸，改变细胞膜的透性等。

(5)不适宜条件的影响　有些原来不需休眠的或已通过休眠期的种子,由于处在不适宜的环境中,会使它重新陷入休眠状态,这时即使再给予适宜条件,也不能使种子萌发,这种现象与上述的几种休眠情况不同,因此称之为次生休眠、二次休眠或诱发休眠,而原来就有的休眠(从植株上采收后即存在的休眠)称为原生休眠或一次休眠。

次生休眠的诱导因素包括水、温、气、光等到条件。水分过多或不足,温度过高或过低(包括干燥温度和发芽温度。如干燥温度过高;发芽温超过适温或低于适温),气体成分中高浓度的二氧化碳及低浓度的氧气,光或暗等都可能在不同情况下成为诱导二次休眠的原因。例如喜光种子置黑暗发芽箱中因通气不良,氧气不足,二氧化碳浓度过高(如芥菜及菊科种子),或者因为光的情况不适宜而陷入休眠,结果使土壤中埋着许多有生活力而暂时不发芽的种子。次生休眠具有重要的生态意义,它不仅可以阻碍种子的发芽使之逃避不良条件的影响,有利于种子的繁衍,而且还有利于延长种子的寿命。许多野生植物种子在土壤中长期保持吸胀状态,其寿命却比干藏条件下更长。

在大部分的情况下,次生休眠与原生休眠的解除所需的条件一样,但在另一些情况下,能够破除原生休眠的因素或方法,对次生休眠可能无效。

(6)综合休眠　由多种原因引起的休眠现象,称之为综合休眠。这种种子的休眠有三方面的原因:一是内外稃中有抑制物质;二是果种皮不透水;三是胚中没有激素。如果除去内外稃,种子仍旧能发芽或仅有少量种子萌发(如用稃壳的浸出液处理小麦,可以抑制小麦萌发),如果再刺破果种皮,则可略为提高种子的发芽率。如经以上两种处理后再加赤霉素,则能较好地发芽,不过发芽仍不完全。假如在此基础上再施加细胞分裂素,发芽就可以达到完全。

在自然情况下,茭白种子成熟后掉落水中,一年后才解除休眠。在此过程中,抑制物质通过长期水浸而渐从稃壳中得到排除,果种皮透水性渐增强,激素渐趋提高;当这些情况都发生变化后,待温度适宜,种子就能满足所需条件而正常发芽。

3. 种子的寿命和衰老

(1)种子的寿命　种子寿命是指种子在一定条件下保持生活力的期限，以半活期为标准。半活期系指种子从收获起，至发芽率下降至50%所经历的期限。

种子的寿命具有种间和品种间的差别，同时又受到各种环境因素的影响，因此比较不同种子寿命的差异时要考虑这些因素的影响。植物界存在不少长命的种子，一般而言，豆科、锦葵科、睡莲科种子寿命较长，葫芦科、大戟科、梧桐科中也有许多长命种子，有人观察、测定了1 400个植物种及变种的种子，其中有49种经过半个世纪以上的贮藏，尚能保持其生活力，在这49个种中，豆科种子占了37种。

长命种子中有许多是硬实，种皮保护性能良好，外界水分不能进入种子。但长命种中另有一种类型是种皮具有透水性，种子长期处于吸胀饱和状态而仍能保持其生活力，它们可能处于持续的休眠之中。因此长命种子具有不同的生理特性及延续生命的机理。

作物种子按其寿命大致可以划分为以下三类：

①长命种子　如蚕豆、绿豆、紫云英、赤豇豆、小豆、甜菜、烟草、陆地棉、芝麻、南瓜等。

②中命种子　如一般禾谷类作物（其中水稻寿命较长，玉米寿命较短）、荞麦、中棉、向日葵、大豆、菜豆、豌豆、油菜等。

③短命种子　如花生、黄麻、甘蔗（真种子）等。

作物种子的寿命一般并不很长，不同种类间的差异幅度远较自然条件下的各种植物为狭。在一般温暖地区，短命种子和某些中命种子的寿命甚至不到一年，如大豆种子在一般贮藏条件下，第2年播种时就已丧失活力；即使是长命种子，最多也不过有2～3年的寿命。

土壤中种子的寿命和干藏条件下是有差异的。很多农作物种子耐干藏而不耐湿藏，但不少杂草和其他野生植物的种子在自然条件下埋在土中，寿命竟比干藏条件下的为长。

(2)种子的衰老生理　种子衰老期间发生一系列的变化，这些变化可通过各种形式表现出来，有些可以经过观察和生长试验予以测定，另一些只能通过生物化学分析进行了解。衰老的最终表现和结果是生长点分生组织的死亡，于是种子寿命结束——种子生活力丧失。种子衰老的生理表现主要有以下几方面：①酶活性丧失；②呼吸作用减弱;③种子渗漏增加;④游离脂肪酸增加;⑤种子变色;⑥发芽及幼苗表现。

(3)种子衰老的机理　关于种子衰老和劣变的原因和机理,有着种种解释和推测,其中有些是重要的,另一些则可能较为次要。根据许多科学家的意见,认为植物种类繁多,环境条件又很复杂,种子衰老的原因显然不可能只有一种,而是综合因素导致的。可归纳为:①分生组织细胞的饥饿;②有毒物质的累积;③诱导发芽机理的损伤;④酶的活性与功能改变;⑤机能结构的衰退。

(4)影响种子寿命的因素　影响种子寿命的因素有内因和外因。其内因有如下几方面:

①种皮性质　如前所述,许多寿命特别长的种子是硬实,种皮的保护性能很强,种子的含水量极低。在许多作物种子中,发现硬实率的高低与种子寿命有密切关系。不同作物和品种间种子寿命的差异,其首要因素在于种皮的致密程度和保护性能。如据报道,黑皮大豆比浅色大豆的耐藏性好,菜豆亦有同样情况,皱皮豌豆比一般豌豆短命,红皮小麦比白皮小麦长命。

②化学成分　种子中某些化学成分的含量与种子寿命相关。主要是脂肪、可溶性糖和抗氧化剂(维生素 E、酚类物质等)。种子中脂类物质的含量及性质均影响生活力的保持,一般来说,种子含油率高和油分碘价较高,容易发生脂肪氧化而致生活力衰退和丧失。禾谷类的主要作物种子含油率差异不很明显,但不同作物种子间寿命的差异还是较大,分析其原因,至少有以下两种可能:一是种子表面覆盖物的保护作用大小有别;二是胚部含油量的差异。如麦类种子的胚部含油率为 12% ~26% ,而玉米种子则为 33% ,事实上玉米种子的寿命在禾谷类种子中是比较短促的。

种子中可溶性糖含量较高,容易引起微生物的活动和蔓延,促使生活力提早丧失,因此蔬菜豌豆和甜玉米比一般品种种子较难贮藏。

这里必须强调一点,有些种子中油分含量很高,但寿命却仍保持较长,如瓜类、陆地棉、烟草等。这些作物种子的种皮都很致密,足以证明种皮的保护作用比化学成分对寿命的影响显得更为重要。

种皮性质和种子的化学成分主要由遗传性决定,但种子的发育条件和发育状况也有一定影响。

③种子的发育状况和生理状态　种子的发育状况和采收时的成熟度,影响到种子的大小饱满度和化学成分。凡小粒、不饱满种子的呼吸强度比正常种子强得多,因为前者有较大的比表面,吸湿性和气体交换能力较强,而且胚部在整个子粒中所占比例也较大。未熟种子中可溶性物质含量较高,酶的活性较强,且种皮的保护性又较差,这些都是引起贮藏不稳定性的因素。

种子在贮藏以前受到某些不良条件的影响,如受过潮或受过冻,均会引起生理状态的异常提高种子中水解酶和呼吸酶系的活性,种子中的可溶性物质含量增高,即使恢复正常条件,也不能使种子完全恢复原来的状态,因此贮藏寿命显著缩短。

总之,种子的发育状况和生理状态决定了种子的原始生活力,而原始生活力的高低与种子寿命有着极为密切的关系。

④种子的机械损伤　种子在收获和加工过程中,不可避免地发生一些机械损伤,使种子失去完整性,降低了种皮的保护作用,增加了种子的暴露面,使它容易受到环境因素和仓虫、微生物的影响,甚至直接伤及胚部,严重降低种子发芽力或产生畸形幼苗。种子的大小和种子加工时的含水量均影响到机械损伤的程度,批量种子中特别大的种子和含水量很低的种子容易受伤,但含水量过高又易于压扁种子。玉米、花生等种子胚根部位突出,脱粒时受伤的百分率比一般种子为高。

除上述内因外,外界环境条件对种子寿命影响也较大。具体包括:

①水分　种子贮藏期间的相对湿度影响种子的含水量,高湿不仅使种子的代谢作用增强,还有利于仓虫和微生物的发育与繁衍,因此控制入库前的种子水分和贮藏期间的相对湿度是十分必要的。对于绝大多数作物种子来说,充分干燥是延长生命的必要条件,需要长期保存的种子,安全含水量要求在60%或45%相对湿度中平衡的水分。

种子在贮藏以前虽则经过干燥,种子含水量已降至安全水分以下,但由于种子是亲水胶体,具有相当强的吸湿性,贮藏期间的种子水分不可避免地随着仓内相对湿度和温度的变化而改变。

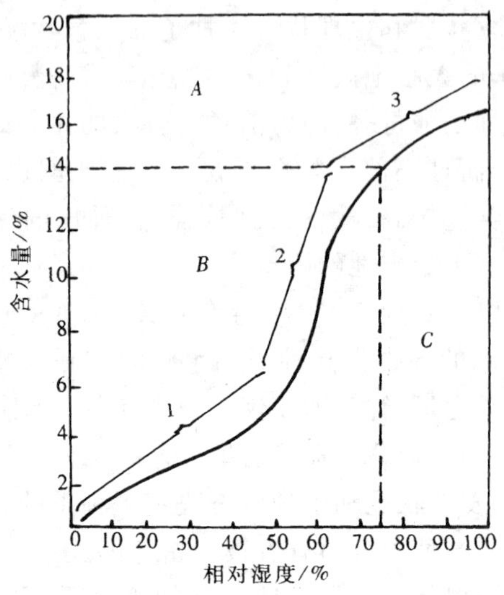

图 1-5 在一定温度条件下,种子水分与空气相对湿度的关系

注:*A*. 种子贮藏不安全;*B*. 种子贮藏安全;*C*. 仅限于短期贮藏

1. 第一阶段;2. 第二阶段;3. 第三阶段

(资料来源:L. O. 考布莱德《种子科学原理及技术》P. 239)

在一定温度条件下,恒定(连续稳定)的相对湿度可以使种子达到某一含水量,因此种子含水量与空气相对湿度的关系可以绘制成吸收平衡曲线(图 1-5)。

吸收平衡曲线是 S 型曲线,三个明显的阶段说明了水分吸收和解吸的不同情况。第一阶段种子含水量很低,种子的一部分化学结构很牢固地与水分子结合,这种水分极难从种子中蒸发出去。第二阶段的水分子与种子胶体结合得不很紧密,但在接近下限的水分仍很难从种子中除去,而接近上限的水分如在强烈日光的曝晒下容易从种子中蒸发出去。对于大多数种子来说,这部分水分用直线表明相对湿度和含水量之间的平衡关系。第三阶段的水分子呈游离状态存在于细胞和组织的间隙中,这部分水分很容易从种子中除去,在阴干条件下亦能从种子中蒸发出去。第三阶段和接近第三阶段的水分,能显著地促进种子的衰老和劣变,为了种子的安全贮藏,必须除去这些水分,并防止水分提高而进入第三阶段。

以上的吸水平衡曲线的各阶段数值,对于油质种子来说是不相符的,因为油分是疏水胶体,种子中的水分全部集中于油分以外的亲水胶体(蛋白质、淀粉等)部分,因此种子的含油量愈高,种子贮藏的安全水分数值愈低。

温度对水分平衡曲线的影响不大,在一定相对湿度条件下,提高温度使种子含水量略为降低。种子在不同含水量情况下,所受到的损害不同,以禾谷类种子为例,含水量在8% ~9%以上,仓虫开始活动繁殖;含水量在12% ~14%以上,使用熏蒸剂杀虫时可以损害发芽率,而且种子表面和内部的真菌开始生长;含水量在18% ~20%以上,种子可以发热;而若由于漏水、渗透水等情况导致的含水量40% ~60%以上的高水分则可以引起发芽。一般禾谷类的安全含水量定在12% ~14%,因地区和作物而不同。

对于适宜干藏的种子来说,在种子含水量为5% ~14%范围内,含水量每增加2.5%,种子寿命缩短一半;在14%以上,由于微生物的损害而使种子生活力加速衰退;在5%以下,属于超低水分,对于芝麻、油菜、大、小麦种子生活力的保持有利,而对许多作物种子有不良影响,但种子含水量低于2%,也可能损害某些种子的生活力。

②温度　温度是影响代谢强度的重要因素,因此低温有利于延长种子的寿命。据研究,种子贮藏最有利的温度是-10 ~ -20℃,甚至在超低温的液态氮(-196℃)中贮藏,亦可显著有利于绝大多数种子寿命的延长。

据研究确定,贮藏期间种子温度在0 ~50℃范围内,温度每增高6℃,种子寿命降低一半。低温库可以在很大幅度内延长种子的寿命,在常规贮藏条件下,应通过各项管理措施控制种子的贮藏温度。

种子的干燥温度,对种子生活力的保持亦有重大影响。一般作物的成熟种子在日光下曝晒一定时间是适宜的,但对未熟种子,大豆、花生、某些玉米品种种子,直接在烈日下曝晒不利于生活力的保持。

③氧气和二氧化碳　氧气和二氧化碳与种子的呼吸作用或(和)脂肪氧化有密切关系,因此对种子寿命亦有影响,但其作用较

为次要，在低温低湿条件下可以不必考虑。在种子水分较高情况下密闭缺氧保管（种子和微生物大量消耗氧气，同时增高二氧化碳含量），可使高水分粮食一定时期内安全保藏，但对种子生活力的保持有不良影响。

④仓虫和微生物　仓虫和微生物都是影响种子寿命的不利因素，应贯彻防重于治的方针，做好入仓前的清仓消毒工作及控制种子含水量，使损失降至最低限度。

在种子资源保存中，为了最大限度地延长种子的寿命，需要采用最优良的条件贮存种子，目前采用的措施是将种子的含水量降至6%～10%，密封在金属罐中，置于－10℃条件下，贮存室的相对湿度保持30%，而一般的国家种子库的条件要求较低，温度保持－1℃，种子水分和空气湿度的要求则与上述条件相同。

（二）影响种子萌发出苗的外界环境条件

温度、水分和氧气供应是影响种子发芽最主要的环境条件。在田间条件下，这些因素有时很严峻，并成为影响田间条件下发芽、出苗和成苗的决定性因素。在室内条件下，发芽率可能很高，发芽过程也很顺利，但由于田间条件所带来的限制，发芽出苗和成苗率可能会降低。

1. 土壤水分　尽管土壤中的气态和液态水均可影响种子的萌发过程，但在一般情况下，液态水是土壤水的主要来源和影响发芽（首先是影响吸水过程）的主要因素。种子发芽过程中的吸水效应也取决于种子与土壤的密接程度，以及土壤的结构和水势。扩大种子表面与土壤中液态水的接触，可以缩短发芽过程和提高发芽率。种子与土壤和水分接触的程度，取决于土壤团粒的大小和衬质势。研究表明，播种行内土壤团粒平均直径≤种子的1/5，才能确保播种后种子能迅速吸水和发芽。土壤水分不足时土壤张力过大，同样也影响种子正常吸水，导致田间出苗率低。

对多数作物来说，当水分张力为0.05～0.3MPa时，最终出苗率受影响不大，但超过0.7MPa时，发芽和出苗率急剧下降，发芽和出苗过程也长。很多作物的种子，虽然能够在土壤水分接近或略低于永久凋萎点时吸收足够的水分并开始发芽，但不能伸长和继续生长。

土壤水分过多，由于通气不良，也阻碍发芽，与 O_2 在空气中的扩散比水中大有关(20℃条件下约大 10 000 倍)。缺 O_2 条件下常进行与酒精发酵相同或类似的无氧呼吸，不仅能量产生比有氧呼吸少得多，而且在无氧呼吸过程中，还会产生酒精等对原生质有毒害的物质，导致种子不能正常萌发、活力降低乃至死亡。当伴随低温时，还可以加剧真菌的感染和危害。如生产上的“粉种”或“烂种”。

2. 温度

(1) 种子发芽要求的温度　种子发芽要求一定的温度，这与酶的作用对温度有一定的要求和反应有关。各种作物种子发芽的最低、最高、最适温度不同。一般喜温性作物的种子要求较高的温度，而寒性作物的种子要求较低的温度。前者发芽的最低温一般为 6～12℃，适温 30～35℃，最高温度 40℃左右；后者发芽最低温为 0～4℃。适温 20～28℃，最高温 40℃左右。大多数作物在 15～30℃范围内均可发芽良好，但温度超过萌发最适温度时，发芽速率也会降低，但降低的幅度较小。有些种子发芽要求的温度条件比较特殊，如玉米要求的温度较高，在 32～35℃发芽良好，而某些蔬菜种子要求的温度则较低，如芹菜适于 15℃，莴苣、菠菜、茼蒿适宜在 20℃以下发芽，高于 25℃则萌发不良。

种子萌发温度的三基点除了与遗传性有关外，还与种子的活力和休眠状况有密切关系。活力强的种子对温度的适应范围较广，萌发的最高温度提高而最低温度下降；休眠种子在许多情况下不是绝对不能萌发，只是萌发要求的温度范围偏狭而特殊。此外，激素对萌发温度有明显影响。例如在莴苣种子中曾观察到脱落酸虽然降低萌发速率，但能使萌发最低温度下降 3～4℃，而激动素能使萌发最高温提高 10℃，因此发芽的温度范围不是绝对的，可以受到外施物质的调节。

(2) 温度对发芽速率、发芽率和物质效率的影响　温度对发芽速率和发芽率有很大的影响，在不同的温度条件下，二者都会发生很大的变动。在最适温度下不仅发芽最为迅速，而且发芽率也最高。在温度较高的情况下，发芽速率和在最适温度时比较，相差不大或略为缓慢些，但发芽率则显然随温度升高而降低，不能达到最高水平。

在低温条件下，则不仅发芽率显著降低，发芽速率也大大减慢。

据浙江农大研究（1962）：水稻发芽率水平最高的发芽温度，因品种类型不同而有很大差异，籼稻品种（包括早籼和晚籼）的幅度较宽，在25～38℃；而粳稻品种却在25～30℃之间。如同时考虑到发芽速率，则籼稻种子发芽的最适温度为30～35℃（有些品种为25～35℃），而粳稻种子则为30℃，可见粳稻对发芽温度的要求比籼稻严格得多。从冬季作物发芽的情况来看，其萌发的最低温度虽均显著低于水稻等夏季作物，但不同种类间的差异却很悬殊，大麦、小麦、油菜的耐寒力强于蚕豆和紫云英，在0～2℃的发芽条件下发芽率明显较高，但在这种温度下这些作物的种子发芽很不整齐，需延长至1～2个月。在5℃条件下可缩短至20～30天，15℃时大部分冬季作物发芽所需时间是1～2周，而在20℃、25℃和30℃条件下，发芽时间最短（30℃时的发芽率较低）。

水稻在低于萌发适温的条件下发芽，不仅幼苗生长迟缓，且物质效率也显著降低。在发芽过程中幼根对温度的敏感性较幼芽为强，当温度较低时，幼根受到更强烈的抑制作用。

（3）变温对种子发芽的影响　种子在自然条件下发芽时，温度变化不定，许多作物的种子在恒温中发芽不良，而在变温中则发芽良好。事实上不可能只有一种温度对萌发有关的所有过程都同样适宜，一种适温与另一种之间必须有一段时间。如玉米30℃ 8h→20℃ 16h常比恒温发芽优越。

变温有利于发芽的原因，说法不一，实际上原因复杂，不同作物是不同的，现综合如下：

①低温时氧在水中的溶解度增大；

②变温使种皮胀缩受伤，有利于水分和氧气进入种子；

③变温促进酶的活动，因不同的酶对温度有不同的要求和反应；

④种子置于变温条件下，内部温度和外界温度不同，可促进种子内外气体交换，使呼吸旺盛，发芽良好；

⑤定温发芽时，贮藏物质大部分用于呼吸作用而少量用于胚的发育；但如在变温下发芽时一个时期置高温下，生化过程与呼吸作用都旺盛，贮藏物大量转化为可溶性物质，而在另一个时期移置于低

温，则呼吸作用减退，可溶性物质主要用于胚的生长。

最常用的变温为15℃和30℃或20℃和30℃，处在每种温度下的时期长短不一；通常每昼夜放在低温下16h，放在较高温下8h。

变温对各种作物的效果不同，对某些作物种子效果很好，但对另一些作物的种子却无效；例如对水稻、玉米、荞麦、菸草、向日葵和某些牧草和杂草的种子均能促进萌发。在各种最难萌发的蔬菜种子中，发现辣椒种子在恒温下长期不发芽或发芽缓慢(45天内未见发幼苗)，但置变温下后，隔5天就发芽良好。变温对成熟度不同的种子效果也不同，对绿熟或黄熟时采收的种子比完熟时采收的效果好。新收获的麦类和油菜种子直接放在室温下，有时发芽很缓慢，如在室温条件下先吸水一昼夜，然后移入5℃左右的低温下，经24h(或8～10℃三昼夜)，又重新放在室温下，即可迅速萌发，说明短时间的冷藏对发芽生理 过程具有一定的促进作用，这种低温预措法可以认为是一种特殊的变温处理。

3. 氧气　种子在贮藏期间进行微弱的呼吸作用，只需少量氧气；但在发芽时，呼吸作用特别旺盛，且酶的活动，某些生化过程的进行，激素的合成和变化等也需氧气。如将种子浸于水中，且在水面滴油，以隔断空气进入，则一般作物种子均不能发芽。有些种子在氧中发芽，比在空气中发芽更为迅速，说明氧能促进发芽。

各种作物种子发芽时所需氧的程度不同，这与它们的系统发育有关。长期生长在水田的水稻比长期生长在旱地的麦类需氧少得多。如将水稻、紫云英、梯牧草(生长在长期浸水的草原条件下)、小麦和燕麦的种子浸于水中，置温暖有光处，定期换水，经8～12天后取出，则水稻、紫云英和梯牧草均能发芽，而麦类不仅不能发芽，甚至腐烂，说明麦类单靠水中溶解的氧是远不能满足发芽要求的。萌发时对氧的要求比较严格的种子不少，如一般油质种子、菜豆、豌豆、某些瓜类等。莲是自身供氧的种子，其组织间隙中有氧，因此在环境条件中完全缺氧时，种子也能良好发芽。

种子在缺氧或无氧条件下萌发时，胚乳贮藏物质的转化受阻，使胚陷于饥饿状态，胚根的生长受到强烈抑制，种子的物质效率(转化效率)显著降低，并产生大量有害的中间产物，使种子的生活力受到严重下降。因此在种子发芽的阶段，必须注意氧气条件的供应，才能使种子正常、顺利地萌发。即使对于要求氧气不严格的水稻种子来说，在萌发时供氧充足的条件下，可加速发芽和提高发芽率，且能长成正常的幼根，贮藏物质的利用也比较经济，胚的干重亦较高。缺氧时，根的生长比芽更受到抑制，幼根不出，鞘叶徒长，生长点不产生叶绿素；待鞘叶顶端露出水面，大气中的氧就能通过顶端气孔输送到生长点上，则上述情况就会发生改变。

即使已经萌动或发芽的种子，长时间置于淹水的无氧条件下（与播在田间已开始发芽而后来又被水淹没的种子所处环境相似），亦必然要受害，淹水时间越长，淹水深度越深，则受害越严重。

自然界亦存在一些反常的例子，某些植物的种子在低于20%氧分压的条件下发芽率反而增加，如杂草宽叶香蒲和狗牙根的种子在8%氧分压时比大气中萌发较好。

供氧的情况影响呼吸商，小麦种子在空气充足的条件下发芽，呼吸商接近于1；如浸在水中15小时后再发芽，则呼吸商为2～3。因浸水中时，气体交换不充分，二氧化碳蓄积于种子内部，等到发芽时再放出，因而放出的二氧化碳比吸收的氧显著增多。

4. 其他外界条件

(1)二氧化碳　通常在大气中只含0.03%的二氧化碳，对发芽无显著影响，如含量增至一定限度，则使胚部细胞麻痹，对发芽起阻碍作用，太浓时完全不能发芽。如大麦，当二氧化碳浓度增至12%时仍能正常发芽。据研究，受到高浓度二氧化碳影响而抑制了发芽的种子，如转入氧气分压正常的空气中培养时，种子仍可恢复萌发能力，但是比较缓慢，通过一段恢复期，即可正常萌发生长。

二氧化碳对发芽的抑制作用与温度及氧的含量有关。当温度较高时，比低温下的阻碍作用减弱，例如芥子在3.3℃条件下，虽仅4%的二氧化碳浓度亦会阻碍发芽，温度增至8.3℃时，二氧化碳浓度须至8%才起阻止作用。含氧量增高时，二氧化碳对发芽的阻碍力量同样会减弱，当二氧化碳浓度为12%时，如氧含量为5%，则在17.2℃时能阻碍发芽；如氧含量增加至10%，温度18℃时，则对发芽没有抑制作用。

在某些情况下，种子发芽需要少量的二氧化碳，如莴苣、地中海滨藜及猪毛菜属；也有某些例子表明，二氧化碳浓度增加则发芽亦能增加，例如梯牧草(Maier,1933)。地三叶种子的休眠能用二氧化碳破除，一般采用2.5%的浓度对于休眠的破除最为适宜，而当浓度达到10%~15%时则发生抑制作用。二氧化碳的作用取决于温度，它和氧一样，决定性的因素是种子内部的浓度，所以和种皮的透性也有关系。

(2)光　光对种子萌发的作用，早在19世纪末叶就已了解。Kinzel在1907年研究过964种种子，发现其中672种是喜光种子，258种忌光，其余的是对光线不敏感的种子。可见在自然界中，感光性的种子是不少的。根据各种种子发芽时对光线反应的情况，可以把种子分为以下三类：①发芽时必需光或光可促进发芽；②发芽时对光反应不敏感；③光抑制发芽。属于第一种类型的种子如烟草、莴苣、稗草、水浮莲、早熟禾、很多伞形科种子和某些重要的林木种子，属于第三种类型的种子如苋菜、鸡冠花属、黑种草等，而一般作物种子多属于第二种类型。因为在长期的栽培实践过程中，人们常常不自觉的淘汰了光敏感性强的种子，在人类的培育保护下，缺乏光敏感性的种子可以很好繁育、保存下来。

种子萌发对光的要求的反应，与种子中存在光敏素有关。Borthwick等(1952)研究光对莴苣种子的影响，首先描述了光敏素系统调节发芽的情况。经证明光敏素可以从一种状态—P_R转变为另一种状态—P_{FR}，这种转变促使种子具备或不具萌发能力，而光敏素状态的转变与光有密切关系。二种状态的光敏素P_R和P_{FR}通常处在平衡的状态，很多因素可以决定其在某一特定时间的比例，而且有证据表明，在植物组织中的光敏素不止一个来源。种子的萌发决定于P_{FR}占种子中光敏素总量的百分率，但对于不同的种子来说，所需的百分率差异很大。例如莴苣种子的萌发需要30%~40%，番茄种子的要求较低，为22%，而黑种草属要求的水平极低，仅需1%~3%。不需光照就能萌发的种子，一般认为其中已有足够数量的P_{FR}。

关于光敏素调节发芽及其他方面形态建成的机理，一般认为光对种子发芽的影响与种子中激素含量或状态的变化有关，发芽是通过各种内源激素及光敏素系统的相互作用而调节的，任何一种或全部激素的变化,都会导致发芽的变化;也有认为光对萌发的促进或抑制,可能通过对细胞膜状况与功能的影响而起作用。

光对种子萌发的作用取决于其波长。据研究结果,促进发芽的为红黄光,波长660nm附近,白光对促进发芽同样有效。而对发芽有抑制作用的为远红光,波长730nm;绿、青、紫光(波长440nm和480nm附近)也能抑制萌发,但抑制作用较远红光为弱。如莴苣在520~700nm(即红、橙、黄光部分)的波长范围内,对种子发芽有促进作用,其中促进作用明显的是660~680nm(即红光)波长附近;但在200~520nm(即绿、青、紫光)波长范围内,对发芽有抑制作用;其影响最大的是在440~480nm范围,而波长在700~860nm(远红光)的抑制作用更大。

光对发芽起促进或抑制作用的所需时间,因植物种类和作物品种而显著不同。有些种子需要长时间连续光照,有的需要光暗交替,也有一些种子仅需短时间光照就起作用。据石川(1954)报道,喜光种子对光照时间的要求可作如下分类:

①1 000lx 1min可得高发芽率,如烟草。

②1 000lx 1h可得高发芽率,如车前属。

③1 000lx 24h可得高发芽率,如柳叶菜属。

④需间歇光照,如金桃属。

表1-3 光强与持续期对莴苣种子萌发的作用

(Flint 1934)

照度/lx(fc)	持续期/min	发芽率/%
689(64)	1	53.5
345(32)	2	52.8
172(16)	4	54.5
86(8)	8	58.1
43(4)	16	47.5
22(2)	32	58.2

种子发芽要求照光的强度并不严格,曾有报导某些种子在月光下

照射亦有效,不过在弱光下照射的时间要求较长,而在强光下则能显著缩短需要光照的时间。因此脱离光的强度而谈论光照的时间是缺乏意义的。表1-3可见照度与照光持续期对莴苣种子萌发的作用。

(3)土壤坚实度　土壤坚实度主要通过容重和含水量产生影响,在一定程度上也受有机质和盐基饱和作用的调节。土壤由于被压实或丧失土壤结构而引起板结,增加土壤的被压实程度,有机质少、团粒结构差和质地细的土壤最常遇到这一问题。土壤干燥时,坚实度增大,在土壤水分限制伸长和细胞分裂之前,就已对出苗产生不良影响。芽穿透板结层的能力,与作物芽的大小、数量和空间大小以及板结硬壳裂开方式及芽周围硬壳的强度有关。粒大的种子虽然由于种子与土壤接触面大而增加出苗阻力,但种子自身有较大的出土能力。同一作物当其他条件相同时,播种大粒种子有利于提高田间出苗率,而且在播种深度较深的条件下,更有利于出土。这一点对干旱和半干旱地区或年份有很大意义,尽管按单位种子重量的出土能力来说,小粒种子略高于大粒种子。

(4)土壤盐分和肥料　土壤盐分和肥料的影响主要通过渗透压和在一些情况下离子的毒害起作用。土壤溶液中高浓度的肥料和可溶性盐,往往抑制发芽和出苗,干旱、半干旱地区尤为普遍和严重,同时也存在于大量肥料集中施于行内与种子同部位的半湿润和湿润地区。两者水分状况虽然不同,但同样存在高浓度土壤溶液带来高渗透压和离子毒害。含盐土壤中盐的浓度随土壤含水量而变化,土壤有效水分含量高有利于安全发芽和出苗。作物之间耐盐能力差异很大,甚至同一作物不同基因型之间也存在很宽的耐盐能力,同一基因型发芽过程的耐盐能力往往低于成株。

水分逆境和渗透势的联应对出苗有明显作用,当两者的共同作用力超过0.8MPa时,出苗率急剧下降。化肥对种子根和芽产生毒害的浓度不同,($NH_3 + NH_4^+$)——氮的浓度超过0.000 6mol/L时,玉米胚根生长就受到抑制,而对胚芽的抑制浓度为0.000 9mol/L。浓度超过0.001mol/L,田间出苗率降低。液态氨、尿素和磷酸铵对种子和幼苗的伤害因素是移动的铵离子。含水量3%的砂土中,3h内铵离子移动距离为7.5cm。饱和含水量50%的粉砂壤土,24h内来自磷二铵的铵离子移动 2.5cm,27h 为 7.5cm。水分饱和的土壤中,铵离子的移动速度为每小时 2.5cm。

(5)播种深度　一般而言,在田间条件下,种子的萌发出苗对土壤水分和温度环境的依赖作用大于播深的影响。但更确地说,这种情况只限于能否正常萌发和出苗,而最终出苗率的壮弱与播深关系更为密切。尤其是播种过深所造成的弱苗,不仅直接影响出土后幼苗的正常生长,并通过幼苗生长影响整个植株和最终的产量,对小粒作物或小粒种子来说尤为明显,而且所造成的不良影响,往往很难通过栽培措施得到克服或补偿。过于浅播,则由于土壤近表面处水分干湿变化过剧或迅速变干,也干扰种子正常的萌发。土壤干旱速度因土层深度而异,变干的前锋向前移动的范围和速度与时间呈直线相关。表层 1.25cm 深的土壤,往往在湿润后 24h 内失水,使该层土壤含水量降至永久凋萎点之下。因此,播深变化对种子利用土壤有效水有很大影响,土壤干旱尤为明显。如需适当浅播,应充分使种子与土壤密接和保证土壤毛管水的向上移动,减轻和延缓表层土壤变干,以利种子萌发和出苗。播种深度也与作物幼苗出土方式及与出苗有关的形态及机能有关,并受土壤类型质地的影响。子叶出土的作物比子叶留土的作物对播深的反应更为敏感,与土壤类型和质地的关系更为密切,大豆在沙壤土上播深 7.5cm 时可以正常出苗,但在粘土上,超过 2.5cm 就足以降低最终田间出苗率。禾谷类作物最大的播深取决于胚芽鞘伸长的能力及土壤机械阻力,矮秆及半矮秆品种根茎较短而不耐深播。对于小粒禾本科和豆科作物来说,正确控制播深是保苗和壮苗的关键。由于粒大的种子在较深播深条件下比粒小的种子能更顺利出苗,因此,通过种子精选和分级,利用大粒种子作为播种材料十分重要。

第三节　种子萌发过程中的生理生化变化

一、种子萌发过程中的代谢特点

种子发芽期间的特点是植物在这个期间里不需要外来的营养,

因此植物虽然增加了体积，但并没有增加重量，不仅没有储积物质，相反地在消耗物质。在发芽期间，只发生物质的转变，而没有发生物质的同化。

幼胚的生长，新细胞的形成，一方面必须源源不绝地供给"建筑材料"，这些材料是由种子本身的贮藏物质经过分解而成的简单物质；另一方面，又要求一定的能量来把这些简单物质合成为新细胞的成分。由此可见，种子发芽的基本生理过程包括两个方面：一为呼吸作用，一为有机物质的转化。种子的萌发过程是植物体破旧立新的过程，如不进行水解作用，则母体所积累的营养物质，不能为胚所利用；如不进行氧化作用，则胚部生长发育所需的能量无从获得；如不进行合成作用，则幼苗新组织不能构成，生长发育必陷于停滞状态。因此种子在萌发期间是植物有机体表现生命活动最强烈的一个迅速发展时期，在萌发过程中，细胞内部进行着一系列错综复杂的生物化学变化。这些变化都必须有酶直接参加，其进行方向和成熟期间的合成作用相反，主要是水解作用，但同时氧化作用（呼吸作用）和合成作用也强烈地进行着。

种子萌发过程中的代谢特点，可以从活化和修复、水解作用和合成代谢等过程中反映出来。

（一）活化和修复

种子的发芽过程，是从静止状态的种子逐渐转化为生命活动强烈的状态，因此可以说是一个复苏的过程。在此过程中，细胞内部发生各种活化和修复作用，促使种子内的各种生理活动逐渐正常化，从而发育为一株能独立生活的幼苗。

种子中的活化过程在吸水后很快进行，活化的顺序是氨基酸代谢、糖酵解、三羧酸循环和磷酸戊糖途径（萌发初期三羧酸循环的效率不高，能量供给主要是靠糖酵解和磷酸戊糖途径）。据报道，种子吸水 5min 后，氨基酸代谢就已开始，10 ~ 20min 后，许多酶（包括呼吸酶）开始活化，1h 内种子中贮藏的植酸盐开始水解，为 ATP 的形成作好无机磷的准备，在能量供应逐渐充足的基础上，合成代谢及分解代谢的强度不断增高。

种子开始吸水以后，要进行各方面的修补作用，使细胞恢复正常的功能，主要的是细胞膜、线粒体和DNA的修复。

1. 细胞膜的修复　正常的细胞膜中，磷脂和膜蛋白的排列很整齐，结构很完整。在种子成熟和干燥过程中，由于细胞的脱水使细胞膜收缩，发生很多孔隙，于是膜就成为不完整状态，以致种子吸水以后，细胞膜失去其正常的功能，无法防止溶质从细胞内渗漏出去。吸胀一定时间以后，种子内修补细胞膜的过程完成，膜就恢复了正常的功能，溶质的渗出就得到了阻止。据研究，细胞膜的修复进行得非常迅速，如含水量为35%和75%的豌豆种子，在吸胀的一定阶段测定其电导率，在5min以前电导率呈直线上升趋势，但在5min后电导率的增加就趋缓慢，表明5min内膜已得到大部分修复。因为细胞膜修复好的种子渗漏出的离子少，于是电导率低。

2. 线粒体的修复　干种子或吸胀数小时的种子中，线粒体缺乏良好的膜系统，在电镜下观察，可以看到破裂的、不完整的膜。随着种子吸胀的进行，膜系统得到修复，线粒体在结构上和功能上恢复健全，线粒体的磷酸化效率增加。据研究，细胞色素氧化酶和苹果酸脱氢酶与线粒体的内膜相结合，膜的完整性受破坏，酶活力也就受到影响，正常、完整的线粒体膜是酶活力提高的重要条件。

Sato(1975)等指出：豌豆线粒体的膜蛋白是在吸水后数小时才装配上的，这时线粒体膜的生化功能才趋完善。

3. DNA的修复　种子在干燥期间，细胞中的DNA会在它的单链或双链上出现裂口，但在萌发早期由于酶的活化（如DNA连接酶）就能把DNA修复，使之变为完整的结构，顺利地进行复制和转录作用。

以上的活化和修复能力，除受到环境条件的影响外，还与种子的活力有密切关系。低活力的种子活化迟缓，修复困难。因为低活力的种子不仅修复能力降低，而且损伤的程度比高活力的种子大得多，活力降低到一定水平，就无法修复，种子也就失去萌发能力。

（二）水解作用

各种种子萌发期间化学成分的变化，因植物种类和化学成分不同而存在很大差异，这些差异可举一些代表性植物种子的实例予以说明。表1-4表明向日葵种子发芽过程中化学组成发生的变化，种子中不同的组分有增有减。由于幼苗尚未开始独立生活，所以干物质总量减少，营养物质消耗最多的是脂肪，显然其中一部分已转化为糖，而蛋白质则大部分转变为其他非蛋白含氮化合物。

蛋白质含量高的种子在萌发时对于养分的消耗，与油脂含量高的向日葵种子是不相同的。豌豆种子中蛋白质和淀粉的含量都很高，在萌发过程中也消耗得最多，而脂肪的含量却变化不大。

表 1-4　向日葵种子萌发期间化学成分的变化

成　　分	种子	幼苗	萌发后物质的增减
总干重/%	100	88.78	-11.12
简单蛋白质含量/%	24.06	13.34	-10.72
核蛋白及脂蛋白含量/%	0.96	4.05	+3.09
天冬酰胺及谷氨酰胺含量/%	0	3.60	+3.60
磷脂含量/%	0.44	0.71	+0.27
脂肪含量/%	55.32	21.81	-33.5
糖含量/%	3.78	13.12	+9.34
有机酸含量/%	0.56	2.16	+1.6
纤维素含量/%	2.54	10.25	+7.71
半纤维素含量/%	0	3.41	+3.41

禾谷类种子含多量的淀粉，在萌发时淀粉含量迅速降低；另一方面由于结构蛋白质的增加而增高了蛋白质的含量，因此幼苗中的蛋白质含量百分率显著高于籽粒。水稻和玉米同为禾谷类作物，淀粉和蛋白质的含量占了种子中干物质的绝大部分。萌发期间化学成分最明显的变化是淀粉和贮藏蛋白质迅速降低，游离糖和氨基酸急剧增高，这是它们的共同特点。但玉米种子的脂肪含量远比水稻种子为高，因此玉米种子发芽过程中脂肪的变化也比较令人注目，幼苗中的脂肪含量百分率较籽粒为低（表 1-5，1-6）。

表 1-5　水稻种子萌发过程中化学成分的变化*

(Palmlano 等,1972)

萌发期/d	干重/mg	淀粉含量/mg	游离糖含量/mg	粗蛋白含量/mg	氨基酸含量/μg	RNA含量/μg	可溶性蛋白含量/μg
1	18.4	16.2	0.15	1.36	2.18	26	258
2	19.6	—	—	0.83	—	14	276
3	17.0	13.9	0.37	0.82	9.79	11	268
4	17.0	12.4	0.77	0.70	14.25	11	296
5	12.6	10.8	1.14	0.64	15.8	11	304

* 暗处萌发。

表 1-6　玉米种子发芽时化学成分的变化

分析对象	蛋白质含量/%	淀粉糊精含量/%	糖含量/%	脂肪含量/%	灰分含量/%	纤维素含量/%	未测定物质含量/%
子粒	10.19	73.95	0	5.36	1.80	5.98	2.72
幼苗	19.46	17.15	21.04	3.31	3.46	29.04	6.54

纤维素是细胞壁的组成成分,萌发时细胞急剧增多的结果,使向日葵和玉米纤维素的含量在幼胚中很快增加。豌豆种子由于原来含纤维素较多,发芽过程中发生分解,因而含量反而降低。

由此可见,由于各种作物种子的化学成分不一致,发芽时其含量的变化及各种化学成分的对比关系也就存在很大的差异。

(三)合成代谢

活力较强的种子在活化和修复的基础上,开始了旺盛的合成和分解代谢。合成作用主要包括以下几方面:

(1)开始是预存在种子中的长寿命 mRNA 作用下,先合成蛋白质,形成各种酶,以供各种生化作用的需要。

(2)接着是合成各种 RNA,以合成各种蛋白质。

(3)形成各种细胞器。多聚核糖体——小麦胚吸胀后 11 天时,大部分单核糖体都聚合成多聚核糖体。

线粒体——新的线粒体的形成表明种子进入了旺盛的代谢。蓖麻线粒体蛋白质在 5 天内达到最高峰，而呼吸水平亦同样达到最高峰。

(4)重新合成 DNA。DNA 的重新合成开始较晚，其合成表明进入了旺盛的合成代谢。

小麦和豌豆种子在萌发过程中 DNA 和 RNA 含量都迅速增加，但增加的速率并不一样。DNA 主要存在于细胞核中，每个细胞核中的含量相当稳定，因此 DNA 的增加和细胞分裂有关。DNA 的合成可以发生在细胞分裂之前或者细胞分裂之后。

二、种子萌发过程中的呼吸作用和能量利用

(一)种子萌发过程中的呼吸作用

种子吸水以后，随即有气体的释放，这种气体的释放似乎是纯粹的物理过程，而与种子的特性无关，一般认为这些气体是被种子中的胶体所吸附的(Haber 等，1959)，其释放现象与呼吸作用没有联系，但它会对呼吸作用的测定有一些干扰。随着吸胀的进行，种子的含水量提高，呼吸作用显著增强，但到达一定阶段会趋于停顿，经历若干小时后重新增高，最后又再次降低。在豌豆的完整种子中都能观察到以上的不同阶段，但在除去种皮的情况下，氧的吸收表现略高。这些种子萌发期间出现的停滞期可能是需要一段时间发展第二套效率较高的呼吸系统，进行线粒体的修复和合成，另一些种子可能是暂时缺氧之故。

萌发过程中呼吸底物不同。Bewley 等(1978)认为突破种皮前呼吸底物主要是蔗糖，继续生长利用三糖或四糖，以后才是主要贮藏物质。但也有一些例外情况，如大豆吸水 2 昼夜内，密三糖及水苏四糖下降一半左右，而蔗糖到 2 ~ 4 天才开始下降(East 等，1972)。

糖酵解作用，磷酸戊糖途径和柠檬酸循环，是种子萌发过程中的三种呼吸途径。糖酵解作用通过酶的催化，在需氧和厌氧条件下均产生丙酮酸，但在缺氧条件下进一步还原为乙醇和 CO_2，或在没有出现脱羧作用时产生乳酸，每分子葡萄糖的无氧呼吸仅产生两个分子的 ATP。相反，有氧条件下形成的丙酮酸经脱羧作用产生乙酰 CoA，

这一过程在线粒体内经柠檬酸循环对 CO_2 和水充分氧化，产生更多 ATP。

磷酸戊糖途径是 NADPH 的一个重要来源，在还原的生物合成中（尤其是脂肪酸）起氢和电子供体作用。

种子发芽过程中的呼吸作用，涉及以下几个阶段（图 1-6）。

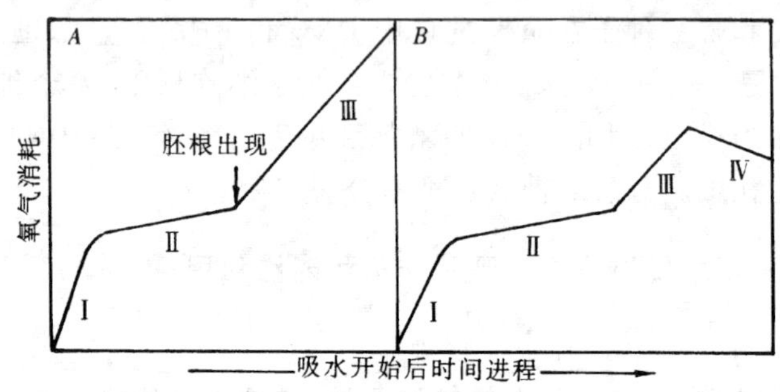

图 1-6　种子发芽过程和发芽的胚部

A. 贮藏组织 *B*. 耗 O_2 方式

（Bewly & Black，1985）

1. 开始时耗氧明显增多，部分原因可能与线粒体酶的激活和水合作用有关。这一过程涉及柠檬酸循环和电子传递链，呼吸作用随组织的水合程度而直线增高。

2. 这一阶段呼吸作用的特点是氧的吸收趋于稳定或增加缓慢，呼吸作用处于滞后状态。种子中原来存在的酶均在水合过程中被激活，酶的活性水平或线粒体数增加很少。一些作物呼吸的滞后原因，部分在于种皮或其他被覆组织限制吸水的胚或贮藏组织对氧的吸收，导致暂时缺氧，将豌豆的种皮去除后，滞后过程缩短。滞后的另一个可能原因是发芽过程中糖酵解途径的作用远快于线粒体的发育。由于柠檬酸循环或氧化磷酸化作用电子传递链的问题而导致丙酮酸的积累，并有部分临时被转移到不需要氧的糖酵解途径。

3. 新合成的线粒体和呼吸酶的活性增强，贮藏器官中的线粒体数量增加。

4. 这一过程的呼吸作用只发生于贮藏组织，并与贮藏物质耗尽后的衰老相一致。

上述各个过程的长短因作物而异,主要是由于吸水速度、种皮透氧性和代谢速度等不同所致。外界环境条件(尤其是温度)也影响各过程的长短。

种子发芽期间呼吸底物的提供,不仅是通过主要贮藏物质的水解,蔗糖和棉籽糖在主要贮藏物质被水解之前先被水解,为早期呼吸提供底物。大多数作物的干种子含有蔗糖和棉籽糖,这些糖在种子中的分布很不一样,同一作物不同品种之间也异。

表 1-7 不同氧分压对水稻幼苗生长的影响

(汤佩松,1979)

氧气含量/%	芽鞘/mm	叶/mm	根/mm
0.2	3.3	0	0
5.0	1.7	1.7	3.5
20.8	1.8	2.1	4.8

呼吸是活体原生质的机能,因此,种子中含原生质多的器官,呼吸速率也高。浸水 15h 的大麦,每克鲜重每小时氧的吸收量,胚重为 715mm^3,胚乳仅 76mm^3。小麦胚的呼吸量约为胚乳的 12 倍。小麦和水稻离体胚呼吸排出的 CO_2 的量,65% ~ 85% 来自胚。当呼吸条件改变时,种子发芽和幼苗生长,均受很大影响(表 1-7)。种子的呼吸强度与温度密切相关。在 15 ~ 30℃ 范围内发芽时,温度每增加 10℃,呼吸强度约增加0.5 ~ 1.8倍。发芽过程中种子的呼吸强度随种子吸水量的增加而相应增强,并在一定时间内达

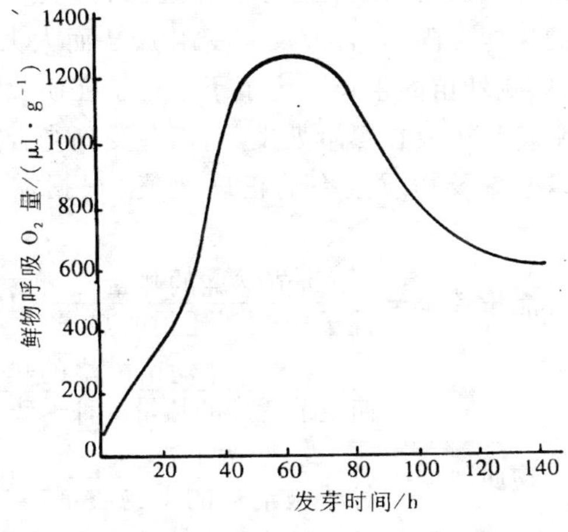

图 1-7 油菜种子发芽过程呼吸强度的变化

(李合生,1981)

高峰，而后逐渐下降，最后趋于平衡（图 1-7）。

种子发芽过程的生物合成需要大量生物能，随着种子的吸水和呼吸，高能化合物 ATP 迅速形成。研究表明：吸水 45min，小麦种子中 ATP 含量比吸水前（每粒干种子 10.97×10^{-12} mol）增加 66%；吸水 4h，增加 4.7 倍。种子在吸水初期 ATP 量显著增加之后，稍显滞缓，情况因作物而异，平衡阶段结束后，胚开始生长，ATP 量再次剧增，增加速度远大于滞缓阶段之前。例如水稻种子 ATP 含量由每小时平均 7.8×10^{-12} mol 提高到 29.6×10^{-12} mol，棉花由 12×10^{-12} mol 提高到 15×10^{-12} mol。种子吸水后的发芽过程中能荷的增加，也表明有更多的腺苷磷酸以 ATP 的形式存在。

（二）种子萌发过程中能量的利用

种子萌发期间的转运，不仅与物质代谢变化有关，同时还与能量的转化利用有一定关系。在萌发条件不适宜时，空耗的能量增多（如土壤板结造成顶土力消耗过大，温度、氧气等条件不良，使萌发时的供能受限制，合成反应受阻），从而大大降低了贮藏物质的利用率，影响幼苗的生长。为了了解种子在萌发期间对于能量的利用率，通常将种子放在黑暗处发芽，以免受到光合作用的影响，然后可测定能量效率及物质效率的正确数值（根据需要在萌发的一定阶段测定）。

$$\text{能量效率}=\frac{\text{幼苗燃烧的热量}}{\text{种子中全部耗用的热量}}\times100\%=\frac{\text{幼苗燃烧的热量}}{\text{萌发前燃烧的热量}-\text{种子残余物燃烧的热量}}\times100\%$$

$$\text{物质效率}=\frac{\text{幼苗干重}}{\text{种子被消耗的干物质重}}\times100\%=\frac{\text{幼苗干重}}{\text{萌发前的种子干重}-\text{种子残余物的干物质重}}\times100\%$$

萌发时散失的热能愈少，为植物所利用的能量愈多，则能量效率愈高。富含淀粉的种子萌发期间能量效率非常高，达到 73%；蛋白质种子（豌豆）较低，约等于 63%；油质种子（花生和亚麻）更低，约为 53%。但花生和亚麻的物质效率比淀粉种子高，这是因为在萌发期间，大部分累积在花生和亚麻种子内的贮存态脂肪氧化成糖，转入幼苗内的缘故。表1-8表明不同化学成分的种子在物质效率方面的显著差异。

表1-8　不同作物种子的物质效率

作　　物	干重/g		萌发时损失的干重/g	物质效率/%
	种子	幼苗		
小　麦	1.665	0.722	0.943	43
玉　米	8.636	4.529	4.107	53
羽扇豆	100	81.7	18.30	82
向日葵	100	88.98	11.12	89

同一种作物种子的物质效率,除了决定于种子的萌发条件外,还与种子本身的活力有密切关系,活力愈强,则物质效率愈高,因此测定种子的物质效率可以帮助我们了解萌发的条件是否适宜以及幼苗的健壮程度。

三、种子萌发过程的物质代谢

种子发芽期间,所需的养料和能量来自贮藏物质的转化。因此,胚乳或子叶在吸水膨胀过程中,贮藏的高分子物质进行水合,并在各自酶系的作用下,将贮藏物质分解和转移,为幼胚的根芽生长建造新细胞的物质和维持生命活动的能量。将淀粉、脂肪和蛋白质等大分子物质转变成为胚容易利用的简单形态,必须有酶参与作用。因此,酶的活化是种子发芽过程中最明显的现象之一。种子发芽时的各类酶,一部分与其他化合物结合,并以非活性状态存在;或作为酶的前体,在一定条件下才转变成活性酶。由于酶的专一性,尽管贮藏物质被胚利用时的化学变化需经若干阶段,但酶对某种物质的分解,大多只是与其中的一部分变化有关,通常以不同酶系接力方式,逐步将贮藏物质分解,发芽期间,种子最先被利用的是单糖、游离脂肪酸和氨基酸,然后是淀粉、脂类和蛋白质(图1-8)。

(一)碳水化合物的分解代谢

淀粉是种子中最普遍存在的高分子贮藏碳水化合物和种子发芽过程中主要的贮藏碳水化合物分解代谢物质,其余尚有半纤维素。

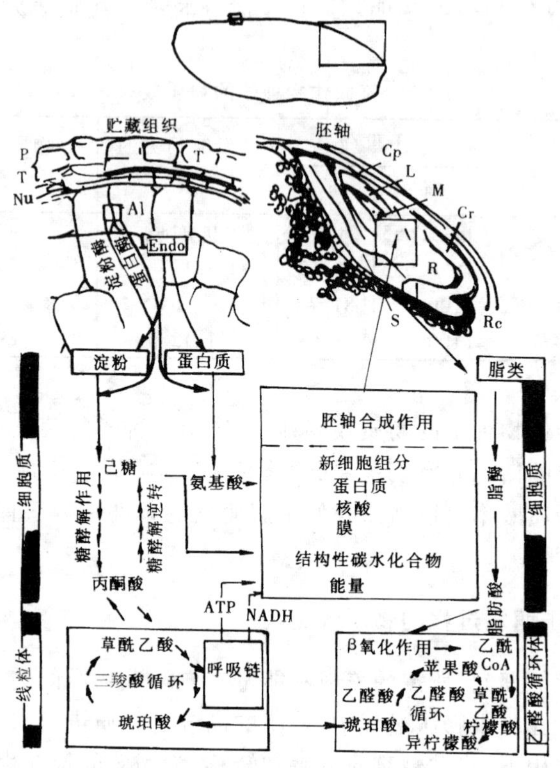

图 1-8　发芽种子中贮藏物质的降解(细箭头),参与作用的细胞器,转化和合成途径(粗箭头)图解

P—果皮,T—种皮,Nu—珠心组织,Al—糊粉层,Endo—胚乳,Cp—胚芽鞘,L—胚叶,M—顶端分生组织,Cr—胚根鞘,R—胚根,Rc—根冠,S—盾片

(Cardwell,1984)

淀粉的分解代谢途径,一是水解途径,一是磷酸解途径。淀粉被分解为葡萄糖,约占降解淀粉的 90%。通过水解途径的淀粉,双子叶植物产生较多的葡萄糖和麦芽三糖;禾谷类作物则以麦芽糖居多,与两类作物 β-淀粉酶的相对活性不同有关。

淀粉在分解代谢过程中,淀粉粒中的直链淀粉和支链淀粉,首先为 α-淀粉酶所水解,释放的低聚糖由 α-淀粉酶进一步水解成为葡萄糖和麦芽糖。由于 α-淀粉酶不能断裂支链淀粉的 α-1,6 糖苷键,所以经过α-淀粉酶分解的支链淀粉先产生葡萄糖、麦芽糖和极限糊精。在断裂为单体之前，小分枝由专化的脱支酶（R-酶）作用于α-1,6糖苷键。极限糊精酶专门分解小单位的极限糊精，但不能分解高分子量的支链淀粉，R-酶则起两种作用。

在磷酸解途径中，淀粉磷酸化结合一个磷酸而释放葡萄糖-1-磷酸。淀粉经完全磷酸解，支链淀粉可以被降解不超过2～3个带有一个α-1,6分枝连结的葡萄糖残基。

不同作物之间两种淀粉酶和磷酸化酶的相对活性迥异，豆类作物的磷酸化酶活性较高，豆类作物种子发芽初期，子叶中磷酸化酶活性是淀粉转化的主要因素。禾谷类作物的磷酸化酶活性很低，或几乎不存在，而且，同是禾谷类作物，发芽的水稻种子中，β-淀粉酶的相对活性高于其他作物（表1-9）。

蔗糖是贮藏碳水化合物和甘油三脂分解代谢产物的主要形式，能迅速被输送到生长部位。发芽过程中，葡萄糖-1-磷酸可直接用于蔗糖合成，葡萄糖则需先转化为葡萄糖-6-磷酸或葡萄糖-1-磷酸。

表1-9　大麦、小麦和豌豆淀粉迅速分解过程淀粉酶和磷酸化酶的活性

（Ap Rees,1974）

酶	大　麦	小　麦	豌　豆
α-淀粉酶活性/（$mg \cdot h^{-1} \cdot$ 粒$^{-1}$）	34.4	31.8	19
β-淀粉酶活性/（$mg \cdot h^{-1} \cdot$ 粒$^{-1}$）	11.4	120	很低
淀粉磷酸化酶活性/（$mg \cdot h^{-1} \cdot$ 粒$^{-1}$）	几乎不存在	0.09	14.6

半纤维素酶（β-葡聚糖酶）对半纤维素的分解作用，对于种子的萌发是极为重要的。胚乳细胞壁的分解使糊粉层中合成的各种水解酶得以顺利地进入胚乳的淀粉层，亦即打开了酶作用的通道，使胚乳中的营养物质分解，并使可溶性的分解产物能迅速地向正在生长的胚中轴转移。胚乳细胞壁的变化在吸胀后1～2天开始，在糊粉层下面的细胞壁首先开始分解，并逐渐推移至胚乳中央。

在种子萌发的初始阶段，磷酸化酶对于分解淀粉的作用是举足轻重的，甚至是起着主要作用，这种酶预存在种子之中，它的作用不需要消耗ATP，同时还产生ATP。但分解效率较低，因此在积累相当能量以后，就转入效率较高的水解。一般 2～3 天后，淀粉酶明显产生，10～12 天，淀粉酶是磷酸化酶的 80 倍，可以说，第二阶段的淀粉水解主要由淀粉酶作用。

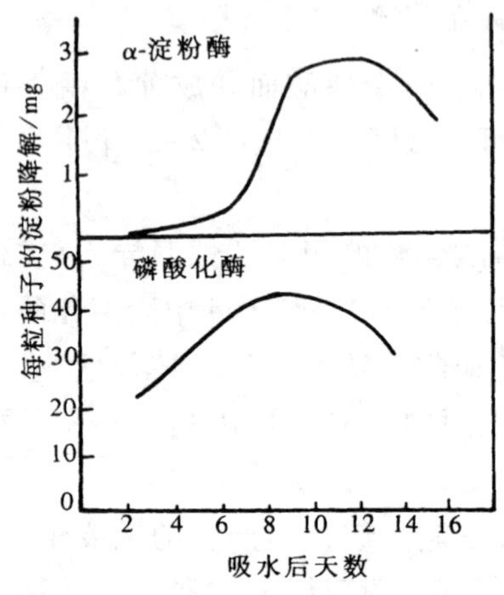

图 1-9　发芽水稻种子酶活性的变化
（村田等，1968）

禾谷类种子在吸胀萌动时，淀粉酶的活性逐步增强，如小麦以萌发初期的活性为 1，则萌发后 2～3 天约增加数倍，萌发后 6 天增加近 20 倍。这一变化一方面固然由于种子中原来含有的淀粉酶被活化，但主要是因为有新的淀粉酶在种子中大量合成。当活力增加至最高峰以后，又有转弱的趋势。据村田等（1968）研究，水稻种子萌发过程中淀粉酶活性的高峰阶段约在第 9 天至第 13 天，而磷酸化酶活性的高峰阶段却是第 7 天至第 9 天，当磷酸化酶的活性开始下降之时，正是淀粉酶活性最高，淀粉的分解作用非常强烈之际（图 1-9）。小麦和向日葵淀粉酶活力的高峰与水稻很相近似（表 1-10）。

酶的生成依赖于温度，如在 14.4℃ 经 19～26h 后，仍未见 α-淀粉酶活性，而培育在 25℃ 中只需经 15～17h，即可测得 α-淀粉酶的活性。

表 1-10　种子萌发时淀粉酶活力的变化

萌发时间/d	淀粉酶活力/（$mg \cdot g^{-1} \cdot h^{-1}$）	
	小　麦	向　日　葵
0	4.5	12.0
1	4.5	12.0
2	6.5	12.5
3	10.5	17.0
4	20.5	21.0
6	83.5	36.0
8	107.5	41.5
11	98.5	50.0
16	—	39.5

赤豆和菜豆中不含淀粉酶,蚕豆中亦很少,但这些种子中均含有磷酸化酶。这些种子发芽时,子叶及幼苗中只含蔗糖、葡萄糖及果糖,不含麦芽糖。豌豆种子的情况却与之不同,子叶淀粉的降解分2个阶段,第一阶段降解速率缓慢,这是磷酸化酶作用的结果,几天后α-淀粉酶及β-淀粉酶的活性才升高,进入淀粉分解的第二个阶段,此时降解过程加速进行,水解产生的还原糖及糊精一般不在子叶中积聚,而迅速转移至胚中轴中,供幼植物发芽生长之用。

(二)贮藏蛋白质的分解代谢

发芽过程的贮藏蛋白质分解代谢,包括非可溶性贮藏蛋白质的降解。可溶性蛋白质进一步由肽酶水解为组分氨基酸,运转到胚部重新合成新的蛋白质。涉及贮藏蛋白质水解过程的蛋白质酶系,其中一些影响总的水解作用,而另外产生小单位的多肽则需进一步经肽水解酶的降解。

贮藏蛋白质水解产生的氨基酸,可被再用于新蛋白质的合成,或被去氨基后为呼吸氧化提供碳架。

种子萌发过程中,总氮量的变化很小,因种子中的氮素一般保存得很好,不容易消耗。随着贮藏蛋白质的降解,逐渐生成溶解状态的氨基酸及酰胺,而后转运至胚部,构成新细胞的原生质。由于蛋白质是高分子化合物,即使在溶解状态,其分解性也很小,不易透过细胞壁,因此贮藏蛋白质必须先水解为氨基酸等形式才能运转到胚的生长部分;然后以各种不同的方式重新结合起来,形成各种性质的蛋白质,这就是结构蛋白质反而增多的原因。

由于各种蛋白质所含氨基酸的种类不同,当贮藏蛋白质分解成氨基酸重新构成蛋白质的过程中,必然有一部分氨基酸未被直接利用。这些氨基酸经过氧化脱氨作用,进一步分解为游离氨及不含氮化合物。在萌发的胚细胞内部,这种脱氨作用往往进行得很旺盛,因而很容易发现游离氨的存在。如果游离氨积累过多,就会使植物细胞中毒。但在一般情况下,游离氨的存在量是很少的。因为当细胞中含有足够的糖类时,游离氨就直接参加氨基化反应,和种子中的酮酸形成氨基酸,或再重新合成糖类、脂肪或被呼吸作用所消耗。游离氨又常形成酰胺，主要是谷氨酰胺或天门冬酰胺，从而起了解毒作用。

发芽种子中氨基酸的从新形成，必然造成种子氨基酸的种类、不同氨基酸的比例以及种子蛋白的组成发生变化，使发芽种子的营养价值可能有别于萌发以前的干种子。如据 Canella(1982)研究，向日葵发芽种子中赖氨酸含量有一定程度的增加。

禾谷类种子的糊粉层除了能分泌分解碳水化合物的水解酶外，也能分泌蛋白酶分解贮藏蛋白质。蛋白质最早在糊粉层不分解，接着是在胚乳淀粉层中。胚中亦有酶，主要分解输送到胚中的蛋白残体或二肽，以供合成新蛋白。如已知大麦种子中存在三种不同的蛋白水解系统：第一种位于糊粉层，有多种酶，其功能是水解蛋白质，为合成水解酶提供氨基酸，此酶系统受赤霉素控制；第二种位于胚乳淀粉层细胞中，其功能系动员胚乳中的贮藏蛋白以供幼苗生长之用，此酶系统也受赤霉素控制；第三种存在于胚中轴中，其作用除降解胚中轴的蛋白外，还可将胚乳运来的肽进行水解。

对玉米发芽过程中蛋白酶的分解作用也曾进行过研究。玉米胚乳中的贮藏蛋白是玉米蛋白(醇溶性蛋白质)和谷蛋白，前者贮存于蛋白体中，后者存于细胞质内，Moureaux(1979)证明在发芽玉米胚乳中存在三种酸性蛋白酶，一种在不发芽种子中就已预存，不能分解玉米蛋白(醇溶性)，其他两种在 2～2.5 天能很快破坏蛋白质。又据试验，在玉米种子吸水后 20h，贮藏物质开始水解，水解迅速期是第 3 天至第 8 天，这与酸性肽链内切酶在胚乳中的合成过程是一致的(Harver 等，1974)。

蛋白酶活性的变化，因作物种类而异，如禾谷类种子的蛋白酶随着种子萌发而逐渐增多。小麦的蛋白酶在萌发 2 天后略增，7 天后增至 10 倍，而萌发的南瓜子叶蛋白酶在 2～3 天内达到高峰，然后又下降，7 天后降至原始水平，可见南瓜种子的蛋白质分解较早而迅速。菜豆干种子的蛋白酶活性很低，吸水后 5 天突然上升，这又是另一种分解类型，可能是酶活化而不是重新合成(Yomo 等，1973)，但根据对棉籽的研究指出：在干种子中贮存的蛋白酶很少，萌发过程中起作用的蛋白酶大部分是在萌发初期合成的。

总之，干种子和萌发种子中含有多种蛋白酶类，有些酶预存于干种子中，另一些则在萌发期间才开始出现，大部分的情况下，有水解活性的蛋白酶是可溶性的，存在或发生于贮藏器官——子叶或胚乳中。

蛋白质种子的蛋白水解作用和禾谷类一样也受激素影响，但激素来自胚中轴。Davies 等(1980)曾对黄瓜进行过研究，发现胚和种皮都能显著影响贮藏蛋白的降解，除去胚中轴，可使蛋白的降解速率下降，而种皮对酶活性的提高起显著的抑制作用。但在某些种子中(如豌豆)未曾发现激素的控制作用。

蛋白质的分解和淀粉粒的分解一样，可以在显微镜下观察到它的变化：贮存蛋白质的蛋白体是单层膜的球状体，在种子成熟时呈多角形，直径为 1 ~ 22μm，因植物种类而不同。种子萌发时，蛋白酶进入蛋白体，不溶性蛋白体被分解成为片段、颗粒，最终完全溶解。通常若干个蛋白体集中形成液泡。

蛋白质的转化开始很早，在吸胀 15min 之内发生的最早代谢过程，看来是氨基酸进行脱氨和转氨反应。蛋白质的合成亦开始很早，但因植物种类而不同，有些植物种子在吸水后短时间内就出现蛋白质合成，而另一些种子则在几小时之后。例如菜豆的分离胚中轴；黑麦、水稻、小麦的离体胚在吸水 30 ~ 60min 内就开始合成蛋白质(完整种子中合成较迟)。小麦在吸水 15min 后已形成多核糖体，在干燥的小麦胚中已预存活化的 mRNA，充分具备在萌发初期合成蛋白质的能力。至于小麦胚吸胀初期新合成的 mRNA 在什么时候对蛋白质的合成开始发生作用，目前尚未明确。整粒棉籽的情况与小麦相似，在吸水 6h 内，种子中有预存的活化 mRNA 对蛋白质的合成起作用，但在吸水 6h 后，新合成的 mRNA 及其活化，就成为蛋白质继续合成的必要条件。

(三)贮藏脂类的分解代谢

以脂肪体形式贮藏于禾本科作物盾片和双子叶植物子叶或胚乳中的油脂，经酸性酯酶由甘油三脂降解为甘油和脂肪酸。甘油三脂的降解作用由碱性脂酶在高尔基体中进行。一些油料作物如蓖麻的种子中，发芽初期就出现这种水解作用。脂肪酸经由 β-氧化作用途径而被氧化，产生进入三羧酸(TCA)循环或乙醛酸循环的乙酰 CoA，再经糖酵解逆转作用将脂肪转化为糖。葡萄糖经过磷酸戊糖途径而被转化，为合成核酸提供戊糖，而核酸是合成物质以及随着胚生长而来的细胞分裂必不可少的物质。

发芽种子贮藏组织内脂肪的代谢，先将油滴内的脂肪经水解作用成为脂肪酸和甘油，在乙醛酸循环体内将脂肪酸氧化，并合成琥珀酸。琥珀酸在线粒体内被转化为苹果酸或草酰乙酸，再进一步加工成蔗糖。解脂作用的产物甘油和脂肪酸，一般很快被代谢，在永久贮藏器官中，部分甘油被用于合成脂肪，部分用于呼吸，其余被转化为糖。在非永久性贮藏组织中，大部分甘油被转化为蔗糖外运，很少被再结合到脂类中，另一些也用于呼吸消耗。

种子萌发过程中一般首先利用种子中的碳水化合物，几乎同时开始贮藏蛋白质的分解，脂肪的利用则最迟——发生在子叶高度充水，根茎显著生长的时候。向日葵种子萌发后的第十天，脂肪消失达 2/3 以上，第 14 天将近消失 95%。头 7 天内酸价、脂肪含量缓慢地增多，7 ~ 14 天间迅速增大。棉花种子在子叶伸出土表时，消耗子叶中脂肪特多，可达半数以上。

油质种子萌发过程中脂肪性质的变化，除了表现明显的酸价增高外，还表现碘价随着发芽的进展而降低。因为萌发时先动用不饱和脂肪酸，然后利用饱和脂肪酸。据 Canella(1982)研究向日葵种子萌发时，脂肪含量大大降低，碳水化合物明显增加，且亚油酸下降，油酸则表现增加。又据对发芽棉籽的研究，发现无论在暗处或光中发芽，在萌发 5 天时碘价开始明显降低，可见碘价在种子中的变化开始较迟，而且比较缓慢，但在 5 天以后就发生急剧降低。

种子发芽时的光照情况，可能影响贮藏脂肪在种子中的利用速率。如大豆种子在光下萌发 3 周内，幼苗利用贮存脂肪的速率比在暗处萌发的为快，而茎叶和根部内的脂肪合成，无论在光下或暗处均能进行。表 1-11 的资料也同样说明，棉花种子在光中发芽，脂肪含量的降低比暗处要快，游离脂肪酸的增长，也远较暗处迅速。

油菜种子在多雨季节收获，湿种子不能及时干燥，极容易发生大量发芽，影响脂肪的含量和品质。据广东粮科所等单位研究，在油菜种子萌动时，脂肪的分解转化极为缓慢，若此时及时加以处理利用，对油分的含量及品质影响不大。当胚根继续生长，长达 1cm 时（一般在萌发的第 2 天），脂肪含量降低 5%；若生长再继续下去，达到子叶开展的阶段（一般在萌发的第 3 天），则脂肪的损失即可达 20%。可见在种子萌动以后，脂肪的分解速率就迅速增长，使种子很快失去利用价值。至于游离脂肪酸的成分，在这段测定期间的变化并不显著，仍以不饱和脂肪酸为主，约占 95%。

表 1-11　棉苗中脂肪、游离脂肪酸及碘价的变化

苗龄/d	100 株苗中含量/mg				游离脂肪酸/%		碘　价	
	脂　肪		游离脂肪酸		暗处	光中	暗处	光中
	暗处	光中	暗处	光中				
0	1 919	1 919	12	12	0.6	0.6	108.3	108.3
1	1 689	1 689	10	10	0.6	0.6	108.3	108.9
3	647	527	15	21	2.3	3.8	105.6	106.0
5	187	120	20	34	2.7	22.1	100.4	103.9
7	70	100	18	—	20.5	—	93.3	—

注：测定温度为 30℃。

脂肪转化为糖的过程基本上是氧化过程，在变化的各个阶段都要不断地吸收氧气。其水解作用需借助于脂肪酶的活动，脂肪酶因种类不同而要求不同的酸度，如大豆种子中的脂肪酶，其作用的适宜酸度为 8，而蓖麻种子则是 3.6。

脂肪酶并非在所有的干种子中都有存在，如在蓖麻种子中能够发现，但其活性很低；而在另一些植物如苹果等干种子中，却未曾测得其活性。一般情况下，在种子吸水过程中活性上升，目前尚不明是重新合成抑或预存脂肪酶的活化。据报道，在小麦种子中，脂酶为羟胺和谷氨酸所活化，而在棉花中，脂肪酶活动为赤霉素所诱导。棉花脂肪酶活性在最初 2 天中缓慢地增长，以后随着胚开始生长而活性急剧提高。

许多油质种子在发芽过程中出现淀粉粒，这是脂肪转化而来的糖在细胞中的暂时贮存形式,死种子不可能出现这种转化作用,因此淀粉粒的出现可以作为鉴别种子死活的依据,借助显微镜的观察就能清楚地予以鉴别。

四、贮藏物质的动员调节

以大麦为材料的有关研究表明,种子发芽时贮藏物质动员的途径为:胚产生 GA,GA 诱导胚乳周围和糊粉层细胞中酶的合成与释放,然后这些酶水解存在于淀粉胚乳中的贮藏物质。其他禾谷类作物方面的研究不及大麦详尽,但也有同样趋势。尽管不是所有情况下都有明显的 GA 反应(有的糊粉层也可以在不存在 GA 参与作用的情况下合成 α-淀粉酶),但一般认为 GA 是诱导糊粉层合成水解酶系之一的调节因素。发芽的水稻种子,盾片的表皮细胞层也是 α-淀粉酶和 β-淀粉酶的丰富来源,其重要性可与糊粉层相提并论,玉米的盾片同样也是 α-淀粉酶的早期来源。禾谷类作物几乎所有活化酶存在的部位与贮藏物质场所分开这一特点,与其他大多数作物不同,后者存在于同一部位,即胚乳或子叶。

干种子和刚刚吸水的种子,很难观察到蛋白酶、脂肪酶和淀粉酶等水解酶的活性,或活性很弱,但在大多数情况下,活性随种子的水合而逐渐增强。种子发芽过程什么因素在增强贮藏物质活化作用中起调节作用,主要涉及酶的形成和活性,调节作用可能是其中之一,或两者均有。在很多情况下,当胚乳是贮藏器官时,活化作用来自胚轴。理由是调节物质由胚轴转移到贮藏器官或组织,并在该处合成酶,胚通过 GA 的作用在糊粉层中调节酶的产生。种子发芽过程中胚是代谢库,从子叶或胚乳中吸收贮藏物质的活化产物。在很多情况下,植物生长调节物质可以诱使离体组织贮藏物质的分解和(或)提高酶的活性。因此,多数支持通过胚轴激素调节的解释。另一种解释是把胚轴当成“库”,胚轴的生长利用贮藏物质的分解产物,因而分解产物未能在贮藏组织中积累,胚轴不断吸收这些分解产物,是活化酶活性得以增强和保持的原因,即胚轴通过作为库的作用而简单调节酶的活性。

第二章　作物的生育生理与调控

第一节　作物的生长发育

人类栽培作物就是利用作物的生命活动进行生产。作物一生所经历的生命活动周期叫做个体发育。作物的个体发育是从卵细胞受精和结合子形成开始的。结合子细胞经多次连续有丝分裂而形成胚,胚具有明显分化的各种组织,有子叶、胚根、胚轴和胚芽。胚的形成是个体发育的第一阶段,这个阶段是在母株上完成的。

在实际生产上,人们常常把从出苗到植株成熟收获看作是作物的一个生命周期。从种子萌发开始,根和茎生长点的体细胞旺盛分裂,叶、节、节间原始体依次形成,逐渐建立起一个具有根、茎、叶三种营养器官的有机体。有机体进入能对环境起反应而开花的生理状态,一旦遇到适宜的环境条件就开始花芽的分化,于是花、果相继出现直至成熟。这样的周期适于以种子或果实为播种材料和收获对象的所有作物。还有一些作物以营养器官为播种材料或收获对象,如甘薯、马铃薯、甘蔗等,其生物学的生命周期和作物栽培学的生产周期,则完全是两回事了。

一、生长和发育的概念

生长是作物体积和重量上的不可逆的增长过程,它是通过细胞分裂和伸长增大来完成的,既包括营养体的生长也包括生殖体的生长。发育是指作物一生中,其结构、机能的质变过程,常与性质不同的新器官分化有关,它的表现是细胞、组织和器官的分化,最终导致植株根、茎、叶和花、果实、种子的形成。

在作物生活中生长和发育是交织在一起进行的。没有生长便没有发育,没有发育也不会有进一步的生长,生长—发育、发育—生长是交替推进的。种子的萌发、叶片的长大、茎秆的伸长增粗、根的伸展，以及分化更多的叶片、支侧根、分枝分蘖等，为生殖器官提供了物质基础。

在生产上人们最关心的往往是作物生育过程中的营养体向生殖体的过渡，以及营养体生长和生殖体发育之间的相互协调问题。

植株由营养体向生殖体过渡，要求一定的外界条件。业已确定，温度的高低和昼夜的长短对许多作物实现由营养体向生殖体的质变有着特殊的作用。例如，冬小麦植株只有顺序地通过低温和长日照处理才能诱导生殖器官的分化，否则就只进行营养器官的生长分化。又如，华南稻区的晚熟品种，只有在短日照和适宜的温度条件下才能开始穗分化。此外，营养条件特别是碳氮比(C/N)的大小对于这一质变也有影响。例如，在碳氮比较小时，棉花腋芽形成叶芽而不形成花芽，结果是现蕾期延迟，现蕾节位提高，有时即使果枝已经出现，还会在其上方的茎节再生出叶枝。当碳氮比小时，还会出现水稻颖花分化推迟，退化或不实现象。

二、营养生长与生殖生长的关系及其调控

(一)营养生长和生殖生长的概念

作物营养器官根、茎、叶的生长称为营养生长；生殖器官花、果实、种子的生长称生殖生长。二者通常以花芽分化(穗分化)为界限，把生长过程大致分为两段。花芽分化(穗分化)之前属营养生长期，之后则属生殖生长期。严格说来，麦类作物的穗分化在茎拔节前，粟类作物穗分化则在拔节之后。一般茎拔节后，茎、叶继续生长，穗也边分化边长大，营养生长和生殖生长平行并进。棉花、大豆、油菜等作物早在现蕾前即已开始花芽分化。现蕾后，茎(枝)、叶仍在分化、伸长，花、果连续出现。早、中稻的穗分化常在拔节的稍前或同时，而晚稻则在拔节之后。

(二)营养生长与生殖生长的关系

营养生长是作物转向生殖生长的必要准备。一般地说，只有根深叶茂，才能穗大粒满。在营养生长期间，若植株生长健壮，地下有强大的根系网络吸收水分和无机养分，地上有大量的绿色叶片利用

阳光制造并积累有机物质，就能促进生殖器官发育。反之，当温度低，水分、养分不足，或受荫蔽时，营养生长弱，也会影响生殖生长，使产量降低。

由于营养生长和生殖生长在相当时间内交错在一起，在同一个时间，根、茎、叶、花、果（穗）、种子各自处于生育进程的不同时期，彼此之间不可避免地会发生相互影响。以小麦为例，在拔节时，茎的节间迅速伸长，穗在分化，而低位叶片则已趋向老化。此时，如果及时施孕穗肥则有良好的增产效果；但若施肥灌水过头，则往往造成茎叶徒长、植株倒伏，籽实反而不易饱满。棉花本来是喜水耐肥的作物，但是如果棉田水肥供应过剩，将导致枝叶繁茂，冠层郁蔽，易导致中下部蕾铃脱落。水肥不足，茎叶生长不良，又会引起棉株早衰，结铃稀少。

营养生长和生殖生长并进期间，叶片制造的和根系吸收的营养物质不但流向营养体的尖端和幼嫩部位，而且还供应正在成长的生殖体。双方对营养物质有明显的竞争。试验证明，当大豆结荚后，茎叶生长减缓，根系生长变慢、根瘤菌活性下降。为了获得高额的产量，此时有必要追施氮肥，以弥补根瘤菌固氮之不足。

（三）营养生长和生殖生长的调控

栽培作物的收获对象是多种多样的，有的收获生殖器官，有的收获营养器官。稻、麦、玉米、高粱、花生、大豆、油菜等作物是收获果实或种子。甘薯收块根，马铃薯收块茎，甜菜收根，甘蔗收茎，麻类收麻茎，啤酒花收花，而烟草则以叶片为收获对象。

由于各种作物的收获部位不同，在促控植株的生长发育、调节营养生长和生殖生长上就要因作物而异了。对于以果实或种子为收获对象的作物，在开花之前，重点要培育壮苗，使营养器官生长发育健全，先“搭好丰产架子”，为花果的生长发育准备物质基础，还要防止生长过旺，以免进入生殖生长阶段时不能建立起花果生长的优势。谷类作物抽穗开花之前，要适当控制肥水，使叶色自然落黄，以便及时进入生殖生长占优势的阶段，当然要顺其自然，并非越黄越好。假若茎叶徒长，就会造成“好禾无好谷”的现象。同时，应当使茎叶的生命活动时间尽量长一些，避免早衰，否则也将导致减产。

以营养器官为收获对象的甘薯苗栽插后30天内发根出苗，之后茎、叶生长加速，块根开始形成，至收获前60天左右，仍以茎、叶生长为主。马铃薯植株在盛花期之前一直以茎、叶生长为主。在此期间块茎虽然也在膨大，但总重不高。甘薯自块根收获前60天左右起，马铃薯在盛花期以后，植株由氮素代谢为主转入碳素代谢为主，茎、叶生长逐渐减慢，下部叶逐步老化黄枯，光合产物主要以碳水化合物形式转运到地下贮藏器官之中，块根、块茎体积增大，干重增加。

茎用作物如甘蔗、大麻、苘麻、苎麻、黄麻、红麻等茎秆都很高，茎的伸长决定着产量的高低。对于这些作物，在营养生长期间要尽量利用肥水条件促进茎的伸长。甘蔗地下茎节的腋芽可能长成蘖芽，而早期第一次分蘖的经济价值较高，可以利用，以后再长出的分蘖则没有什么利用价值，徒耗养分，应当通过增加种植密度加以抑制。苎麻的分蘖是从地下茎上长出来的，能长成且可用于沤制的有效分蘖在产量中所占比例最大。在栽培上，要促使早期分蘖，多分蘖。黄麻、红麻、大麻、苘麻的地上部腋芽虽能发生分枝，但分枝细而短，其韧皮纤维没有经济价值。若以采种为目的，可以适当稀植，利用分枝增花、增果，提高种子产量。一般地说，应当通过高度密植抑制分枝，使主茎能得到更好的营养条件，以提高纤维产量。

种植烟草以采烟叶为目的。烟草育苗移栽后有一段时间是缓苗发根期。以后逐渐进入茎、叶生长盛期。现蕾后，烟株转入以生殖生长为主的时期，叶内贮藏物质逐渐分解，部分可溶性物质流向嫩叶和花蕾，营养生长与生殖生长的矛盾日趋突出。因此，在栽培管理上要控制生殖器官的分化和腋芽的发生，促进叶片生长。待到叶片的干物质积累达到最高值，叶片质地由疏松变紧密时，应及时地自下而上依次采收。

至于饲料作物和绿肥作物，在保证品质的前提下，收获前可任其生长。

第二节　作物的生长生理

一、根的生长

作物的根系有两种类型。一类是单子叶作物的根,属须根系;另一类是双子叶作物的根,属直根系。

(一)单子叶作物的根系

禾谷类作物的须根由种子根或胚根和节根组成。种子萌发时,先生出初生胚根,接着从下胚轴上又长出次生胚根数条,这些根统称种子根或胚根。水稻、玉米、高粱、谷子、糜子等的种子根在初期只有1条,最多可以生出5条,麦类作物则可生出3~7条。种子根在幼苗期到生育中期,甚至到成熟收获时,对养分、水分的吸收起着重要的作用。

节根是根系的主要构成部分,它们是从基部茎节上长出的不定根,数目不等。次生根出生的顺序是自芽鞘节开始渐次由下位节移向上位节的。玉米、高粱、谷子近地面茎节上常发生一轮或数轮较粗的节根,也叫支持根(气生根),它们也属于不定根。这种根入土以后,对抗倒伏和吸收都有一定的作用,且具有合成氨基酸的能力。

禾谷类作物根系的数量和重量随分蘖发生而不断增加,一般在最高分蘖期根的数量达最大,而在抽穗前后根的总重量达最大,抽穗以后根逐渐老化死亡,根量减少,但根系的活动可一直维持到最后。

(二)双子叶作物的根系

双子叶作物如豆类、麻类、棉花、油菜的根系属于直根系。它由一条发达的主根和各级侧根构成。有些作物如大豆,由于侧根生长旺盛,其主根相对地并不那么发达。

双子叶作物生长前期,主根生长较快,下扎也较深。就根系(包括主根和各级侧根)大小和重量的增长来说,也同地上部分相似,前期增长较慢,中期加快,后期减缓下来。根系达到最大重量的时间早于地上部分。

(三)根系在土壤中的分布

作物根系在土壤中的扩展范围是相当大的。如萌发不久的禾谷类作物幼苗,其根系比地上部分芽鞘长几倍。稻、麦在分蘖期,发生大量不定根,整个根系的横向生长显著。拔节以后便转向纵深发展,最深的根,水稻可达 50 ~ 60cm,麦类可达 150cm 以上。要满足地上茎、叶对养分和水分的要求,强大的根系是不可缺少的。据马元喜(1959)测定,冬小麦碧蚂 1 号在质地较细的壤土中,根系向周围扩展的半径为 60cm,而向深处伸展,则可达 190cm 以上。据沈阳农学院(1985)的测定,大豆出苗后 17 周,0 ~ 10cm 土层所拥有的根量占总根量的 86.5%(其中主根占 56.2%),10 ~ 20cm、20 ~ 30cm、30 ~ 40cm 和 40 ~ 50cm 土层中的根量分别占 10.9%、1.6%、0.6% 和 0.4%。即随着土层加深,大豆根量递减。

需要着重说明的是,在田间生产条件下,作物根系的吸收范围是有一定限度的。就垂直分布看,根群主要分布在耕层(大约在 30cm)以内,植株所要求的养分、水分也主要是来自这一土层。伸入犁底层根量减少,不过它们对于吸收土壤深层养分、水分仍然起很大的作用。这一土层中根量的多少常常与作物品种的抗旱能力大小有密切的关系。

(四)影响根系生长的因素

作物根系有向水性,根系入土的深浅与土壤水分有很大关系。水田中水稻的根系较浅,旱地作物根系较深。当然,土壤极度干旱或土壤淹涝,都不利于根系的生长。为了作物后期生长健壮,苗期要控制肥水供应,实行蹲苗,促使根系向纵深伸展。

作物的根系有趋肥性,在肥料集中的土层中,一般根系比较密集。施氮肥常常有利于茎叶的生长,而施磷肥却有促进根系生长的作用。

作物根系还有向氧性,因此土壤通气性良好,是根系生长的必要条件。水稻之所以能够生活在水中。是由于连结叶、茎、根的通气组织—维管束能有效地将氧气运输到根部,使之正常呼吸。高粱有一定的耐涝能力,是因为它的根中有比较发达的通气组织。有人发现,土壤空气中,低浓度的 CO_2 对根系生长有利,而高浓度的 CO_2 则起有害作用。

二、叶的生长

作物的叶片是主要的光合作用器官。在作物栽培上一向重视叶片的建成和叶面积的增大,借以形成更多的光合产物。

(一)叶的形态

禾谷类作物为单子叶作物,每叶由叶片和叶鞘构成。叶的下方为叶鞘,包围着节间。叶片位于叶鞘上方,形扁平,适于承受阳光。在叶片和叶鞘相连之外内侧,有一结构叫叶舌,其形状大小以及茸毛之有无因作物种类而不同。有的禾谷类作物在叶片基部的两侧还各有一薄的耳状物,叫做叶耳。叶舌和叶耳可作为鉴别作物、杂草的标志。

双子叶作物的叶分为叶片、叶柄和托叶三部分。如棉花、苎麻、大豆、向日葵的叶,三部分俱全,称完全叶。缺少任何一部分或两部分的叶,称不完全叶。如甘薯、油菜的叶缺托叶,烟草的缺叶柄。

双子叶植物的叶可分为单叶和复叶两类。凡一个叶柄上只生一片叶,不论其完整与否,都叫单叶,如棉花、苎麻、向日葵、油菜、甘薯等作物的叶。若在叶柄上着生两个以上完全独立的小叶片,则叫复叶、如花生、大豆、绿豆、苕子等。复叶又可分羽状复叶如豌豆、花生、紫云英的叶。掌状复叶如大麻叶。豆类作物的叶由三片小叶构成,称三出复叶。

(二)叶的分化

叶的形成从生长点附近的细胞分化开始。以水稻为例,叶原基的分化,首先是位于生长锥最外围的细胞进行重周分裂(细胞壁和生长锥表面平行地产生),形成生长锥基部的突起。此突起在逐渐增加其高度的同时,也围绕着生长锥生长,把生长锥包围起来。叶原基长到一定程度,下一个叶原基又在生长锥的基部分化。当叶原基形成雏叶时,叶子各个部分已分化完毕,之后,叶的生长便依赖于细胞分裂和细胞增大了。

大多数雏叶的叶片生长都是普遍平均生长的。一片叶子的生长,最先形成叶尖,而后由上向下形成整个叶片。这种向基生长的次序，在禾谷类作物的条形叶中更为明显。例如，水稻、麦类、玉米等叶被切断后，很快就能长起来，这是因为叶基部进行居间生长的缘故。叶鞘是随着节间的生长而伸长的，当叶片全身伸出后，其长宽度基本已固定，以后变化不大，这时叶鞘正迅速生长，直至后一叶的叶片将完全伸出时，叶鞘的伸长才完全停止。叶子的生长期是有限的，在短期内达到一定的大小，生长即停止。如棉花真叶在初展平的几天内，每天均成倍增长，一般经过 15 天左右面积达最大。叶片长度和宽度的增长同时进行，因此叶片形状到后期并不改变。

（三）叶片的大小、数目和功能期

1. 叶片大小　叶片的大小决定于作物种类和品种，同时也受肥、水、气温、光照等外界条件的影响。以棉花为例，海岛棉叶片较大、陆地棉较小。同属陆地棉，早熟品种叶片小，中晚熟品种叶片大。在同一株上，主茎叶片大，营养枝叶次之，果枝叶片最小。又如玉米的果穗穗位叶（或偏上，偏下一位叶）是最长、最大的，在全株叶序上相当于三分之二处。全株自下而上三分之一处的叶长短大致与顶叶相近。稻、麦的叶片也是以中部偏上的最长，下部的叶片较短小，顶叶（即剑叶或旗叶）稍短于中部叶。大豆有限结荚习性品种的叶片自下而上逐渐增大，叶柄也增长；无限结荚习性品种的叶片则逐渐变小，叶柄也缩短，等等。

从提高作物群体光合效能的观点来看，禾谷类作物的叶片以短厚，挺直上冲为好，双子叶作物叶柄角度小，叶片大小适中为宜。这样，可使冠层上下光照均匀一些。不过，也有人认为：叶片接近垂直，虽然可使入射光透入下层，但是自身所接受的光又相对较少。

2. 叶片数目　每种作物的主茎叶片数是比较稳定的，在同一地区，同一品种，同一播期一般很少发生变化。譬如，早稻约为 10 ~ 13 叶，中稻 14 ~ 15 叶，晚稻 16 叶以上。玉米特早熟品种大致为 15 叶，早熟 18 叶左右，中熟 21 叶左右，特晚熟在 24 叶以上。双子叶作物是每节生一叶的，早熟品种节数少，分枝少，因而叶数也少；反之亦然。

3. 叶片功能期　禾谷类作物如稻、麦叶片从露尖到定长为成长期（或伸展期），自定长至 1/2 叶片发黄为功能期。双子叶作物如棉花、油菜主茎叶片功能期是从叶片平展开始至全叶 1/2 变黄为止。据湖南农学院观察,小麦第 1、2、3 叶的功能期最长,各为 80 天左右,自第 4 叶以上功能期逐渐缩短,剑叶只有 47 天。另据福建农学院观察,华南早小麦叶片的功能期,自下而上逐渐增长。这一差别可能与供试品种和栽培地区的环境条件有关。棉花、油菜、大豆等双子叶作物主茎叶片功能均自下向上逐渐增加,中部叶片寿命最长;再向上,由于叶片出生晚,寿命又逐渐缩短。每个叶片的功能期,除了与着生部位有关外,与环境条件也有关系,当缺肥、干旱或因过于密植而光照不足时,叶片会过早变黄和枯萎。

(四)叶层分组

禾谷类作物的叶片,根据其出生先后和着生部位,大致可分为下、中、上三层或三组,各组叶片所合成的有机养料在分配上有局限性。郑丕尧(1981)根据对夏玉米京黄 113 号(全株总叶数为 15)的观察,把一株玉米的叶片按总叶数等分为三组。第 1 ~ 5 叶是苗期出现的,它们所合成的营养物质主要供应根系和新生茎叶。第 6 ~ 10 叶形成于叶、茎生长和雄穗、雌穗分化共进期,叶片所合成的营养物质也以供应这些器官为主。第 11 ~ 15 叶各叶的光合产物则主要流向雌雄穗和籽粒。稻、麦叶片分组和分工的情形也与玉米类同。

双子叶作物大豆、棉花、油菜等的叶片也有分层分工现象。以大豆为例,一般新生叶长到正常叶面积的 60% 时,才由输入器官变为输出器官。在盛花期以前,上位叶的同化产物主要供给顶端的生长点和伸长中的嫩叶,下位叶则供应根;中位叶向两方面分送养分。盛花期以后各节的叶片有明显的分工。陈铨荣(1963)利用 ^{14}C 研究大豆叶片光合产物运转和分配的结果表明,大豆结荚时,叶片的营养物质首先供应本节位的豆荚,其次向下、向上运转,而且向下输送的数量比向上输送的多。营养物质分配的“局限性”与各个节结果的多少和果实大小有密切关系。

(五)影响叶生长的一些因素

叶的分化,出现和开展受温、光、水,矿质营养等多种因素的影响。

较高的气温对叶片长度和面积增长有利,而较低的气温则有利于叶片宽度和厚度的增长。光照强叶片的宽度和厚度增加;光照弱对叶片长度伸长有利。

在矿质营养中,氮能促进叶面积的增大。当然施氮过量又会造成茎叶徒长,对产量形成不利。在生长前期,磷能增加叶面积,而在后期却又会加速叶片的老化。钾对叶有双重作用,一是可促进叶面积增大,二是能延迟叶片老化。

(六)与叶片有关的几个生理指标

1. 叶面积指数(LAI)

在正常种植密度下,生长良好的一株玉米的叶面积大约近 $1m^2$,一株大豆的叶面积在 $0.3m^2$ 左右。在作物生产上常常用叶面积指数这个概念来表示绿叶面积的大小。叶面积指数是指作物群体的总绿色叶面积与该群体所占据的土地面积的比值。即:

$$叶面积指数 = \frac{总叶面积}{土地面积}$$

作物的田间生产通常是以单位土地面积上的群体进行的。在分析作物干物质产量变异的原因时,只能以单位土地面积上总叶面积为准,而不能以单株叶面积为准。

在田间直接测定叶面积指数是比较困难的。通常采用取样的方法间接测定。具体做法:在作物群体中间,取一定土地面积为样方,首先计算样方内所有植株的总叶重量(W);然后用总叶重乘以单位叶面积与叶重之比(L/W),求得总叶面积(L),最后用总叶面积除以样方面积即可求出叶面积指数。对于高秆作物,也可取有代表性的植株数株,求其叶面积,而后按种植密度换算出叶面积指数。此外,还有以下方法求叶面积:

纸样称重法:即将取样叶片逐叶平放于纸上,用铅笔沿叶缘描下,然后用剪刀按铅笔所画叶形剪下,称重得 W_1,另取已知面积为 A_1 的纸,称得重量 W_2,则叶面积 $A_2 = A_1 \times W_1 / W_2$。

求积仪法:即将叶片样品在纸上描下叶形后,利用求积仪逐一测定面积,用仪器在笔尖从标记的某一点开始,沿叶缘按顺时针方向描绘一图,记下读数,每片叶测定两次,将允许误差范围内的两次读数平均,即为该叶的叶面积。此法较准确,往往用此法作为标准检验其他方法的准确性。

长×宽系数法，即叶面积=长×宽×校正系数K：由于不同作物不同生育时期或不同部位叶片，其校正系数不同，应用此法之前应先求出K值。求K值时，先用大量叶片以标准方法（求积仪法）测定出实际叶面积，然后用相应的长乘宽积去除，即K=实际叶面积/长×宽。

作物群体的叶面积指数因时间而变化。作物出苗后，随着植株的生长发育，叶面积指数增大，大约在群体最繁茂的时候，禾谷类作物约在齐穗期，双子叶作物常在盛花结铃（或结荚、结角）期，指数达到最大值，而后又随着部分叶片老化变黄或脱落，叶面积指数减少。如作成坐标图，叶面积指数呈一抛物线。当多数叶片处于光饱和点的光强之下，最底层叶片又能获得大约二倍于光补偿点的光强时，作物群体的物质生产可望达到最大值。此时的叶面积指数称作最适叶面积指数，它的大小因生产水平、作物种类和品种而异。凡叶片上冲，株型紧凑的作物或品种，最适叶面积指数较大，而叶片平展披伏、株型松散的作物或品种，最适叶面积指数较小。生产实践证明，目前在我国高产作物群体的最适叶面积指数一般在4~6。在水稻不同类型中，高秆籼稻的最适叶面积指数约为4~5，矮秆籼稻则达到6~7，同一类型品种，在不同生态地区种植，其最适叶面积指数亦有差异。

增加叶面积指数固然可以提高光合产物的数量，但也不是越大越好。叶面积指数过大，会导致相互遮蔽，减低透光强度，甚至导致倒伏。对于双子叶作物，则可能引起花、荚、蕾、铃大量脱落。各作物群体的叶面积最大数值应以最适叶面积指数为度。

2. 光合势　是反映作物光合功能的潜势指标。指单位土地面积上，作物全生育期或某一阶段生育期中有多少平方米叶面积在进行干物质生产，单位是$m^2 \cdot d^{-1} \cdot$亩$^{-1}$*。一般光合势较大，群体干物质积累较多，但光合势与光合强度无关。

光合势标志着作物在生育期间，在单位土地面积上总共有多少

---

* 亩与IS单位的换算关系为：1亩=666.7m^2。

平方米的叶面积进行了多少天的光合作用。在群体生长正常的条件下，光合势与干物质积累数量呈正相关。高产玉米、大豆群体全生育期的总光合势约在 15 万 ~ 25 万 $m^2 \cdot d^{-1} \cdot 亩^{-1}$，因叶面积大小和延续时间长短而异。

三、茎的生长

在茎的生长方面，单子叶作物与双子叶作物有较大的差别。

（一）单子叶作物的茎

禾谷类作物的茎多数为圆形，大多中空，如稻、麦等。有些作物的茎秆为髓所充满而成实心，如玉米、高粱、甘蔗等。茎秆由许多节和节间组成。茎上着生叶片的部位叫节，相邻两个节之间的部分叫节间。节的附近偏上部位有细胞分裂旺盛的居间分生组织。依靠居间分生组织的分化，节间得以伸长而茎秆长高。

茎的高度和茎的节数因作物种类品种而异。一般早熟品种矮，节数少，晚熟品种高，节数多。

除地上可见的茎节外，禾谷类作物基部茎节的节间极短，密集于土内靠近地表处，称为分蘖节。分蘖节本身并非只有一个节，它是数个节构成的节群。分蘖节上着生的腋芽在适宜的条件下能长成为新茎，即分蘖。稻、麦等作物分蘖力强，冬小麦分蘖力又比春小麦强。玉米、高粱、谷子等的分蘖力弱，常见的马齿型和硬粒型玉米，在夏播条件下不发生分蘖。倘若出现了分蘖，还要及早除掉。多穗高粱和甜玉米具有较强的分蘖力，一般是保留的。

小麦及其他禾谷作物的胚芽鞘分蘖，是主茎的第一个分蘖。在一般情况下，分蘖是从分蘖节上自下而上依次发生的。当主茎上第 3 叶片充分展开，第 4 叶片刚露尖时，从第 1 叶腋中伸出主茎上第 2 个分蘖。如果条件适宜，随着主茎叶片数的增加，还会出现新的分蘖。这些从主茎叶腋中长出的分蘖都称为第一级分蘖。从第一级分蘖上再长出的分蘖叫第二级分蘖，依次类推。但是只有早期发生的低位次分蘖才能抽穗结实，成为有效分蘖，迟发的高位分蘖多为无效分蘖。

禾谷类作物地上部节间依靠居间分生组织的分化而伸长。各节间的伸长有一定的顺序,当植株基部伸长节的总长达到0.5~1.0cm时,即可认为是开始拔节。节间的伸长是自下而上依次推进的:在第一节间接近固定时,第二节间加快伸长,其他各节也渐次伸长,直到穗子被顶出旗叶或剑叶鞘,即抽穗为止。

(二)双子叶作物的茎枝

双子叶作物茎的生长有两种方式。一种是单轴生长,主轴从下向上无限伸长,主轴侧芽发展为侧枝。单轴生长的茎秆外形直立,如向日葵、无限结荚习性的大豆、棉花的营养枝等等。另一种是合轴生长,主轴生长了一段时间之后停止生长,由靠近顶芽下方的一个侧芽代替顶芽形成一段主轴;以后新的主轴顶芽又停止生长,再由下方侧芽产生新的一段主轴。合轴型的茎秆在外形上是有弯曲的。棉花的果枝的生长即属于合轴型。

主茎的每一叶腋里有一个侧芽,如大豆、油菜、花生、大麻、红麻、黄麻等。也有少数例外,如有的圆种黄麻没有腋芽;烟草一般在开花前每个叶腋只有一个正芽,将开花时,在正芽基部外侧还能不断发生数目不等的副芽,但在顶芽旺盛生长时,腋芽不发达。一些作物主茎基部数节叶腋芽中的腋芽在条件适宜时可发育为分枝。棉花主茎的每一个真叶叶腋内有两枚芽,正中的为正芽,旁边的为副芽。正芽是真叶叶腋内的芽,副芽实质上是先出叶的腋芽。先出叶叶片较小,形似托叶,较早脱落,其叶腋内的芽粗看起来好像是长在主茎真叶的叶腋内。棉花的正芽和副芽都可能生成果枝或营养枝,因芽分化的内外条件而定。

分枝习性因作物种类而不同,大体可分为两类:一类是分枝性强的,如棉花、油菜、花生和豆类,其分枝对产量的构成作用很大,栽培上要促进分枝早生、多发。另一类分枝性弱的如烟草、麻、向日葵,出现分枝对茎(麻)、叶(烟)、果(葵籽)的产量和品质不利,栽培上要抑制其发生。分枝发生有一定的顺序,从主茎上发生的分枝为第一级分枝,从第一级分枝长出的分枝第二级分枝,依此类推。不过,在田间生产条件下,第二级分枝的作用并不太大。

节间的长短也因作物种类、品种、栽培条件而异。一般作物中部的节间较长,基部和上部节间较短。有的作物如大豆,节间短一些好；另一些作物如麻类，则以节间长为佳。

（三）影响茎、分蘖（分枝）生长的因素

在高产栽培条件下，要求稻、麦等作物有一定数量的分蘖成穗，要求棉花、油菜、大豆、花生等作物有一定数量的分枝结果。分蘖、分枝的数目固然因品种而异，可是栽培条件，特别是种植密度和水肥措施也产生很大的影响。

总的来说，苗稀、单株营养面积大、光照充足，单株分蘖力、分枝力强；反之，苗密、分蘖力、分枝力弱。水稻秧田提倡稀播育壮秧就是这个道理。据测定，分枝性强的大豆品种铁丰 18 号在每亩 5 370、9 760和 12 800 株的种植密度下，单株平均分枝数分别为 20.3、11.3 和 7.8。可见，随着种植密度的增加，分枝数按比例下降（沈阳农学院，1984）。

施足基肥，增施苗肥，增加土壤中的氮素营养，可以促进分蘖或分枝。如果氮、磷、钾肥配合施用，效果更好。

作物品种的分蘖、分枝能力虽有强弱的不同，在栽培上还应根据实际情况，人为地加以调节，以便确保合理的总分蘖或总分枝数。因为重要的问题不在于单株分枝的多少，而在于单位面积上结实器官数量的多少和总重量的大小。

四、作物的倒伏问题

倒伏是造成作物减产的重要原因之一。倒伏可分为根倒伏和茎倒伏两类。前者从植株基部倒伏；后者是茎秆的某一部分发生倒伏。也有人把倒伏现象分为茎倒、节倒和根倒。或把倒伏分为挫折型、弯曲型、扭转型和开张型四种。所谓开张型是指分蘖数多、且分蘖具有沿地表而伸长的倒伏。挫折型倒伏是在节与节的中间部分发生折断。发生较多的是弯曲型倒伏，它不是在节间折断，而是在节的部位因弯曲而发生的倒伏。扭转型倒伏是由根部引起的倒伏。

作物倒伏的原因很多。刮风是倒伏的重要原因，茎秆的倾斜度随着风速的加强而加大。风雨交加比只刮风所引起的倒伏更为严重。因为雨水附着使植株地上部重量增加，雨水还能使植侏内的有机或无机成分发生溶脱作用，从而引起组织液渗透压的变化，结果茎秆的物理强度降低。另外,降水使土壤过湿,根系的分枝能力下降,也会加剧倒伏。作物种植过密,株间郁闭,茎秆柔嫩;播种过稀,分蘖或分枝多而旺,都是倒伏的诱因。

稻麦类作物倒伏的时间一般多出现于生育后期。随着生育的进程,穗部愈重,植株愈高,开花后茎内物质不断向穗转移,茎的充实度降低,机械强度削弱,因而容易倒伏。另外,基部节间长度、干重和发育状况等,也和倒伏密切相关。为了防止倒伏,除了运用深耕整地、配合使用氮磷钾肥,确定合理的种植密度等措施而外,很要紧的是,选用矮秆或半矮秆品种,因为这类品种比较耐肥抗倒。但是,若茎秆极端矮化,由于整个作物的绿色表面积减少,又会导致物质生产降低,这是需要注意的。

五、作物的生长分析及其应用

(一)作物生长分析原理及生长分析法

1. 作物生长分析原理　作物的个体和群体的生长(干物质积累)和繁殖(个体的增加)过程均按逻辑斯蒂(Logistic)曲线的生长模式进行。一般说作物干物质积累过程,大体上可划分为三个阶段,即:缓慢增长期、迅速增长期和减缓停滞期。作物生长初期,植株幼小,叶片和分蘖(枝)不断发生,并进行再生产,此期的干物质积累与叶面积成正比。株体干物量的增长决定于初始干物重、相对生长率(即干重增长系数)和生长时间的长短。这种关系可用指数方程表示:$W = W_0 e^{Rt}$(W:株体干重;W_0:初始干重;R:生长率;t:时间;e:自然对数的底)。生长率 R 是随株体大小、环境条件的变化而变化的。随着植株变化,叶面积增加,叶片相互荫蔽,单位叶面积的净光合率则随叶面积的增加而下降,但单位土地面积上叶面积总量大,故群体干物重的积累近于直线增长,故叫做直线形增长期。此后,随着叶片老衰,功能减退,同化物由营养器官向繁殖器官转运,群体干物质积累速度减慢,当植株进入成熟期时,生长停止,干物质积累停止,进入衰老期时,干物质反而有减少的趋势。不同作物,不同品种,在不同生态环境的栽培条件下生长,其干物质积累总量,各个时期所经历的时间和干物质积累速度各有不同(图 2-1a、b)。可见,作物干物质的生产是通过作物的生长过程实现的。因此,研究作物的生长过程在理论和实践上都是十分必要的。

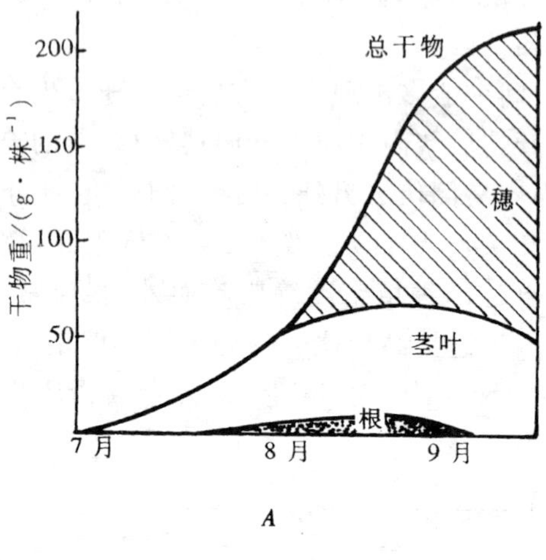

A

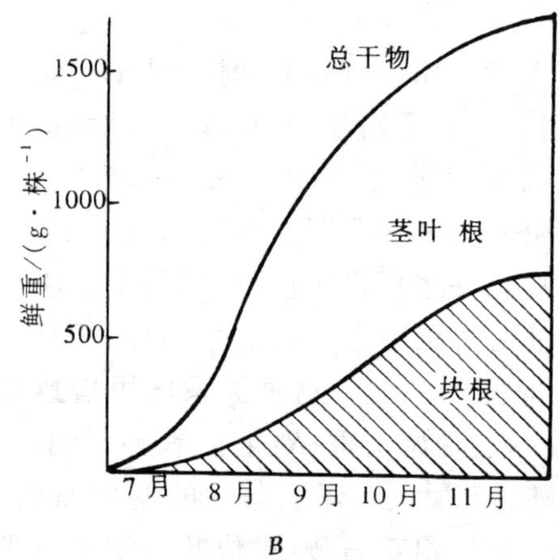

B

图 2-1

A. 大麦生育期干物重变化

(据武田等,1975)

B. 甘薯的生育和干物重变化

(据泽野,1965)

2. 作物生长分析法 生长分析法(Growth analysis)是由Gregory(1917)和Blackman(1919)所提出的,1952年Watson等人将其发展。生长分析法的根本观点是作物产量都以干物质重量来衡量,作物生育过程也以植株干物质增长过程为中心进行研究。在测量干物质增长的同时,还测定光合作用的叶面积。因此,作物生长分析可从作物干物增长和叶面积消长来分析作物生育进程。生长分析法有两个特点:一是在测定干物质增长过程中,同时测定进行光合作用的叶面积,即与光合作用的生理功能密切结合,从而超越生育特性与丰产性的简单关系,深入到生态生理功能的因果关系;二是对于不同种类的作物，或同一作物的不同品种以及同一品种的不同栽培条件的生理差异，均可用生长分析法来进行比较分析。

生长分析法的具体做法是每隔一定时间对作物植株进行取样观测，测定叶面积和植株干物重量，然后以此为基础进行各次分析。现就几项主要指标和计算方法简述如下：

(1)相对生长率(Relative growth rate, RGR)($g \cdot g^{-1} \cdot d^{-1}$) 植物的生长是呈指数函数式生长的，亦即植物在生长过程中，株体越大，生产效能越高，则所形成的干物质也越多。生产的干物质用于形成植物体，从而下一步的生长则以更大的生产为主体。Blackman (1919)把这种生长过程称为生长的复利法则，即是说，在某个阶段的株体干物重是按照该阶段前的本利合计，增长率则为利率，干物量增长部分为利息。按照法则，株体便不断增大。如果相对生产率(RGR)用下式表示：

$$\mathrm{RGR} = \frac{1}{W} \cdot \frac{\mathrm{d}W}{\mathrm{d}t} \qquad (1)$$

上式的 RGR 代以 R，进行积分，就可算得某一时间的干物重量：

$$W = W_0 \mathrm{e}^{Rt} \qquad (2)$$

上式说明，植物的干物重 W，是由原始干重 W_0 在 t 这段时间内的干物增长速度 R(即相对生长率 RGR)所决定的。在实际计算 RGR 时，可用下列对数式则可：

$$\mathrm{R(RGR)} = \frac{1}{W} \cdot \frac{\mathrm{d}W}{\mathrm{d}t} = \frac{\ln W_2 - \ln W_1}{t_2 - t_1} \qquad (3)$$

R 的单位一般是以 $g \cdot g^{-1} \cdot d^{-1}$或 $g \cdot g^{-1} \cdot 周^{-1}$表示之。

相对生长率除与遗传性有关外，还受环境条件的影响。一般是生长初期，其值较大，继后逐渐降低。

(2)净同化率(Net assimilation rate, NAR)($g \cdot m^{-2} \cdot d^{-1}$) 前述相对生长率是以个体总体为对象阐述生长的增长率。可是，植物干物质的积累实际上是由于通过叶片的光合作用而产生的。所以，Gregory(1917) 根据单位叶面积的干物质增长速度，而提出了净同化率的概念，即单位叶面积在单位时间内的干物质增长量。其表达式如下：

$$\mathrm{NAR} = \frac{1}{L} \cdot \frac{\mathrm{d}W}{\mathrm{d}t} \tag{4}$$

（L：某一时间叶面积）

根据实际值计算 NAR 时，可用下式：

$$\mathrm{NAR} = \frac{1}{L} \cdot \frac{\mathrm{d}W}{\mathrm{d}t} = \frac{\ln L_2 - \ln L_1}{L_2 - L_1} \cdot \frac{W_2 - W_1}{t_2 - t_1} \tag{5}$$

（L_2、L_1 分别为 t_2、t_1 时间的叶面积）

这是生长分析的一个重要的基本概念，它表示单位叶面积在单位时间内的干物质增长量，大体上相当于用气相分析法测定的单位叶面积同化效率的数值。虽然，由于缺乏地下根系呼吸作用所消耗的部分，在根部所占比例增大时，可能有一定的误差。但是一定间隔时间的总平均，均可用此式计算。

（3）叶面积比率（Leaf area ratio，LAR）（$\mathrm{m}^2 \cdot \mathrm{g}^{-1}$） 叶面积与植株干物重量之比（$L/W$）称为叶面积比率，即作物单位干重的叶面积。同（5）式一样，可用下式计算：

$$\mathrm{LAR} = \frac{L}{W} = \frac{\ln W_2 - \ln W_1}{W_2 - W_1} \cdot \frac{L_2 - L_1}{\ln L_2 - \ln L_1} \tag{6}$$

因此，相对生长率（RGR）则可用净同化率（NAR）和叶面积比率（LAR）的乘积表示之：

$$\mathrm{RGR} = \frac{1}{W} \cdot \frac{\mathrm{d}W}{\mathrm{d}t} = \frac{1}{W}\left(\frac{1}{L} \cdot \frac{\mathrm{d}W}{\mathrm{d}t}\right) = \frac{L}{W} \times \mathrm{NAR} \tag{7}$$

（4）作物生长率（Crop growth rate，CGR）（$\mathrm{g} \cdot \mathrm{m}^{-2} \cdot \mathrm{d}^{-1}$） 作物生长率又叫做群体生长率。它表示在单位时间、单位土地面积上所增加的干物重量。以下式表示：

$$\mathrm{CGR} = \frac{\mathrm{d}y}{\mathrm{d}t} = \left(\frac{1}{L} \cdot \frac{\mathrm{d}W}{\mathrm{d}t}\right) \cdot F = \mathrm{NAR} \times \mathrm{LAI} \tag{8}$$

（F = 单位土地面积上的总叶面积，即叶面积指数 LAI）

上式从理论上表明，产量增长速度与 NAR 和 LAI 两者成比例。Watson（1958）认为，两量中由于 NAR 变动幅度较窄，所以 LAI 对产量增长的作用较大。但其后的研究表明，当生长中、后期 LAI 大时，则受 NAR 的支配作用较大。LAI 因作物种类、年龄、环境条件和群体密度等而变化。以作物种类而言，禾谷类群体的 LAI 一般比阔叶群体的要大;以生长期而言,一般在生长中期 LAI 达最大值,以后,几乎保持一定密度后,则几乎无大影响。施肥,特别是施 N 可明显提高 LAI。

由于 LAI 随生长进程不断变化,所以对作物有直接意义的是整个生育期间的平均值或积分值。在(8)中,如令 NAR 一定,而以 LAI 对时间(t)积分,则得下式:

$$\mathrm{CGR} = \left(\frac{1}{F} \cdot \frac{\mathrm{d}y}{\mathrm{d}t}\right) \cdot \int F(\mathrm{d}t) \tag{9}$$

式中 $\int F(\mathrm{d}t)$ 称为叶面积持续期(LAD)(Watson, 1952)。因式中 NAR$\left(\frac{1}{F} \cdot \frac{\mathrm{d}y}{\mathrm{d}t}\right)$大致为一常数,故 CGR 值的大小,取决于 LAD 的大小。据此可知,若需要作物高产,就得较长时间保持较大的叶面积。当然也不是叶面积越大越好,过大的叶面积反而引起减产。因此,不同的作物和不同的品种在不同生态条件下,有其不同的最适 LAI 和 LAD。

(二)作物生长分析的应用

兹用王光明等(1991)的间套作复合群体生理生态研究数据,计算 5 月 4 ~ 14 日的 RGR、NAR、CGR、LAR 值。

$$\mathrm{RGR} = \frac{\ln W_2 - \ln W_1}{t_2 - t_1} = \frac{\ln 41.28 - \ln 9.36}{10}\,\mathrm{g \cdot g^{-1} \cdot d^{-1}} = 0.148\,\mathrm{g \cdot g^{-1} \cdot d^{-1}}$$

$$\mathrm{NAR} = \frac{\ln L_2 - \ln L_1}{L_2 - L_1} \cdot \frac{W_2 - W_1}{t_2 - t_1} = \frac{\ln 0.65 - \ln 0.15}{0.65 - 0.15} \times \frac{41.28 - 9.36}{10}\,\mathrm{g \cdot m^{-2} \cdot d^{-1}} = 9.361\,\mathrm{g \cdot m^{-2} \cdot d^{-1}}$$

$$\mathrm{CGR} = \frac{W_2 - W_1}{t_2 - t_1} = \frac{41.28 - 9.36}{10}\,\mathrm{g \cdot m^{-2} \cdot d^{-1}} = 3.129\,\mathrm{g \cdot m^{-2} \cdot d^{-1}}$$

$$\mathrm{LAR} = \frac{L}{W} = \left(\frac{L_1 + L_2}{2}\right) \Big/ \frac{(W_1 + W_2)}{2} = \frac{0.4}{25.32}\,\mathrm{m^2 \cdot g^{-1}} =$$

$$0.016m^2 \cdot g^{-1}$$

表 2-1　玉米群体的干物重和叶面积指数

测定日期	5月4日	5月14日	5月24日	6月3日	6月13日	6月23日	7月3日	7月13日
干物重/($g \cdot m^{-2}$)	9.36	41.28	170.95	397.39	615.73	776.53	872.90	915.80
叶面积指数/($m^2 \cdot m^{-2}$)	0.15	0.65	1.35	2.11	2.52	2.45	2.20	1.95

以上指标可用来衡量不同作物、不同品种或不同栽培条件下的田间群体或个体的生长情况，为指导生产提供依据。

第三节　作物的发育生理

一、作物生殖器官的分化发育

（一）花器的分化和发育

1. 禾谷类作物的穗分化和发育　禾谷类作物的花序通称为穗。稻、高粱、粟、黍、燕麦的花序和玉米的雄花序为圆锥花序，玉米的雌花序为肉穗状花序。穗状花序由带节的穗轴和着生在穗轴上的小穗所组成。圆锥花序则具有主轴和第一至第四次枝梗，小穗着生在枝梗上。小穗由两片颖（护颖）和一个或数个小花所组成。小花有外稃和内稃各 1 片，雄蕊 3 个或 6 个（稻），雌蕊 1 个。现将圆锥花序和穗状花序的分化发育过程分述如下：

圆锥花序的分化发育：共同的分化时期是：

（1）枝梗分化期：生长锥从下向上分化出第一次枝梗原基，再由第一次枝梗原基分化出第二次枝梗原基……直至末次枝梗原基分化完毕。

（2）小穗分化期：在末次枝梗分化接近完成时，开始从枝梗上分化小穗原基。分化的顺序是由外而内，即颖—外稃—内稃—雄蕊—雌蕊（玉米雄花序的雌蕊退化）。

(3)花粉母细胞形成期:雄蕊的花药长度增加,在花粉囊中形成花粉母细胞。

(4)花粉母细胞减数分裂期:花粉母细胞进行减数分裂,经第一次分裂形成二分体,再经第二次分裂形成四分体。

(5)花粉形成期:每一四分体分散为四个独立的花粉粒,经单核期,二核期发育成熟为三核花粉粒。

但各作物也有一些不同特点:

①玉米雄穗分化开始时生长锥显著伸长,但稻和高粱则无显著伸长。

②稻和高粱在枝梗原基出现前分化苞(叶)原基,再从苞腋间分化出枝梗原基。稻在分化过程中出现苞毛,以后消失。粟在小穗分化同时分化出刚毛。

③枝梗次数:玉米雄穗二次,稻二次,粟三次,高粱四次。

④枝梗分化顺序:从一穗来看,稻的第二次枝梗先在生长锥顶部的第一次枝梗上分化,然后依次向下部第一次枝梗上发生;高粱的第二次枝梗则先在生长锥基部的第一次枝梗上分化,然后依次向上部的第一次枝梗上发生。所以,稻是向基的,而高粱是向顶的。至于第二次枝梗在所在的第一次枝梗上的分化方向,稻和高粱都是向顶的。

⑤小穗分化顺序:稻和高粱都是在生长锥顶端枝梗上发生,依次向下部枝梗;而玉米雄穗则是在生长锥中部先分化小穗。

穗状花序(含肉穗花序、下同)的分化发育:穗状花序的穗轴不分枝,无枝梗,小穗直接着生于穗轴上。故穗状花序的禾谷类作物幼穗分化过程比圆锥花序禾谷类作物简单,没有各次枝分化期。其余部分的分化过程与圆锥花序相似。本类作物共同的穗分化过程如下:

(1)生长锥伸长期:生长锥体积增大,叶原基停止发生,生长锥的长度显著超过宽度。

(2)穗轴节分化期:随着生长锥的伸长,从基部起由下而上形成棱状突起,即为穗轴节的分化。

(3)小穗分化期:大、小麦由穗轴中部开始,然后向上向下,玉米雌穗由基部开始向上从各节分化出一些突起,即为小穗原基。

(4)小花分化期：小穗原基分化出颖片，然后小穗内的结实小花继续发育，按由外向内的顺序分化外稃—内稃—雄蕊（玉米雌花无）—雌蕊。

(5)性细胞形成期：花粉母细胞（玉米雌花无）和胚囊母细胞减数分裂形成四分体，再发育成成熟的花粉（玉米雌花无）和胚囊。其过程与圆锥花序的禾谷类作物基本相同。

小麦、大麦和玉米雌穗又各有一些不同的特点如下：

①小麦、大麦的穗轴节片分化时形成的单棱突起是苞叶原基，称为"单棱期"，小穗原基分化期从苞叶腋间又形成棱状的小穗原基。每节上呈二棱，故称"二棱期"。

②玉米苞叶着生于肉穗状花序（果穗）柄的节上，直到果穗成熟都不消失，而包被全果穗。大、小麦苞叶原茎在穗部发育过程中消失。

③玉米的肉穗状花序穗轴膨大，伸长不显著，故穗轴节间不明显。

④小麦每个穗轴节上分化一个小穗，每个小穗内有多个小花（部分小花退化）。大麦每个节上分化三联小穗，每个小穗内只1个小花。玉米的小穗成对发生，各有一个结实小花和一个退化小花。

⑤大麦在小穗原基分化后期，生长锥顶部的分节过程仍在进行，小穗排数尚未确定，故在适宜条件下可继续分化更多的小穗；玉米雌穗的小穗分化是向顶的，如营养充足也可以继续增加小穗数；但小麦在小花内，外颖分化时，小穗排数已定，不再增加。

上述禾谷类作物的穗分化发育，麦类和其他作物还有一个不同点。即春性和半冬性的大、小麦在幼苗长出3~5片叶时即开始分化幼穗，其营养生长和生殖生长重叠，而稻、玉米、高粱、粟等禾谷类作物，其营养生长期与生殖生长盛期有明显的界线（当然不是截然分开，也有交错）。

2. 双子叶作物的花芽分化和发育　棉花花单生，豆类、花生、油菜属总状花序。花均由花梗、花托、花萼（棉花和花生还有副萼即苞片）、花冠、雄蕊和雌蕊所组成。其分化发育过程可分为以下几个阶段：

(1)花萼形成期:作物营养生长达到一定时期,即地下部根系形成和地上部分发生分枝时,在外界光、温诱导和内部激素的作用下,茎尖分生组织(生长锥)停止发生叶和腋芽原基,顶端膨大而形成花原基。在花原基上分化出花萼原基。花萼数依作物而不同,油菜4片,大豆5片,花生苞片2片和花萼5片,棉花苞片3片和花萼5片。

(2)花冠和雌雄蕊形成期:花萼原基伸长后,内侧陆续发生花瓣,雄蕊和雌蕊原基。分化顺序雄蕊在雌蕊之先,但花瓣原基和雌蕊原基分化的先后各作物间不尽一致,花瓣和雌雄蕊也不相同。

(3)花粉母细胞和胚囊母细胞形成期:雌雄蕊伸长。雄蕊先分花药,花药内的孢原细胞发育形成花粉母细胞。雌蕊的子房内逐渐形成胚珠,又由胚珠内的孢原细胞进一步发育形成胚囊母细胞。两者的形成大体同时。

(4)胚囊母细胞和花粉母细胞减数分裂期:胚囊母细胞和花粉母细胞各自进行减数分裂形成四分体。

(5)胚囊和花粉形成期:胚囊母细胞形成的四分体三个消失,一个发育成为胚囊,花粉母细胞形成的四分体四个都发育,成为四个花粉粒。在此期中,单核胚囊分裂成为具有卵细胞、助细胞、极核和反足细胞的八细胞胚囊。花粉粒内容物逐渐充实,由单核花粉发育成二核(如棉花)或三核(如油菜)花粉粒。

(二)开花和传粉

1. 开花习性　在有分枝(蘖)习性的作物,一般是主茎先开花,然后依次为第一次分枝(蘖)、第二次分枝(蘖)……以分枝(蘖)在植株上的不同部位而言,多数作物是下部分枝(蘖)先开花,依次向上(但有限生长习性的大豆和油菜是由上而下);在同一个分枝上,多数作物是接近主茎的先开花,由内而外依次开放,而以一个花序上的花而言,则分以下三种开花顺序:

(1)下部花先开、然后向上。如油菜、花生和豆类作物。

(2)中部花先开、然后向上、向下。如小麦、大麦、玉米(雌雄穗)等。

(3)上部花先开、然后向下:如稻、高粱(有少数例外)。

一天内的花时,多数是从早晨到午后5时前后,但也有少数作物全日开花或夜间开花,如高粱是从半夜到凌晨。一株的花期长短,各类作物的差异很大。大体是:禾谷类作物在 10 天以内;豆类作物 15~70天;油菜 25 天(甘蓝型)~50(白菜型)天;棉花 50~60 天;花生极早熟品种 50 天,极晚早熟品种可长达 120 天以上。

2. 传粉方式　稻、小麦、大麦、大豆、豌豆、花生是自花粉传粉作物;玉米、油菜为异花粉作物;棉花、高粱、蚕豆异交率在 5% 以上,甚至高的达 40%,属常异花粉作物。

(三)受精和结实

开花当时或开花前(闭花授粉)后花药裂开,花粉散出落于雌蕊的柱头上,然后花粉管萌发,通过花柱伸入子房—胚囊,花粉中的二个精细胞分别与胚囊内的卵细胞和极核相结合形成合子(受精卵)和初生胚乳核。这个双受精过程,多数作物在授粉后 24 小时以内即告成。此后,初生胚乳核细胞增殖发育为胚乳,合子细胞分裂形成幼胚。不同作物的果实、种子形成过程及其对外界环境条件的要求分述如下:

1. 禾谷类作物的结实过程　禾谷类作物的籽实(颖果)发育分为三个时期:

(1)籽粒形成期:受精后,胚乳细胞不断增殖,幼胚开始形成。一定时间后,幼胚发育较快在开花后 10~15 天,幼胚各部已发育形成,具有萌发能力。之后,胚乳细胞迅速增大加速有机物的充实积累,进入"灌浆"期。

(2)乳熟期:植株大部分尚为绿色,仅下部叶开始变黄,籽粒呈绿色,其中充满乳白色液体,此期中迅速进行以淀粉为主的有机物积累。籽实先增加长度,然后增加厚度,此期之末,籽粒体积达最大,含水量约为 50%。

(3)蜡熟期:植株中部叶开始变黄枯死,叶面和光合作用大大下降。籽粒继续积累有机质,含水量下降到 25%~30%,内容物呈蜡状,逐渐由绿色变成品种的固有颜色。

(4)完熟期:茎叶大部或全部枯黄,同化作用基本停止。不再进行有机物积累,干重达最大值,含水量降至 20% 以下,体积缩小,变硬,容易从穗上脱落。此期为收获适期,在开花后 30~40 天。

2. 双子叶作物的结实过程　棉花、油菜、花生的籽实均属于双子叶无胚乳种子。油菜、花生用种子榨油，而棉花则以胚珠的外珠被表皮细胞延伸而成的种子附属物——纤维为主产物。它们籽实发育的共同过程大体是：初生胚乳核先开始分裂。然后合子开始分裂，分别发育成胚乳和幼胚，在胚的发育过程中，吸收消耗胚乳的营养物质致使胚乳逐渐消失。胚先形成两片肥大的子叶，然后在两片子叶连接处先后分化形成胚芽、胚根和胚轴。在整个发育过程中子叶积累大量的有机物不断长大并弯曲、摺皱、充满种皮内部。到胚完全发育成熟，子叶有机物的积累和种子干重达到最大值时为种子成熟期。上述三个作物在种子发育成熟过程中又有以下各自的特点：

（1）棉花：棉花受精后子房膨大成蒴果（棉铃），在其发育成熟的 50 ~ 60 天“铃期”内，经历体积增大——内部充实——脱水开裂等三个阶段。在棉铃内部充实阶段，种子及其上着生的纤维迅速发育，棉纤维先是延伸，然后细胞壁加厚积累大量的纤维素。在棉铃脱水开裂阶段，棉纤维也脱水发生扭曲，拉力增强，趋于成熟，并随棉铃的开裂而爆花吐絮，即收获适期。

（2）油菜：受精后子房膨大形成角果，角果内的种子经一个月左右即达成熟期，此时角果由绿色变为黄色，种子含水量 20% ~ 30%，种皮呈现品种固有颜色。种子的干重和脂肪含量都达最大值。

（3）花生：受精后 2 ~ 5 天从子房基部形成子房柄（果针），伸长并向下弯曲入土，称为“下针”。入土 4 ~ 5 天后子房开始膨大形成荚果，20 天后荚果大小基本定型，其中的种子迅速发育，先积累糖类、然后积累脂肪，蛋白质和淀粉。糖类和含水量不断降低，干重升高，到入土 25 ~ 48 天（直立型较短，蔓生型较长）种子的油分子含量和干重都达到最大，即成熟期。

上述作物生长发育时期，是以各个时期的生长中心，即该时期的主要生长、发育的器官来划分的，因此是一个大概的界限，而常有交错甚至部分重叠，不能截然分开。小麦、大麦在幼苗才 3 ~ 5 叶时便能开始分化幼穗，棉花在第 5 ~ 7 片真叶叶腋间开始现蕾然后果枝才伸长和长叶；甘薯和马铃薯地下贮藏器官开始膨大与茎叶盛长同时……但了解上述作物生长发育的阶段性，仍有助于我们深入理解外界环境与作物生长的统一性和栽培技术措施的阶段性。

二、作物对温度的感应

（一）作物生长、发育的基本温度

作物在生长过程中，对温度的要求有最低点，最适点和最高点之分，称为温度三基点。据 Sachs(1887)的实验，玉米种子萌发和幼苗生长的三基点分别是 9℃、34℃、42℃。表 2-2 所引证的是一些重要作物的温度三基点。在最适点温度范围内，作物生长发育得最好，当温度处于最低点或达到最高点时，作物尚能忍受，但生活力降低。如果温度在最低点以下或最高点以上，则作物开始受到伤害，甚至死亡。

表 2-2　一些重要作物生理活动的基本温度范围

(Haberlandt, 1890)

作物名称	基本温度 /℃		
	最低	最适	最高
小麦	3～4.5	25	30～32
黑麦	1～2	25	30
大麦	3～4.5	20	28～30
燕麦	4～5	25	30
玉米	8～10	32～35	40～44
水稻	10～12	30～32	36～38
牧草	3～4	26	30
烟草	13～14	28	35
甜菜	4～5	28	28～30
紫花苜蓿	1	30	37
豌豆	1～2	30	35
扁豆	4～5	30	36

表 2-3　几种作物开花期的温度三基点

作　物	最低温度/℃	最适温度/℃	最高温度/℃
油　菜	5	14～18	30
小　麦	10	20	32
大　豆	13	25～28	29
水　稻	13～15	25～30	40～45
玉　米	18	25～28	38
花　生	16	25～28	40～41
棉　花	18～20	25～30	35

作物不同生育时期所要求的三基点温度也不相同。总的来说，种子萌发的温度三基点常低于营养器官生长的温度三基点，后者又低于生殖器官发育的温度三基点。作物在开花期对温度最为敏感。现将几种作物开花期对温度的要求列于表 2-3。

需要说明的是，以上两表所列举的温度都不是绝对的。当供试品种、试验条件改变时，三基点温度也常常有些变化。例如，据中国农业科学院和中央气象局联合试验结果，在恒温下，粳稻出苗的最低温度为 12℃，而籼稻为 14℃。

（二）春化现象

1. 春化作用的概念　在本世纪二三十年代前苏联的李森科创立了植物的阶段发育理论，他认为在植物的个体发育中，由一种质的状态进到另一种质的状态的循序渐进的变化，或由一个阶段进到另一个阶段的变化。而每一个阶段有其特定要求的环境条件，如果这种特定的环境条件得不到满足时，便不能完成这一阶段而进入下一阶段，而且这种阶段的变更具有不可逆性。

李森科发现谷类作物（主要是麦类作物）在抽茎前必须有一段低温期间，而棉花现蕾前必须有一段高温期间，否则便不能进入下一阶段，他把作物在某一期间需要一定温度才能进行下一阶段的发育现象叫做温期阶段或春化现象，而把温度对于作物发育阶段的作用叫做春化作用。

2. 春化作物的温度条件　我国在50年代曾对作物的春化作用作了大量的研究工作，但在春播作物来说，要求的温度范围很宽、时间很短，很难说不是一种"积温度效应"，近期在棉花上研究指出由营养生长转向花芽分化的临界日均温为19℃，适温20～22℃，活动积温为416.9～638.9℃，有效积温为200.9～338.4℃，而未涉及到春化阶段的要求。朱之垠(1984)曾发表他在1957～1960年在前苏联莫斯科大学教授指导下所作的大豆形态建成研究中，也未涉及到春化阶段的论点。而对秋播的越冬作物小麦来说，一般认为早有定论，国内有两项较大的研究，一是崔继林等(1955)根据华东地区104个小麦品种的研究结果，曾把小麦分为三种类型如下：

(1) 春性型　经过0～12℃、春化时间不超过10天都能抽穗。

(2) 半冬型　A. 经过0～12℃处理都能抽穗，但经过10～12℃时则明显延缓抽穗，而在5～8℃下约需20天左右的处理；B. 经过10～12℃处理后不能抽穗，5～8℃为适温，需要25～30天。

(3) 冬性型　春化作用适应范围为0～3℃，需30～45天。

二是黄季芳等(1956)曾于1953年对全国163个和1955年对全国200个秋播小麦品种进行春化性处理研究，即以0～3℃，4～7℃，8～12℃三种温度进行不同的处理后春播，然后根据小麦植株抽穗不明显延续的天数来判断最适宜的春化处理条件，并按下列标准将供试品种分为四类：

(1) 春型　在0～12℃下春化处理的种子和在春季自然温度条件下通过春化阶段的植株都能整齐抽穗。

(2) 弱冬型　未处理的对照植株能抽穗，但不如经过春化处理的抽穗快。在8～12℃春化处理后的抽穗期较比0～7℃处理的略有延缓。

(3) 冬型　未经处理的对照在春季自然温度条件下不能抽穗，而经过0～7℃春化处理的植株抽穗比较快，在8～12℃处理后的植株多数不能抽穗或抽穗极困难。

(4) 强冬型　未经处理的对照植株不能抽穗，而以0～3℃春化处理的植株抽穗较快，在4～7℃春化处理的植株抽穗延缓，在8～

12℃处理后的植株则不能抽穗。

进入80年代以后生产实践和科学研究中发现某些小麦品种在夏季播种也能抽穗,因此,低温是不是决定某些小麦品种进行穗分化的必要条件引起人们的关注。罗春梅等(1986)认为小麦春化处理的低温有启动幼穗分化和抑制生长两种反应,而对春性小麦品种来说只有后一种效应。徐绍英(1989)也认为春性大麦品种在高温下也能不经春化而抽穗,但冬性和半冬性品种则仍需较低的温度。因此,50年代的小麦品种的类型划分进入80年代后,又有五个或六个类型的划分,但对自然界事物的认识是没有止境的,尚大有探索的余地。

我国的油菜栽培也和小麦近似,杨业正(1983)曾根据油菜类型和品种(我国有五个栽培种)对于温度的要求的宽严分为冬性型、半冬性型、春性型三种类型。侯国佐(1987)研究发现甘蓝型低芥油菜从播种到现蕾所需的日均温及天数也因早熟、中熟、晚熟类型的不同而不同。总之,在秋冬播作物的生育进程是否需要一个低温期间是一种生态适应性的反应,至于春、夏播作物有无温期阶段,还是一种积温的效应,我们暂时还很难予以判断,尚需今后进一步地研究探索。

3.春化作用与器官建成和生理反应　如果认为“阶段发育”尚有进一步探讨的必要,那么春化阶段(温期阶段)可自种子幼苗(绿体)开始进入这一阶段,而在结束时间上,往往与新的器官建成有关,早期认为双子叶作物以花芽分化为指标,麦类等单子叶作物则以生长锥伸长为界,也有认为在生长锥尚未伸长时。根据中国科学院植物生理研究所的试验研究,认为茎生长锥伸长和结节期(即后来的单棱期)都是在未完成春化阶段以前所形成的器官。昝维廉在昆明观测小麦时也认为生长锥伸长和穗轴分节是在光照阶段开始前形成的。近期对小麦的观察一致认为低温诱导的是小穗原基而不是生长锥伸长,因而二棱期才是春化阶段完成的标志,也是具有春化阶段的小麦品种在无低温条件下所不可逾越的时期。在大麦中,徐绍英等(1989)也认为前说欠妥,而发现未抽穗植株幼穗发育停滞时期有强冬性品种增强而提高的趋势,何立人等(1988)也曾认为大麦三联小穗期才是大麦完成春化作用的标志。

至于春化作用是否也涉及到植株体内的物质活动，李淑俊等曾在小麦进行人为的春化处理过程中，发现种子胚内的核酸含量有所增加，但在春化完成后又下降。李秀珍等(1987)曾用凝胶电泳分析冬小麦农大139经低温处理及对照过一段时期后再进行高温脱春化处理的植株，其蛋白质条带的组成有异，但尚待继续深入分析。罗春梅等(1988)曾用放射免疫法测定小麦幼穗内脱落酸(ABA)的含量，发现春性小麦 > 偏春性 > 冬性 > 强冬性，恰与各类小麦需要低温性相反；另外，种子经春化处理后的幼苗，其 ABA 的含量均比对照高，从而认为春冬性强弱不同的小麦品种在对温度要求上的差异是其体内抑制型激素水平有差异的反应：春化处理的效应是由于低温诱发体内产生 ABA 所造成。

许运天(1957)曾用0～3℃和－3℃处理萌动的小麦种子总天数为100天，结果是变温顺序对冬小麦通过春化阶段有显著影响，如正温在前、负温在后则通过春化阶段要快、抽穗植株百分数也高，抽穗期也早，这是否也说明了冬小麦的某些遗传本性呢？近期孟繁静(1990)曾在高等植物或作物体内发现普遍存在玉米赤霉烯酮，并与某些冬性作物的春化作用效应有密切的相关，这是否是有一种成花素的线索呢？看来，某些秋、冬播作物种和品种有其本身长期积累下来的生态适应的遗传特性，但这种特性也必然有它的物质基础，都在等待我们去发掘。

(三)积温与作物生产

1. 积温的概念　积温的概念可概括为三点，即(1)在其他条件满足时，温度对发育起主导作用；(2)开始发育要求一定的下限温度；(3)完成发育要有一定的温度累积(积温)。常用的积温可有两种，一种是活动积温，二是有效积温。这两种积温的计算都是以生物学下限温度为起点温度。

活动积温，指的是作物某一生育期或全生育期中所有活动温度的总和。用 y 表示，其表达式为：

$$y = \sum_{i=1}^{n} (t_i > B)$$

式中 y 为活动积温，B 为生物学下限温度；$t_i > B$ 为高于生物学下限温度的日平均温度，即活动温度，n 为该生育期总天数。

生物学下限温度系指作物三基点温度的最低温，以 B 表示。一般温带作物为 5℃左右，亚热带作物为 10℃；热带作物为 18℃。

有效积温，指的是作物某一生育期或全生育期有效温度的总和，以 A 表示，其表达式为：

$$A = \sum_{i=1}^{n} (t_i - B)$$

式中，A 为有效积温，$t_i - B$ 为有效温度，若 $t_i < B$，则取 $(t_i - B)$ 为 0，即有效温度是活动温度与生物学下限温度之差值。

2. 正积温和负积温　正积温是指大于 0℃的活动积温，它用于比较不同地区和不同年份的状况；负积温是指小于生物学 0℃的负温度之和，它在一定程度上反映了低温的强度和持续时间，常作为低温危害的指标之一。

3. 积温与作物生产　对于作物生产来说，积温有以下两个含意：第一，它是一种表示热量资源的方法，指某地高于某一界限温度总和。例如，哈尔滨 ≥ 10℃ 的积温是 3000℃，北京 4200℃，济南 5000℃，武汉 5300℃，广州 8100℃，根据一个地区的积温，可以合理地安排作物布局，确定种植制度。哈尔滨处北纬 45°45′，年平均温度是 3.5℃，比北纬 51°11′的伦敦低 6℃以上；但是，哈尔滨≥10℃的积温比伦敦多 500℃。因此，哈尔滨郊区可以种植水稻，而且产量很高，但伦敦附近却只能种植麦类、马铃薯、甜菜等作物；第二，积温又是作物对热量要求的一个指标，它表示作物某一生育时期或全生育期所要求的温度之总和。以玉米为例，早熟品种要求≥10℃的积温 2000 ~ 2200℃，中熟品种 2500 ~ 2800℃，晚熟品种 > 3000℃（表 2-4）。

如果事先了解某作物品种所需的积温，就可以根据当地气温情况确定安全播种期，根据植株的长势和气温预报资料，估计作物的生育速度和各个生育时期到来的时间。从更宏观的角度来说，还可以根据作物所需要的积温和当地长期气温预报资料，对当年作物产量进行预测，确定是属于丰产年、平产年还是歉产年。

表 2-4 不同作物≥10℃或≥0℃积温要求

作　物	早熟种积温/℃	中熟种积温/℃	晚熟种积温/℃
冬小麦(≥0℃)	1 700~2 000	2 000~2 200	2 200~2 400
油菜直播(≥0℃)	2 000~2 200	2 200~2 400	2 400~2 600
油菜(移栽)(≥0℃)	1 400~1 600	1 600~1 800	1 800~2 000
玉　米(≥10℃)	2 000~2 200	2 500~2 800	>3 000
高　粱(≥10℃)	2 100~2 400	2 500~2 800	>3 000
水　稻(≥10℃)	2 400~2 500	2 800~3 200	—
红　苕(≥10℃)	1 600~2 100	2 500~3 000	3 500~4 000
马铃薯(≥10℃)	1 000	1 400	1 800
大　豆(≥10℃)	1 650~2 100	2 500	2 900
棉　花(≥10℃)	3 200~4 000	4 000~4 500	>4 500
春小麦(≥0℃)	1 700~2 100	2 100~2 300	—

三、作物对光的感应

(一)关于光周期现象的概念

作物生长发育,特别是花器形成,对昼夜光照与黑暗相对长度交替出现的反应。不同纬度地区昼夜长度,随季节的更替发生规律性的变化。日照对植物的生长发育有明显的影响,有的植物要在较长的日照时数条件下才能完成生活周期;有的则要求较短的日照时数。植物的花芽分化,是营养生长过渡到生殖生长的转折点。虽然也受温度、水分、养分等影响,但日照长短是影响开花的主要因素。通常花芽分化作为进入光周期的开始,而以开花作为植物通过光周期的主要标志。因此,作物开花受白昼黑夜轮回交替的日照长度的感应称之为光周期现象。除开花之外,树木的秋季落叶、芽的休眠以及地下贮藏器官的形成,也与光周期现象有关。

光周期现象是美国科学家 W. W. 加纳(Garner)和 H. A. 阿拉德(Allard)1920 年发现的。他们观察到烟草马里兰大型品种在美国南部佛罗里达州种植时，能够正常地开花结实。引至华盛顿附近，在夏季长日照下，株高达 3～5m 而不能开花。但在冬季温室内短日照条件下，株高虽不及 1m，却能正常开花。从而提出日照长度是植物开花的关键因素。这一发现为以后的研究打下了基础。根据植物对光周期反应的不同，可划分为以下四种类型。

1. 长日性植物　在较长的日照条件下才能开花的植物。日照越长，越有利于开花，日照稍短则开花缓慢，花量减少，日照短于一定极限则停顿在营养生长状态。属于长日性的作物有大麦、小麦、黑麦、燕麦、豌豆、亚麻、甜菜等。

2. 短日性植物　在较短的日照条件下才能开花的植物。在一定范围内日照越短，越有利于开花。但日照过短，由于光合作用受阻，营养不良，抑制开花。日照稍长，则开花推迟，花量少。日照长于一定极限，或连续光照时，不能开花。这类植物在光照期反应中需要有最低长度的暗期。属于短日性的作物，有烟草、大豆、水稻、玉米、黍、粟、大麻、洋麻、黄麻等。

3. 中间性植物　又称不定型植物或日中型植物。这类植物在任何日照条件下，即从相对短的日照长度至连续光照范围内均能开花。在光周期反应中不需要暗期。属于这类作物的有棉花、荞麦以及某些极早熟水稻品种、极早熟大豆品种和极早熟的烟草品种。

4. 定日性植物　此类植物仅在一定范围内的日照长度下开花，日照再长或再短时，明显地停留在营养生长状态。这类作物极少，如有的甘蔗品种，最适宜的日长为 12h45min，超于此范围都不能形成花芽。有些植物的开花要求双重的日照条件。有的植物在长日性条件下完成花芽分化过程，继续在长日照下则不能成花，花器官形成要求短日照。若仅以花芽分化为准，可称为长日性植物。从真正开花来说，应称为长—短日植物。有些植物恰恰相反，称为短—长日植物。日本学者江口庸雄则主张，将植物在花芽分化前和花芽分化后对长日照、短日照、中日的反应，结合在一起划分植物光照反应类型。

不同作物和不同品种对日照长短的要求和反应是由基因型决定的。它们只有在开花前达到一定年龄和生理状态时，遇到所需要的日照长度，才开始花芽分化和开花。过去，曾以 12h 日照为界区分植物对光周期的反应:即将日照在12h以上开花的称为长日性植物,在12h以下开花的称为短日性植物。其实,不同的植物和品种对日照的要求都有一个最低的极限,只能在高于这个极限范围内开花。短日性植物对日照要求有一个最高的极限,只能在低于此极限日照下开花。引起长日性植物开花的最小日长和短日性植物开花的最大日长,称为临界日长。但有些长日性植物的临界日长小于12h(如天仙子为11.5h),而有些短日性植物的临界日长又大于12h(如籼稻为12.5h),所以以12h作为区分长日性和短日性植物的界限是不合理的。长日性和短日性植物的区别,不在于引起开花的绝对日照长度多少,而在于它是在长于短于临界日长的条件下开花。长日性植物在大于临界日长;短日性植物是在小于临界日长条件下开花或加速开花;中间性植物没有临界日长;定日性植物则有一个适宜日长,只能在此日长时开花。

作物光周期现象与其地理分布和系统发育有很大关系。中国位于北半球,日照在夏至最长,冬至最短,春分和秋分各为12h。纬度越高,冬季和夏季日照长度变化越大。在中国南方(低纬度地区),没有长日照条件,以种植短日性作物为主;北方(中纬度地区),夏季的长日照时期和秋季的短日照时期的气温有利于作物生长,长日性和短日性作物均有种植;在北方北部(高纬度地区),由于春季和秋季的短日照时期的气温低,只有在夏季长日时期,作物才能正常生长,因此多数种植长日性作物和对日长不敏感的短日性作物。

(二)作物光照阶段发育所需的光照条件

在一般情况下,在春化时期或温期阶段需要低温的往往接下来需要受较长的日照,反之需要高温的则往往是短日照,这些现象似与其起源地有关。事实上,具体表现还要复杂得多,吴光南等(1959)曾对水稻作过研究,并把光照阶段的反应分为极弱、弱、中、强、极强五种反应类型。黄季芳(1956)曾对中国的秋播小麦品种连续作了三年的分析,根据对光照长度反应的程度分为三种类型如下:

1. 反应迟钝　在8h和12h日照下都能抽穗。

2. 反应中等　在8h和12h日照下不能抽穗,但在12h日照下可以抽穗。

3. 反应灵敏　在 8h 和 12h 日照下都不能抽穗。

在作物对光照条件的反应上，除去光照长度外，还有些光质、光量、光强的研究，早期 Withrow 等（1940）曾对某些花卉作过光强反应的研究，孙福增等（1989）曾作过人工补光或遮光的长短日照处理研究，对不同时间的光照及光质、光量有不同反应，这也是阶段发育中除温期、光期外还有没有三期、四期的问题。Mutters 等（1989）曾在高温下观测豇豆于不同光源下对于花芽分化的影响，结果也看到类似光质、光量的效应，可见作物在光的影响下尚有一些未知数等待我们去探索。

（三）作物的光照阶段与器官建成和温光互作效应

日本园艺学家江口庸雄（1939）发现植物在光照反应上表现出花芽分化前后的差异，即把花芽分化前后对光照时间长中短两相组合为九种。

上列现象虽然尚未得到广泛认可，但可以说明植物或作物的器官建成是和光照条件有联系的。小麦的光照阶段始于二棱期，而结束于小花分化期或雌雄蕊分化期，结束的早晚受前期营养体大小的影响，而以营养体较大者结束的时期早些。玉米则于小穗原基形成时结束，水稻早在生长锥开始分化时期即已结束，高粱对日照长短敏感的时期是从出苗截止到穗分化，大豆则结束于出现花萼原基或早在复叶原基和分化侧枝时，棉花则以现蕾为界。双子叶类的短日性作物在诱导出花芽后仍需短日（Board Settimi，1988），海岛棉中的开远木棉在长日照下虽可以现蕾，但以后则需短日。而油菜在现蕾后直到初花期都需要长日照。

作物生育对自然环境条件中的温度高低和日照时间有不少研究报道认为其间存在互相作用的效应，这叫做“互作效应”，即在两者间一个因素发生反应时，需要另一个因素保持在一定范围内，如水稻接受 10h　短日照时，温度必须保持夜温 20℃ 以上才能顺利通过光照阶段，这是属于依赖性的互作效应。张文绪（1987）发现晚稻品种随温度降低而增强感光性或随日照延长而增强感温性，而早、中稻不明显，从而分为长日低温生长节能型和短日高温生长节能型两种基本变型。小麦也存在着高温短日和低温长日殊途同归的现象，王士英(1986)曾用温光积(P_{tl} = 某阶段的平均温度 T 乘该阶段的平均日长 L)说明小麦发育对温光的综合要求,这是属于互补的互作效应。Suge(1978)证实在冬小麦和大麦某些品种具有短日春化作用的现象,胡承霖等(1988)也认为冬型小麦春化过程中有短日光周期效应和在20℃高温下、24h 日照的温光组合下,冬小麦也能抽穗,这是属于部分代替性的互作效应。总之,作物在自然生态环境条件下进行发育的过程中,某些环境因素在特定的条件下是会对作物的生理生化反应互相起作用,有时互相依赖、有时互相补充、有时部分代替,因时间、地点和作用的类型、品种而各有不同。

(四)光周期反应在作物栽培上的应用

1. 纬度调节　在作物引种时应特别注意作物开花对光周期的要求。一般来说,短日性作物由南方(短日照、高温)向北方(长日照、低温)引种时,由于北方生长季节内日照时数比南方长,气温比南方低,往往出现营养生长期延长,开花结实推迟的现象。例如,当把华南的短日性作物红麻移到华北种植时,由于生长季节的日照比原产地长,茎叶一般生长茂盛,却不能结实。要想使红麻在华北开花,结实和就地留种,必须在出苗后连续进行 40 天左右的 10h 短日照处理。短日性作物由北方向南方引种,则往往出现营养生长期缩短,开花结实期提前的现象,人们常利用短日作物的这种反应,将北方作物品种移到南方,用于夏季夏种,争取一茬收成。

2. 播期调节　在作物栽培实践中,根据作物品种的光周期反应确定播种期是常有的事。例如,短日性作物水稻,从春到夏分期播种,结果播期越晚,抽穗越快。晚熟品种“老来青”在武昌种植,不同播种期,播种至抽穗所需日数不同,3 月 15 日播种,自播种至抽穗需 164 天,4 月 25 日播种,需 124 天,6 月 25 日播种,需 93 天,7 月 25 日播种,需 77 天。在水稻双季栽培时,早、中、晚熟都可以作晚(后)季稻(但生育期长短不同)。因为晚季具有它们共同需要的高温—短日照条件;但晚熟品种不能作早(前)季稻,因为早季不具有晚熟品种幼穗分化所必需的短日照条件。即使提早播种也不能提早抽穗、成熟,不合乎双季栽培的要求。冬性强的甘蓝型油菜可以早播。在秋季高温、短日照下不会早抽薹、开花,而有利于保证足够的营养生长期和及早成熟;而春性强的白菜型,芥菜型品种播种应较迟,否则会过早现蕾、开花、遭受冬季和早春冷害而增加无效花、蕾和无效角果数。

适于在春季播的玉米、高粱、谷子、大豆等短日性作物,如因种种原因而推迟播种的话,应注意到晚播后植株生长发育加快植株矮小的特点,适当增大种植密度,求得丰收。

除了纬度调节而外,随着温室栽培的发展,利用人工延长或缩短时间的办法也可以调节作物的光周期反应。

3. 育种应用　在育种方面利用作物的光周期特性,使杂交的父母本的花期得以相遇。如在水稻上发现了光周期敏感雄性不育成果后,基于这种特性设计了新的两系杂交育种程序。

第四节　作物生育的一般进程及器官间生长关系

一、"S"型生长进程

(一)"S"型生长曲线

作物的个别器官、整个植株的生育以及作物群体的建成和产量的积累均经历前期较缓慢、中期加快、后期又减缓至停滞衰落的过程。以稻、麦的株高增长过程为例,出苗后株高缓慢增长,抽穗之后趋于稳定。这个过程遵循一条"S"型的曲线。"S"型曲线如果按照作物自种子萌发至收获划分的话,通常可分为五个阶段:(1)初始期,这时种子内部发生变化,生长缓慢;(2)生长期或快速生长期,这是一个累进的、自促的过程,生长率不断增加;(3)生长率渐减期;(4)稳定期,植株成熟,生长停止;(5)衰老期,生长量非但不增加,反而减少(图2-2)。作物的生长进程,视研究的对象和目的不同,可以用鲜重、干重、体积、长度等单位来计量。

以上以作物个体为例说明了生长进程,下面以王天铎等(1961)对水稻群体所做的研究来说明这一问题。

水稻群体的干物质积累过程可划分为三个阶段,即:指数增长期、直线增长期和减缓停滞期。

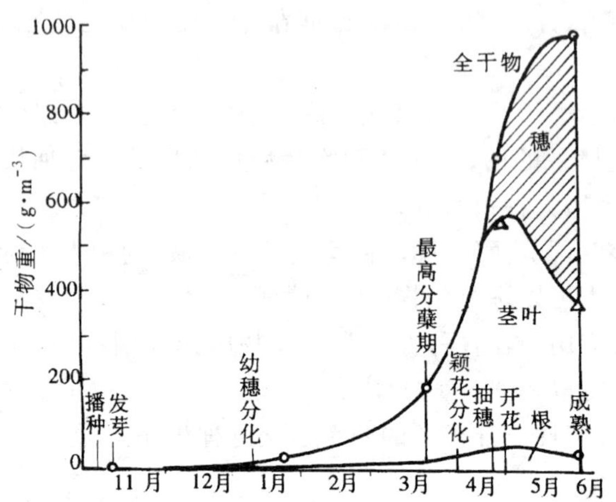

图 2-2 大麦各生育时期的干物质变化

(武田等,1957)

指数增长期 在作物植株生长初期,群体的叶面积很小,叶片彼此互不遮蔽,而且新长出器官(主要是叶片)还能进行再生产。这一时期群体干物质积累与叶面积成正比。因而呈指数增长,可用下式表示:

$$\ln \frac{W_1}{W_0} = K_W(t_1 - t_0)$$

或

$$W_1 = W_0 e^{kw}(t_1 - t_0)$$

其中 W_1 为测定时干重;W_0 为原始干重;t_1 为测 W_1 时的时间;t_0 为测 W_0 时的时间;$t_1 - t_0$ 这一时期的生长期;K_W 为干重增长系数。由上式可知,某一时期的干重决定于原始干重、干重增长系数和生长时间的长短。在指数增长期内,W_1 与时间 $t_1 - t_0$ 成指数关系,W_0 的大小对 W_1 的影响很大。

关于 K_W 的大小,据王天铎等的研究,不同密度田的 K_W 值之间差异不显著。而每亩施硫铵 2.5kg、7.5kg、22.5kg,相应的 K_W 值为 0.090、0.103、0.120。即氮肥越多,K_W 值亦越高。

直线增长期 在这一时期,群体干物重的积累速度比较快而稳,积累量大,随着植株生长和叶面积增加,叶片之间相互遮蔽加重,因此以单位叶面积计算的净同化率数值是随着叶面积的增加而下降的；可是，由于这一时期的叶面积总量大，单位土地面积上群体干物质的增长速率加快。

干物重直线增长期间（$t_2 - t_1$），群体所达到的干物重为：

$$W_2 = W_1 + P(t_2 - t_1)$$

式中，W_1—该时期开始时的群体干物质；

P—单位土地面积上的群体干物重增长速度；

$t_2 - t_1$—该时期所经历的时间（日数）。

减缓停滞期　随着叶片变黄（或脱落）和机能衰退，随着同化产物由营养器官向生殖器官运输和转化，群体干物质的积累速度减缓。当植株转入成熟期时，生长进入停滞状态，干物质积累停止。

各种作物群体的干物质积累大体上都符合上述“S”型生长曲线；不过，不同作物在各不同的生态环境中和栽培条件下种植，其生长进程（包括干物质积累总量、各个时期所经历的时间和干物质积累速度，等等）又各有不同。我们要运用这种规律，采取相应的调控措施，创造高产的生长进程。

（二）生育进程理论的应用

整株作物的生育过程所遵循的“S”型曲线是顺序出现的新老器官交替的结果。每个器官的生育也有各自的“S”型进程。以茎的形成为例，从拔节开始，茎的节间是由上而下按一定的顺序重叠伸长的。当最上面的一个节间开始缓慢伸长时，其下的第二个节间接近伸长盛期，第三节间伸长增粗并达到固定的长度，再下面的一个节则处于充实纤维素、木质素的时期。生长过程就是这样相互协调有规律地推进着。必须指出，生育进程是不可逆的。在作物的生长过程中，无论在哪一个阶段上偏离了“S”型曲线（或未达到，或超越），都会影响生育的进程和速度，并且危及最终的产量。

研究作物的生育进程，对于作物生产有着重要的实际意义。

第一，各种促进或抑制生长的措施，都应在生育最快速度到来之前应用。例如，用矮壮素控制小麦拔节，应在基部节间尚未伸长前施用，如基部节间已经拔节再施矮壮素，就达不到控制该节间伸长效果。又如，水稻晒田可使基部1～2节间矮壮，若晒迟了，不但起不到这一效果，反而可能影响穗分化。

第二，同一作物的不同器官通过生育周期的步伐不同，生育速度各异，在控制某一器官生育的同时，应注意到这项措施对其他器官的影响。譬如，拔节前对稻麦施速效性氮肥，虽然能对早、中稻的的穗形大小或稻麦的小花分化起促进作用，但同时也能促使基部1～2个节间伸长，易引起以后植株倒伏。

第三，作物生育是不可逆的。在作物出苗至成熟的整个过程中，应当密切注视苗情，注意各个同步生育的器官，协调它们之间的关系，达到该期应有的长势和长相。因为任何器官一经形成（如穗一定型），便无法补救了。

二、禾谷类作物营养器官的生长关系

（一）主茎叶龄和分蘖出生的关系

禾谷类作物中的稻麦类作物和黍类作物都具有“分蘖”这一重要的性状，一般在保证稻麦群体的穗数以及对群体结构的协调中，“分蘖”的取舍具有重要的意义，但“分蘖”的出生与其主茎叶片间具有一定的关系。

据丁颖等（1959）观察，水稻主茎最上新出叶伸出时腋芽即开始分化，其下位叶的蘖芽已分化完成，再下位叶的蘖芽正在鞘内伸长，再再下位的蘖芽可伸出鞘外，因此，主茎叶龄 n 与叶腋出生分蘖的关系为 $n-3$，这是在主茎上出生的一级分蘖，依此顺序出生的二、三级等分蘖的关系基本上相似，这种关系称为“叶蘖同伸（生）关系”，可参照下列表2-5。

表2-5　水稻主茎出叶与一、二级分蘖出现的对应关系

（丁颖等1959）

主茎叶位	8	9	10	11	12	13
一级分蘖	V	VII	VII	VIII	IX	X
			V_pV_1	V_2		
二级分蘖				VI_pVI_1	VI_2	
					VII_pVII_1	VII_2
						VIII_pVIII_1

注：V_P，VI_P……表示着生于一级分蘖V，V1……上的前出叶（鞘叶）节位上的二级分蘖

其后有关小麦分蘖出生与主茎叶龄的关系,基本上与水稻一致。稍有不同的是小麦芽鞘和分蘖鞘腋中的分蘖易于出生,而水稻一般不出生。特别是水稻经插秧深浅的不同,经常影响分蘖的出生。

根据叶蘖同伸关系,即可依主茎叶龄来推算各级分蘖的数量。莫惠栋(1983)曾列出了在“叶蘖同伸规律”充分体现时,推算各主茎叶龄的理论分蘖的公式如下:

如以 N_1,N_2……分别表示一级、二级……分蘖的理论数,以 n 表示主茎叶龄,即可求得 $N_i(i=1,2,3,\cdots)$ 与 n 的关系。

(1)当胚芽鞘节位和分蘖鞘节位不能出生分蘖时,N_i 和 n 的关系是:

$$N_1=(n-3) \qquad (n\geqslant 4\text{ 时})$$

$$N_2=\frac{1}{2}(n-5)(n-6) \qquad (n\geqslant 7\text{ 时})$$

$$N_3=\frac{1}{2}[(n-8)(n-9)+(n-9)(n-10)+(n-10)(n-11)+\cdots] \qquad (n\geqslant 10\text{ 时})$$

$$N_4=\frac{1}{2}[(n-11)(n-12)+2(n-12)(n-13)+3(n-13)(n-14)+\cdots] \qquad (n\geqslant 13\text{ 时})$$

$$N_5=\frac{1}{2}[(n-14)(n-15)+3(n-15)(n-16)+6(n-16)(n-17)+\cdots] \qquad (n\geqslant 16\text{ 时})$$

$$N_6=\frac{1}{2}[(n-17)(n-18)+4(n-18)(n-19)+10(n-19)(n-20)+\cdots] \qquad (n\geqslant 19\text{ 时})$$

这组公式一般适用于水稻。

(2)当胚芽鞘节位和分蘖节位易于发生分蘖时,N_i 和 n 的关系是:

$$N_1=n-2 \qquad (n\geqslant 3\text{ 时})$$

$$N_2=\frac{1}{2}(n-3)(n-4) \qquad (n\geqslant 5\text{ 时})$$

$$N_3=\frac{1}{2}[(n-5)(n-6)+(n-6)(n-7)+(n-7)(n-8)+\cdots]\quad(n\geqslant 7\text{ 时})$$

$$N_4=\frac{1}{2}[(n-7)(n-8)+2(n-8)(n-9)+3(n-9)(n-10)+\cdots]\quad(n\geqslant 9\text{ 时})$$

$$N_5=\frac{1}{2}[(n-9)(n-10)+3(n-10)(n-11)+6(n-11)(n-12)+\cdots]\quad(n\geqslant 19\text{ 时})$$

$$N_6=\frac{1}{2}[(n-11)(n-12)+4(n-12)(n-13)+10(n-13)(n-14)+\cdots]\quad(n\geqslant 13\text{ 时})$$

这组公式一般适用于三麦(小麦、大麦、元麦)。

但是由于栽培条件和品种类型的不同,这种关系也不是一成不变的,一般主茎型品种的分蘖数大体相等或低于理论分蘖数,而分蘖型品种的分蘖数有可能相等或高于理论分蘖数。

(二)叶片、叶鞘、节间伸长的关系

作物的叶片、叶鞘、节间伸长的生长上有一定的对应关系。按照小麦这些器官在伸长过程中呈"S"型曲线,大体可分待伸长、伸长初、伸长中、伸长末和定形5个伸长期。就叶片来说,定型即已展开的叶片,而抽出叶鞘3~5cm的叶片相当于伸长的末期。

(三)地上部器官与地下部器官生长的关系

小麦水稻等禾谷类作物在发生分蘖的同时,在同一节位上分蘖的基部也出生节根,小麦水稻在主茎叶龄与出生节根的关系也是$n\sim3$,即第一层节根(胚芽稍节根)出生时,主茎叶数为3。玉米初期也如此,但以后加快,即每两片主茎叶出一层节根,在高粱上也是如此,大体出现根层的两倍再加2(后期为3)即等于主茎叶数。

三、禾谷类作物穗分化与外部形态的关系

禾谷类作物穗分化过程是产量形成的主攻目标,但穗的分化包被植株内部,如何利用"器官同伸关系"以外部形态的表现来指示内部穗分化过程就成了大家研究的热门。如在小麦上,曾研究了器官

相关与肥水效应规律，提出了“叶龄指标促穗法”，水稻上的“叶龄模式”等都在各该作物生产上起到了相应的效用。

在外部形态上多是以主茎叶片的出生为依据以叶龄为指标来指示或判断内部穗分化的进程，如先后根据冬小麦春季出生1～6叶的顺序分别与穗分化的单棱期、二棱期、小花分化期、雌雄蕊分化期、药隔形成期和覆盖器官形成期相应，这种对应关系在播期不同时，变化也不大。

其他类似的研究大体也相近似。对于春小麦的观测认为：当生长锥的伸长期确定后，基本上也是一个叶龄推进一个穗分化期；大麦11个主茎叶的品种在4叶期进入单棱期，以后依叶龄增长穗分化按每一叶龄推进一期，到11叶时为花粉母细胞的四分体期；周金树(1964)观察谷子(粟)时，尽管在不同年份穗分化开始时的叶龄稍有出入，但进入穗分化期后基本上是按展开两片主茎叶，穗分化即向前推进一期。另外，也有用叶龄余数表示分化进程的，丁颖等(1959)曾进行该方面的观察。

凌启鸿等(1982)则进一步使其规范化，即将水稻穗分化期简化为苞分化期、枝梗分化期、颖花分化期、花粉母细胞形成期和减数分裂期、花粉粒充实完成期等五期，并把五期与叶片出生的关系概括为：穗分化五期与最后3片半叶出生有关，历时约4.5个出叶周期，即从倒4叶出生的关系后半期开始，每出生1片叶或每经历一个出叶周期，穗分化即向前推进一期。其后，又进一步概括了水稻的不同生育类型完善了此前提出的水稻叶龄模式。在冬小麦、春小麦上也曾用叶龄余数作为指示穗分化的指标，实际上这都是采用叶龄直接指示穗分化进程的不同手段，基本原则都是建立作物器官的同伸(生)关系上。

在主茎叶片数不同的品种间同一穗分化期的叶龄指数变异很小，并据此建立了穗分化期Y，与叶龄指数X的二次函数关系式，$Y=-k(X-100)^2+12$(其中k为系数，$k=0.002\ 49$)，另外一些观测玉米穗分化与叶龄关系的结果也曾报道过类似的关系。但对小麦、水稻来说，采用叶龄指数似不如用叶龄余数或直接用叶龄来指示更为适用。

辛淑芳等(1986)曾对10个春谷子品种进行探讨,认为叶龄指数X与幼穗发育期Y间是直接回归关系,因而对不同熟性的品种可以分别求出回归系数b,然后即可建立$Y=b(X-100)+a$的直线回归关系(a为幼穗分化期数,共有8期)。刘福在(1986)对穈子的观测结果也认为叶龄、叶龄余数均不如叶龄指数在指示穗分化期上更为适用,即不受品种的熟性、总叶数和播期的干扰始终一致。宫玉麟(1982)曾对6个不同类型的大麦品种进行了观测,发现穗分化各期的叶龄变异系数前期最大而后期缩小;而叶龄余数的变异系数则前期较小而后期最大;叶龄指数的变异系数则始终是最小的。弓发中等(1981)曾对春小麦、玉米和谷子的穗分化过程进行了研究,认为这三种作物在穗分化的关键时期的叶龄指数基本相近,即:(1)春小麦二棱期、玉米的雄穗小花分化及雌穗伸长期、谷子生长锥伸长期分别为47.1,48.7,49.4;(2)春小麦护颖原基分化期、玉米雄穗四分子期及雌穗小花分化期、谷子花序二级分枝期分别为61.4,61.2,61.3;(3)春小麦性器官形成期、玉米雄穗花粉粒形成及雌穗性器官形成期、谷子性器官形成期分别为81.4,84.2,82.3;说明尽管作物不同,但在穗分化的关键时期,叶龄指数还是大体相似的。另外,还有可见叶与展开叶的差别大小变化,即"见展叶差"来指示玉米和高粱穗分化进程的。水稻也有用剑叶下三片抽长叶的出现,倒4叶或倒5叶开始在主茎一侧形成的"重生叶",由于叶环形成缢缩导致的"葫芦叶"等,来指示穗分化进程的,但各种方法都有其时间、地点、作物和类型、品种的适用性。就冬小麦来说,春生叶的数目比较稳定,水稻穗分化后也比较稳定,可以用叶龄或叶龄余数,而主茎总叶数在品种间变化较大的玉米、高粱、谷子等似宜用叶龄指数来指示穗分化的进程。总之,这些形象的表现在不同生态环境条件下都是相对的事物,可以根据条件灵活应用,而不应看成是绝对的现象。

四、双子叶作物器官间的生长关系

双子叶类的作物经常发生各级分枝,同时进行营养生长和生殖生长的时间也较长,因而器官间生长的关系比较复杂,研究报道的材料也不多,俞世蓉等(1979)曾对秋播蚕豆的根、茎、分枝和叶的生长进行过探索,认为主茎发展叶节和分枝的出生大体符合 $n-3$ 的器官同伸(生)关系,前期比较规律,后期逐渐失调。王瑞舫(1980)曾对普通型和珍珠豆型花生品种进行过观察,认为主茎展开叶数可以作为花器分化进程的外部指标。王敏华(1984)曾对棉花进行过系统观察,认为棉花主茎的果枝节间的伸长:主茎和果枝叶的增长及现蕾间的同伸(生)关系(表 2-6),并提出当叶片展平后 6 或 9 天的叶面积对该叶最后面积进行预测的看法和预测公式。胡亦端(1983)认为棉花主茎顶分化与腋芽分化具有同生序列,因而当确知主茎展开真叶的叶龄后,即可通过一系列公式计算出全株的主茎分化叶数、主茎总叶数、可见果枝数、分化果枝数和总果枝数,并据此进行措施诊断等。

表 2-6 棉花主茎、果枝间的生长关系

(王敏华等,1984)

部　位	主茎始伸节间	主茎叶展平节	一节现蕾果枝着生节	一节间始伸的果枝着生节	一节叶展平的果枝着生节
1 果枝以下	n	$n,n+1$	—	—	—
1~5 果枝	n	n	$n,n-1$	$n-1$	$n-2,n-3$
6~12 果枝	n	$n-1$	n	n	$n-3$

第五节　作物生育规律的调控

作物的生长发育都是在一定的环境条件下进行的,这是物质和能量的交换并随之而来的形态变化,作物在长期的历史过程中都有其相应的变化规律,这就是作物的生育规律。前人对作物生育规律的研究特点在于:一是观测作物各种器官的生育动态以及彼此间的关系;二是观测环境条件对于生育器官的生育动态的影响及彼此间的关系;三是观测栽培技术措施对生育规律的效应及其关系。根据观测结果来判断环境条件的主次关系和技术措施的效应,从而为进一步发展作物生产提供理论依据。

作物的生育规律和自然界植物的生育规律在长期历史的推进过

程中已经产生了某些出入，作物主要是按人类的意向在衍变发展着，而研究作物生育规律的焦点在于进一步调控作物的器官按照人类的意向发展。调控的手段，主要是传统的利用肥水的技术措施，近期发展起来的植物激素在某些特殊情况下也能起到调控的良好效应。

一、对作物营养器官的调控

在作物的生育过程中，营养器官是先生的，也是基础的器官，这是由于营养的长势良好与否支配着生殖器官的优劣。如一般穗子在主茎顶上的禾谷类作物，其倒 3 叶出生时施加肥水，保证其有相应的叶面积，但果穗（雌穗）在主茎中部的玉米就另当别论。实际上，根据小麦器官相关的肥水运筹原则、不同水稻品种的促控和叶龄模式、小麦的叶位指标促控模式、大麦的叶位指标促控模式、玉米各种器官的促控措施、玉米和高粱的“见展叶差”促控法等等都是营养器官和生殖器官间的同伸关系利用营养器官（叶片）为指标来运用肥水技术措施的。有的也曾利用不同时期措施调控水稻地上部和根系以及分蘖消长和比率的关系，并从而使不同生育时期的生长中心顺利转移。

二、对作物生殖器官的调控

作物的生殖器官有其本身的形成或建成规律，在其分化或建成过程中，经常受内、外在的条件影响而发生早期衰败或退化，如禾谷类作物的小穗、小花的退化，甚至枝梗的退化，又如棉花的蕾铃脱落以及豆类作物的花荚脱落等等不一，最后成熟的籽粒或收获的产品只占百分之几，多的可达百分之几十，因而是一个比较突出的生产问题。调控的途径一是促进分化较多的生殖器官，二是控制生殖器官的退化和脱落，但在生殖器官分化时，营养器官也正在生长，特别在高生产水平上，以采取尽可能增加生殖器官的保留率为宜，这样在肥水运用措施上，应采取在稍晚的时机为妥，也就是采取现有的分化的生殖器官数量以“保”为主，同时也可为后期叶片的功能予以保证和延缓，这在小麦、水稻等作物上特别显著，现以冬小麦为例，见表2-7。

表 2-7　不同时期追肥对小麦小花发育和穗粒数的影响

(1963～1964)(迟范民,1964)

处　理	每穗分化小花数	每穗不结实小花				每穗结实小花		每穗形成花粉粒小花数
		性器官发育不全		花粉粒发育不良				
		数　目	占比率/%	数　目	占比率/%	数 目	占比率/%	
不追肥	90.0	67.5	75.0	6.3	7.0	16.2	18.0	22.5
单棱肥	106.0	78.8	74.2	6.2	5.9	21.0	19.8	27.2
二棱肥	107.0	77.5	72.4	7.2	6.8	22.3	20.9	29.5
小花肥	109.0	76.3	70.1	8.0	7.2	24.4	22.8	32.4
药隔肥	102.0	69.8	68.4	7.3	7.1	24.9	24.4	32.2
四分体肥	90.0	62.2	69.2	5.2	5.8	22.6	25.1	27.8

从上列情况可以看出,在小花及药隔分化期间施肥既可保证较高的分化,又能在开花前有较高的氮素水平,从而减少退化花和穗粒数的增加,水稻在花粉母细胞减数分裂期施肥也是为数不少的,但往往由于肥水运用不当而最后结粒数受限,并进而影响到粒重大小。当然在茎秆坚韧和群体无倒伏危险的情况下,争取对穗粒促保兼施也是可以的。至于在生产水平较低的水稻上则应在穗分化始期追施穗肥,而以促为主。总之作物的各种器官是一个有机的整体,任何调控措施都不可能是孤立的,肥水效应首先表现在营养器官上,但终归还是要反映到生殖器官上,如玉米在雌穗伸长期追肥既可扩大穗位以上叶面积的扩大,也同时间接涉及到穗部性状的改善,从而增加了穗粒数和粒重。

三、植物激素和生长调节剂

作物的正常生长发育不仅依赖阳光、温度、水分、空气和无机盐类等外部环境条件,而且还受到植物体内的生理活性物质所调控。这些在植物体内一定部位产生,并运输到其他部位,对作物器官的建成、生长发育和各种生理过程起着显著调节控制作用的物质称为植物激素,随着对植物激素作用与功能的进一步研究,人们又先后合成了多种与植物激素功能相似的物质,称作植物生长调节剂。

目前,植物生长调节剂已广泛应用于植物生产的各个环节。如种子催芽、花芽分化的性别控制、化学修剪、促进或抑制枝叶生长、打破休眠、催熟或延迟果实衰老、提高产量、增进品质、矮化植物、防止落花落果或疏花疏果、生产无籽果实、贮藏保鲜和辅助机械采收等。可以说,植物的化学调控已成为近代农业的一项重要技术措施。

(一)植物激素及其生理机能

已发现的植物激素共有五大类,即生长素类、赤霉素类、细胞分裂素类、乙烯和脱落酸。前三类具有显著的促进生长发育的作用,而脱落酸实际上是抑制生长的物质,乙烯则促进器官的成熟。

1. 生长素　植物激素的研究是从生长素开始的。最初发现的生长素是吲哚乙酸(IAA),以后又陆续发现了吲哚乙腈、4-氯吲哚乙酸等。

生长素在植物体内广泛分布,正在生长的各个器官内都有,如茎尖、根尖、嫩叶、花芽、受精的子房和幼嫩的种子等含量较多,而在衰老的组织和器官中较少。

生长素的主要生理功能有:①促进生长和细胞的伸长;②维持顶端优势,抑制侧芽生长;③调运营养物质。受精的子房生长素含量较高、因而调动营养物质向果实和种子运输。

2. 赤霉素　赤霉素(GA)首先发现于徒长的水稻苗中。现已发现了 100 多种赤霉素,其差异在于双键、羟基数目和位置不同。其中最常见的是赤霉酸(GA_3)。赤霉素主要产生在幼芽、幼根和未成熟的种子中。

赤霉素类的生理功能主要是促进植物整株的生长能力。多数双子叶和单子叶植物,凡生长迅速的,其赤霉素含量均高。赤霉素促进生长的原因在于它同时促进细胞的分裂和伸长。赤霉素还可加强生长素对养分的动员效应,或者说赤霉素有增加生长素生理功能的作用。

3. 细胞分裂素　激动素是最早发现的细胞分裂素,也叫 6-呋喃甲基腺嘌呤。而玉米素是人类分离的第一个天然细胞分裂素,其活性比激动素大10~100倍。以后又发现了玉米素核苷、异戊烯基腺苷等,这些都是腺嘌呤的衍生物。细胞分裂素主要分布在植物的茎尖、根尖、形成层及未成熟的种子、萌发的种子及发育的果实内。

细胞分裂素的生理功能主要是:①促进细胞分裂、组织分化和形态建成;②对茎和根的伸长有抑制作用,而对其增粗有促进作用,这说明细胞分裂素能够促进细胞横向扩张;③细胞分裂素能增加蛋白质的合成,从而延缓组织衰老。细胞分裂素对较多的植物还有促进生长、开花的作用。

4. 乙烯　植物的各部都产生乙烯,但以受伤的植物组织和成熟的果实中含量较高。天然乙烯在正常温度范围内是气体,所以它的产生、积累、运输和其他功能都有其特殊之处,也因此不易提取和应用。

乙烯具有很强的生理活性,其主要功能是抑制植物茎、根和叶的伸长生长,影响植物发育、种子休眠、萌发、开花及性别分化,促进植物体早衰和脱落,而最主要和最显著的效应是促进果实的成熟。

5. 脱落酸　植物体内产生的天然生长抑制物质脱落酸(ABA)不仅能抑制生长,而且还促进器官的脱落。以后又发现了其他具有同样功能的物质半月苔酸、吡喃葡萄糖苷、红花菜豆酸等。脱落酸主要分布在植物的叶、芽、果实、种子和块茎中。

脱落酸的生理功能除抑制生长外,还可引起植物的休眠和器官脱落。另一个功能则是在缺水、淹水及矿质失调的条件下引起气孔的迅速关闭。

(二)植物生长调节剂及其作用

植物生长调节剂系指人工合成的、具有植物激素生理功能的生长调节物质。这些生长调节物质不仅具有植物激素的功能,而且在某些方面还有所发展,并广泛应用于植物生长的各个环节。对提高产量、简化管理起到了重要作用。

1. 生长素类

(1)吲哚类化合物　人工合成的吲哚类化合物中有吲哚乙酸(IAA)、吲哚丙酸(IAP),吲哚丁酸(IBA)、吲哚乙胺(IAD)等多种。其中以IBA活性最强,比较稳定,具有促进扦插生根、形成无籽果实和防止脱落的作用。

(2)萘酸类化合物　萘化合物在制造上比吲哚类容易,价格低,是使用最广泛的生长素。常用的有萘乙酸(NAA)、萘丙酸(NPA)、萘丁酸(NBA)及萘氧乙酸(NOA)等。其中以萘乙酸活性较强,但它不溶于水,而溶于酒精等有机溶剂。其钾盐或钠盐及萘乙酰胺溶于水,作用与萘乙酸相同。具有防止果实脱落的作用。

(3)苯酚化合物　苯酚化合物种类较多,主要有2,4-二氯苯氧乙酸(2,4-D)、2,4,5-三氯苯氧乙酸(2,4,5-T)、2,4,5-三氯苯氧丙酸(2,4,5-TP)、对氯苯氧乙酸(PCPA、防落素、番茄灵、促生灵等)、2-甲基-4氯苯氧乙酸(MCPA)和苯乙酸(PAA)等。其中以2,4-D和2,4,5-T活性最高,比IAA可高出100倍。其作用主要是促进发芽和生长,防止落花落果、还可作为除草剂抑制杂草生长。

这三类合成的生长素类物质,虽然功能和作用相似,但具体对植物器官的活力还有细微的差别,以IBA的应用范围较广。

2. 赤霉素类　赤霉素类化合物已合成了70多种,常用的主要是赤霉酸(GA_3)及GA_4、GA_7、GA_{4+7}、GA_{13}、GA_{14}等,还有一些化合物不具有赤霉素的基本结构,但具有赤霉素的活性,如长蠕孢酸、菜豆酸、羟基贝壳杉酸等。赤霉素又称“九二〇”,难溶于水,而易溶于醇类、丙酮、醋酸乙酯、冰醋酸等,遇碱失效。其用途很广,经常被用于促进生长、打破种子休眠、促进单性结果和防止落花落果等。

3. 细胞分裂素类　化学合成的细胞分裂素常用的为激动素(KT)和苄基腺嘌呤(6-BA)等。另外,二苯脲、氟苯缩脲等也具有细胞分裂素的活性。

细胞分裂素主要用于诱导组织分化、促进葡萄等果树的坐果、改善元帅系苹果的果形以及防止衰老、维持绿色等。

4. 乙烯发生剂和乙烯发生抑制剂

(1)乙烯发生剂　乙烯是一种气体,不便在田间直接应用。乙烯发生剂则可配成液体,喷洒植物后很快被植物吸收,并在植物体内释放出乙烯。目前应用最广泛的是乙烯利(2-氯乙基磷酸),还有果宝素(吲哚唑乙酸乙酯)、硅烷衍生物、环已亚胺等。

乙烯利在pH为3以下比较稳定,随pH增加,释放乙烯的速度加快。其主要作用影响细胞分裂,控制顶端优势及性别分化、促进果实提早成熟、促进果梗松动便于机械采收等。

(2)乙烯发生抑制剂 乙烯的生理功能有些对人类是有利的,有些则是不利的。如当我们想延缓果实成熟时,乙烯所起的作用是相反的,为此,人们研制出了乙烯发生抑制剂来延缓或减少乙烯的合成。乙烯抑制剂分为乙烯生物合成抑制剂(氨基乙氧基乙烯基甘氨酸)和乙烯作用的抑制剂(硝酸银和 CO_2)。

5.生长抑制剂和生长延缓剂

(1)三碘苯甲酸(TIBA) 三碘苯甲酸是一种后生长剂,它能阻碍生长素和赤霉素在植物韧皮部的运输、导致生长素局部积累,抑制顶端优势,促进侧枝萌发,使植物株矮化,分枝增加,茎秆粗壮,诱导花芽形成。它所诱导的对生长的抑制是不可逆转的。

(2)整形素 整形素也是通过抑制顶端分生组织细胞的分裂、使顶端优势丧失而达到整形的目的,并影响生长素的代谢、改变植物生长的趋向性。常用的有整形素烷酯。

(3)青鲜素 青鲜素的化学名称是顺丁烯二酸酰肼,又叫马来酰肼。主要对细胞分裂、伸长有抑制作用,可促进茎、枝成熟,提早进入休眠;并可抑制马铃薯、洋葱、大蒜等贮藏期的抽芽、抽薹等。亦可作为玉米等的杀雄剂。

(4)缩节安 缩节安的化学名称是 N. N-二甲基哌啶嗡氯化物,简称 DPC。毒性极低,易溶于水,使用安全。它的作用特点是通过影响植物内源激素系统控制植株生长发育,使它朝着人们预期的方向和程度发展。

(5)矮壮素 矮壮素即 2-氯乙基三甲基氯化铵,简称 CCC。它抑制植物细胞的伸长,但不抑制细胞的分裂,不影响性器官的发育和花芽分化,与赤霉素有拮抗作用,因此使植株矮化,茎秆变粗,防止徒长。在苗期使用可培育壮苗。

(6)多效唑 又叫控长灵,简称 PP333。这是当今世界上最受注意的新型植物生长延缓剂。主要作用是抑制赤霉素的生物合成,减缓细胞的分裂和生长。多效唑易被植物吸收,并被运送到生长点,因此,可有效控制生长,矮化株型,促进开花及果实生长。另外,还有使叶色浓绿、降低蒸腾和提高耐寒力的作用。

其他植物生长延缓剂和抑制剂还有矮健素，具有与矮壮素相同的作用；调节膦对木本植物及一些草本植物有抑制作用。另外还有福斯方、脱叶脲、三十烷醇和代剪灵等。

（三）植物生长调节剂的应用

1. 在大田作物中的应用

（1）促进发芽　用 GA_3 溶液浸泡大麦、小麦、水稻的种子，可促进发芽。因外有 GA_3 处理，种子吸收后，提高种子的赤霉素含量，削弱了生长阻碍物质的作用。

（2）防止穗粒发芽　小麦等作物有时在未脱粒前就会发芽，严重影响产量和品质。在抽穗后 20～25 天用青鲜素喷雾，可防止穗粒发芽。一些生长素类也具有同样的作用。

（3）壮苗、促进分蘖

①多效唑处理。在长江中下游双季晚稻的育苗中，有时出现苗龄长、秧大、栽后易败苗的现象。在秧苗一叶一心时，用多效唑溶液喷雾，可控制秧苗生长、降低高度，并增加分蘖。使用时先把水层排掉，有利于发挥药效。

多唑效对小麦生长也有调节作用，可增加分蘖和叶绿素含量。用药液浸种，或返青时叶面喷施，可使节间缩短、防止倒伏。

②矮壮素处理。用矮壮素水剂浸小麦种子，拔节期再喷施一次，可使植株生长粗壮。处理蕾期棉株或结桃初期棉株以防止疯长，增加棉铃。

（4）调整株型　在棉花生产上往往由于肥水管理不当，或多变的气候等原因，易造成棉株徒长，植物高大而结铃不多，或贪青晚熟，降低产量和质量。用缩节安分别在种子期、蕾期、初花期、花铃期分次处理，可促根壮苗、健株稳长，定向整形、优化冠层结构、早花早铃、早熟，达到优质高产。

（5）促进抽穗、开花、坐果

①赤霉素处理。晚稻抽穗如遇低温，可在低温前后进行喷施，促进抽穗，顺利开花，提高结实率。于棉花初花期至盛花末期涂喷花托和幼铃，可减少棉花落花落铃，提高结铃率。

②三碘苯甲酸处理。在大豆初期用三碘甲酸液喷雾,有抑制顶端优势、促进光合、增花保荚、促进早熟的作用。

(6)促进成熟　于棉花结铃40天左右药喷棉株,促进棉铃成熟,用药后5天左右即可见效。适用晚熟棉田。但喷后必须有20℃以上温度,利于释放乙烯。

(7)提高产量　甘薯栽插后一个月左右,叶面喷施矮壮素,一个月后再喷一次,可提高光合作用,利于干物质积累,起增产作用。用三十烷醇浸种薯10min,也可使甘薯提早出苗,加速块根膨大,提高产量。

(8)利于机械化采收　有些水稻品种脱粒较难,不利于机械采收。在抽穗20~25天后用萘乙酸茎叶喷雾,可使脱粒变得较为容易。另外,在棉花采收和大豆采收中使用脱叶剂处理,机械采收效果较好。

2. 在果树生产中的应用

(1)在繁殖中的应用

①打破种子休眠、促进发芽。大多数落叶果树的种子,需要经过一定时期层积处理才能萌发。研究表明,层积处理后的种子内源赤霉素、细胞分裂素或乙烯含量增加。已发现至少有三种激素参与种子萌发。但不同种类的种子所产生的激素不同,因此用于打破休眠所用的激素种类也不相同。赤霉处理:处理桃子种子和葡萄种子可缩短层积天数,处理柑橘种子可以提高发芽率。乙烯利处理:用乙烯利溶液浸泡柑橘种子可增进发芽,乙烯利处理还可打破草莓和苹果种子的休眠。

②促进插条生根。各种生长素均有促进生根的作用,但对于不同种类效果不同,使用浓度也不一样。一般情况,吲哚丁酸的效果最好,应用范围也较广。处理方法有低浓度长时间和高浓度短时间两种方法。处理苹果、梨的休眠插条,桃的绿枝插条,2周即可生根。另外吲哚乙酸、吲哚丁酸和萘乙酸对葡萄插条生根均有一定效果。吲哚丁酸在柠檬的空中压条,番石榴、芒果的扦插中应用效果也较好。

将几种生长素混合制成的生根粉(ABT),目前正广泛用于植物的扦插生根中。

③促进嫁接伤口的愈合。对嫁接伤口,特别是芽接伤口涂抹吲哚乙酸可以促进伤口愈合。苄基腺嘌呤涂抹接芽也可促进嫁接后芽的生长。

(2)对营养生长的调控

①促进生长。有时由于低温或其他原因会造成果树萌芽延迟,影响营养生长及开花坐果,或嫁接后萌发迟缓,可用赤霉素处理。以打破休眠,促进萌发;苄基腺嘌呤浸泡葡萄插条也可提高萌芽率;赤霉素可使柑橘插条新梢延长生长,并促进幼苗茎的生长;萘乙酸可增加柠檬叶的厚度。

②抑制生长。脱落酸处理黑穗醋栗,于自然休眠结束时喷洒可显著抑制芽的萌发;当苹果新梢长到 5 ~ 10cm 长时,喷雾或土施多效唑或喷洒乙烯利可有效地控制生长;梨则用矮壮素处理来控制生长并促进花芽分化,矮壮素对抑制葡萄新梢生长和柑橘茎、根生长也有效;马来酰肼可抑制或延缓芒果的生长,诱导花的形成。

③对树体的控制用以代替人工整枝。化学摘心,抑制顶端优势:为了促进多分枝,早结果,往往在苗圃时就进行摘心。化学摘心可节省大量人力。于树高 60 ~ 70cm 时,对 15 ~ 20cm 长的苹果或梨的新梢顶端喷施脂肪酸甲基酸,10 天后顶端停止生长,侧枝长出。对葡萄具有同样效果。化学整枝:用含有 1% 萘乙酸的修剪漆涂抹剪口下第二三芽,可抑制其萌发和生长。用含 GA_{4+7} + BA 的修剪漆处理一年生休眠芽,也可抑制芽的萌发。促进分枝:对发枝较弱的苹果用以 BA 为主要成分的发枝素进行处理,可提高侧枝萌发能力,且分枝角度增大。方法是在不易萌发的芽上涂抹发枝素,该芽即可萌发成枝。

(3)促进或抑制花芽形成

①促进花芽形成。2,4-D 和乙烯利均有促进菠萝开花的作用。萘乙酸也有同样的作用。对生长旺盛的苹果树花后喷施乙烯利或三碘苯甲酸可有效地促进花芽的形成;梨一般于盛花后喷施矮壮素可控制新梢生长,提高第二年花量;矮壮素对柠檬也有作用。对于花芽少而生长旺盛的荔树用萘乙酸处理可增加花枝数,提高产量。

②抑制花芽形成。苹果、梨修剪不当常形成大小年。在大年的花芽形成前 2 ~ 6 周时，用 GA_{4+7} 处理可抑制过多的花芽形成；杏、桃等则用 GA_3 处理即可；用 GA_3 处理柑橘也在广大地区应用。一般浓度越高，花芽形成越少，开花也相应延迟。另外，秋季喷赤霉还可延迟葡萄、核果类的开花，乙烯则可延迟樱桃和西洋李的开花。

(4)促进坐果与疏花疏果

①促进坐果。可通过诱导单性结实提高坐果率。单性结实对有些果树是天然的特性，但多数种类在正常情况下不能单性结实，可通过植物生长调节剂处理实现。葡萄单性结实的诱导是最成功的。生产上多用 GA_3 于花前 10 ~ 20 天到花后的一段时间处理，均可促进子房生长，比有籽果实略长或更大。成熟期提前 28 ~ 35 天，糖度增加，颜色较深。赤霉素也可诱导苹果、柑橘、梨及桃的单性结实，但效果不如葡萄好，有果实变小、变长等现象。

②促进果实生长。谢花后用赤霉素处理或坐果期喷果，可使葡萄果实增大，对无籽白葡萄和雌性花品种效果更好。对苹果也用 GA_{4+7} 改变某些品种的果形。6-苄基腺嘌呤于花期喷施可增加元帅苹果果实的长度，提高外观品质，菠萝、无花果、芒果、柠檬等，也有增大果实的作用。

③防止生理落果。盛花后 15 天是葡萄的生理落果高峰期，对产量影响较大。在开花前用 4-氯苯氧乙酸处理果穗可防止落果。2,4-D、2,4,5-T 也有同样的效果。一些生长抑制剂如矮壮素、马来酰肼也有提高坐果率的作用。对于苹果的 6 月落果也可用生长延缓剂来加以控制，而采前落果则用萘乙酸或 2,4,5-T 来防止。GA_3 可减少柑橘半大果的脱落。

④疏花疏果。用于花后疏除苹果的生长素类有萘乙酸和萘乙酰胺。这两种生长素也可用于梨、柑橘、桃的疏花疏果。乙烯剂在桃的疏果中效果较好。另外，整形素、赤霉素也用在一些果树的疏花疏果上。

⑤促进果实松动、便于机械化采收。乙烯利处理可作为樱桃、李、山楂、核桃等多种果树机械采收的辅助手段。于采收前 7 ~ 14 天喷施甜樱桃，采前 6 ~ 7 天处理葡萄，采前 7 ~ 8 天处理李子，都有明

显的松动效应。柑橘用环己亚胺处理，松动效果较好。也可用5-氯-3-甲基-4 氮-1H·-吡唑处理效果更好。

(5)促进或延迟果实成熟

①促进果实成熟。已知乙烯是加速果实成熟的有效成分，脱落酸亦有类似作用。因此，促进果实成熟主要是利用乙烯和生长抑制剂。乙烯对多种水果催熟效果明显。香蕉催熟是将其放在可控制条件的室内，然后放入乙烯气体，或用乙烯利溶液沾绿色果实；苹果可于采收前期1个月用乙烯利溶液喷果，8～12天后采收；葡萄的催熟是用乙烯利溶液沾果穗，可提早4～6天收获；菠萝采前1～6周处理也有效。可促进果实成熟的还有果宝素，它也是通过植物吸收后产生乙烯而起作用。主要用于促进柑橘、番茄、桃的着色及成熟。于采收前3～4周喷施早熟桃品种，可早熟3～10天，中熟品种早熟5～7天。

②延迟果实成熟。生长素、赤霉素类具有延长生长的作用，亦有延迟果实成熟的作用。对出口香蕉用GA_{4+7}处理可使之延长保持绿色的时间，激动素、2,4-D具有同样的作用。柠檬一般冬春采收，为了延长其采收期，以便保存收到旺季，常在秋季使用GA或2,4-D＋GA_5喷施，可延长采收期1～2个月。

3. 在蔬菜生产中的应用

(1)促进扦插生根　吲哚乙酸、吲哚丁酸、萘乙酸、2,4-D均可促进大白菜、甘蓝、西瓜、甜瓜的扦插生根，其中以吲哚丁酸效果最好，仅将插条底部浸沾药液即可。番茄插条则用萘乙酸或吲哚乙酸浸泡10min左右。

(2)控制休眠

①延长休眠、抑制发芽。植物生长调节剂可抑制洋葱、大蒜、马铃薯、萝卜、胡萝卜等采收后的萌芽，延长贮藏期。使用方法是于采收前喷洒叶子，萘乙酸钠盐、2,4,5-T钠盐均可，但以青鲜素处理效果较好。青鲜素与2,4-D混合使用效果更好。贮藏期间的处理可用萘乙酸甲酯，可将萘乙酸甲酯溶液喷在干土或纸屑上，然后混于马铃薯之中。这种方法也适用于根菜类，可有效地抑制其贮藏期间过早发芽。

②打破休眠,促进萌发。促进种子萌发:秋季高温季节莴笋播种用苄基腺嘌呤浸种,可提高发芽率,缩短发芽时间。赤霉素具有相同的效果。对番茄、茄子、辣椒种子也有促进萌发的作用。促进营养器官萌发:马铃薯等收获后,有一段自然休眠期,若要在秋季种植用新种薯,要求提前发芽,可用赤霉素溶液浸种,捞起稍晾后进行播种,可打破休眠并延长马铃薯的生长期,增加产量。

(3)调节生长

①促进生长、增加产量。对于以收获茎叶为目的的蔬菜,可用赤霉素处理,有加快生长,使叶色变绿、叶柄变长,增加产量的作用。如芹菜可在收获前 15 天左右喷施 2 ~3 次 GA,但要及时采收。用赤霉素处理苋菜、茼蒿、菠萝效果更为明显,增产达 10% ~90%。花椰菜处理,则于 6 ~8 叶时喷洒 GA,可使其提早形成花球,提前 10 ~25 天采收。GA 处理矮生豆类4 ~5 次,分枝数增加,结果提早,产量提高。

②防止徒长,矮化株形。茄果类、瓜类、豆类蔬菜,在育苗期间往往出现徒长现象,用生长抑制剂处理可达到壮苗的目的,并矮化植株。使用矮壮素 5 ~6 天后即可见效,2 ~3 周后作用消失,不影响以后生长。用整形素于生长后期喷洒马铃薯植株,可使其地上部生长受到抑制,增加块茎的产量。

(4)控制瓜类性别

①促进雌花分化。乙烯促进瓜类雌花分化已为人们所熟知,特别是在黄瓜、瓠瓜上效果显著。方法是用乙烯利液喷施幼苗,从第 10 ~11 节开始着生雌花,早期产量可增加 30% ~60%,提早 7 ~10 天收获。处理秋黄瓜比春黄瓜效果显著。处理南瓜的某些品种亦有增加雌花、减少雄花的作用。

②促进雄花分化。与乙烯的作用相反,赤霉素可促进雄花分化,常被用于黄瓜雌性系的原种繁殖上。于苗期叶面喷施赤霉素液,即可在 14 ~16 节位出现雄花,用以给雌花授粉。随赤霉浓度的增高,诱导的雄花数也越多。为使花期相遇,一般赤霉素处理的株需提前播种。

(5)防止落花落果

①茄果类的保果。2,4-D 是茄果类蔬菜比较好的保果剂。最常

用的方法是点花，即将配好的药液用毛笔、棉球等涂在花梗上，以开花前1～2天效果较好，也可用浸花处理。用于温室、大棚栽培效果更为明显。另外，气温较高时浓度宜低一些；气温较低时，应适当提高浓度。2,4-D对番茄的枝叶很易产生药害，所以用时需严格掌握浓度，绝对不要溅到嫩芽上。防落素、萘乙酸、萘氧乙酸、2,4,5-T、增产灵等对防止落花落果也有一定效果。

②防止瓜类化瓜。瓜类的化瓜现象十分普遍，严重影响产量。用植物生长调节剂处理可有效地防止化瓜，提高坐果率。用矮化素浇根，可抑制植株生长，促进结瓜；也可用2,4-D涂抹冬瓜和南瓜花柄，而西瓜则用6-苄基腺嘌呤涂果柄或用赤霉至少、萘乙酸、防落素的混合液涂于雌花上，对防止化瓜均有效。在保护地黄瓜中，用萘乙酸,2,4-D或赤霉素处理柱头，用6-苄基腺嘌呤处理开花1～2天的子房，均可刺激子房生长，防止化瓜。用植物生长调节剂处理所形成的果实有相当比例是无籽果实。

（6）防止脱帮　大白菜、甘蓝在贮藏期间一般脱帮严重，消耗很大。防止大白菜脱帮可在收获前3～7天，用2,4-D喷洒植株外叶，通过体内运转可抑制叶柄处离层的形成，减少脱帮。甘蓝则用2,4-D于收获前3～5天喷洒植株，可贮藏4～5个月，脱帮极少。

（7）控制抽薹开花

①促进抽薹开花。对于二年生蔬菜的白菜、甘蓝、萝卜、胡萝卜、芹菜等，必须经过低温春化作用才能抽薹开花，往往需要较长时间。而用赤霉素滴生长点或喷洒植株则可替代春化作用，使其在越冬前抽薹开花。对于长日照作物的甜菜，用赤霉素处理可使其在短日照条件下开花结籽；结球莴苣4～10片叶时，用赤霉素喷洒植株，也可使其在结球前开花。

②抑制抽薹开花。生长抑制剂或生长延缓剂具有抑制抽薹开花的功能。邻氯苯氧丙酸在芹菜花芽分化之前处理，能显著地抑制芹菜的抽薹的开花；甘蓝4～5片叶时处理也可抑制先期抽薹。青鲜素则可抑制春白菜的花芽分化及抽薹，促进叶球形成。

（8）催熟果实

①番茄。当番茄果实进入绿熟期即可用乙烯利进行催熟，一般

可提前 5 ~ 7 天采收。可用浸果法、涂果法,整株喷施的浓度宜低些。另外,摘下果实时须在开始变红时采摘,然后用药液浸果。番茄的早熟栽培中,应用果宝素处理也可提前 3 ~ 5 天着色和成熟。

②西瓜、甜瓜。西瓜催熟一般用于早熟品种,可在西瓜充分长足时,用乙烯利溶液喷瓜;也可将进入成熟期的西瓜采收后,瓜面喷洒乙烯利溶液,第二天即见效。甜瓜的使用浓度要高一些。当瓜基本长足而未成熟时,用乙烯利溶液喷瓜,效果明显。也可采下来浸瓜,同样具有催熟作用。

(9)采后保鲜　蔬菜含水量大,季节性强,所以保鲜非常重要。在科学发展的当今,保鲜方法除应用一般贮藏条件和技术外,化学保鲜剂的应用也相当普遍。

6-苄基腺嘌呤处理采收后的甘蓝,喷洒莴笋采前植株,喷洒芹菜、荠菜、菠菜、萝卜、胡萝卜等蔬菜能达到抑制呼吸、延长贮藏期、提高食用品质的目的。矮壮素也有保鲜作用。另外,用 2,4,5-T 处理青花菜可使其保持绿色、延长贮期。

4. 在花卉生产中的应用

植物生长调节剂在花卉上的应用还较少,在切花保鲜中有些应用,其他方面的应用尚处在研究阶段。

(1)控制菊花植株　菊花栽培中,有些品种需要不断摘心以促进分枝,矮化植株,增加花量。可在 8 月中、下旬用多效唑间隔半月。喷洒 2 次,即可使菊花矮小,茎杆变硬,达到理想的观赏要求。

(2)促进花木插条生根和改变造型　促进花木插条生根同处理果树插条方法相同,常用萘乙酸处理。一种是高浓度快浸法,适用于雪松、桂花、橡皮、瑞香、水杉等;另一种是低浓度慢浸法,适用于一年生插条。

另外,多效唑还可用于花卉的微型栽培(如案头微型盆栽),或局部施用,使其发生特异性变化,利于造型,增加观赏价值。

第三章 作物光合作用与产量形成

绿色植物利用太阳光能，同化二氧化碳和水，制造有机物质并释放氧气的过程称为光合作用(photosynthesis)。光合作用是地球上规模最巨大的把太阳能转变为可贮存的化学能的过程，也是规模最巨大的将无机物合成有机物和从水中释放氧气的过程。作物的产品多种多样，但推其来源，主要都是光合作用的产物。光合作用是生物界获得能量、食物和氧气的基础。通过光合作用机理与作物产量形成规律的研究，可为高产栽培打下坚实的基础。

第一节 作物对光能的利用

一、作物与光能

(一)光合作用的基本过程

光合作用的总方程式现代通常表示为：

$$CO_2 + 2H_2O^* \xrightarrow[\text{叶绿体}]{\text{光}} (CH_2O) + O_2^* + H_2O$$

上式中的反应物 CO_2 中的碳是氧化态，而生成物 (CH_2O) 中的碳是相对的还原态。所以光合作用是一个氧化还原反应，其中 CO_2 作为氧化剂，在反应中被还原；而 H_2O 则作为还原剂，在反应中提供还原 CO_2 所需电子，本身则被氧化。电子从 H_2O 分子转移至 CO_2 是逆着电势梯度进行的(图 3-1)，要消耗能量，这能量是由叶绿体色素吸收的光能所提供的。

方程式中的星号表示 O_2 全来自于 H_2O；而 CO_2 中的一个氧又被还原成 H_2O；光合作用的动力来自光能；光合作用的主要反应是在叶绿体中进行的。

总的来讲，光合作用是积蓄能量和形成有机物的过程。能量的积蓄是把光能转变为电能，进一步形成活跃的化学能，最后转变为稳定的化学能。在无机物（CO_2和H_2O）形成有机物（如糖类等）的同时，能量就积存于有机物之中。

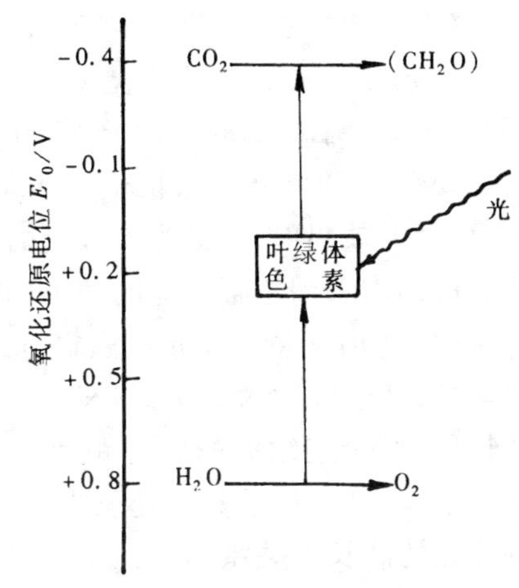

图 3-1　光合作用中由H_2O还原CO_2的氧化还原电位变化

整个过程基本上可分为光反应和暗反应两阶段。当然，这个概念是不够恰当或确切的，事实上，现已发现真正的光反应只是光量子的吸收，其后的电子传递和光合磷酸化是不需要光的，而碳同化的暗反应中，有一些酶（如1,5-二磷酸核酮糖羧化酶/加氧酶，即Rubisco等）则需要光激活。但光、暗反应本质还是可肯定，这个概念现仍在沿用。

根据现有的知识，光合作用可分为以下几个分过程：原初反应（包括光能吸收，传递和电荷分离）；电子传递和氧的释放；光合磷酸化；二氧化碳同化。前面三个过程是在叶绿体中的类囊体即光合膜上进行的，CO_2同化则是在叶绿体的间质中进行。后者是以前者所产生的同化力即腺苷三磷酸（ATP）和还原态辅酶Ⅱ（NADPH）为动力（表3-1）。

表 3-1　光合作用过程概况

阶段	反应部位	分过程	能量转换	基本内容
光反应	光合膜	原初反应	光能 →电能	光能的吸收传递和转换
		电子传递和光合放氧	电能 →活跃的化学能	H_2O的光解、氧的释放、电子传递、NADPH的形成
		光合磷酸化	（ATP, NADPH）	ATP的产生
暗反应	叶绿体间质	CO_2同化	活跃的化学能→稳定的化学能	CO_2还原、碳水化合物等有机物的形成

（二）作物的光能利用特点

1. 光合色素的吸收光谱　太阳光是一种电磁波，波长范围为250～4 000纳米（nm），其中约390～760nm的部分为可见光。波长短于390nm的紫外线和长于760nm的红外线对光合作用都是无效的，称为无效辐射；可见光部分光的辐射才是光合的有效辐射。有效辐射能约占太阳总辐射能的一半（40%～50%）。

（1）辐射能量　光是电磁辐射的一种形式。所有电磁辐射都有波动性，其速度均为 $2.997\,9\times10^{8}ms^{-1}$，即光速 c。但是各种辐射的波长（即两个连续波峰间的距离，λ）各不相同。光同时又是运动着的粒子流，这些粒子称为光子或光量子（亦称量子）。光子携带的能量和光的波长的关系如下：

$$E=Nhv=Nhc/\lambda。$$

式中 E 是每mol光子（或爱因斯坦，Einstein）的能量，N 是阿伏伽德罗（Avogadro）常数（6.023×10^{23}），h 为普朗克（Planck）常数（6.626×10^{-34}Js），v 是频率（s^{-1}）。上式表明，光子的能量与波长成反比。不同波长的光，每个爱因斯坦的能量是不相同的。

下面以波长为650nm的红光为例，计算每爱因斯坦的能量。

$v=c/\lambda=2.9979\times10^{8}/6.5\times10^{-7}=4.61\times10^{14}$（$1nm=10^{-9}m$，故 $650nm=6.5\times10^{-7}m$）

$E=Nhv=6.023\times10^{23}\times6.626\times10^{-34}\times4.61\times10^{14}kJ=184kJ$

光子的能量也可用电子伏特（eV）表示。1eV就是一个电子通过1V电位时所获得的能量，它等于 $1.6\times10^{-19}J=1.6\times10^{-16}kJ$。如果一分子物质获得1eV的平均能量，则这1mol（6.023×10^{23}个分子）的总能量可知为 $9.64\times10^{4}J=96.4kJ$。故 $E=184\times96.4^{-1}eV=1.91eV$

表3-2　不同波长可见光的能量（每Einstein）

波长/nm	光色	总能量/kJ	光子能量/eV
700	红	171.0	1.77
650	橙红	184.0	1.91
600	黄	199.5	2.07
500	蓝	239.5	2.48
400	紫	299.3	3.10

（2）吸收光谱　太阳光不是单一的光，当一束阳光通过三棱镜后，可分为红、橙、黄、绿、青、蓝、紫等单色光，成为一连续光谱。如果把叶绿素溶液放在光源和分光镜之间，就可以看到光谱中的有些波长的光线被吸收了，在光谱上就出现黑线或暗带，这种光谱称为吸收光谱。

叶绿体色素分子的结构差异，使它们的吸收光谱不同（图 3-2，3-3）。其中叶绿素吸收光谱的最强区有两个：一个在波长为 640～660nm 的红光部分，另一在波长为 430～450nm 的蓝紫光部分。此外，在光谱的橙光、黄光和绿光部分只有不明显的吸收带，其中尤对绿光的吸收最少。叶绿素 a 和叶绿素 b 的吸收光谱很相似，但也略有不同。首先，叶绿素 a 在红光部分的吸收带宽些，在蓝紫光部分的窄些，而叶绿素 b 相反。其次，与叶绿素 b 相比较，叶绿素 a 在红光部分偏向长光波方面，而在蓝紫光部分偏向短光波方面。另外，叶绿素 a 在红光区的吸收峰比叶绿素 b 高，在蓝紫光区则低于叶绿素 b。在散射光中，蓝紫光较丰富。阴生植物富含叶绿素 b，可吸收更多的蓝紫光，所以叶绿素 b 有“阴生叶绿素”之称。

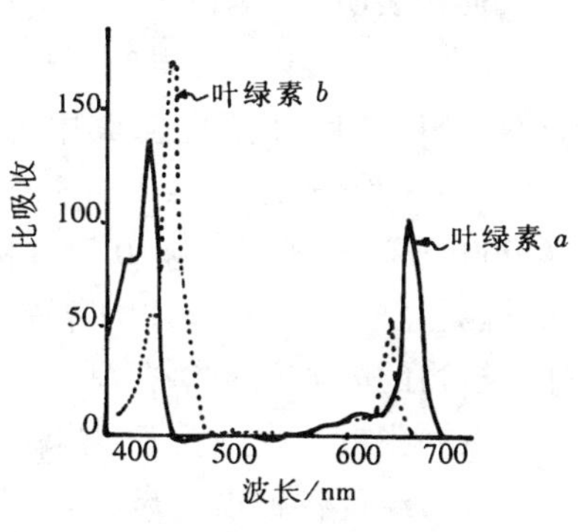

图 3-2　叶绿素 a 和叶绿素 b 在乙醚溶液中的吸收光谱

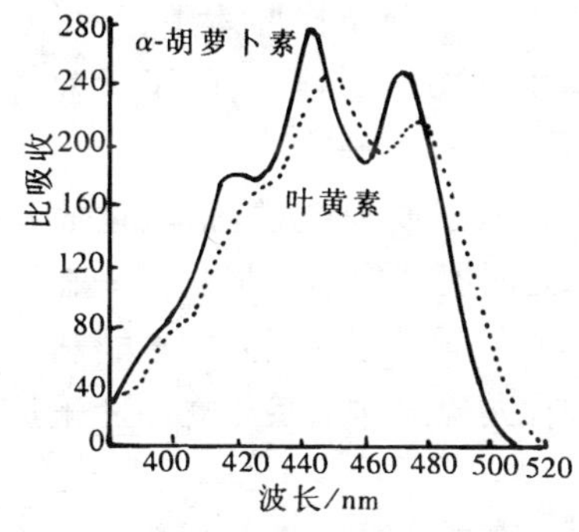

图 3-3　α-胡萝卜素及叶黄素在己烷溶液中的吸收光谱

类胡萝卜素的最大吸收带在蓝紫光部分，不吸收红光等长光波的光。

由于叶绿体色素对绿光的吸收最少，所以叶绿素提取液呈绿色。

2. 作物的光能利用特点　光合作用本质上是吸收利用太阳能的

过程，光能利用率的高低与作物产量密切相关。

所谓光能利用率，是指作物光合作用转化成化学能而贮存于有机物中的能量占总辐射能量的百分数，即：

$$光能利用率 = \frac{单位面积上作物总干重折算含热能}{同面积入射太阳辐射能总收入} \times 100\%$$

资料表明，每年到达地球大气层的太阳能约相当于 56×10^{23} J 热能，其中大约一半被云层及上层大气的气体所反射。投射到地球表面的太阳能中，如前所述，其中约有一半为无效辐射（包括紫外线及红外线）。地球上一年中通过光合作用约同化 2.0×10^{11} t 碳素（6 400t · s^{-1}），合成 5×10^{11} t 有机物，将 3.2×10^{21} J 的日光能转化为化学能，释放出 5.35×10^{11} t 氧气。不同生态条件、不同群落、不同物种下植物的光能利用率有很大的差别。

以一张叶片为例，如果将入射到叶表面的日光全辐射能按 100% 计，经过各种损失后，最后得到的净光合效率的理论值为 5% 左右（图 3-4）。如果不考虑无效辐射那部分能量，则净光合率的理论值可达 10% 左右。

这个理论数值算是比较高的。因为在一个作物群体中，还可能出现各种损失。造成作物光能利用率不高的原因很多，除了无效辐射的损失以外，主要还包括如下几个方面：

（1）漏光损失　作物生长初期叶面积小或种植过稀，单位面积叶数不足，叶面积指数过小，使部分阳光漏射到地面上损失掉。在一般稀植缺肥的稻麦田中，平均漏光率可达 50% 以上，这是光能利用率低和产量低的重要原因之一。所以有人说地球上只要有一寸土地未被绿色植物覆盖都是人类的损失。

（2）光饱和及反射和透射的损失　稻麦等作物的光饱和点约为全日照的 1/3 ~ 1/2，当光照过强超过饱和点，已不能提高光合速率，形成浪费。投射到作物叶面上的光能有一部分还要向上反射而造成损失，还有一部分因透射或被非叶绿体组织吸收而造成损失。反射及透射损失的大小与田间作物株型，叶片厚薄等有关。如一般叶片透光率为 10% ~ 20%，但非常薄的叶片可透过 40% 以上。

（3）环境状况和作物生理状况造成的损失　凡影响光合速率的

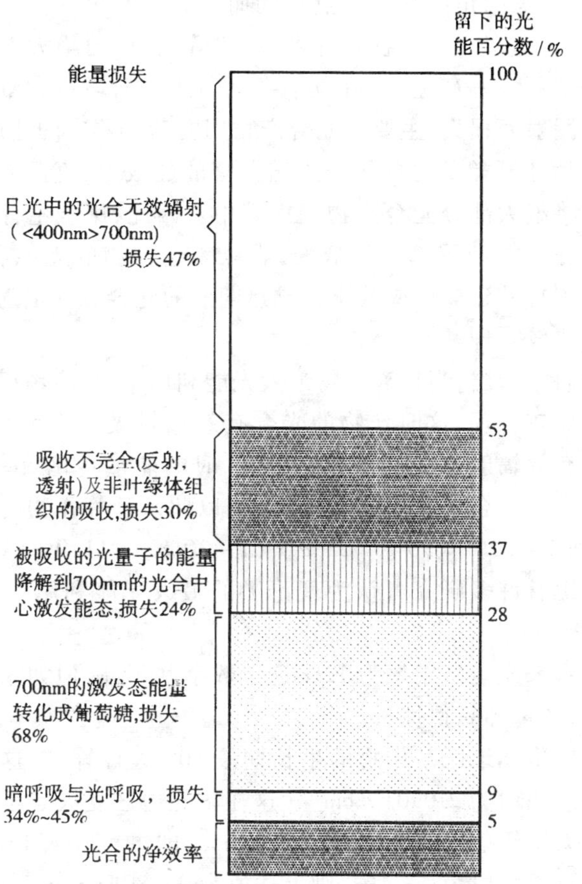

图 3-4 25℃时,照射到叶片表面的日光全辐射在光合过程中能量损耗的概括

外界条件都可能直接或间接地影响光能利用水平。如温度过高或过低,水分过多或不足,施肥过量或缺乏,有害气体污染或病虫危害等。

由此可见,光能利用率低的原因是多方面的,即使作物具备高产的潜力,但缺乏向高产转化的外界条件和农艺措施,要提高光能利用率,夺取高产也是不可能的。

(三)作物的最大光能利用率与产量

作物的最大光能利用率和作物生产的潜力都是人们所关心的问

题，但由于考虑的角度和出发点不同而计算各有出入。有的以全生育期计算，这对多年生作物如林木、果树等尚可，而绝大多数农作物是一年生或越冬一年生的，在其前期幼苗生育阶段有大量的太阳辐射能因为漏射而损失，主要的光合产物用在营养器官的建成，中期进入穗分化后才开始部分的用于生殖器官的建成上，直至后期籽粒建成阶段才将绝大部分光合产物调入其中。因此，用全生育期辐射光能总量计算光能利用率是较低的，难以表达作物的光能利用情况。有人提议用籽粒建成期或截止到成熟期前的光合有效辐射来计算其利用率才比较合理。

李明启等指出，当估算作物最大光能利用率时，应考虑到作物的冠层稀密比较合理，这时作物的光合有效辐射吸收率为90%，叶绿体的光合有效辐射也是90%，同化 CO_2 时的能量转化效率为21%，呼吸消耗约占光合贮存能总量的30%，以此来计算作物的最大光能利用率，则 $1 \times 90\% \times 90\% \times 21\% \times (1-30\%) = 11.9\% \approx 12\%$

另外也有许多研究者认为理论上的最大光能利用率可达10%以上。

表面看来光能利用率为12%这个数字并不高，但如果真正达到这个指标，产量却高得惊人。

有人以华北地区某作物的生长期按100天计算，在这期间平均每日太阳总辐射为2 090J · cm^{-2}（这在华北地区夏天是常见的），则全生育期太阳辐射总收入为209kJ · cm^{-2}，即每亩收入13.92亿kJ。如果光合有效辐射为44.4%，则上述值为92.80kJ · cm^{-2} 及6.18亿kJ · 亩$^{-1}$。光能利用率以12%计算，则光合产物贮能总量为6.18 × 0.12kJ · 亩$^{-1}$ = 0.742亿kJ · 亩$^{-1}$。折合碳水化学物（以每克碳水化合物含热能16.72kJ计算）则为

$$74\ 200\ 000 \div 16.72\text{kJ} \cdot 亩^{-1} \approx 4\ 440\text{kJ} \cdot 亩^{-1}$$

以上为生物产量，若以经济系数0.4计，则经济产量可达每亩1 776kg。如果生育期延长，或经济系数提高，还可超过这个数值。

这是作物理论上通过光能利用率可达到的产量高限。这个数值比目前所知的最高产量大1倍~2倍，比一般产量大10倍左右。如果考虑到粮食中还有一部分水分和灰分，则产量还要高些。

从生产实践出发，全面分析问题，一般生产条件的作物在光能利用上都有不同程度的损失，很难达到12%的光能利用率。据资料报道，甘蔗亩产6 000kg，光能利用为5%，如按此类推、马铃薯也可达到5%，双杂交玉米可达到4%。再如按日产计，玉米光合强度为17 ~52g·$m^{-2}d^{-1}$时，光能利用率为4.6% ~9.8%，甜菜为31g·$m^{-2}d^{-1}$时是9.5%，高粱为51g·$m^{-2}d^{-1}$时是6.7%，马铃薯为23g·$m^{-2}d^{-1}$时是4.2%（以上是不同国家和地区测定结果）。

据北京市农科院资料，北京郊区小麦光能利用率，如亩产400kg时为1.17% ~1.51%，亩产500kg时为1.46% ~1.89%，距离理论的高光能利用率相差还很远，说明增产潜力很大。如以早稻为例推算，当光能利用率为8.3%，产量水平可达1 635kg/亩。

虽然理论光能利用率很难达到，但在一定范围内提高光能利用率，还是可能的。如采取适当密值、合理施肥、增加CO_2来源、防治病虫害、套种间作以及化学调控等等都可以促进生育、扩大叶面积，减少漏光损失，提高光合能力。特别是选育良好株型以及光合效率高的品种，从而达到增产的目的。一般认为，争取光能利用率达到5%是比较现实的指标。我国有不少作物高产纪录，如甘蔗、水稻、小麦和玉米，如果按光能利用率计算，有的已达5%左右。以华北地区为例，如果按光能利用率5%计算，小麦产量可达750kg/亩，水稻产量可达1250kg/亩。

表3-3，表3-4和表3-5是收集到的一些国家和地区作物光能利用率的情况，以及我国一些高产田块光能利用率的状况，虽然由于计算方法不同而使这些资料有些矛盾，但总的来看，通过提高光能利用率而增加作物产量的前景还是诱人的。

表3-3　世界一些作物的干物质生产同光能利用率

作物	国家	干物质生产 光合强度/(g·m^{-2} d^{-1})	光能利用率 /%
温带			
高平茅	英国	43	3.5
黑麦	英国	28	2.5
羽衣甘蓝	英国	21	2.2

续表

作物	国家	干物质生产 光合强度/($g\cdot m^{-2}\ d^{-1}$)	光能利用率 /%
大麦	英国	23	1.8
玉米	英国	24	3.4
小麦	荷兰	18	1.7
豌豆	荷兰	20	1.9
玉米	美国肯塔基	40	3.4
亚热带			
苜蓿	美国加利福尼亚	23	1.4
马铃薯	美国加利福尼亚	37	2.3
松树	澳大利亚	41	2.7
棉花	美国佐治亚	27	2.1
水稻	澳大利亚	23	1.4
甘蔗	美国德克萨斯	31	2.8
玉米	美国加利福尼亚	52	2.9
热带			
木薯	马来西亚	18	2.0
水稻	菲律宾	27	2.9
紫狼尾草	萨尔瓦多	39	4.2
甘蔗	美国夏威夷	37	3.8
玉米	泰国	31	2.7

(Coombs J and Hall DO(eds). Techniques in Bioproductivity and Photosynthesis,1982 年)

表 3-4　部分国家的谷物平均单产与光能利用率

国　家	谷物平均单产 /($g\cdot hm^{-2}$)	光能利用率 /%	国　家	谷物平均单产 /($g\cdot hm^{-2}$)	光能利用率 /%
日　本	5 663	0.64	印　度	1 861	0.21
美　国	4 310	0.49	巴　西	1 872	0.21
英　国	5 798	0.66	南　非	1 952	0.22
法　国	6 106	0.69	荷　兰	6 687	0.75
前苏联	1 927	0.22	中　国	4 056	0.45

(摘自《21 世纪中国农业科技展望》)

表 3-5　我国几种作物高产田的群体生长率和光能利用率

（1981 年为止的各地高产记录）

作　物	地点	总辐射量 /(J·cm^2)	经济产量 /(kg·$亩^{-1}$)	生物产量 /(kg·$亩^{-1}$)	平均 CGR /(g·$m^{-2}d^{-1}$)	光能利用率/%
单季稻	江苏	278.9	855.5	1 677.5	16.22	1.42
早　稻	湖北	195.7	511.0	1 150.0	14.37	1.40
冬小麦	江苏	269.8	550.2	1 412.5	9.85	1.08
春小麦	青海	351.3	1 013.0	2 026.1	21.70	1.20
玉　米	吉林	263.5	1 113.0	2 782.5	29.80	2.32
高　粱	河北	282.3	855.0	2 443.1	27.10	1.90
甘　薯	广东	340.0	8 380.0	2 656.2	13.28	1.71

（资料来源：骆世明等，《农业生态学》）

注：甘薯含水量为 75%。水稻和小麦的燃烧热分别为 15.68kJ/g 和 13.8kJ/g，其余为 14.6kJ/g。

二、作物的光合特点

（一）作物光合同化碳素的途径

光合作用的光反应为 CO_2 同化提供了同化力即腺苷三磷酸（ATP）和还原型辅酶Ⅱ（NADPH），而碳同化才是最终将简单的无机物转化为作物有机物的过程。

从能量转换角度来看，CO_2 同化是将同化力中活跃的化学能转换为贮存在糖类等有机物中稳定的化学能，在较长时间供给作物生命活动的需要；从物质生产角度来看，占作物干重 90% 以上的有机物质，都是通过碳素同化形成的。高等植物的 CO_2 同化有三条途径，即 C_3 途径、C_4 途径和景天科酸代谢途径（CAM 途径）。而常见的作物主要是 C_3 途径和 C_4 途径。

只有 C_3 途径的作物主要有稻、麦类、棉花、豆类、薯类、油菜等，这类植物被称为 C_3 植物。

既有 C_3 途径也有 C_4 途径的作物主要有玉米、高粱、甘蔗、谷子等，这类植物被称为C_4植物。

几类植物的若干形态和生理特征参见表3-6。

表3-6 C_3、C_4和CAM植物若干特性比较

特征	C_3植物	C_4植物	CAM植物
叶片解剖结构	维管束鞘不发达，周围叶肉细胞排列松散	维管束鞘发达，周围叶肉细胞排列紧密	维管束鞘不发达，绿色叶肉细胞的液泡大
叶绿素a/b	约3∶1	约4∶1	小于3∶1
碳同化途径	只有C_3途径（即卡尔文循环）	兼具C_4途径和C_3途径	兼具CAM途径和C_3途径
光合强度（呼吸CO_2）/（$mg \cdot dm^{-2} \cdot h^{-1}$）	15~40	35~80	1~4
RuBP羧化酶活性	较高	较低	较低
PEP羧化酶活性	很弱	较高	较高
光合最初产物	C_3酸（PGA）	C_4二羧酸（OAA）	黑暗下：苹果酸 照光后：PGA
最大净光合速率（呼吸CO_2）/（$mg \cdot dm^{-2} \cdot h^{-1}$）	15~40	40~80	一般1~4，最高报道11~13
干物质光合生产率/（$g \cdot dm^{-2} \cdot d^{-1}$）	0.5~2	4~5	0.015~0.018
光饱和点	较低(约3~5万lx)	高	高
CO_2补偿点/（$\mu l \cdot L^{-1}$）	30~70	小于10	光照下：0~200 黑暗中：小于5
光呼吸	高，易测出	低，难测出	低，难测出
蒸腾系数（$g \cdot g^{-1}$）	450~950	250~350	光照下：150~600 黑暗中：18~100
固定一分子CO_2所需理论能量数（CO_2∶ATP∶$NADPH_2$）	1∶3∶2	1∶5∶2	1∶6.5∶2
光合最适温度/℃	15~25	30~47	≈35

(二)光饱和点与光补偿点

植物光合速率受光照强度的影响。在光照强度较低时,其光合速率随光强的增高而相应增加,但当光强进一步提高,光合速率的增加幅度就逐渐减少,当超过一定光强时其光合速率不再增加,这种现象叫光饱和现象(light saturation)。开始达到光饱和现象时的光照强度叫光饱和点(light saturation point)。

不同植物的光饱和点差异很大,也与叶片厚薄、单位叶面积叶绿素含量等因素有关。有些阴生植物或阴生叶的光饱和点低,不到10klx,而C_4植物则常在中午光直射(约100klx)还未达到光饱和点;C_3植物的光饱和点一般在30~50klx,如水稻和棉花约40~50klx,小麦、菜豆、烟草约30klx。

传统上光照强度的表示单位为lx,而现在国际上已统一采用光的能量单位或光子流量单位作为光强单位。由于植物光合作用只利用波长大约400~700nm的可见光,因此光合作用中光强的单位用光合有效辐射(photo synthetically active radiatio,PAR)或用光合光子通量(密度)[photo synthetic photon flux (density),PPF(D)]来表示。在夏季晴天中午,依不同地球纬度PAR达$400W \cdot m^{-2} \sim 500W \cdot m^{-2}$, PPF达$2\,000\mu mol \cdot m^{-2} \cdot s^{-1} \sim 2\,300\mu mol \cdot m^{-2} \cdot s^{-1}$。但因传统的光强度资料多用lx测得,故目前还暂时通用lx为光照强度的单位。

群体对光能的利用与单株叶片有所不同。群体枝叶繁茂,当外部光照很强,达到单叶光饱和点时,而群体内部的光强仍在光饱和点以下,中、下层叶片就比较充分地利用群体中的透射光和反射光。如水稻在抽穗期前后到乳熟期,在自然日照条件下,其光强与光合作用的关系基本是直线关系,群体光饱和点可上升到60~80klx,以至更高。

光饱和现象产生的原因主要有两方面,一是光合色素和光化学反应来不及利用过多的光能;二是CO_2的固定和同化速度较慢,不能与光反应的速度相协调。

光饱和点时的光合速率表示植物同化CO_2的最大能力。在光饱和点以下,光合速率随光照强度的减小而降低,到某一光强时,光合作用中吸收的CO_2与呼吸作用中放出的CO_2达到动态平衡,这时的光照强度,叫做光补偿点(light compensation point)。植物在光补偿点时,有机物的形成和消耗相等,不能积累干物质,而晚间还要消耗干物质。因此,从全天看,植物所需的最低光照强度,必须高于光补偿点,才能正常生长。

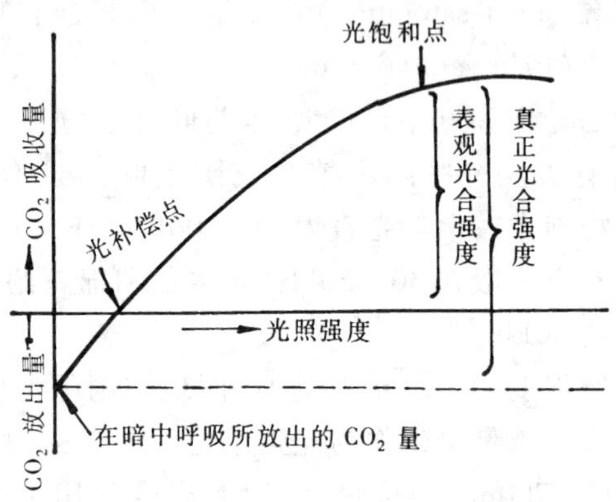

图 3-5　光合作用中的光饱和点与光补偿点

在弱光下植物光合速率低的原因主要是由于光能供应不足,影响光反应的正常进行,不能为 CO_2 同化提供足够的能量。

(三)二氧化碳饱和点与二氧化碳补偿点

CO_2 是光合作用的原料,对光合速率影响极大。陆生植物所需碳源主要是空气中的 CO_2,通过叶片气孔而进入叶子内。据研究,陆生植物的根部也可吸收土壤中的 CO_2 和碳酸盐用于光合作用。浸没在水中的绿色植物,其光合作用的碳源是溶于水中的 CO_2、碳酸盐和重碳酸盐,这些物质可通过表皮细胞进入叶子中。

在一定范围内,光合速率随 CO_2 浓度增加而提高,但到达一定程度时再增加 CO_2 的浓度,光合速率不再提高,这时环境的 CO_2 浓度称为 CO_2 饱和点(CO_2 saturation point)。在 CO_2 饱和点之下,光合速率随 CO_2 浓度的减少而降低,当光合吸收的 CO_2 与呼吸释放的 CO_2 达动态平衡时,这时环境的 CO_2 浓度称为 CO_2 补偿点(CO_2 compensation point)。

C_4 植物的 CO_2 补偿点低于 C_3 植物,前者约为 2 ~ 5μl/L,后者约为 50μl/L。

图 3-6 表明 C_3 植物与 C_4 植物 CO_2 补偿点的差别。高粱在 CO_2 浓度接近零时，仍可测到净光合速率，而小麦在 CO_2 浓度低于 50μl · L^{-1}，已不能积累干物质。

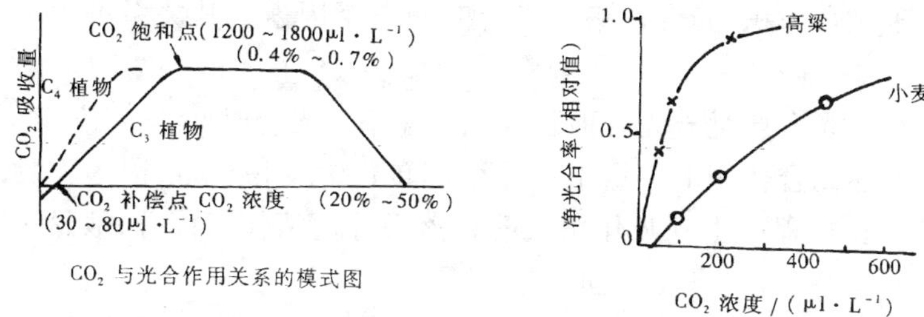

图 3-6　二氧化碳浓度与光合作用关系

（转引自古谷雅树主编，植物生理学讲座，1979）

（转引自江苏农学院主编，植物生理学，1986）

空气中的 CO_2 浓度大约为 330μl/L，在作物群体内部附近还常低于这数值，远低于 CO_2 饱和点，不能满足光合作用的需要。特别是当光、温、水、肥等供应良好时，CO_2 浓度常是光合作用的限制因子。这时 C_4 植物可依靠本身的 CO_2 泵来加速吸收 CO_2，而 C_3 植物则受到很大影响。据试验，将温室空气中 CO_2 浓度提高可增加作物产量。在大田中也有通过施 CO_2 肥的方法提高光合速率，增加产量的报道。但当植物周围的 CO_2 浓度过高，光合强度也会受到抑制。例如有报道小麦周围 CO_2 浓度增至 0.12%，其光合作用受到抑制，甚至叶片还会出现中毒症状。

许多资料表明，大多数栽培作物的 CO_2 补偿点相当稳定。例如，小麦 100 个基因型的 CO_2 补偿点为 (52 ± 2) μl · L^{-1}，大麦 25 个基因型的 CO_2 补偿点为 (55 ± 2) μl · L^{-1}，玉米 125 个基因型的 CO_2 补偿点为 (1.3 ± 1.2) μl · L^{-1}，向日葵 62 个无性系的 CO_2 补偿点为 (44 ± 1) μl · L^{-1}。当然作物 CO_2 补偿点的稳定性还受其他环境条件，如光照、温度等因素所影响。如温度升高光照减弱，水分亏缺，氧浓度增加等条件下，作物 CO_2 补偿点往往相应提高。

三、光合生理与作物生产的潜力

植物生长所需的能量和构成它本身的主要物质都是经光合作用

获得的，农作物的产量主要是通过光合作用对光能利用和物质转化的结果。

光合产量是植物一生中光合作用所生产的全部产物的量，主要决定于光合面积、光合速率与光合时间三个因素。其关系可用下式表示：

$$光合产量=光合面积\times光合速率\times光合时间$$

上述光合作用的产量不可能全部转化为生物产量，因为作物还要在生长过程中由呼吸作用或落花落果等而消耗一部分，故最终的生物产量是光合产量减去消耗的结果。

而农业生产的目的，是要获得产品器官，即经济产量，这要看光合产物的运转分配情况，即经济系数。

$$经济系数=\frac{经济产量}{生物产量}$$

综上所述，可以得出：

$$经济产量=[(光合面积\times光合速率\times光合时间)-消耗]\times经济系数$$

由此可知，作物的经济产量主要决定于五个方面：光合面积、光合速率、光合时间、光合产物的消耗和光合产物的运转和分配。我们把这五个方面称为光合系统的生产性能或光合性能。要挖掘作物的生产潜力，就要在这五项因素中“开源”或“节流”。一般凡是光合面积大小适当、光合能力较强，光合时间较长，光合产物的消耗较少，分配利用较合理就能获得较高的产量。一切增产措施，归根到底，主要是通过改善光合性能而起作用的。

（一）作物的光合面积

光合面积即植物的绿色表面，主要是叶面积。这是光合产量诸因素中变化最大而又最容易控制的一个方面。合理的光合面积包括它的组成、大小、分布与动态的合理安排。

1. 组成　光合面积虽然主要是叶面积，但其他器官的绿色面积也不应忽视。如棉花的苞叶及棉铃占12%以上，茎占10%左右；小麦抽穗后，叶占1/3左右，茎、鞘及穗占2/3，光合能力也较强，愈到后期，叶的比例愈小。水稻抽穗后除叶片外其他绿色部分都可测到一定的光合强度。因此，充分考虑对这些部分的利用是很重要的

（表 3-7）。

表 3-7　不同作物光合面积的组成

作　物	测定时间	占绿色植物比率/%			备　　注
		叶	茎	生殖器官	
烟草	开花期	92.96	6.33	1.41	
棉花	生长中期	78.19	9.29	12.52	叶包括叶柄
小麦	开花期	37.11	51.88	11.01	茎包括叶鞘

光合面积的组成受多种因素影响，合理密植可使群体得到较好的发展，有较合适的光合面积。氮肥较多，水分充分而光照不足时，易于徒长，叶面积虽然增大，但通风透光不良，也会影响光合速率。

2. 大小　叶面积大小应当合适，过小过大均不利于光合作用与作物高产。

叶面积指数随作物生长发育时期而变化，其对光合作用、呼吸作用及干物质生产的相互关系有重大影响。当 LAI 较小时，增加叶面积，光合作用几乎直线上升，达到一定范围时，增长越来越小，到一定限度后，光合作用不再增加，而呼吸作用却随叶面积增加而持续不断增加，二者呈直线关系，所以反映在最后的干物质产量与 LAI 关系上，LAI 过大时，产量反而降低。因而，叶面积大小应合理（图 3-7）。

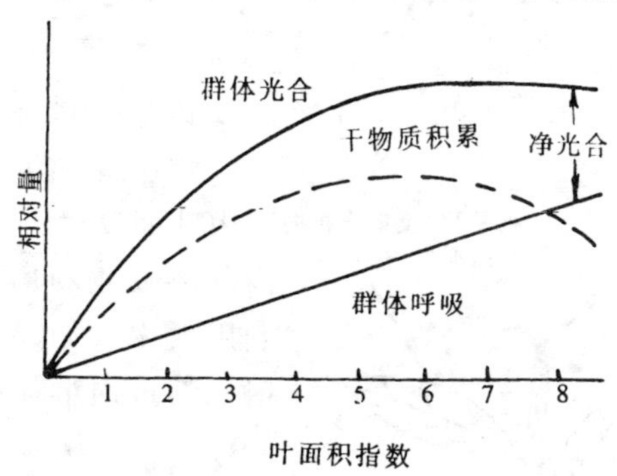

图 3-7　叶面积指数与群体光合作用、呼吸作用及有机物质积累的关系

3. 分布　为了减小叶面积过大与株间光照的矛盾，需考虑叶片的空间分布与着生角度，即有合理的株型。一般上层叶片比较挺直，可减轻对下部叶片的遮光，下部叶片接近水平，可充分吸收上面透进

来的弱光。

叶片着生角度与遮荫面积密切相关。叶面积(A),遮荫面积(S)与叶与茎之间的夹角(α)可表示如下:

$$S = A\sin\alpha$$

当叶片水平时,α 为 $90°$,$\sin 90° = 1$,即遮荫面积等于叶面积,遮荫严重。叶片挺直时,$\alpha < 90°$,$\sin\alpha < 1$。叶接近直立时,α 接近 $0°$,$\sin\alpha$ 也接近 0,说明遮荫程度随叶片挺立程度而减轻(图 3-8)。

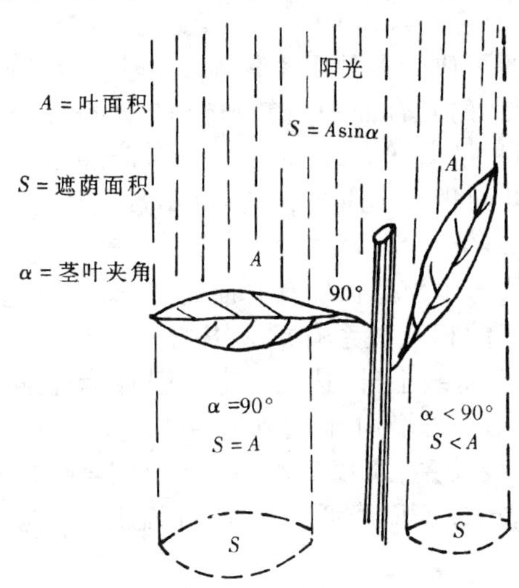

图 3-8 叶片角度与遮荫面积的关系

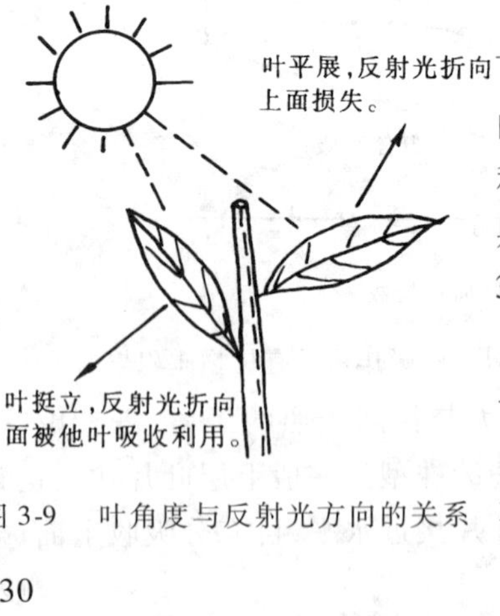

叶片适当挺立可使白天强光下由叶面反射出来的光折向群体内部被吸收利用,从而提高光能利用效率。如果叶近水平,则反射光都折向群体外而损失掉(图 3-9)。

叶平展,反射光折向上面损失。

叶挺立,反射光折向面被他叶吸收利用。

图 3-9 叶角度与反射光方向的关系

就叶本身来说,挺立的叶在早晚弱光下与阳光接近垂直,可以充分受光进行光合;在中午强光下,阳光从上面斜射叶面,可以减少强光和高温的不利影响，所以通常叶挺立的光合常较强。有人指出，大麦叶近直立的比与茎成37°～72°的叶，光合强度高一倍。玉米具有下垂叶的品系，如用人工使维持直立状态，产量比对照高。当叶近直立时（19°），它的光合强度比水平状的高1.7倍。有关水稻研究的资料表明，叶直立时光合较强，且能更好利用强光；而平伸叶则光合较弱，且在较低光强下已达饱和（图3-10）。

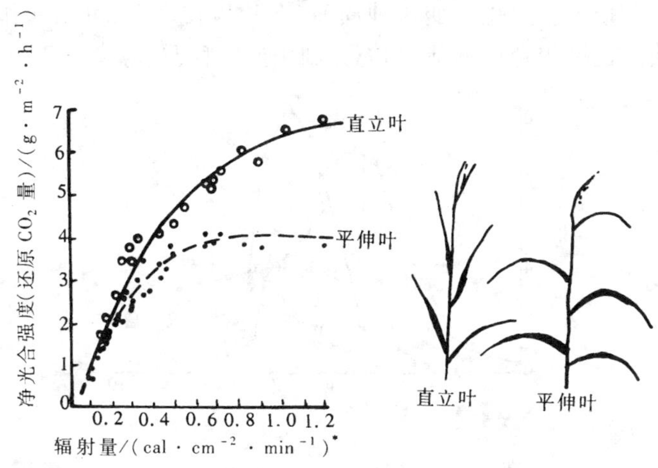

图3-10 不同株型水稻群体的净光合强度

叶的角度与叶的形态、结构有密切关系。水稻茎富含硅质、较为硬挺。小麦叶以短、宽、厚的较挺立。玉米无叶舌品系以及中脉粗大成半圆形突起的，叶较挺立。一般禾谷类作物以短宽厚的叶较易挺立。而阔叶作物则以狭小的叶易于挺立。叶的形态、结构和角度也与外因有关，已知光强而水分较少时，可以限制细胞的扩大，叶较小而硬挺。所以在丰产田中，肥料充足而水分略少，并大力改善光照，对防止徒长倒伏有明显作用。

叶在茎上的分布情况也会影响光照。小麦抽穗后，虽然叶面积大于拔节期，但内部光照反较好，这与茎秆伸长后各叶间距离加大有关。在不同品种间，茎秆过矮，叶片过于集中时，即使叶较挺立，株间光照仍然不好。因此，植株的高矮要适当。

---

* cal与SI单位的换算关系为1cal＝4.8187J，以下同。

4. 动态　作物的一生，其叶面积系数不是固定不变的，有一个动态变化过程（图 3-11）。为了能使作物一生中经常有足够的光合面积，充分吸收和利用光能，前期应尽快扩大叶面积，而后期则应防止过早衰老黄枯。多年生植物春季发芽后能在较短期内达到较大叶面积，一直维持到秋季，从光合性能方面看是比较有利的。但一二年生的植物，苗期生长较慢而时间较长，前期叶面积过小，造成光能利用上的很大损失。要想改变这种局面，在栽培技术上，可用间作、套作等方法。也可用育苗移栽，如充分利用温室秧苗、薄膜育苗等方法。

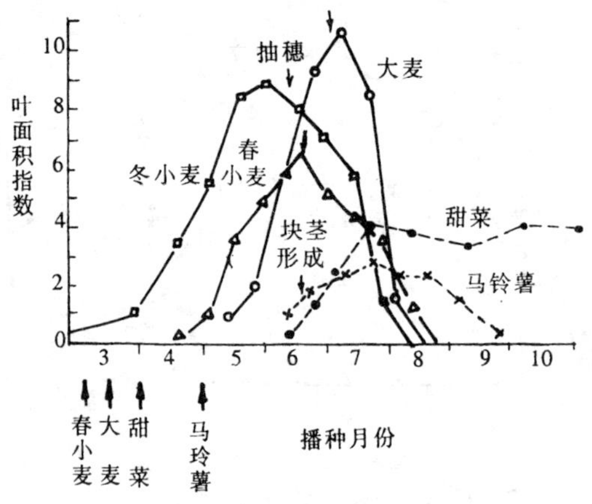

图 3-11　几种作物叶面积指数随时间的变化

（Watson，1971）

（二）作物的光合时间

在其它条件相同时，适当延长光合时间，会增加光合产物，对增产有利。作物光合作用持续时间应该包括叶片的功能期以及维持叶片光合速率高峰期的时间两种含意，其中也许后者的意义更大些。生长期较短及肥水缺乏而易早衰的田块，更要注意光合时间问题。

光合时间与内外条件有关。在外界条件中，光合时间主要决定于一天中光照时间的长短、昼夜的比例和生长期的长短，下面讲述是适当延长光合时间的一些重要方法。

提高复种指数　复种指数（multiple crop index）是全年内农作物的收获面积对耕地面积之比。提高复种指数即延长了单位土地面积上作物的光合时间。通过轮种、间种、套种，在一年内巧妙地搭配各种作物，从时间和空间上更好地利用光能，减少漏光损失。

延长生育期　适当延长作物的生育期，在不影响耕作制度的前提下，也可提高光能利用率。当然叶片寿命的延长也要防止贪青徒长。因为贪青徒长会使营养器官生长过旺，影响营养物质向生殖器官的转移，造成减产。

补充人工光照　温室栽培或育苗的情况下，适当补充人工光照，延长光合作用时间，也可提高作物产量。有的地方结合增加 CO_2，增产效果更显著。

从作物本身考虑，光合时间与叶片寿命及一天中有效光合时数有关。有人研究大豆品种熟期早晚与光合速率的关系时，发现早熟品种较晚熟品种具有更高的光合作用峰值，但峰值过后即迅速下降，而晚熟品种维持的时间要长得多。作物后期叶子早衰，光合时间减少，对产量影响很大，早衰对经济产量的影响比对生物产量的影响显著，因为贮藏养料的积累，主要在生长的后期。马铃薯块茎中的贮藏养料几乎全是在最后三十多天中积累起来的。水稻、小麦子粒中的干物质，主要也是在抽穗后产生的（表 3-8）。所以生产上应特别重视后期光合能力的维持，努力防止早衰。

表 3-8　小麦不同产量与后期增重的关系

（河北农科院）

平均产量/(kg·亩$^{-1}$)	各期干重/0.5kg			灌浆期增重/0.5kg			经济系数
	返青	拔节	抽穗	成熟	总增重	每天增重	
312.5	73.8	197.2	1 403.6	1 724.6	321.0	11.88	0.367
358	68.8	171.0	1 496.0	1 996.4	500.4	18.54	0.360
406.5	66.0	176.0	1 520.2	2 101.2	581.0	21.52	0.388
453.5	55.2	148.8	1 424.6	2 244.8	820.2	31.80	0.407
502.5	126.0	390.0	1 200.0	2 281.4	1 081.4	31.80	0.440

至于白天有效光合时数，生产上亦应注意。有时由于光照、肥水和 CO_2 不足，或因温度过高过低，使作物不能顺利进行光合，或表现“午休”现象，也会减少光合产量。

(三)作物的光合速率

作物的光合速率是光合物质生产的基础,特别是在光合面积达到一定限度后,要进一步提高产量,应从提高光合速率入手。

光合速率指单位时间、单位面积所吸收的 CO_2 或释放的 O_2 量,亦可用单位时间、单位叶面积所积累的干物质量表示。常用的单位是 $mg \cdot dm^{-2} \cdot h^{-1}$。

光合速率又称为光合强度。植物在进行光合作用的同时,还在不断地进行呼吸作用而消耗有机物质,并释放出 CO_2。一般测定光合速率的方法并没把叶片的呼吸作用考虑在内,所以测定的结果实际是光合强度减去呼吸强度之差,叫做表观光合速率或净光合速率,即一般所谓的光合强度。如果我们同时测定其呼吸强度,把它加到表观光合强度上,则得到总光合强度,即真正光合强度。

净光合强度 = 总光合强度 - 呼吸强度

总光合强度 = 净光合强度 + 呼吸强度

不同类型的植物光合强度不同,同一植物的不同叶位,或同一品种的不同生育期,光合强度也不同。植物光合强度受内、外多种因素所制约。如在强光及其他条件较合适情况下,小麦、水稻等 C_3 植物的光合速率为吸收 CO_2 15 ~ 40mg · $dm^{-2} \cdot h^{-1}$,而玉米、高粱等 C_4 植物吸收 CO_2 可达 35 ~ 80mg · $dm^{-2} \cdot h^{-1}$。大多数作物在一般情况下,通常吸收 CO_2 为 5 ~ 20mg · $dm^{-2} \cdot h^{-1}$,但文献上的最高记录吸收 CO_2 达到 180mg · $dm^{-2} \cdot h^{-1}$。

在光合速率的测定中,常用较长时间测定(如一昼夜或一周)增加的光合产物来表示,即测定净同化率(光合生产率)。

若总叶面积相近,光合生产率高的,光合强度也较高。

一般植物的光合生产率为 4 ~ 6g · $m^{-2} \cdot h^{-1}$,但高的也可达到 15 ~ 18g · $m^{-2} \cdot d^{-1}$。由此可见光合生产能力方面的潜力很大。

(四)作物光合产物的消耗

作物光合产量并不能全部成为生物产量,其原因就是有各种消耗。在这些消耗中,主要是呼吸消耗,此外还有脱落和病虫害等方面的损失,这是光合性能中惟一与产量呈负相关的因素,应尽量减少。

1. 呼吸作用的消耗　呼吸作用作为生命基本的反应过程,无论在维持作物生命活动方面，还是在物质转化、能量转换方面，都担负着重要的任务。作物通过光合作用形成的有机物质，其运输和转换过程，都需要通过呼吸作用而得以实现。呼吸作用对作物生命活动是必要的，但是可以适当的降低呼吸、特别是无效呼吸来减少光合产物的消耗。

植物呼吸作用包括有氧呼吸和无氧呼吸两大类型。

呼吸作用是植物生长与发育的代谢基础。凡与空气（含 O_2 21%）接触的细胞，均可通过有氧呼吸获得 ATP、还原力与必要的中间产物。对于缺乏游离氧的环境条件，如密闭或水淹时，有氧呼吸不能进行，尽管有些水生沼泽植物具有一定运氧与贮氧能力，但植物忍受缺氧环境能力的根本还在于无氧呼吸。

无氧呼吸在高等植物整个呼吸中所占的比重不大，是植物对缺氧的一种调节适应，以此维持生命活动。在正常不缺氧的环境中，高等植物的某些部分亦进行一些无氧呼吸，如种子萌发种皮未破之前，胚只进行无氧呼吸。体积大的延存器官（如甜菜块根和马铃薯块茎）的内部也进行无氧呼吸。但高等植物不能忍受长期缺氧，因为无氧呼吸时呼吸底物氧化不彻底，释放的能量远比有氧呼吸少，为获得同数量的能量不得不动用大量呼吸底物来补偿，而且无氧呼吸的终产物乙醇或乳酸积累过多对细胞有毒害作用。例如长期涝渍造成的死苗；播种后久雨不晴发生的烂籽；以及久贮管理不善红苕腐烂产生酒味等都是由于长期无氧呼吸的结果。

由于呼吸作用无时无刻不在进行，所以消耗量是相当大的。据资料，成长叶子的正常呼吸 CO_2强度为 $0.5 \sim 2mg \cdot dm^{-2} \cdot h^{-1}$，相当于光合强度的 5% ~ 10%。加上非光合组织也进行呼吸，且绿色植物在夜间也只有呼吸而无光合，因此一昼夜计算的结果，则全株的呼吸消耗约占光合生产的 20% ~ 30%，甚至更高。

在某些不利条件下，例如高温、干旱和缺乏某些必要的矿质元素时，正常的呼吸过程受到破坏，有机物大量消耗而不能形成 ATP，氧化过程放出的能量以热的形式散失，成了“无效呼吸”消耗光合产物，应注意防止。又如在淹水条件下，由于缺氧，有氧呼吸不能正常进行，植株较长期地进行无氧呼吸，物质能量转化的效率都很低，是造成减产的重要原因。有人指出,马铃薯在干旱的几天里,干重反而减轻,这是呼吸消耗大于光合生产之故。

要适当减少呼吸消耗,主要是调节温度。由于呼吸适温比光合适温高。一般植物的呼吸适温为30～40℃,光合适温为25℃左右,所以温度过高,呼吸消耗便相对增大。因此在温室栽培和温床育苗中,冬季以及阴雨天或夜间光合不能顺利进行时,尤当注意温度不能太高。在密植栽培中,如果通风不良,夜间散热较慢,群体内温度偏高,可能会对增产不利,因而应十分注意。

2.光呼吸的消耗　在光合产物消耗中,C_3植物的光呼吸占了很重要的部分。光呼吸(photorespiration)是绿色细胞在光合作用的同时,伴随存在着依赖于光的放出CO_2和吸收O_2的过程。光呼吸要经历光合细胞的叶绿体、线粒体和过氧化物体三种细胞器。

C_3植物的光呼吸强度比正常呼吸(亦称暗呼吸)高好几倍,消耗量可达光合同化量的30%～50%,而且光呼吸不能形成ATP,可以说也是一种无效呼吸。前面曾指出,C_4植物的净光合强度比C_3植物约高一倍,它的光呼吸很低(甚至测不出来)是主要原因之一。在农作物中,除了玉米、高粱、谷子、甘蔗少数几种C_4植物光呼吸很弱以外,其余的都是C_3植物,光呼吸一般都较强。如能适当抑制光呼吸,就有可能增加光合产物的积累,而使产量有较大的提高。

光呼吸强弱主要决定于遗传性,但与环境条件也有一定关系。强光、高温(最适为35℃)促进光呼吸。氧浓度对光呼吸也有很大影响(暗呼吸也需氧,但当氧浓度达2%即已饱和),能随氧浓度增大而加强。有人指出,大豆在氧浓度近于零时没有光呼吸;低氧也抑制小麦的光呼吸而增强它的净光合强度。此外,α-羟基磺酸、亚硫酸氢钠、2,3-环氧丙酸等药剂能抑制光呼吸。有人用α-羟基磺酸处理烟草,在35℃下净光合增强三倍。北京植物所用亚硫酸氢钠处理大豆,能抑制光呼吸32.2%,提高光合强度15.6%。

当然,光呼吸对作物生长有一定的意义,若不恰当地抑制光呼吸,反会降低光合效率,引起减产。在应用光呼吸抑制剂时,应十分谨慎从事。

3.器官脱落与病虫危害　花、果、叶等器官的脱落,常常会造成大量光合产物的损失;而病虫危害造成的损失更大。生产上应当注意防病虫及改善田间生态条件,创造作物生育的良好环境,避免器官的不正常衰老和脱落。

（五）作物光合产物的运转和分配

光合产物的运转及分配利用,与作物的生长发育和经济产量有十分密切的关系。这是光合性能中另一个比较重要的方面,生产上对此应该予以足够的重视。

一般作物,如果茎叶生长过旺,往往影响根系和产品器官的生长发育,这主要由于茎叶的旺盛生长消耗了大量的光合产物,而使其他器官得不到足够养料的缘故。例如棉花旺长,易于引起蕾铃大量脱落;薯类作物旺长,块根块茎不发达;徒长小麦“根冠比”（根系与地上部分之比）较小,都与光合产物的分配不当有关。生产上的许多措施,例如用整枝、深中耕等手段来控制棉花疯长,减少落蕾落铃;用镇压、深锄等法来控制小麦徒长,促进扎根等等,实质上都是在调节光合产物的分配利用。作物高产的一个重要原则,就是在保证适当营养生长的基础上,大力促进产品器官的发达。

综上所述,光合性能的五个方面,各有特殊的作用,也都有增产潜力可挖,所以都应重视,值得深入研究。其中尤以光合面积、光合能力和光合产物的分配利用与增产关系较大,更应注意。但是这些不同方面,既相对独立,又密切相关。例如光合面积的大小,可以改变株间小气候而影响光合能力,光合时间、光合产物的分配和消耗,最后影响到产量与品质。又如光合面积必须与光合能力、光合时间结合起来考虑,才能正确判断它对增产的利弊。如水稻和小麦在低产田块情况下,光合面积小（叶片小）和光合时间短（前期长不起、后期又早衰）是主要矛盾;而在丰产田块情况下,可能光合面积过大（过于繁茂）、光合能力低（株间光照弱）和经济系数低（贪青、籽粒不饱满）等又可能成为主要矛盾。所以我们在分析光合性能时,既要全面考虑,综合研究,力求减少片面性,又要注意分析在不同条件下这些方面对增产所起作用的主次,以便抓住主要矛盾,解决关键问题。根据生产实际情况分析,一般大田生产应以适当扩大光合面积为主,其次是防止后期早衰,以适当延长光合时期;而丰产栽培则主要在于提高光合能力和改善光合产物的分配利用。

第二节　作物的光合器官及其功能

在作物的生育进程中，各种绿色器官都有一定的光合能力。如玉米的茎、叶鞘、雄穗、果穗的苞叶；棉花的苞叶和铃、茎；水稻和小麦的茎、叶鞘、穗等。但就光合面积、光合强度和光合持续时间总体而论，光合产量主要是由叶片提供的。叶片是作物光合作用的主要器官。同一株作物不同叶位叶片在时间、空间上的有机联系，构成了单株作物的物质生产特点。

一、叶片的光合作用

叶片的光合作用大致可以分为三个过程。一是 CO_2 的扩散过程，即 CO_2 从叶片外部的大气中扩散到叶绿体的过程。CO_2 在叶片内外的扩散路径上受到性质不同的阻力，扩散阻力的大小既与环境条件有关，也与叶片本身的特征有关。二是光物理和光化学过程，即把光能转化为电能以及活跃的化学能的过程。此过程主要受光的控制，受温度和 CO_2 供应的影响较小。三是生理生化过程，即 CO_2 的固定与还原，最终形成光合产物的过程。这一过程受温度和 CO_2 供应的影响很强烈。C_3 植物和 C_4 植物因为代谢途径和固定 CO_2 的最初方式的不同，也表现出很大的差异。这三个过程是相互联系、相互制约的，任何一个过程受阻碍，就会限制整个光合作用进程。叶片和植株本身的特征和环境条件对这些过程会产生很大的影响。

（一）作物叶片光合细胞的特点

1. 叶绿体

（1）叶绿体的结构　叶绿体是光合作用的细胞器，高等植物的叶绿体大多呈椭圆形，一般长约 4 ~ 6μm，厚约 2 ~ 3μm，主要分布在叶片的栅栏组织和海绵组织中（图 3-12）。每个叶肉细胞内约有 50 ~ 200 个叶绿体。在不同条件下，叶绿体的数目可能有很大变化（表 3-9）。叶绿体的总表面积比叶面积大得多，这对太阳光能和空气中 CO_2 的吸收和利用都有好处。

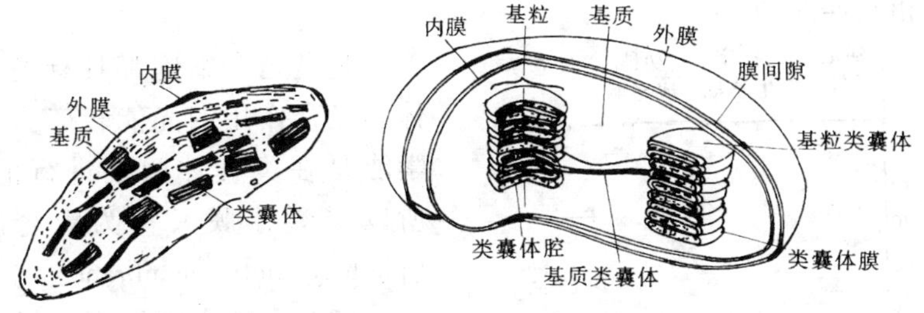

图 3-12　叶绿体的结构图解

表 3-9　稻叶叶绿体数目、大小和叶绿素含量的变化

（潘瑞炽，1979）

叶的类别	1g 鲜叶的叶绿体数/10 亿	叶绿体直径/μm		叶绿素含量 $/10^{-6}$mg	基粒数目（一个叶绿体）
		长　轴	短　轴		
嫩　叶	2.2 ±0.4	4.3 ±1.2	2.3 ±0.6	0.47 ±0.07	7.5 ±5.2
成长叶	2.2 ±0.3	6.3 ±0.8	3.5 ±0.4	2.5 ±0.30	43.1 ±5.3
缺氮叶	2.3 ±0.2	4.8 ±0.7	2.5 ±0.7	0.94 ±0.06	23.7 ±7.5
黄叶品种	3.4 ±0.1	5.0 ±1.0	3.3 ±0.5	0.24 ±0.01	24.5 ±5.8

成熟的叶绿体的表面由两层膜所包围着，称为叶绿体的被膜。两层膜间相距约 20nm。内膜较外膜有更大的选择性。由于被膜特别是膜的选择性，起着调节叶绿体与细胞质间的物质交换作用。

叶绿体内有两个明显的区域：间质和类囊体。

叶绿体被膜以内的基础物质称为间质。间质又称基质，是无色的，其主要成分是可溶性蛋白质（酶）和其他代谢活跃物质，呈高度流动性状态。间质里还含有淀粉粒、核糖体、DNA、RNA 等。间质是光合作用同化 CO_2 的场所，淀粉粒就是光合产物形成和贮藏的结果。

在无色或淡黄色的间质中埋藏着许多浓绿色的片层膜结构，成扁平囊状，称之为类囊体。在有的部位，由两个或更多的圆盘状的类囊体相互垛叠在一起，称为基粒，其中的类囊体称为基粒类囊体。叶绿体的光合色素主要集中在基粒之中。一个典型的成熟的高等植物的叶绿体，含有 20～200 个甚至更多的基粒。在基粒与基粒之间，有一些较大的类囊体相连，这些单一的贯穿于两个基粒之间的类囊体叫间质类囊体。类囊体腔内为水溶液，间质类囊体和基粒类囊体腔是相互连通的。

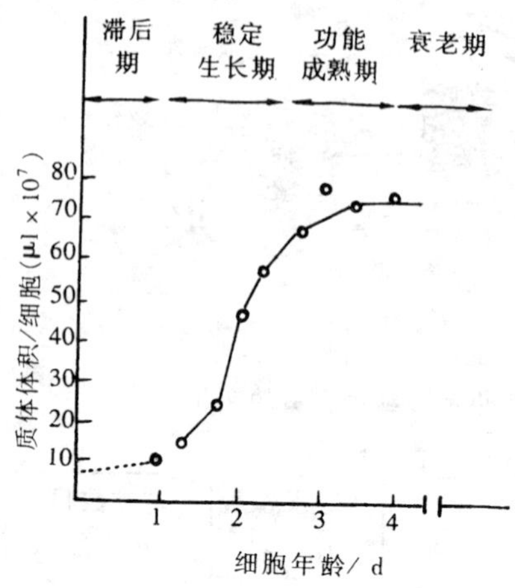

图 3-13　照光大麦叶片每细胞质体体积的变化

凡是光合细胞都具有类囊体。光合作用的光能转变为化学能是在类囊体膜上进行的,所以类囊体膜又称为光合膜(photosynthetic membrane)。

(2)叶绿体的发育　绿色植物中的叶绿体是由原质体发育而来。

质体(包括叶绿体)的发育大致可分为四个时期,即延缓期(或滞后期),稳定生长期,功能成熟期和衰老期(图 3-13)。不同时期的化学成分、体积大小和生理活性有很大差别。

2. 光合色素　作物的光合色素有二类即叶绿素和类胡萝卜素。

(1)叶绿素　高等植物的叶绿素(chlorophyll, chl.),有叶绿素 a 和叶绿素 b 两种。

绝大多数的叶绿素 a 和全部叶绿素 b 有接受和传送光能的作用,少数不同状态的叶绿素 a 有将光能转化为电能的功能。

(2)类胡萝卜素　叶绿体中的类胡萝卜素(carotenoid)包括胡萝卜素(carotene)和叶黄素(xanthophyll)。

类胡萝卜素亦可收集和传递光能;此外,还可保护叶绿素分子,使其在强光下不致被光氧化而破坏。

(3)叶绿素含量与光合作用关系　叶绿体色素中有少数叶绿素 a 分子,它不仅能够吸收光能,还能接受其他色素,包括大多数叶绿素 a 分子,叶绿素 b、叶黄素和胡萝卜素分子所吸收的光能,并进行光化学反应,将光能转变为电能,同时传递到光合链中去。因此这些叶绿素 a 分子被称为作用中心色素分子,而其他色素分子只起吸收光能、聚集光能和把能量传递给作用中心色素分子的作用,被称为辅助色素。

作物叶片中的叶绿素含量和叶绿素 a/b 比值与净光合速率有密切关系。表 3-10 和表 3-11 是 20 个水稻品种抽穗期剑叶叶绿素 a、b、a + b、a/b 的含量情况。可以看出,品种间叶绿素差异很显著,而同一品种在不同年份则表现比较稳定。但如果栽培和生态环境改变(如光照、氮肥等),则同品种的叶绿素含量也要发生变化。

表 3-10 水稻品种间叶绿素 a、b 含量及 a/b 值

(刘振业等,1984)

叶绿素 a、b 含量及比值	品种间变化范围	平均数及标准差
a 含量/($mg \cdot dm^{-2}$)	4.659 ~ 7.836	5.891 ± 0.780 2
b 含量/($mg \cdot dm^{-2}$)	1.504 ~ 2.591	2.037 ± 0.293 5
(a + b)含量/($mg \cdot dm^{-2}$)	6.283 ~ 10.287	7.935 ± 1.075 0
a/b	2.627 ~ 3.288	2.908 ± 0.184 0

表 3-11 不同年份水稻品种叶绿素 a、b 含量及 a/b

(刘振业等,1984)

品 种	a 含量/($mg \cdot dm^{-2}$)		b 含量/($mg \cdot dm^{-2}$)		(a + b)含量/($mg \cdot dm^{-2}$)		a/b	
	1980	1981	1980	1981	1980	1981	1980	1981
1274	5.879	5.878	1.929	1.929	7.808	7.807	3.048	3.048
科 庚	5.881	5.891	2.173	2.125	8.055	8.120	2.706	2.818
红 410	6.144	6.180	2.141	2.199	8.285	8.381	2.870	2.822
翻秋 1 号	4.659	4.545	1.624	1.557	6.283	6.104	2.869	2.959
东 龙	5.771	4.759	1.897	1.752	7.668	6.911	2.706	2.983

在不同光照强度条件下,水稻各叶位的叶绿素(a + b)含量与净光合速率 P_n 呈正相关,上位叶的相关系数达到显著或极显著。而叶绿素 a/b 比值与净光合速率 P_n 呈负相关,弱光下比在强光下的负相关更明显(表 3-12)。在其他作物中都可发现叶绿素含量与光合强

度成正相关的报道。如玉米不论自交系、常规品种或杂交种，若叶绿素含量高，其光合强度也高。

表 3-12 不同照度下各叶片叶绿素含量及 a/b 值

叶　位	a+b 与 P_n的相关系数		a/b 与 P_n的相关系数	
	2.5 万 lx	5 万 lx	2.5 万 lx	5 万 lx
剑　叶	0.731**	0.661*	-0.465	-0.116
倒二叶	0.591*	0.739*	-0.473	-0.123
倒三叶	0.149	0.415	-0.201	-0.244
倒四叶	0.452	0.615*	—	—

3. C_3植物和 C_4植物光合细胞的特点　水稻、小麦等 C_3植物的维管束鞘细胞无叶绿体，而玉米、高粱等 C_4植物的维管束鞘细胞内则含有叶绿体。

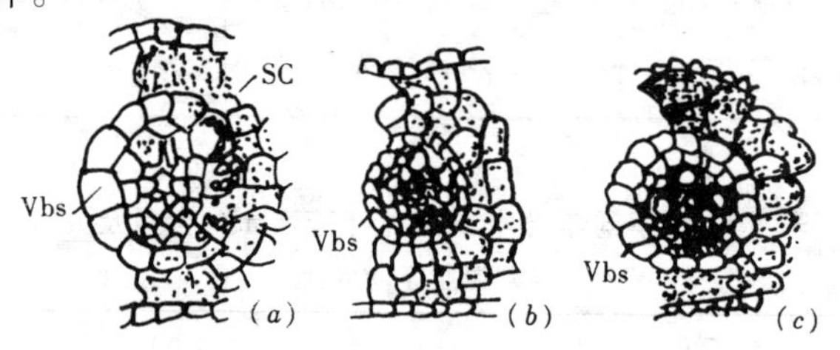

图 3-14　C_4植物(玉米)与 C_3植物(小麦、水稻)叶片的解剖结构

(*a*)玉米 (*b*)小麦 (*c*)水稻

Vbs-维管束鞘　　SC-维管束鞘叶绿体

C_4植物叶片的维管束鞘薄壁细胞较大，其中含有许多较大的叶绿体，叶绿体没有基粒或基粒发育不良；维管束鞘的外侧密接一层环状或近于环状排列的叶肉细胞，组成了花环状结构(Kranz type)。这种结构是 C_4植物的特征。叶肉细胞内的叶绿体数目少，个体小，有基粒。维管束鞘细胞与邻近的叶肉细胞之间有大量的胞间连丝相连。C_3植物的维管束鞘薄壁细胞较小，不含叶绿体，没有花环结构，其周围的叶肉细胞排列松散。

C_4植物的磷酸烯醇式丙酮酸(PEF)羧化酶活性比 C_3植物的高得多，而 PEP 羧化酶对 CO_2亲和力又比核酮糖 1,5-二磷酸(RuBP)羧化酶大得多。这样，C_4植物就可利用低浓度的CO_2，而C_3植物则不能。当外界干旱气孔关闭时，C_4植物就能利用细胞间隙里含量低的CO_2继续进行光合作用，C_3植物则无这种本领。故在干旱环境中，C_4植物生长比C_3植物好。加上C_4植物的CO_2泵的作用，把外界CO_2压进维管束鞘细胞中，增加其中CO_2浓度，也使其RuBP羧化酶的活性提高。C_4植物的CO_2补偿点很低，光呼吸非常弱。C_4植物叶片叶绿素a/b值较C_3植物高。如玉米叶片叶绿素a/b值可达4.17。

（二）叶片在生长过程中的光合特点

作物叶片自分化、伸长、衰老、枯黄的生长发育进程中，其光合功能也同样具有一个动态过程。一般而言，刚长出的叶片光合强度很低，随着叶片的生长而逐渐提高，至叶片充分展开时最高，以后又随叶龄的增长而徐徐降低。光合速率的这种变化与其他生理过程，如

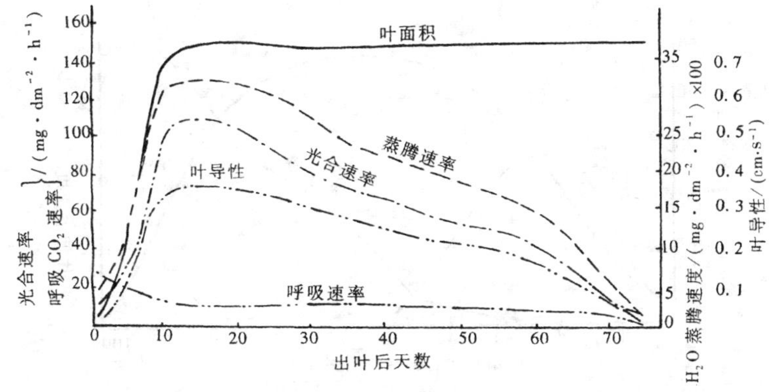

图3-15　大豆单叶一生中叶面积与生理特性的变化

（据邹冬生，1989）

蒸腾速率、叶导性等具有相应的同步性（图3-15）。主要原因是叶片的叶绿体结构、酶活性等随叶龄而变化。幼叶叶绿素含量低，且有一部分叶绿体结构还不完全，光合酶活性也相当低，所以其光能的转化效率低。至壮龄期，叶绿体的结构已高度分化形成、光合酶活性也大大增强因而光合强度达到最高值。延长叶片这一阶段的寿命，特别是功能叶的寿命，是提高光合生产能力的关键。随着叶片的衰老枯黄，气孔阻力和叶肉细胞阻力增强，限制了CO_2的供应，叶绿体逐渐

解体,酶活性降低,因而光合能力便逐渐减弱。但不同作物叶片在光合速率达最高值的时期不尽相同。玉米、大豆、豌豆、甘蔗等作物在叶片完全展开时或稍前的光合速率达最高值,而水稻、大麦、烟草等作物则在叶片完全展开后光合速率才达最高值。

叶片往往是先扩大而后增厚,随着叶片的扩大,叶片背腹两面气孔的形成量、比叶重、叶肉细胞体积、叶绿体的数量和体积,质体基粒中类囊体的数目和体积以及叶绿素含量均平行增加。可见叶片在其生活周期中各项生理形态指标都在动态变化之中,由此反映出处于植株上层的幼叶截获的光能有限,而且光能转化效率也低,所以幼叶尚难向外输出光合产物,反而要自下层叶片输入光合产物。一旦叶片展开,不仅叶面积有所扩大,而且光合功能也加强,输出就会占主导地位(图 3-16)。

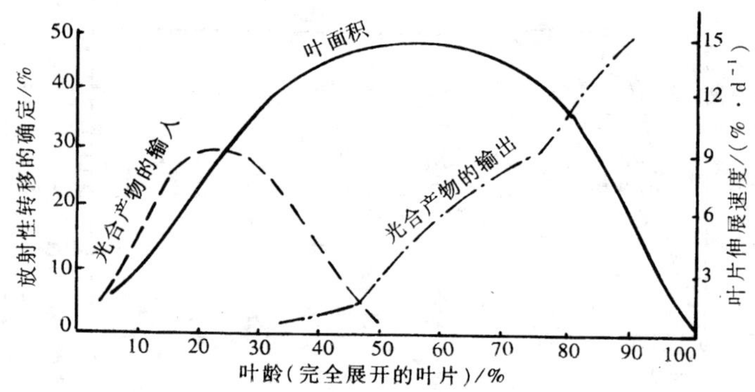

图 3-16　大豆叶片伸展过程中叶面积及光合产物的输入和输出状况变化

(Thyower,1962)

对同一植株的叶片来说,不同生育阶段叶片的光合强度有所变化,幼嫩的叶片光合强度很低,随着叶子成长、成熟,光合强度不断加强,达到高峰,后来叶子衰老,光合强度就下降。若注意维持不同生育阶段各叶片的光合作用时间,就可保证在植株整个生长期都有较高的光合产物积累。表 3-13 是水稻主茎上不同叶位的叶片光合能力。以 6 月 28 日测定的数目来看,7/0 叶片刚刚开展,光合最弱,6/0 在不久前已完成了形态上的建成,正在充实增重,光合强度较大,

5/0 正处于最大干重时期，光合最强，4/0 开始衰老，叶褪色、减重，光合强度也大大衰退。7 月 27 日测定的结果与前一时期的情况颇类似。

表 3-13　水稻主茎上不同叶位叶片的光合强度

（潘瑞炽，1979）

叶位	6 月 28 日				7 月 27 日			
	7/0	6/0	5/0	4/0	10/0	9/0	8/0	7/0
光合强度（呼吸 CO_2）/（$mg \cdot dm^{-2} \cdot h^{-1}$）	13.0	36.0	58.7	15.0	18.3	26.6	20.3	14.1

在良好条件下，叶片展开之后可以在较长的时间内保持较高的光合强度，而在不良条件下，则达到其最高光合强度之后不久即急剧降低。例如在氮素充足时，光合强度保持比较稳定，下降非常平缓，而在缺氮的情况下则下降得非常剧烈。所以在叶片生长发育中应创造适宜条件，使之在较长时期内保持较高的光合强度，这一点在生育后期特别重要。

（三）影响叶片光合作用的因素

1. 不同作物种类、类型、品种的光合作用　作物的种类、类型和品种间的光合速率差异，是由遗传基因所支配的。不同种类和品种之间的净光合速率有差异，而总体来讲，C_4 作物多数高于 C_3 作物。如果进一步用作物生长率来表示，C_3 和 C_4 作物之间的差异就更为明显（表 3-14）。

表 3-14　C_3 和 C_4 作物田间短期最大生长率

（monteith，1978）

光合类型	作物类别	作物生长率/（$g \cdot m^{-2} \cdot d^{-1}$）
C_3	马铃薯（*Solanum tuberosum*）	37
	水稻（*Oryza sativa*）	36
	猫尾草（*Typha latifolie*）	34
C_4	玉米（*Zea mays*）	52
	高粱（*Sorghum bicolor*）	51
	蜡烛稗（*Penisetum amercanum*）	54

同一作物不同品种间叶片的光合速率也存在着差异。有研究发现，玉米杂交种之间、自交系之间光合强度可相差二、三倍。水稻品种间的平均光合速率差异大体在 ±26% 左右。

作物间、类型间、品种间的光合差异又在不同的生态环境下发生诸多生态类型的差异。研究发现，在强光条件下（高于 46klx）水稻同源四倍体的光合速率低于同源二倍体，但在稍低的光强下（15 ~ 20klx）两者的差异又不显著，但在弱光下（低于 15klx）同源四倍体又高于相应的二倍体。

2. 叶片的基本特征和光合作用　除考虑叶面积外，叶片的质量，包括厚度、充实程度、化学物质含量也与光合速率有很大关系。通常在相同条件下，单位叶面积的干物重（即叶面积比重，用干重 $mg \cdot cm^{-2}$）与光合强度成正相关。因为叶面积比重越高，则单位叶面积所含光合物质（叶绿素、光合酶等）也就越多。叶面积比重是一个稳定的品种特性，叶面积比重高的品种，往往光合速率也高（图 3-17）。

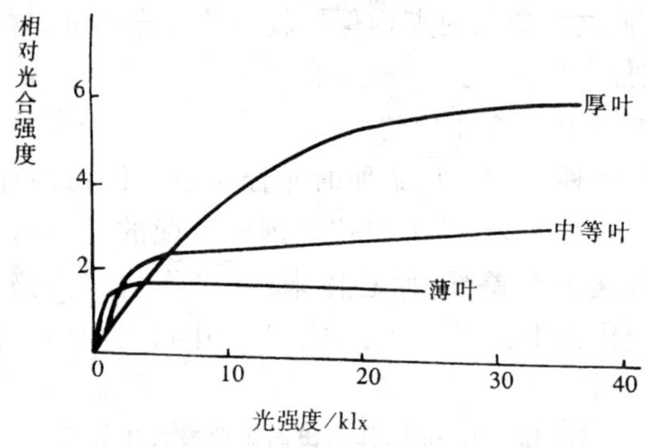

图 3-17　叶厚薄与光合强度的关系

在水稻中有研究认为光合速率与单位叶面积鲜重和气孔数有显著的正相关关系。叶绿素的含量在一定范围内也与光合作用呈正相关。

玉米的试验表明，凡单位叶面积含氮量高的自交系、杂交种或常规品种，其光合强度也高。

叶片在植株上所处的位置不同，其光合强度也不同。

如玉米植株中部叶片光合强度最高，上部叶片次之，下部叶片最低，这是因为玉米中间叶片最厚，叶绿素和氮、磷含量较高，气孔密度也较大。

在水稻中也可发现这种情况，这可以看做叶片在不同发育阶段和生理状况下光合作用的不同表现。据研究水稻在抽穗扬花期后三片叶的光合强度，如以剑叶的光合强度为100，则剑叶下一叶为62.5，剑叶下二叶为55.1，按顺序由上而下逐渐减弱。也有的试验表明，灌浆乳熟期最后四片叶子的光合强度是呈下列顺序：剑叶下一叶 > 剑叶 > 剑叶下二叶 > 剑叶下三叶。

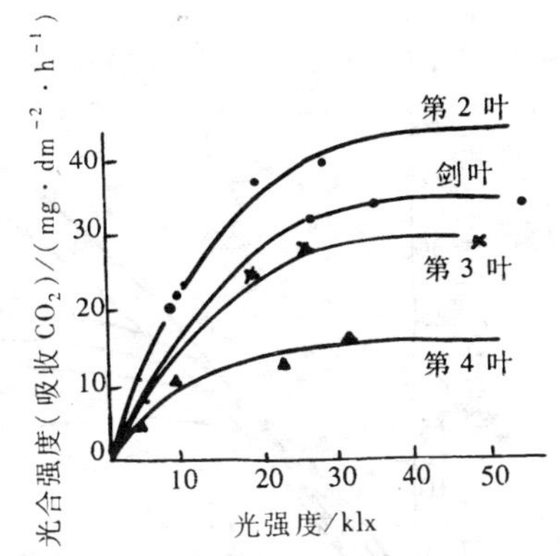

图 3-18　水稻不同叶位叶片的光合强度

（据潘瑞炽，1979）

尽管试验结果稍有出入，但可以这样认为：在相同光照强度下，抽穗以后的剑叶和剑叶下一叶这两片叶的光合强度是最高的，对穗重的影响也是最大的，生产上应尽量发挥它们的光合能力。

3. 生态环境条件对光合作用的影响

(1)光照　光照是光合作用能量的来源，又是质体分化、叶绿素形成的重要条件，对部分光合酶活性也有影响；还能调节气孔开度，从而影响外界 CO_2 进入叶片。因此，光是影响叶片光合作用量重要的因素，各种作物叶片光合速率都会随光照强度增强而提高，但 C_4 作物在强光下光合速率提高仍然很快，而 C_3 作物则很快出现光饱和现象（图 3-19）。C_3 与 C_4 作物的光补偿点也有差别（表 3-15）。

光能不足往往成为光合作用的限制因素，但光能过剩也会对光合作用产生不利的影响。当光合机构接受的光能超过它所能利用的量时，光会引起光合活性的降低，这个现象叫光合作用的光抑制。在自然条件下，晴天中午作物上层叶片常常发生光抑制，当强光和其他环境胁迫因素（如高温、低温和干旱等）同时存在时，光抑制更严重，有时即使在中、低光强下也会发生。

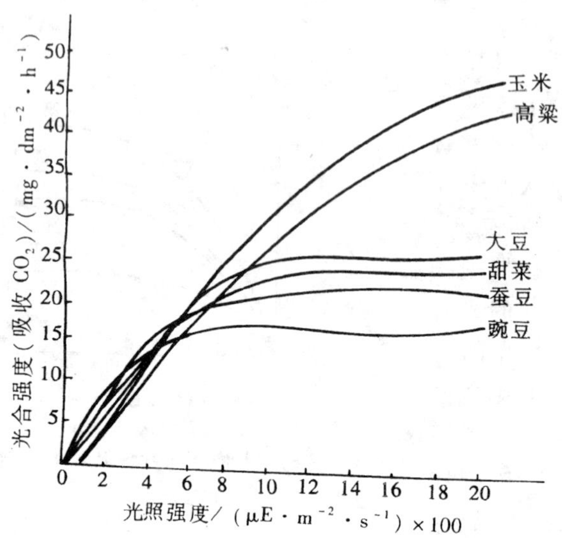

图 3-19　光照强度对作物叶片光合速度的影响

（邹冬生，1989）

测定时气温（25±0.3）℃，相对湿度 70%，CO_2 浓度 327～343 μl/L，均为植株中部叶位叶

表 3-15　作物光合作用的光补偿点和光饱和水平比较*

作　物	光补偿点/lx		光饱和水平/lx	
	一　般	变　幅	一　般	变　幅
玉　米	1400 左右	800～1 800	90 000 左右	27 000～大于 100 000
甘　蔗	1850 左右	1 680～2 300	80 000 左右	64 000～91 000
水　稻	650 左右	560～1 000	45 000 左右	34 000～61 000
小　麦	700 左右	640～870	40 000 左右	20 000～75 000
棉　花	800 左右	750～2000	50 000 左右	46 000～80 000
烟　草	750 左右	500～900	32 000 左右	28 000～40 000
大　豆	900 左右	760～1 800	35 000 左右	23 000～65 000
豌　豆	650 左右	420～870	18 000 左右	12 000～26 000
蚕　豆	700 左右	490～980	22 000 左右	18 000～29 000
甜　菜	700 左右	640～780	25 000 左右	23 000～27 000
苎　麻	580 左右	470～690	25 000 左右	21 000～30 000

* 根据国内研究实测的数据资料综合为本表（转引自郑丕尧，1992）

(2)二氧化碳　分析 CO_2 与光合作用关系,可以发现,如下几个方面的影响很重要。

A. CO_2 的扩散途径与扩散阻力　CO_2 从叶片周围空气中到达叶绿体是一个复杂的扩散过程。

凡是与扩散阻力有关的因素,都会影响光合强度。外部阻力大大小于内部阻力,影响外部扩散阻力的主要因素是风速,扩散阻力与风速成反比,与叶面界面层厚度成正比。风速增大可使叶面界面层厚度减少,因而扩散阻力降低。在强光下,CO_2 供应是决定光合强度的重要限制因素,所以风速对光合强度有很大影响。风速过大,会使空气温度降低,气孔关闭。在一般情况下,风速在 8 ~ 12m · min^{-1} 范围内,光合强度无显著变化。风速在 8 m · min^{-1} 以下时,CO_2 供应量已嫌不足,光合强度逐渐降低。风速降至 5 m · min^{-1} 以下时,光合强度显著降低。尤其是低于 3 m · min^{-1} 以下,光合强度成直线性下降。

B. 气孔开闭　气孔是 CO_2 的主要通道,许多因素对光合作用的影响,在很大程度上是通过气孔活动的作用而实现的。保卫细胞膨压的变化在气孔开闭中起重要作用。引起原生质结构、膜透性、无机盐吸收、同化物生成等变化的多种因素都会影响气孔的开闭。

光照是气孔开闭的首要条件。通常作物的气孔在白天光照下开放,夜间关闭。气孔阻力随光照条件的变化而发生规律性的日变化。早晨光照极弱,气孔关闭,整个叶表皮的阻力相当大。中午时光照增强,气孔开放,叶表皮阻力降低。午后至傍晚,气孔开度变小,表皮阻力又增大。不同叶层的表皮阻力在全天的变化状况也不同。中午时虽然光照强,但随着冠层加深,光照逐渐减弱,气孔开度缩小,整个表皮的阻力逐渐增大。下部衰老叶片的气孔失去调节能力,因而在一天中的变化不大。

但是当其它因素变化较大时,气孔开闭的这种日变化规律将被破坏。如当叶片含水量减少,保卫细胞膨压降低,可引起气孔关闭。当土壤含水量在降低到永久萎蔫系数以前,叶片的光合强度便显著降低,这并不是光合机构本身受到缺水影响之故,而是气孔关闭的结果。当叶片缺钾时,保卫细胞的钾离子浓度降低,气孔也可能因保卫细胞失水而关闭。在低温下，即使长时间照光，气孔也难以开启。空气中的 CO_2 质量分数显著低于 0.03% 时，无论是否照光和光强度如何，气孔总是趋于开放；超过 0.03% 时气孔开度缩小；在 0.04% ~ 0.05% 的范围内，即使在光下气孔也趋于关闭；上升到 0.2%，则气孔完全关闭。

C. 二氧化碳浓度与光合作用　如前所述，C_3 作物与 C_4 作物 CO_2 补偿点和 CO_2 饱和点有很大差别，这是影响光合强度的一个重要因素。如果提高 CO_2 浓度，通常都会增加光合速率（图 3-20）。增加 CO_2 浓度还可以使叶片光补偿点降低，光饱和点升高，从而更有效地利用光能（图 3-21）。

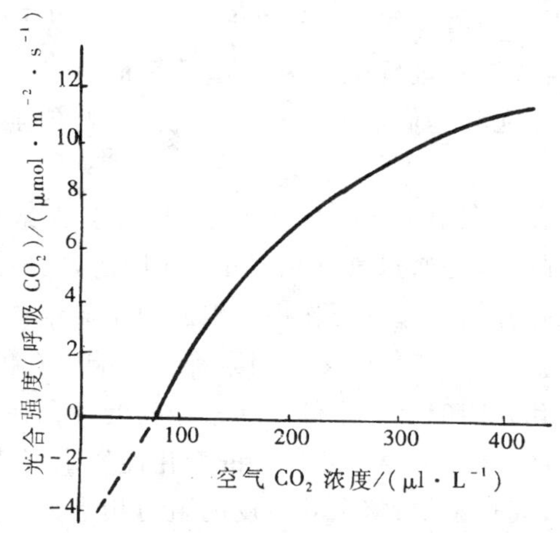

图 3-20　大豆叶片光合速率与 CO_2 浓度的关系
（许大全等，1987）

（3）温度　光合过程的暗反应是由酶所催化的化学反应，而温度直接影响酶的活性。因此，温度对光合作用的影响也很大。各种植物的光合作用都有一定的温度范围三基点。光合作用的最低温（冷限）和最高温（热限）是指在该温度下 CO_2 的吸收和释放速率相等，不能测出净光合速率时的温度。在光合最适温时，则光合速率最高。

低温下酶促反应下降，还可引起气孔开闭失调，叶绿体超微结构受到损伤，故限制光合作用的进行。高温下一方面破坏叶绿体和细

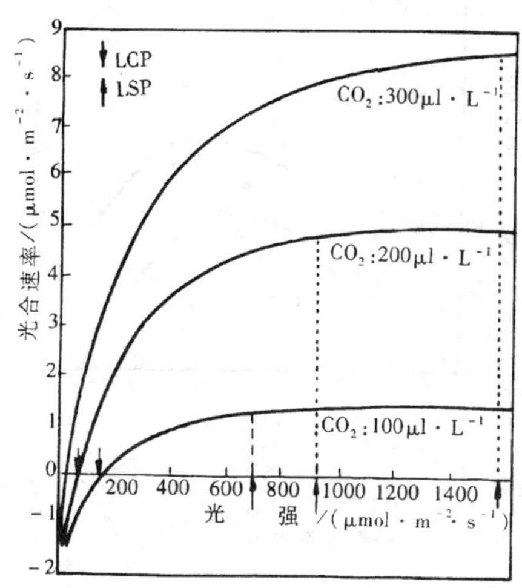

图 3-21 冬小麦剑叶光合速率与光强和 CO_2浓度的关系曲线

注:LCP,光补偿点 LSP,光饱和点

(Sebanek,1992 年)

胞质的结构,并使酶钝化。另一方面往往呼吸速率大于光合速率,因此虽然真正光合作用增大,但因呼吸作用的牵制,表观光合作用便降低。

一般 C_3作物在 10 ~ 35℃下可正常进行光合作用,其中以 25 ~ 30℃最适合。籼稻光合最适温度为 25 ~ 35℃,棉花在 35℃左右,而冬小麦则为 15 ~ 25℃。C_4作物光合作用的最适温度比较高,一般在 40℃左右,如玉米为 35 ~ 37℃,高粱为 40 ~ 45℃。不同作物温度三基点的数值范围有别,故在考虑温度对叶片光合强度的影响时,应注意不同种类的差异(图 3-22)。

作物光合作用的最适温度与作物生育过程中叶片所处的环境条件也有关。从图 3-23 中可以看出,随着小麦生育期温度的提高,光合作用最适温度也逐渐提高。说明了作物对环境条件的适应性,以及环境条件对作物生理在不同时间上的效应。

(4)水分 水分也是光合作用原料之一,缺乏可使光合速率下降。水分亏缺时可能使气孔关闭,增大 CO_2进入叶内的阻力,同时缺水使叶片淀粉水解加强,可溶性糖积累,光合产物输出缓慢,这些都

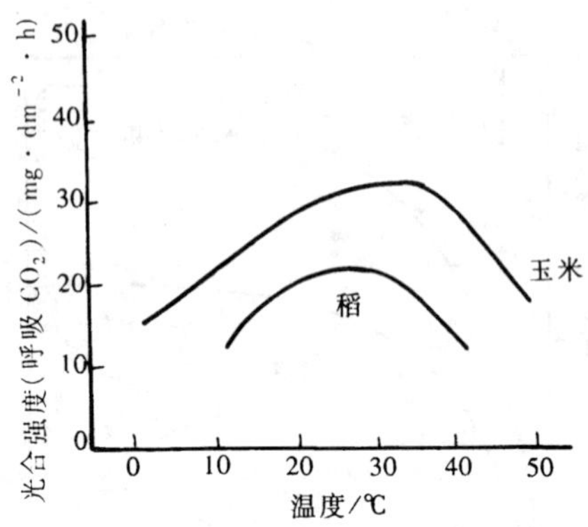

图 3-22　玉米、水稻的光合作用与温度的关系

(引自古谷雅树等,1976)

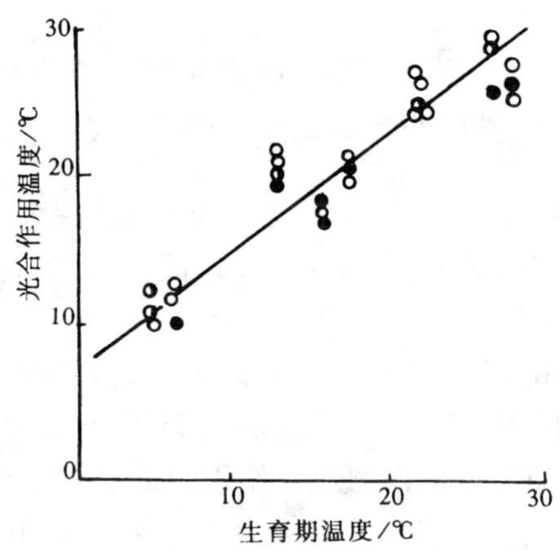

图 3-23　小麦生育期温度与光合作用最适温度的关系

[Sawada(泽田),1970]

会使光合速率下降。水分亏缺过久还会使叶片生长速度降低,叶面积(即光合面积)显著减少,自然也会降低光合作用。

叶片水分亏缺不仅使光合强度降低,而且使光饱和点降低,使作物不能更有效地利用光能。从图 3-24 中可看出,严重缺水的小麦叶片,当光强为 2000lx 时,表观光合强度就不再提高了,而含水正常的叶片,光强为 4000lx 时,表观光合还表现出升高的趋势。

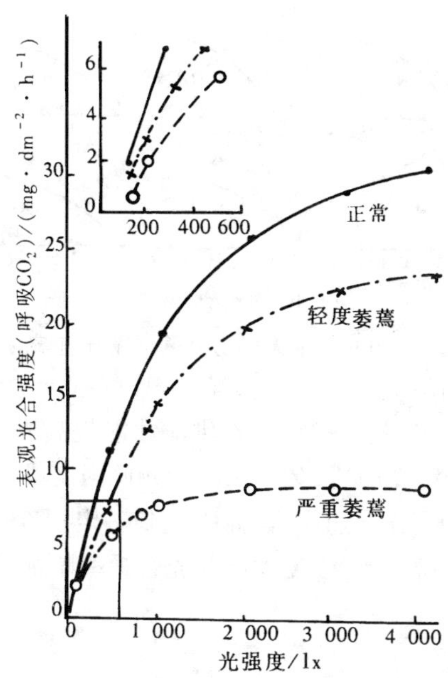

图 3-24 萎蔫引起的光-光合曲线的变化

(Wardlaw,1967)材料:小麦叶

(5)矿质元素 多种矿质元素直接或间接地影响光合作用。如N、P、S、Mg等是构成叶绿体和叶绿素的成分。Fe、Cu等在光合电子传递中有重大作用。Mn、Cl与光合放氧有关。Zn是催化CO_2水合反应的碳酸酐酶的成分。光合磷酸化及光合产物(磷酸丙糖等)的运输离不开P。总之,矿质对光合作用的影响是多种多样的,保证植物的矿质营养是促进光合作用的重要基础。

作物的营养状态调控着作物的生育,土壤本身是基础,施肥措施是条件,改善作物体内的营养水平,可以协调作物的一系列的生理活动,几种营养元素含量与光合速率的关系可参见图3-25。

(6)各种环境因素的相互关系与光合作用 各种外界条件都可能同时对光合速率发生影响,当各种因子同时作用于光合作用时,光合速率往往受最低因子所限制。因此在分析各因子对光合作用的影响时还要注意其综合作用。如水稻在缺氮条件下培养,较低的光照

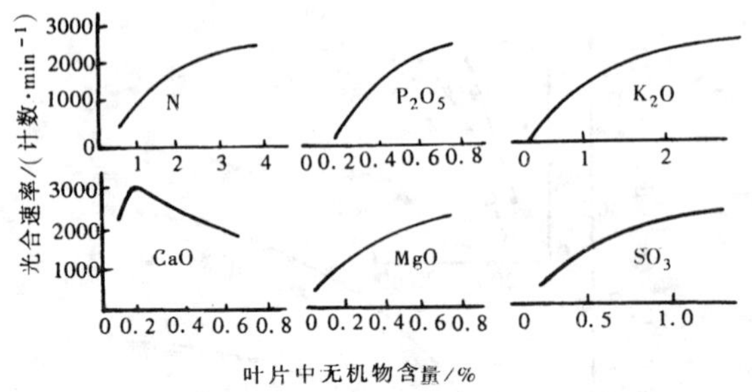

图 3-25　水稻叶片中无机物含量与光合速率的关系

（引自石冢和田中，1958）。光合速率以 CO_2 固定量表示

强度即达到光饱和点，只有增加氮素供应才能提高光合速率。又如在弱光下很低的 CO_2 浓度即达到饱和，因为光照强度成为限制因子，只有增加光强后才能提高光合速率；但光强达到一定程度后，CO_2 又可能成为一限制因素，需提高 CO_2 浓度才能使光合速率增加（图 3-26）。

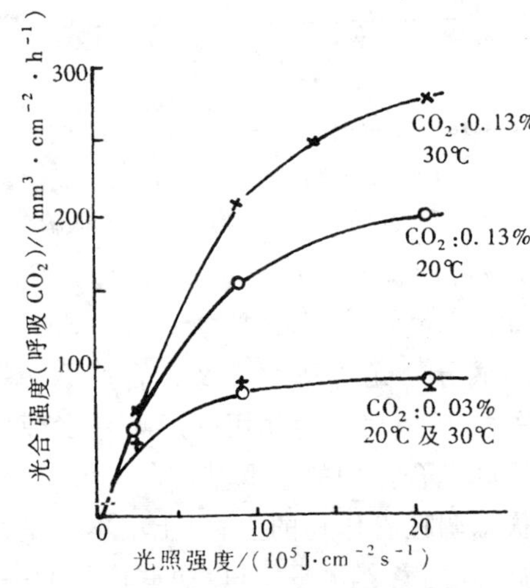

图 3-26　光合强度与光照、CO_2 浓度及温度的关系

在生产实践中要注意抓住影响光合作用的主要限制因素，同时要考虑各因素间的相互作用，这样对症下药，才可能更有效地提高叶片的光合效率。

二、光合作用的日变化

光照强度一天中呈周期性变化。如果温度适宜,水分充足,太阳光照成为主要限制因素,光合过程一般与太阳辐射进程相符。从早晨开始,光合作用逐渐加强,中午达到高峰,以后逐渐降低,到日落后停止,成为单峰曲线。如果天空中光量变化不定,则光合速率随到达地面的光强度的变化而变化,成不规则的曲线。

作物在一天的生理活动中,除了受光照条件影响外,还受多种其它因素所制约,因而实际上光合作用的日变化类型有很多种类,而引起这些变化的原因也很复杂。

(一)作物光合作用日变化的类型

根据过去报道的资料,光合作用日变化大致可以分为如下四种类型。

1. 单峰型　这种作物的光合作用在一天中的变化呈单峰曲线,即在中午的光合速率达到最高值。

2. 双峰型　这类作物的光合作用特点是上午和下午各有一个高峰期,中午以后有一个低谷,这是典型的光合作用日变化,即有“午休”现象。

3. 严重型　是双峰型中上午光合速率的高峰值远超出下午另一峰值。

4. 平坦型　是光合作用在一天中无显著的日变化。

上述四种类型光合作用的日变化均是在晴天当其他生态环境因素无大变化的情况下所呈现的作物本身的规律性变化,但在同一类作物中也可能因条件不同而呈现的日变化规律不相同。特别是在光照条件发生变化时,日变化也同时出现不规律的变化,官坂昭(1979)称之为变动型。

(二)光合作用“午休”原因分析

午休现象无疑对叶片光合生产力有很大损失。许多人研究了产生午休的原因,发现这是一个复杂的综合反应,如下都是可能引起午休的原因。

光照过强使暗反应的速度跟不上光反应的速度,同化力过剩。

温度升高或呼吸量增大。大气中 CO_2浓度在中午降低。叶片含水量下降，气孔关闭。叶片中有大量的光合产物积累所引起的反馈抑制……可能往往是其中某几项因素起作用而导致的，不只是某单一因素所形成的。

有人曾对小麦午休作综合分析指出，强光导致温度升高和 CO_2浓度下降，大气相对湿度减少，继而引起蒸腾作用加剧，叶片水势下降，气孔开度变小，诸因素的综合连锁最终导致光合作用下降，即引起午休（图 3-27）。

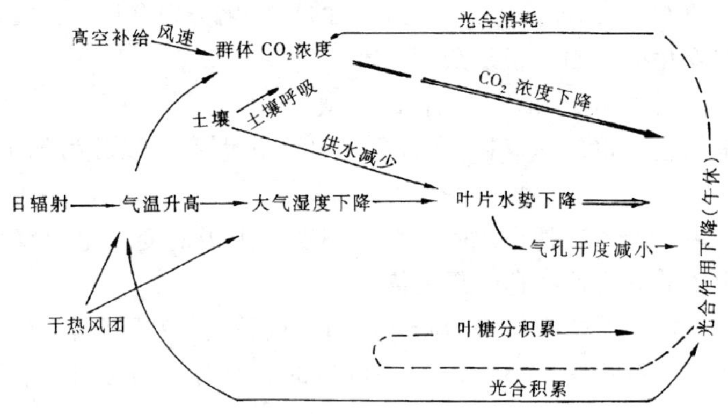

图 3-27　形成午休的气象、生态、生理诸因素连锁关系示意图

（韩凤山等，1988）

光合作用的"午休"现象是作物对午间生态条件变化的一种生理反应，由于午休使光合产物生产减少，故设法避免午休是提高产量的有效措施。有的研究者据小麦午休是因蒸腾加剧叶片水分亏缺，用水喷雾法提高相对湿度并降低气温，可减轻甚至解除午休。

三、作物单株的光合特点

作物在一定土地面积上的群体生产是建立在单株生产基础上的，因而单株的光合作用在时间、空间上有其特点，较之单一叶片的光合速率更为复杂。

（一）单株光合速率在生育过程中的变化

一般一年生作物的单株光合速率基本上呈现单峰曲线的模式，

如大麦、玉米、大豆等。光合速率在生育前期随着叶面积的增加而上升，当叶面积达到最高值后，光合速率稳定一段时间然后开始下降。但因生态环境条件、作物类别、品种及其生理特性而各有不同。

如单株水稻不同生育期的光合强度变化有两类不同的报告。一类是籼稻的光合变化有两个高峰，一个在分蘖期，一个在抽穗期（图3-28）；另一类是无论粳稻或籼稻，都是以移栽后二三十天分蘖盛期光合强度最大，以后随着生长发育而一直不断降低。

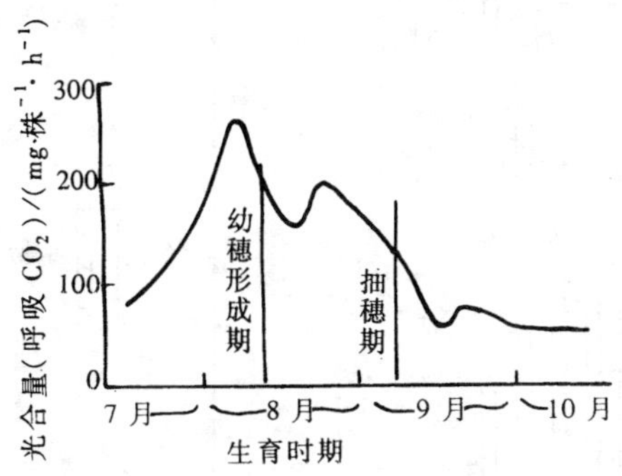

图 3-28　不同生育期水稻的光合量变化（农林 37 号）

（据潘瑞炽，1979）

就单株在一定生长阶段的平均光合速率而言，虽然因受控于内外因素的影响而有所变化，但在新老叶片交替中，光合速率也同样有所交替和补偿，因此总体而言其平均光合速率在一定时间内是相对稳定的。

（二）单株的绿叶面积

单株的绿叶面积在很大程度上控制着单株的光合速率的变化形式。

植株不同叶位的叶片随着不同时间逐渐开始分化、出现（可见）、展开、枯黄、交替衔接，这样，同一时间由不相同叶龄叶片共同组成单株光合作用的特点。

（三）不同叶位光合性能与单株物质生产

尽管作物的每一个单株是一个完整的物质生产体系，但不同叶位叶片发挥的功能有大有小，且物质分配的主要方面也有差别，如大麦下部叶片光合产物主要向叶、分蘖及根运转，中部叶片转而主要向

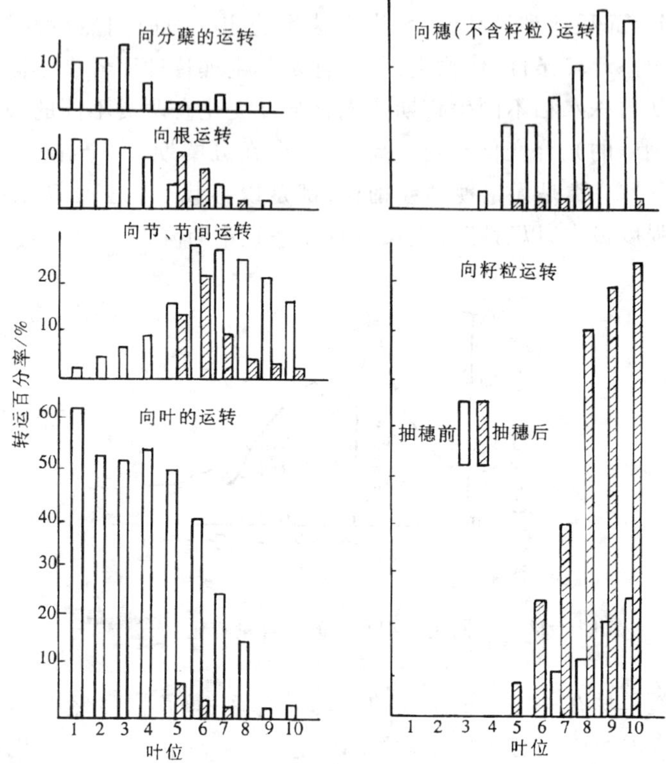

图 3-29　大麦不同叶位叶片光合产物向各器官的最终运转

(李小云,1987)

节、节间及穗运转,而上部叶片则主要向穗及籽粒运转(图 3-29)。玉米各叶位因光合产物的主要走向不同也有人将其分为根叶组、穗叶组和粒叶组三组。

从总体的物质生产来看,评价不同叶位叶片的功能,应从叶面积、光合速率、光合持续时间三个方面来进行综合分析,才能得出不同叶位叶片在单株物质生产上的作用和贡献。

第三节 作物群体及其生产结构

一、作物群体

(一)作物群体与群体结构的概念

作物在田间自然生育是以群体形式出现的,其光能利用不同于单株作物。计算作物的产量也是以单位土地面积的全部植株为基础。群体不是个体的简单加和,作物群体自己独特的内部结构、内部环境,群体的光合作用变化比之于单株更为复杂,深入研究作物群体的光合作用规律,对于提高光能利用率和产量具有重要意义。

作物群体结构指群体的组成和方式,如作物种类、数量、生育情形、排列方式等。群体结构代表群体的基本特性,与产量和品质有十分密切的关系。

同一群体内的各个个体,既相对独立,又密切联系,相互影响。由于许多个体聚集在一起,使群体内小环境中温度、光照、湿度、通气状况及土壤的理化特性都发生很大变化,这个小环境的好坏,强烈地影响各个个体的生长发育和各种生命活动,反过来也影响群体结构的发展和质量。

在作物栽培中,应坚持合理的群体结构。所谓合理的群体结构,是指该结构适合作物品种特性与当时的生态条件,使群体与个体,植株地上部与地下部,营养器官与生殖器官,作物生长前期与后期等都能得到比较健全而协调的发展,从而能经济有效的利用光能和地力,最后达到高产、稳定、优质、低消耗的目的。

(二)作物群体结构的调节

作物的群体结构可以自动调节,也可以用人工调节来使之更趋合理。作物的自动调节力是一种适应性的表现。随着条件(如种植密度和肥、水、光等)的变化,作物某些生育过程(如枝叶生长、分蘖消长等)的速度和方向也随之变化,以适应新的环境。通过自动调节,能在条件变化比较大的情况下,保证群体相对稳定性,并在多数情况下,使群体结构从不合理变得比较合理,对作物更有利。这在不同密植试验里最明显。以单季晚稻的密植试验为例，当种植密度增大时，穗数虽在增多，但变幅小于种植密度，且因每穗粒数减少，千粒重减轻，所以最后产量的差异变小。此外，不论种多少苗，最后叶面积系数和总干重都比较接近。这些都是自动调节的表现。

作物群体自动调节基本特点如下：

1. 一定的时间性　自动调节是个适应过程，需要一定时间。时间愈长，自动调节愈明显。所以在各种指标中，出现愈晚，差异愈小，说明自动调节的作用愈大。例如在稻麦等作物的产量构成因素上，变化幅度一般是：每亩穗数（或单株穗数）> 每穗粒数 > 千粒重。表 3-24 的资料就反映了这种变化特点。

就同一指标来看，例如总蘖数、总叶面积、总干重等，它们的变幅通常是前期 > 中期 > 后期。据上海植生所对小麦的调查研究指出，在种植密度为 7.5 万、15 万、30 万苗每亩基础上，冬前叶面积系数分别为 1.4、2.1、3.1；拔节前差异已较小，分别为 3.8、3.7、4.5；到孕穗期差异更小，分别为 3.9、3.7、4.0。地上部干重也有类似情况，冬前为 78 kg、108 kg、161 kg，拔节前为 224 kg、237 kg、297 kg，孕穗期为 609 kg、554 kg、635 kg。

2. 群体的稳定性和个体的变异性　自动调节的结果，体现出群体的稳定性和个体的变异性。这一规律在不同种植密度下最为明显。山东农大对小麦的试验结果表明，在不同播量基础上，通过层层调节，使群体逐步趋于接近，所以各项群体指标比值的差异是较早的大于较晚的。即基本苗数 > 总蘖数 > 总穗数 > 总粒数 > 总粒重（表 3-16）。

对于总蘖数来说，比值的差异也是前期较大，中期较小，后期更小。但从个体指标看则相反，愈到后期差异愈大。正因为这样，才能在个体数相差很大的基础上，最后群体能稳定在一个比较合理的范围内。

由于同一原因，在个体数较多而群体较大时，调节的结构趋向于削弱个体的生育，对生产不利；反之，则能促进个体生育。所以在自动调节能力范围内，以基本苗较少为有利。

表 3-16　小麦在不同密度下的自动调节

（据郑广华，1980）

类别	播量/0.5kg	基本苗	比值	返青期蘖数	比值	拔节期蘖数	比值	成穗数	比值	总粒数	比值	总粒重	比值
群体	5	5.5 万	1	36.3 万	1	82.2 万	1	30.2 万	1	861 万	1	329 kg	1
	10	10.4 万	1.89	68.0 万	1.87	120 万	1.21	36.4 万	1.05	908 万	1.05	340 kg	1.03
	15	16.9 万	3.07	105 万	2.89	156 万	1.67	50.2 万	1.25	1074 万	1.25	408 kg	1.24
个体	5	1 个	1	6.60 个	1	14.84 个	1	5.49 个	1	157 粒	1	5.98 g	1
	10	1 个	1	6.54 个	0.99	11.54 个	0.77	3.50 个	0.64	87 粒	0.56	3.26 g	0.54
	15	1 个	1	6.21 个	0.94	9.23 个	0.62	2.97 个	0.54	64 粒	0.41	2.44 g	0.41

3. 一定的顺序性　作物的自动调节通常表现出一定的顺序性。当某些条件变化后，一般在以后的生育过程中首先调节出现较前的某一性状，然后循环影响以后的其他性状。例如对稻、麦等作物增施肥水，首先增加分蘖数，其次增加穗数，再次增加每穗粒数，最后才影响千粒重。按这一顺序，通过层层调节，肥水的影响就越来越小。所以，蘖数、穗数的变化较大，而穗粒重与千粒重比较稳定。生产上促进穗重比增加穗数要难得多，主要原因即在于此。

4. 调节能力与生活力有关　个体生活力愈强，自动调节能力愈强。所以在肥水充足时，个体生长健壮，种植密度可以小些，仍能获得足够的穗数。相反，如果由于种植密度过大，或肥水不足而削弱了个体生育时，则自动调节能力受到限制，易于造成群体结构的不合理。

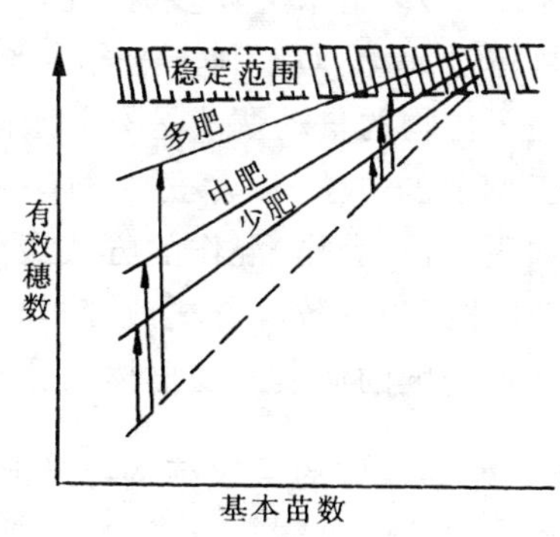

图 3-30　肥力高低对自动调节的影响

（据郑广华，1980）

图 3-30 反映了肥力高低对自动调节的影响。图中虚线为假定无调节能力时的情况，三条实线为有调节时的情况，箭头长短代表调节能力的强弱。通过调

节，最后穗数都多于基本苗数。并可看出：肥力愈高，穗数愈多，说明调节能力愈强。在同一肥力水平下，基本苗数较少的，调节能力又大于苗数较多的。由于自动调节，穗数都不同程度地向某一可能达到的高限——稳定范围靠近。至于能达到的稳定范围究竟有多少穗数，则主要决定于叶面积的大小。例如叶面积较小的早稻，每亩可能达到 40 万～50 万穗；而叶面积较大的晚稻，则只能达到 25 万～30 万穗。

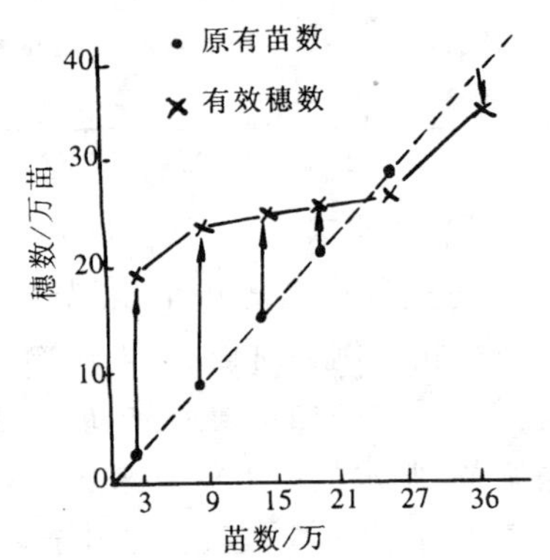

图 3-31　水稻在不同密度下的自动调节
（据郑广华，1980）

5. 有一定的限度　作物的自动调节能力都有一定的限度，例如种植密度过小过大，最后都难达到一个比较合理的群体结构。图 3-31 指出，水稻每亩插 9 万～27 万苗，最后有穗数都在 25 万左右；但亩插 3 万和 36 万苗的，最后穗数偏少或偏多，说明自身已难完全调节。由于自动调节能力有限度，而且需要一定时间才起作用，如种植密度较大、肥水又较多时，往往生长过旺，茎叶过茂，分蘖过多，造成群体过大，反而不利于光合生产力的提高。

由于作物的自动调节是有一定限度的，故需要合理的栽培措施，用人工调节的方法，以建立一个有利于提高光合性能的合理群体结构。如用间作、套作、混作的方式或改变群体的组成；控制播种量与基本苗、叶面积系数等方式改变群体的大小；通过株、行矩布局及株型与叶片角度的伸展改变群体的分布等。

二、作物群体的层次结构与光能利用

（一）作物群体的层次结构

把作物群体看作一个整体，按不同高度及其功能来划分，可得到作物群体的层次结构。殷宏章（1961）把水稻群体的大田结构划分为三个层次。

1. 光合层(或叶穗层)　这是水稻群体的最上层,包括绿色叶子、穗及茎的一部分。这一层接受几乎全部阳光,而下面接受的阳光很少(<1000lx),不超过补偿点。这一层一般在0.3~0.5m之间,它的功能主要是吸收阳光和CO_2进行同化作用,制造光合产物,同时蒸发水分。

2. 支架层(茎层)　支架层联系光合层和根层,并运输传导。这一层既支持光合层,又对根系所吸收的营养物质、水分及由叶片供应的物质进行传导,支架层是在少光或无光的状况下生长。

3. 吸收层(根层)　这一层包括根和根周围的土壤、水分、肥料、土壤微生物等。这一层主要是吸收水分和营养,以及进行合成和代谢等作用,它对光合层和支架层的作用十分大,俗语"根长叶茂",就说明了吸收层的作用原理。

水稻田群体结构的分层划分法,也适用于小麦、玉米以及大豆、棉花等其他作物,只是由于各类作物的群体结构不一样,使光合层和支架层的光能分布也不同而已。光合作用是在作物地上部分的绿色组织里进行的,故群体地上部绿色组织(主要是叶片)也可按不同高度进行层切。不同层次的叶面积,光照强度和干物质等等都呈现有规律的变化,这对于研究作物群体结构与光能利用和物质生产的关系有很大帮助(图3-32)。

(二)层次结构与光能利用

1. 光线在不同层次中的消减规律　光强在群体内的分布状况与光能利用效率和产量有密切的关系。群体内光强分布越均匀,各层叶片获得的光照越多,则整个群体的光能利用的效率也就越高。

不同层次结构的叶面积,光照强度和分布及叶片的生理状况各不相同,因而可以比较研究群体光能利用率的规律性。

通过层切法和光分布体系的研究,证明群体内的阳光在透过叶层的过程中不断地被叶片等器官所截获,在群体内光照强度自上而下逐渐减弱。可用门司—佐伯(Monsi and Saeki)公式表示:

$$I_n \frac{I_F}{I_0} = -KF$$

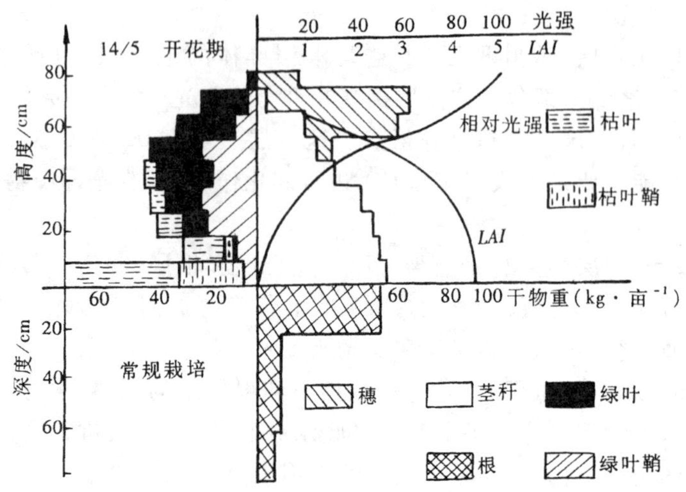

图 3-32　小麦开花期群体各层次叶面积、干物重、光强分布结构图

（据单玉珊等，1988）

或
$$I_F = I_0 e^{-KF}$$

式中 I_F 代表经过叶层 F 后的光照强度，I_0 为进入冠层顶部前的光照强度，K 为消光系数，F 为光所通过的叶面积指数，e 为自然对数的底。此式表明群体内部光照强度与群体之上自然光照强度成正比，与光所通过的叶面积指数成反比，或者说与叶面积指数的负对数成正比。

消光系数是表示光照强度在群体内垂直方向上衰减特征的参数。消光系数越大，则通过单位叶面积指数后光照强度减弱越显著。在这样的群体中，下部叶片往往受光不足，因而光合强度低；同时也不能容纳较多的光合器官，因而产量潜力小。相反，消光系数越小，则通过单位叶面积指数后光照强度减弱越少。这样的群体可容纳更多的光合器官，其增产潜力是很大的。所以，据作物不同种类或品种的消光系数可以计算出该种类或品种的合理密度。

2. 作物群体结构中的光强分布　投射到群体中的阳光，一部分被反射掉，一部分透过群体而漏射到地面，其余部分被不同层次的叶片吸收并用于光合作用。群体对光的反射率，吸收率和透射与太阳高度角有关，更与群体的茂密程度有关。

随着种植密度和叶面积指数的增加，群体的反光率也逐步增加，透光率逐步减少，但反光率的增加幅度小于透光率减少的幅度，最终表现为截获光的能力增加（表3-17）。

表3-17　玉米密度与截获光能（自然光照的%）的关系

（山东省农业科学院玉米研究所，1987）

种植密度/（株·亩$^{-1}$）	叶面积指数	反光率	透光率	截获率
2 000	2.60	8.5	23.7	67.8
3 000	3.91	8.5	12.5	78.7
4 000	5.39	10.9	7.3	81.8

适当密植使叶面积指数提高，显然有利于截获更多的光能。但是，截获的光能达到最大值后，群体光合强度不再增加，若再增加叶面积，可能还会引起减产，因为这时会增加呼吸消耗和其他损耗（图3-33）。

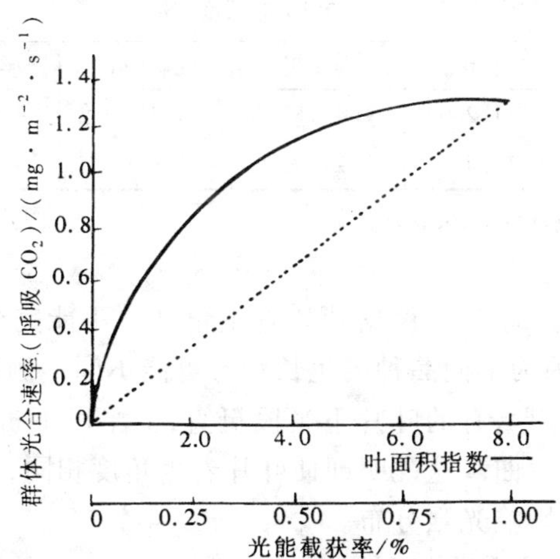

图3-33　群体光合速率与叶面积指数及光能截获的关系

（据张建新，1988）

三、作物群体结构及物质生产的影响因素

（一）株型

株型指作物的植株结构或几何结构，包括叶片着生角度、叶片大小、植株高度、叶片在植株上的排列方式等。它们都影响着群体内的光分布，进而影响光合生产能力。

1. 叶片着生角度　叶片着生角度或叶片与主茎间的夹角大小是影响光在群体中分布的一个重要因素。

不同作物种类各有适合的倾斜角度模型。叶片倾斜影响太阳辐射能的接受和在冠层的分布。在水稻株型上，直立叶型的种将强光分散为弱光，从而提高了光合效率，但当上层叶让出一部分光能时，下层必须有足够的叶层来利用才有效。

表 3-18　叶片的姿态对光强分布的影响

（据陆定志，1984）

叶姿态	照光强度/%			
	剑叶	倒 1 叶	倒 2 叶	反射光*
挺　拔	74.2	48.8	21.9	10.5
披　垂	75.4	27.7	7.3	13.1

* 反射光则测其冠层 20cm 处。

2. 叶片着生状态　仅据叶片着生角度并不能完全真实地反映叶片的特征。因为不同品种的生长状态可能不同。例如有的叶片平伸而弯曲成为弓形，有的叶片下半段挺直，上半段下折，有的叶片全部挺直，几乎不弯曲。这说明即使叶片着生角度相同，如果叶片生长状态不同，也会影响光强分布。

3. 株高　株高与光能利用有密切关系。如玉米植株过矮，叶片间距小，相互遮光严重；但若植株过高，则在水平方向上的投影较大，也不利于光能利用。高秆品种和矮秆品种的经济系数不同，谷秆比也不同。如水稻高秆种的经济系数是 0.44 ~ 0.47（谷秆比是 0.8 ~ 0.9），矮秆种的经济系数可达 0.50 ~ 0.63（谷秆比是 1.00 ~ 1.70）。矮秆品种不易倒伏，但总体生物产量的提高也受到限制。适当的株

高与栽培生态条件的合理组合，才是高产的最佳途径。

玉米在叶面积指数都为4.0的情况下，株高为2.1m时群体底部的光照强度为自然光强的1.84%，株高为1.0m时底部光照强度为自然光强的4.9%。高秆群体离地面40.0cm处的光强度为群体上部的6.05%，矮秆为16.3%。矮秆群体随着冠层加深，光强度下降缓慢，各层叶片受光比较均匀，而高秆品种群体内部光照强度剧烈下降，各层叶片受光强度差异很大，不利于提高整个群体的光合能力(图3-34)。

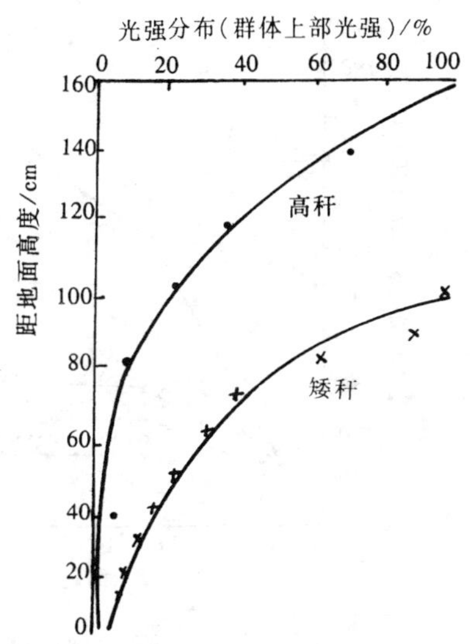

图3-34　玉米株高与光分布的关系

(据山东农科院，1987)

(二)种植密度与种植方式

作物群体结构也可以理解为单位土地面积上有多少植株个体(即密度)以及这些植株个体在地面上的分布状况。

1.种植密度　种植密度也直接影响植株的大小，叶面积和叶面积指数的大小，而影响群体的透光性能、光能利用、CO_2的利用和流动，光合产物的形成和运转等。

种植密度由两个方面决定：一是栽植密度或直播播种密度；二是分蘖数量或分枝数量多少。

种植密度对光分布的影响很大。如玉米因密度使叶面积的垂直分布发生变化，随着密度增加，群体中上部叶面积所占比例增大，因而光分布在群体上部的比例增大，中下部的比例减少。在极高的密度下，群体下部光照很弱，几乎不随群体深度而变化。

稻、麦、甘蔗等作物的种植密度还应考虑分蘖特性。不同种植密

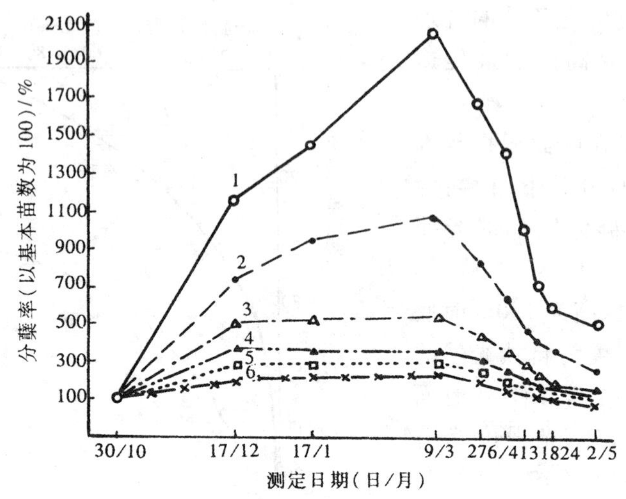

图 3-35　小麦不同密植条件下的分蘖率

1. 7.5 万苗/亩; 2. 15 万苗/亩; 3. 30 万苗/亩;
4. 45 万苗/亩; 5. 60 万苗/亩; 6. 90 万苗/亩

(余叔文等,1961)

度的分蘖不同,分蘖消长的情况也不一样(图 3-35)只有适当密度才能获得最大的光能利用率和产量(表 3-19)。

表 3-19　玉米密度和叶面积、光合势、光合生产率、经济系数的关系

密度/(株·亩$^{-1}$)	最大叶面积/(米^2·亩$^{-1}$)	叶面积指数	全生育期光合势/($m^2 \cdot d^{-1}$)	光合生产率/($g \cdot m^{-2} \cdot d^{-1}$)	经济系数	生物产量/(kg·亩$^{-1}$)	经济产量/(kg·亩$^{-1}$)
2 000	1 399.79	2.10	57 624	9.65	0.404 7	556.24	225.14
3 000	1 736.32	2.60	75 060	9.01	0.369 3	676.29	200.25
4 000	2 160.15	3.24	94 968	8.03	0.344 6	762.60	262.8
5 000	2 502.15	3.75	106 535	6.89	0.292 9	734.05	215.00
6 000	2 655.85	3.98	110 928	6.37	0.284 0	706.62	200.70
8 000	3 336.93	5.01	138 592	5.19	0.253 4	719.36	182.32

(转引自王永锐,1991)

2. 种植方式　种植方式是指植株在地面上的配置形式,主要是指行距和株距的大小。在密度或叶面积指数相同的情况下,种植方式不同,群体内部的光分布也不相同。

玉米在密度相同的条件下,102cm 行距的地面光照比 51cm 的强得多。适宜的窄行距比宽行距利用的有效辐射高 15% ~20% 。行距较小时,叶片排列比较整齐,群体下层光照较弱。相反,行距比较大时,植株叶片排列比较集中,下部光照较充分。但当行距过大,则行间漏光较多,光能利用率亦低。要确定适当的行距与株距,应考虑不同物种类型、不同品种特性,地理纬度、生产条件和耕作制度等各项因素,以最大限度地提高群体的光能利用率。

(三)环境因素

影响单叶或单株光合强度的各种环境条件同样也会影响群体的光合生产能力。但因群体光合系统与孤立的叶片和植株不同,所以在田间群体生态条件下这些因素与作物光合生产能力的关系变得更复杂。

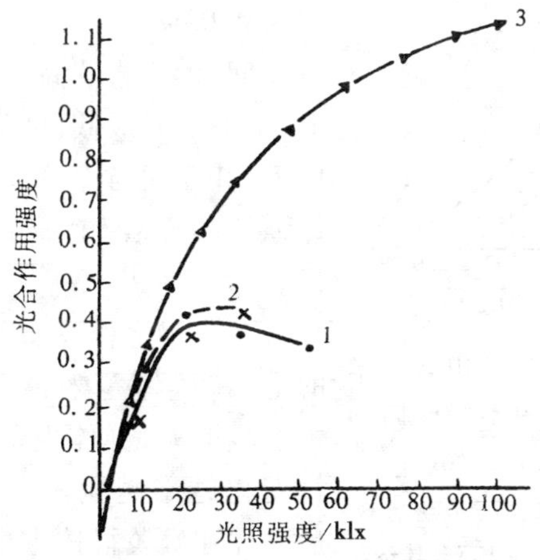

图 3-36　小麦的光合作用强度与光强度的关系

1. 单叶片净光合作用(呼吸 CO_2)强度($g \cdot m^{-2} \cdot h^{-1}$)。“·”系中农 28,旗叶,河南 5 月 27 日;“×”系矮粒多,旗叶,河南 5 月 19 日。

2. 单叶片总光合作用(呼吸 CO_2)强度($g \cdot m^{-2} \cdot h^{-1}$)。

3. 大田群体光合作用(呼吸 CO_2)强度($g \cdot m^{-2} \cdot h^{-1}$)。松江城东红专试验田

(殷宏章等,1959)

1. 光照强度　群体的光合强度与光照强度的关系远较单叶和单株的关系复杂得多。如玉米群体只有在苗期叶面积指数极低,植株

非常矮小，单叶的光合能力还不强时，才出现光饱和现象，而随着植株长大，叶面积指数超过 0.6 以上，当其他条件合适时，群体光合作用即无光饱和点。水稻、小麦等群体的光饱和点也比单株的光饱和点大大提高。从图 3-36 中可以看出，小麦单叶的光照在大约 30klx 即达到饱和，而群体则随着光照强度提高其光合强度还有上升趋势。

2. CO_2浓度　作物群体 CO_2饱和点往往比单株 CO_2饱和点高，适当提高 CO_2浓度可以显著地提高作物产量。

大气中 CO_2浓度是比较稳定的，但在温度、风速、作物覆盖等因素的作用下，田间 CO_2浓度都在不时地发生着变化。同时，由于作物群体进行光合作用也在不断地改变小环境中的 CO_2浓度。

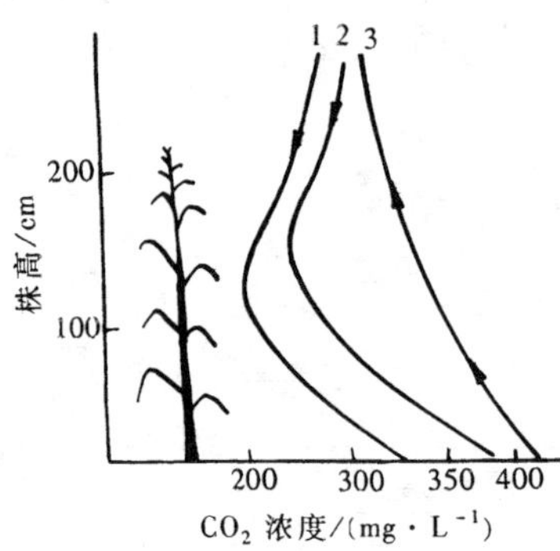

图 3-37　晴朗天气下田间玉米在一天中不同时间的 CO_2浓度示意图

1. 中午；2. 早晨及傍晚；3. 夜间。箭头表示气体运动的方向

群体 CO_2浓度发生着规律性的日变化（图 3-37）。通常大气中 CO_2浓度为 0.03% 左右，但据测量，作物群体夜间和清早最高，可达 0.04% 以上，正午期间最低，可降低到 0.025% 以下，甚至低至0.01%。这是因为群体强烈的光合作用与呼吸作用的结果。

在一年生作物田间，随着生育期的进展，群体越来越繁茂，叶面积指数逐步增大，群体内部的 CO_2浓度的日变化越来越剧烈。特别是中午前后往往在繁茂群体中出现 CO_2不足的状况。一些地方在大棚温室甚至大田间有增施 CO_2肥料从而提高作物产量的报道（表 3-20）。

如大豆籽粒产量随 CO_2浓度升高而增加（图 3-38）。当 CO_2浓度从 300μl · L^{-1}升高到 400μl · L^{-1}时，大豆籽粒产量增加 8%；升高到 700μl · L^{-1}时（约为农田 CO_2浓度的两倍），产量提高 66%。

表 3-20 各种作物充 CO_2 后的产量(Hardy 等,1977)

作物类别		充 CO_2 后的产量(以对照区为 100 计)/%	
		开花前充 CO_2	开花后充 CO_2
粒用豆类作物	大豆	—	198
	花生	—	130
	豌豆	—	153,159
禾谷类作物	小麦	116	114
	水稻	131	118
	大麦	150	128
	燕麦	104	—
纤维作物	棉花	126	—

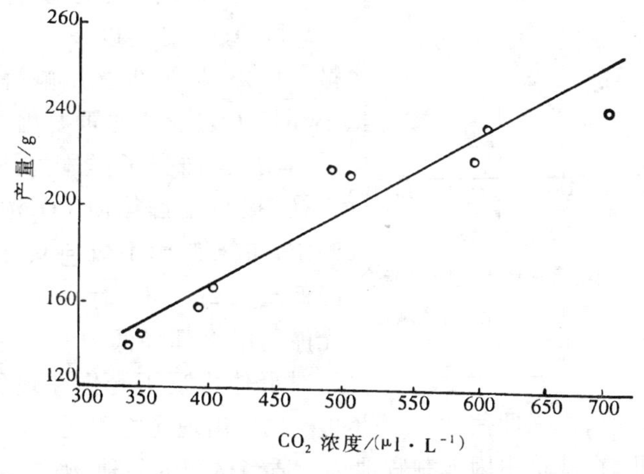

图 3-38 CO_2 浓度与大豆产量(20 株)的关系

3. 水分 水分常常是群体光能利用的限制因素,在密度和施肥量相同的情况下,适宜的土壤湿度条件可显著地提高光合同化率,反之缺水则降低光合强度(图 3-39)。据报道,玉米群体当土壤缺水即使没有引起任何叶片凋萎的症状,净同化率也几乎降低了 40% ~ 50%。水分亏缺还使光饱和点降低。合理利用水分排灌,也可调节群体的叶面积指数和冠层特性,达到提高光能利用率的目的。如当植株数量多,密度大,叶面积指数增高时,可以排水晒田(烤田),以抑制无效分蘖和幼小分枝的生长，减少密度和叶面积指数，改善作物群体的光能利用和碳固定。

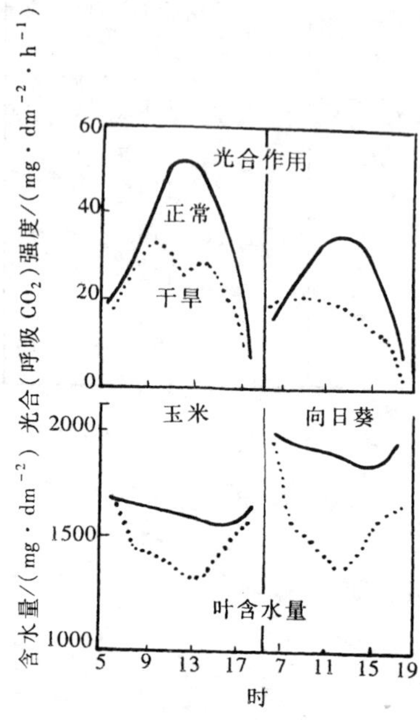

图 3-39　土壤含水量不足时对光合作用和叶含水量的影响（牛岛，1973）

4. 温度　温度与群体光合作用的关系，除了直接对光合酶所催化的反应的影响外，更重要的是对群体叶片的生长和叶面积指数大小产生直接作用。

此外，夏季温度过高使蒸腾作用加剧还会引起水分不足而影响群体的光合生产能力。

5. 风速　风速大小主要对气孔开闭产生影响，从而影响群体对 CO_2 和 O_2 的交换以及水蒸气的扩散。此外，风速也是影响群体内部小环境 CO_2 浓度的重要因素，风速适当增大，加强了群体内外的 CO_2 交换，提高了群体内 CO_2 浓度。据测定，玉米群体中风速从 $2m \cdot s^{-1}$ 降低至 $1.2m \cdot s^{-1}$ 时，CO_2 供应量和光能利用率都降低 50% 左右；当无风时群体出现了光饱和现象，而在风速增大时，光强即使达到 107640lx 也未出现光饱和现象。

因此，在栽培中因地制宜地选择适当株型的品种、确立适宜的行向及株行距，改善田间的通风透气状况，是维持良好群体结构的很重要措施。

6. 肥料　肥料的多少影响到茎杆的健壮度和叶面积指数。氮肥用量对叶面积指数影响最直接，有关水稻的研究表明，单位土地面积上的叶面积和氮素吸收有密切关系。生育早期要增加叶量。一般可通过增施基肥和营养生长期多施氮肥。而中、后期施氮肥过多，则会引起植株生长过于繁茂，叶面积系数过大，叶片披垂，植株易倒状，也直接影响水稻穗粒形成，以致造成减产。

第四节　作物的产量及产量形成

一、作物的产量

（一）生物产量与经济产量

作物的产量包括了两个概念。一是生物产量，指作物在生育期间生产和积累有机物的总量，即整个植株总干物质的收获量。组成作物躯体的全部干物质中，有机物占 90% ~ 95%，矿物质占 5% ~ 10%，可见有机物的生产和积累是形成产量的主要物质基础。在实践当中，生物产量一般不包括根系，也未计算通过呼吸作用及器官脱落或病虫损失的那部分，因此，生物产量比光合产量小得多。

二是经济产量（即一般所指的产量），是指栽培目的所需要的产品收获量。由于作物栽培目的不同，它们被利用为产品的部分也不同。如禾谷类、豆类作物的产品是子实，薯类作物是块根、块茎，棉花是种子的纤维，黄麻是韧皮纤维，甘蔗是茎秆，烟草、茶叶是叶片，绿肥是整个茎叶。作物的用途不同，经济产量计算的方式也有差别。当玉米作粮食作物时，其产品收获量是子实；作饲料作物时，茎、叶、果穗的全部有机物，都包括在产品之内。

（二）收获指数

收获指数（又名经济系数）是作物经济产量和生物产量之比，收获指数反映了植株光合产物的分配比例。高产品种往往都有较高的收获指数，因为高产品种具有高的光合能力以及光合产物受容器官的贮藏能力高的特征。如果高产品种（即经济产量高的品种）其收获指数不够高，则表明该品种的增产潜力还没有充分发挥出来。

不同作物的收获指数有别，如薯类作物为 0.7 ~ 0.85，水稻、小麦为 0.35 ~ 0.5，玉米为 0.3，油菜为 0.28 左右，大豆为 0.2 左右。当然，就是同一种作物，其收获指数也不是固定不变的，可在一定范围内改变。

二、产量构成和产量成分的补偿

（一）产量构成

作物的单位面积产量，是单株产量和单位面积上株数的乘积。作物种类不同，其构成产量的因素也有所不同（表3-21）。

表3-21　不同作物的产量构成因素

作物种类	产量构成因素	作物种类	产量构成因素
禾谷类	穗数、粒数、粒重	油　菜	株数、分枝数、角果数、果粒数、粒重
豆　类	株数、荚数、荚粒数、粒重		
薯芋类	株数、薯块数、单薯重	甘　蔗	茎数、单茎重
棉　花	株数、棉铃数、籽棉重、衣分	甜　菜	株数、单根重
麻　类	株数、单株纤维重	烟　草	株数、叶片数、单叶重
花　生	株数、荚果数、荚粒数、粒重	饲料绿肥	株数、单株重

（二）产量构成因素的调节

作物产量构成因素的各个因子不是固定不变的，往往在一定范围内自动调节，最终对产量造成影响。

例如禾谷类作物的单位面积产量，决定于单位面积上的穗数、平均实粒数每穗（小花数×结实率）与平均粒重三个因子，其关系可表示为

$$产量=\frac{穗数每亩\times 平均实粒数每穗\times g\ 数千粒}{1\,000\times 1\,000}(\mathrm{kg}/亩)$$

从上式可以看出，单位面积上穗数愈多，平均实粒数每穗愈多，千粒重愈高，三者的乘积就愈大，产量愈高。但在一定的栽培条件下，构成产量各因素之间存在着一定程度的矛盾。当穗数增加到一定程度后，每穗粒数就有减少的趋势，粒重也会有所下降。又如油菜、大豆等分枝型作物，当单位面积上株数增至一定时，则每株荚数（每株有效分枝数×每分枝荚数），每荚粒数都会有不同程度的减少。

作物产量构成因素的形成，是在整个生育过程中依序而重叠地进行的。一般来说，生育前期是营养器官的生长时期，如禾谷类作物

在幼穗分化前，棉花、大豆、油菜等作物在现蕾前，这一阶段的生长主要决定单位面积上的穗数、分枝数等的产量构成因素。生育中期是生殖器官的分化、形成和营养器官旺盛生长的重叠时期，如禾谷类作物从幼穗分化到抽穗，棉花、大豆和油菜从现蕾到盛花，这一阶段的生长主要决定穗粒数、荚数等产量构成因素。生育后期主要是生殖器官建成时期，如禾谷类作物从抽穗到成熟，棉花、大豆和油菜从盛花到收获，这一阶段的生长主要决定结实粒数、粒重等产量构成因素。但是，由于产量构成因素因作物而有不同，因此其形成过程也有显著的不同。例如，以营养器官和整个植株体为产量器官的甘薯、甘蔗、饲料作物等，其整个产量形成过程往往均处于营养生长阶段。

作物产量除了决定于上述的产量构成因素的形成次序外，也受群体生长发育的规律所左右。当群体密度增加时，各个体所占的营养面积（或立体空间）就会受到制约，个体的生物产量就会下降，使构成经济产量的器官数量和质量都相应下降。相反，当群体密度较小时，各个体的产量器官数量和质量都会相应上升，表现出对密度下降的补偿。因此，最终经济产量的高低，除了决定于产量构成因素形成过程中的协调程度外，还与各产量因素间制约和补偿的程度有关（表 3-22）。

表 3-22　小麦产量构成因素间的制约与补偿

（据宋尚有，1996）

基本苗 /（万・亩$^{-1}$）	穗　数 /（万・亩$^{-1}$）	穗粒数 /（粒・穗$^{-1}$）	总粒数 /（万・亩$^{-1}$）	千粒重 /g	产　量 /（kg・亩$^{-1}$）
10	28.6	32.1	918.1	41.15	366.9
15	31.6	30.6	966.6	41.02	392.2
20	33.6	29.2	980.1	40.61	393.3
25	34.8	27.6	960.8	39.73	379.4
30	36.1	26.8	963.6	39.66	375.2
变异系数	8.92	7.38	2.49	1.74	2.96

三、作物产量的源、流、库关系

从物质生产的角度看，作物产量的形成是如下三者综合作用的结果。首先,光合作用制造出有机物,即必须要有“源”;其次,有接纳光合产物的器官,即必须要形成“库”;第三,有运转系统将光合产物输送给库,即所谓的“流”。正确处理好源流库三者的关系,是提高作物产量的保证。

（一）光合产物的供给能力

源是作物制造养料并为其他器官提供营养的器官,主要是指成长中的叶片。光合器官光合强度的高低,直接影响到对库供应能力的大小,作物在生长发育过程中,随着叶面积指数增加,截获的光能增多,作物生长率便提高,光合积累的有机物质也逐渐增多,到生长后期,源的供应能力减弱了,干物质积累也逐渐减少,最后趋于停止（图3-40）。影响叶片光合作用的各种因素都会导致源的供应能力发生变化。

（二）光合产物的贮藏能力

库是消耗或积累养料的接纳器官。对作物而言,构成产量因素的库器官接纳能力的强弱,直接影响到产量的高低。在作物的库器官形成时期,尤其要注意其正常的生长发育,以构成更大的库容量,接纳更多的光合产物。如在水稻育种中提出培育大穗型品种,就是为了充分利用库大接纳能力强的优势以提高产量。

（三）光合产物的运输能力

源制造的有机物必须通过输导系统运转给库,才能形成产量。因此,流——即输导系统是源与库相联系的通道,运输能力的大小对作物产量起着重要作用。

1. 作物的运输系统　按有机物运输的距离,可将作物的运输系统分为短距离运输系统和长距离运输系统。短距离运输与长距离运输是互相交替的过程,很难截然将二者分开。

（1）短距离运输系统　短距离运输系统是指细胞内和细胞间的运输系统,距离约几微米,主要靠物质本身的扩散及原生质的主动吸收和分泌来实现运输过程。植物的细胞间有细胞壁的阻隔和胞间联丝的联络,细胞间的交通不是沿共质体就是沿质外体。两者都可以让含有机物和无机盐的水溶液或悬浮液通过。质外体是指原生质体外的一切空间,它包括植物细胞壁网络的空隙和细胞间的单间隙。

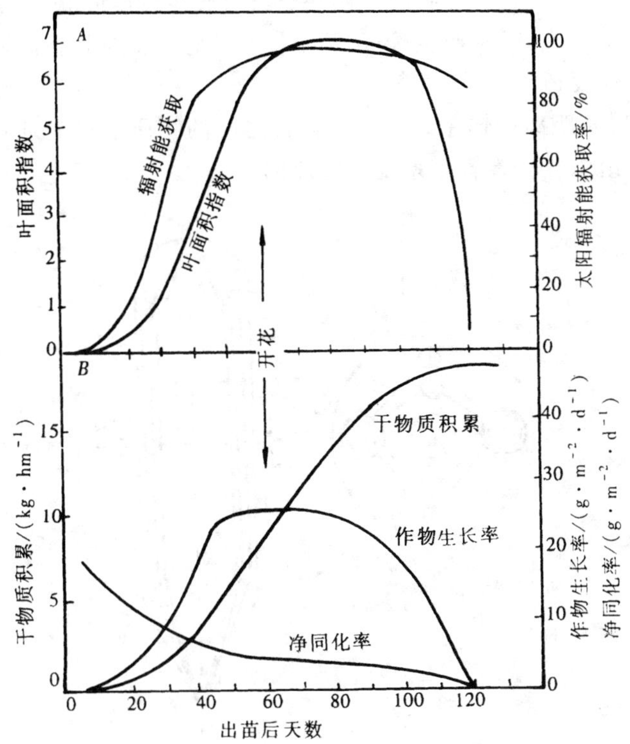

图 3-40　作物生长发育中叶面积指数与光能截取和作物生长率及干物质积累

(Gardner F. P. 等,1985)

溶质在质外体中的运输完全按物理学原理(扩散)进行,受到阻力较小,由于没有膜的保护,容易流失到体外。共质体是由胞间联丝串联相邻细胞的原生质而形成的。共质体中流动的汁液多是细胞合成和积累的有机物质,便于就地在原生质的连续体内转移,但其浓度较高又要在粘度较大的介质中流动,因此受到的阻力较大,在很短的距离内虽可以靠自身的扩散,但距离较长时,就要靠原生质的环流来推动。优点是由于外围有质膜的保护,溶质不轻易流失体外。

在共质体运输中胞间联丝起着重要的作用的。作物组织内凡是物质运输发达的部位,胞间联丝都特别发达,如薄壁细胞、根细胞等。

而那些常与周围分离的细胞,则缺乏或有较少的胞间联丝,如组成气孔的保卫细胞,以及产生配子体的生殖细胞等。因此胞间联丝是体内的交通要道。

(2)长距离运输系统　作物器官之间的物质运输是通过特化了的输导组织——维管束系统来完成的。

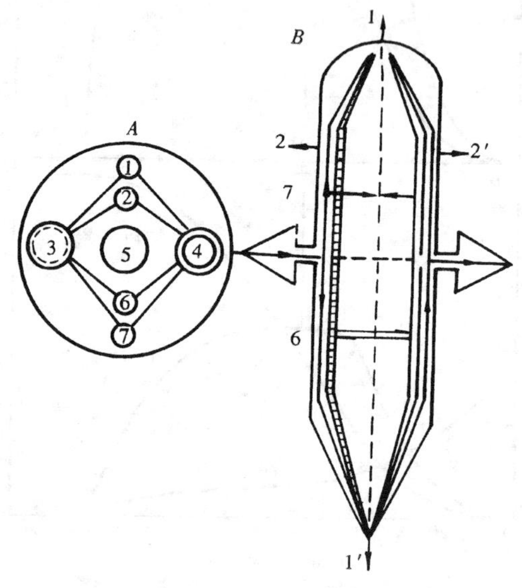

图 3-41　维管束系统结构与功能示意图

A. 及贯串周身的维管系统中生长发育、物质运输、信息传递的相互关系

B. 1. 尖端生长(1-1′)2. 径向生长(2-2′)3. 筛管运输

4. 导管传递 5. 信息传递 6. 出纳交换 7. 加工储藏

维管束系统贯穿于植物的周身,通过维管组织的多级分支,形成了一个网络密布、结构复杂、功能多样的通道,为物质运输和信息传递提供方便。维管束系统的发育状况对植物的生长与器官的发育和成熟具有重要的意义,维管组织的损伤或堵塞,立即引起植物组织的衰败或死亡。

一个典型的维管束外面被束鞘包围,内部可以分为三个部分(图 3-41);①以导管为中心,富有纤维组织的木质部;②以筛管为中心,周围有薄壁组织伴联的韧皮部;③多种组织的集合穿插与包围在两部中间。两个管道——筛管与导管可以分别看做是由共质体和质外体进一步特化、脱胎换骨而来。

木质部的输导组织主要包括导管和管胞，是特化了的连续的管状系统，已失去了细胞质的生命活动成分，而成为死细胞，木质部主要是进行单向运输的系统，将水分和养分向上运输。

韧皮部是由筛管、伴胞和韧皮薄壁细胞所组成，其中筛管是运输的主要通道。

韧皮部运输的特点如下：

A. 运输的速率和速度都很高　韧皮部中糖类的运输速度比简单扩散的速度快几千倍。这说明有机物运输不能用扩散作用来解释。

另外，韧皮部中不同物质运输的速度是不同的。蔗糖在生长12天的菜豆叶中运输速度是107cm · h^{-1}，而重水和磷酸盐则约为87cm · h^{-1}。不同的氨基酸可能以不同的速度同时发生运输。此外，物质运输的速度也有昼夜的变化，通常白天的速度比夜间高，不过也有夜间运输速度较高的情况。

B. 韧皮部汁液有溢泌现象　当将韧皮部切断或在其上刺一小孔时，会有汁液向外溢泌，溢泌出来的汁液可能很多，流速也很快。这种溢泌现象说明，筛管内有相当大的正压力，这种正压力往往大于植物其他细胞的压力势，所以当叶子已发生萎蔫时，筛管分子仍能处于紧张状态。

C. 筛管中的汁液成分很复杂　筛管汁液中主要的物质是糖类，此外还有蛋白质、氨基酸、酰胺、核酸、维生素、植物激素、有机酸、多元酚、脂类及无机物等。值得一提的是筛管汁液中钾离子浓度较高，可达0.112mol/L，不但比其他离子多得多，而且比导管中的钾离子也多得多。可见筛管成分复杂多样。

筛管中溶液浓度不均一，常有一个梯度，一般靠近供应器官（常为叶子）的筛管中溶液浓度高，而靠近接受器官（如果实、块根等等）的筛管中浓度较低。

D. 韧皮部中物质可以同时向两个方向运输　双向运输不仅在同一维管束中发生，而且在同一筛管分子中也可以发生。

E. 韧皮部中物质的运输只有当细胞活着时候才能发生，并且与

呼吸作用有关　如果用水蒸气或其他方法将韧皮部中的一小段杀死，则韧皮部中的运输立即停止。这一点与木质部中物质的运输完全不同。另外，所有降低韧皮部呼吸强度的因素，都会使物质运输的速度减慢，例如，减少氧气，降低温度，应用呼吸抑制剂都会降低物质运输的速率。

2. 光合产物运输分配特点

（1）优先供应生长中心　在作物不同生长发育时期，存在着一个生长占优势的部位，这个部位就是生长中心。生长中心对于同化物具有强烈的吸引力，当时叶片形成的同化物基本上向这个地方运输。例如稻麦分蘖期，同化物主要分配到稻麦的新叶、根系和分蘖所需养分；分蘖期过后，同化物就不再以分蘖节为主要运输点，而向新的生长中心运输分配。孕穗至抽穗期，分配中心转向穗和茎。而在乳穗期，穗几乎成了同化物的惟一去向。

可见，生长中心不是不变的，而是随生育期的不同而转向别处。但需要指出的是，一个时期只有一个生长中心。作物存在生长中心，对栽培管理是有利的，我们可以根据需要通过调节同化物的合成来调控植物的生长。

（2）就近运输　同化物有就近运输的规律，即叶片制造的同化物首先满足其自身生命活动的需要，用不完的就供其“友邻”，先供较近的“邻居”，其次供较远的“友邻”。如大豆结荚期，当各节都出现荚时，同化物只能由每个叶片进入叶 4 腋中的荚内，只有在某节上摘除豆荚或豆荚受害的情况下该节叶片的同化物才分配到其邻荚中去。

（3）同侧运输　植物上部某方的叶片合成的同化物往往向同侧器官分配较多。这是由植物的解剖结构决定的，因为同侧维管束交叉联系要比横跨基轴到另一侧要直接得多。但在另一侧嫩叶缺乏养料供给时，也可引起同化物沿茎轴横向分配到原来不属于它分配的嫩叶去。例如把$^{14}CO_2$喂给甜菜的第 14 叶片后，不久即可发现含有^{14}C-同化物相继出现在同侧 3，6，4 等各叶片，而很少运入到另一侧的 2，5，7 叶片（图 3-42A），但如果将植株一侧已成长的叶片如 6，8，11，9 各叶除去，仅保留未成长的嫩叶，然后将$^{14}CO_2$喂给未去叶一侧

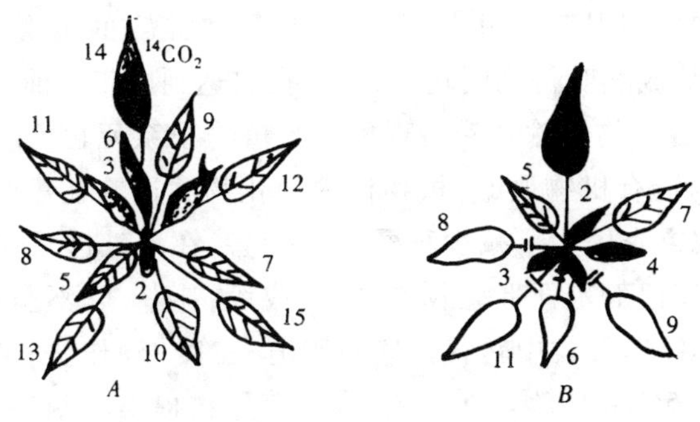

图 3-42　同化物的同侧运输

A. 一周龄的甜菜植株的一张成长叶片喂了 $^{14}CO_2$ 四小时后，^{14}C 在叶中的分布

B. 除去植株一侧的平展叶片，保留未成熟的嫩叶，然后将 $^{14}CO_2$ 喂于未去叶一侧的平展叶片，结果在植株两侧的叶片上均有放射性阴影程度表示放射性的相对强度

的一张成长的第 10 叶片，则在对面一侧的嫩叶中也可以出现放射性（图 3-42B）。

（4）光合产物的再分配　植物体内的同化物质，除了构成像细胞壁这样的骨架物质已定型固定外，其他物质不论是有机物或无机物，包括细胞的各种内含物（细胞器以及永久或暂时贮藏的物质）都可以进行再度分配及再度利用。

同化物的再分配和再利用，也是器官之间营养物质内部调节的主要特征，例如当叶片衰老时，大量的有机、无机养分都要撤离并重新分配到就近的新器官。尤其在生殖生长时，营养器官细胞的内含物会分解并向生殖器官转移。例如，小麦籽粒达到 25% 的最终饱满度时，植株对氮与磷的吸收已经完成 90%，因此籽粒在最后的充实中，完全靠营养体内已有的营养元素进行再度分配转让，一直达到充分成熟。又如花瓣在开花授粉之后，其中细胞的原生质就迅速解体，氮、磷、钾等矿质元素与有机物大部分撤退到果实，而后花瓣凋萎脱落。这些都说明，同化物的再分配与再利用是高等植物长期进化所形成的优良习性。

值得注意的是同化产物不能由一片成熟叶进入另一片成熟叶，

甚至当其中的一片叶子由于遮光而遭受"饥饿"的情况下，也是如此，各幼叶从成熟叶得到同化物，仅是在它达到成年之前。

(5)光合产物运输有滞后现象　当植物根系死亡，或处于离体，叶片不再制造有机物质时，植物体内同化物的运输在短时间内仍可进行。如北方农民为了减少秋季早霜为害，在预计严重霜冻即将到达前夕，连夜把玉米秆带穗收割，竖立成垛，让茎、叶不至冻死，茎叶的有机物继续向籽粒中转移。这种所谓"三蹲棵"作法，可提高玉米的千粒重约5%～10%。在小麦、水稻等作物提早收割后，如不立即脱粒，也有提高粒重的作用。但由于防止落粒，或多费劳力，或怕阴雨发霉，人们常不注意这方面的效益。

(四)源、流、库的相互关系

作物的有些器官，同时具有源与库的双重特点。例如绿色的茎、鞘、果、穗等，它们既需从其他器官输入养料，同时其本身又可制造养料或者加工养料后再输入到需要的部位。叶片是源，但在叶片生长未到其最后大小的一半以前，它必须从成熟叶片中取得营养，只进不出，是一个消耗养料的库，衰老枯黄的叶片也没有能力将光合产物输送出去，丧失了源的供应能力。

表3-23　水稻去穗对叶中光合产物输出的影响/%

器官	Ⅰ		Ⅱ	
	对照	去穗	对照	去穗
喂$^{14}CO_2$叶	12.4	91.0	20.1	77.4
叶鞘(连$^{14}CO_2$叶)	0.8	3.7	3.7	6.2
穗	84.5	—	71.4	—
茎	2.2	3.7	4.6	9.4
其他叶及鞘	0.0	0.3	0.2	2.7
其他分蘖	0.1	1.3	0.0	4.3

源为库的建成提供了物质基础。如稻、麦在抽穗后剪去部分叶片，穗重明显下降，剪叶越多，穗重越轻，说明库对源的依赖性。

库的接纳能力对源的同化效率及运输分配能力也会产生重大影

响。当水稻去穗后可以明显发现光合产物输出滞缓，且光合速率明显降低（表3-23）。小麦授粉两周后旗叶中45%同化物运至幼穗，如剪去幼穗，在15h内旗叶光合速率降低50%。

光合产物运输分配存在着空间与时间上的调节与分工，也即作物的不同部位与生育的不同时间，存在着不同的源——库单位。

所谓源——库单位，是指一个叶片的同化物质，主要供应某些器官或组织，它们之间在营养上是互相依赖、息息相关的。这种分区进行运输的现象，在稻、麦、棉、大豆等作物的实验中都得到类似的结果。这种源——库单位构成符合作物维管束解剖结构的特点，也符合光合产物运输分配的基本规律。

第四章　作物的水分生理与合理排灌

第一节　作物体水分系统与特性

一、作物体内水分的状态与分布

水是作物生命活动不可缺少的物质，合理排灌也是农业生产非常重要的环节。栽培作物对水分的需求比对野生状态的植物更为严格，无论从作物光合需水、生长代谢需水、运输吸收需水、蒸腾蒸发调节体温需水，以及维持植株水分平衡和农田水分平衡诸方面考虑，都需对作物水分活动的特点和规律有充分的理解。

（一）水对作物的生理生态作用

作物的一生对水的需求量是很大的，从对作物生长发育影响的角度出发，可将这些水分为两部分。一是作物的生理需水，即直接用于作物生命活动与保持作物体内水分平衡的那部分水。二是作物的生态需水，即作为生态因子，造成作物正常生长所必需的体外环境而消耗的水。这部分水的作用主要是调节作物周围的环境，达到高产稳产的目的。如可增加大气湿度，改善土壤及土表面的大气温度等。事实上，生理需水和生态需水在生产实践中不能截然分开。

（二）细胞水分的组成及其特点

1. 作物体内水分存在的状态　作物体内的水分因其活性不同而分为自由水、束缚水和化合水等状态。

束缚水又叫结合水，是指比较牢固的被细胞中胶体颗粒吸附而不易流动的水分。细胞的结构物质如蛋白质、各种膜、细胞壁中的纤维素微纤丝等的表面都有许多亲水基团（如$-NH_2$、-COO-、-OH 等），这些亲水基团以氢键与水结合，使蛋白质、膜、微纤丝的表面形成一层水膜，其中的水分子难以移动，成为束缚水。束缚水已失去了溶剂的作用,0℃不结冰。

自由水是距离胶体颗粒较远而可以自由移动的水分。自由水主要存在于细胞壁、细胞间隙、液泡、导管和管胞内及作物体其他组织间隙之中。事实上这两种状态水分的划分是相对的,它们之间没有一个明显的界限。

自由水参与各种代谢活动,它的数量制约着作物的代谢强度,如光合速率、呼吸速率、生长速度等。自由水占总含水量的比重越大,则代谢越旺盛。束缚水不参与代谢活动,但它与原生质等的性质有关。细胞中自由水和束缚水比例的大小往往影响代谢的强度。当作物处于不良环境(如干旱、寒冷等)时,一般束缚水的比重较大,代谢强度变弱,作物抵抗不良环境的能力增强。

表 4-1　不同水肥条件对不同冬小麦品种叶片水分状况的影响

(陈培元等,1988)

日期(日/月)	项目	西农 6028			碧蚂一号			大荔 52		
		对照	干旱施肥	干旱缺肥	对照	干旱施肥	干旱缺肥	对照	干旱施肥	干旱缺肥
8/4	总含水量/%	80.2	79.2	79.6	78.3	78.7	78.3	79.1	77.8	78.9
	自由水含量/%	68.5	63.3	62.9	64.7	65.5	61.5	65.5	60.8	58.4
	束缚水含量/%	11.7	15.9	16.7	13.6	13.2	16.8	13.6	17.0	20.5
24/4	总含水量/%	80.4	81.3	81.3	78.6	79.4	79.5	81.3	76.8	85.8
	自由水含量/%	76.8	73.3	74.7	72.2	72.6	71.5	75.6	69.9	72.6
	束缚水含量/%	3.6	8.0	6.6	6.4	6.8	8.0	5.7	6.9	13.2

注:三个品种中,西农 6028 为水地品种,碧蚂一号为旱地品种,大荔 52 为农家旱地品种。

自由水与束缚水的含量和比例还受作物品种、生育期及肥水等环境条件的影响而变化。如从表 4-1 的结果可以看出:①在该试验中干旱对叶片总含水量的影响较小,使其稍有降低或略有升高,但却使自由水减少,束缚水增加。由于束缚水的绝对量少于自由水,因而束缚水增加的比率远大于自由水减少的比率。缺肥提高了干旱条件下束缚水的增加量;②随着生育进程的发展,在叶片总的含水量基本不变的情况下，叶片自由水含量增加、束缚水含量减少，反映了其生命活动越来越旺盛；③三个品种的水分状况对处理的反应不同，以碧蚂一号最为稳定，在受旱时束缚水含量的变幅不大，说明它在干旱的环境下保持了较高的自由水含量和较好的水分平衡，从而有利于作物体内各种生理活动的正常进行，表现出较强的耐旱机理。

当自由水含量不同时，原生质亲水胶体可以有两种不同的状态，自由水含量多的细胞，原生质颗粒完全分散在水介质中，胶粒与胶粒之间联系减弱，胶体呈现溶液状态，这种状态的胶体称为溶胶；自由水含量少的细胞，其原生质胶粒与胶粒相互结成网状，水则分布于网眼内，胶体失去流动性而凝结为近似固体的状态，这种状态的胶体称为凝胶。除了休眠种子的原生质呈凝胶状态外，在大多数情况下，作物细胞的原生质都呈溶胶状态。

此外，作物中还有一部分水是作为有机物分子的成分而存在的，叫化合水。这部分水以其基团参加了有机分子的合成，从而成为该分子结构的一部分。从数量上讲约占作物一生耗水量的 0.2% 左右，故对作物水分的生理生态作用不大。

2. 作物体内水分运行分布的情况　从作物体内水分的运行情况来看，可将其分为两个明显的体系，即由细胞壁、细胞间隙及木质部组成的质外体体系和由原生质及液泡通过胞间连丝联接而成的共质体体系。

水分所存在的体系与水分的运行有关。一般来讲，质外体水比共质体水更易在作物体内移动。不同体系内的水分含量在作物总含水量中的比重也不相同。表 4-2 中的数字告诉我们，组织与器官中的水分绝大部分存在于共质体或液泡中，质外体或胞壁中只占一小部分，而且这种比例在不同的作物中不同。就表中所列作物的质外体水占总水分的百分比来说，以马铃薯叶片为最低，仅为 5%，而小麦叶片却可达 30%。即使同一作物的不同器官，如小麦的根、叶之间也不一样，其根中的质外体水比例要小于叶片。而大豆成熟叶片中的质外体水比例则高于未成熟叶。

表 4-2 以占总含水量的百分数表示的水分在细胞中的分布

(Kramer 1983)

植物	质外体或胞壁的含水量/%	共质体或液泡的含水量/%
小麦根	20～25	75～80
向日葵叶	5～14	(86～95)
小麦叶	30	(70)
马铃薯叶	5	(95)
大豆未成熟叶	(16)	84
大豆成熟叶	(30)	70

(三)作物体含水量及其变化

作物不同的组织、器官因其生理功能上的差异,水分含量也不同。从表 4-3 可以看出各器官含水量的差别。通常分生组织、幼嫩

表 4-3 各种作物各部分的含水量

(转引自赵微平,1982)

项　　目	含水量/%	项　　目	含水量/%
根:		果实:	
大麦根尖	93.0	黄瓜	96
胡萝卜	88.2	番茄	94.1
向日葵	71.0	西瓜	92.1
茎:		草莓	89.1
向日葵	87.5	苹果	84.0
马铃薯(块茎)	79.0	种子:	
叶:		小麦	9.3～17.3
向日葵	81.0	玉米	9.3～16.8
甘蓝	90.0	水稻	9.0～16.9
玉米	77.0	大麦	10.2
番茄	85～95	黑麦	9.6～17.4
高粱	58～79	燕麦	8.8～16.1
苹果	59～62	花生	5.1

组织及生命活动旺盛的组织或器官含水量较多，而成熟的器官、老化的组织含水量则较低。同一器官在不同生理状态下含水量也有很大变化。如处于休眠状态下的干燥种子含水量很低，但种子开始萌发时，大量吸收水分，其含水量很快升高。随着季节气候的变化与作物生育阶段的变化，体内的含水量及其分布也有很大的差异，甚至在同一天的不同时刻，作物器官的含水量亦有不同（表 4-4）。一般以早晨及夜间为高，白天及中午为低，从而使叶片出现了水分的亏缺。干旱使叶片含水率下降，清晨平均降低了 2.8 个百分点，14∶30 平均降低了 2.5 个百分点，稍低于清晨的数值。同时还可以看出叶片含水率日变化的幅度要大于干旱使叶片含水率降低的幅度。另外，还有结果指出，即使在玉米的同一张叶片上，不同部位的含水量也是不同的，变化趋势为：叶尖 < 叶中部 < 叶基部，并将此归因于不同部位分化年龄、结构及生理功能上的差异。

表 4-4　小麦不同品种叶片白日水分含量的变化及亏缺量

（陈培元等，1988）

品　种	处理	叶片含水率/%		白日水分亏缺量	亏缺百分比/%
		6∶30	14∶30		
西农 6028	对照	71.7	68.9	2.8	3.91
碧蚂一号		74.3	67.1	7.2	9.69
大荔 52		74.7	68.6	6.1	8.17
西农 6028	受旱	70.9	65.6	5.3	7.48
碧蚂一号		70.8	65.3	5.5	7.77
大荔 52		70.5	66.1	4.4	6.24

图 4-1 形象说明了叶片含水率在不同品种类型间的差异及水肥条件对它的影响。可以看出，干旱使小麦叶片含水率降低，但施肥却明显地缓解了干旱的影响。在干旱条件下，克旱 7 号的含水率高于克丰 3 号，而在干旱无肥条件下，前者的叶片含水率对干旱的反应却小于后者，说明抗旱品种在水分保持方面对干旱的适应性较强。

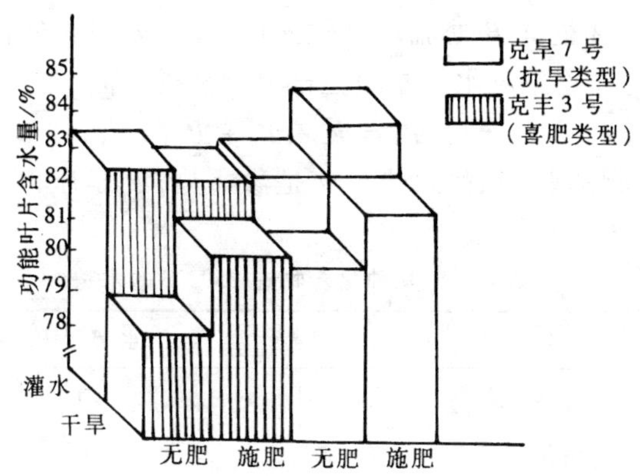

图 4-1　处理因素对春小麦前期功能叶片含水量的影响

(韩田夫等,1989)

二、作物细胞的水势

水分不仅直接参与作物的生理生化反应,而且在不断的运动之中,如胶体对水的吸收和释放,细胞间或细胞内各部位间水分的运转,水分的根系吸收和叶片散失等。水分的这些运动方向和快慢与水势有关。

(一)作物细胞的水势及其组分

水势的单位用 Pa(帕)表示。它与过去常用的压力单位巴(bar)或大气压(atm)的关系是:

1 巴 =0.987 大气压 =10^5帕(Pa) =0.1 兆帕(MPa)

或 1 大气压 =1.013 巴 =1.013 ×10^5帕(Pa) =0.101 3MPa

纯水的水势为零,当水中溶解有某种物质时,会因溶质分子或颗粒的吸附或相互作用,从而降低水分子的自由能(或化学势),使水势下降。因此,溶液的水势总是低于零,为负值。意味着其中水分子移动趋势减小。溶液浓度愈高,水势则愈低,其移动趋势愈小。

水分有从水势高的地方向水势低的地方流动的趋势,任何两个相邻部位之间的水分是否移动以及移动的方向如何,都可据其水势来判断。

假如体系中有两点 A 和 B,各具水势 $\Psi_{\omega A}$ 和 $\Psi_{\omega B}$。如果 $\Psi_{\omega A}$ >

$\Psi_{\omega B}$，水就从 A 处向 B 处流动；反之则水从 B 处向 A 处移动。

典型的作物细胞水势是由三部分组成的，即：

$$\Psi_w = \Psi_s + \Psi_p + \Psi_m$$

Ψ_w 是细胞或组织的水势。Ψ_s 是渗透势，Ψ_p 是压力势，Ψ_m 是衬质势。

表 4-5　几种化合物在 25℃ 下的水势

化合物	水势/MPa
纯水	0
荷格伦特培养液	-0.05
海水	-2.5
一摩尔蔗糖溶液	-2.69
一摩尔氯化钾溶液	-4.46

渗透势也称溶质势，它是由于溶质颗粒的存在而使水分子的自由能降低，因而使其水势降低的部分。溶液的渗透势是负值，决定于溶质颗粒（分子或离子）的总数。

压力势是由于外界压力影响体系水分移动的势值。细胞吸水膨胀对细胞壁产生压力，而细胞壁伸缩有限，势必对细胞水分也产生压力，使细胞水势增加，因而阻止水分的进入，所以常为正值。在特殊情况下，压力势会等于零或负值。例如初始质壁分离时，压力势为零。剧烈蒸腾时，细胞的压力势会呈现负值。

衬质势是指细胞的多种亲水胶体物质（如原生质的蛋白质、细胞壁的纤维素、贮藏的淀粉等）对水分子的吸附力，使水的化学势降低，因而引起水势值降低，故取负值。

对于液泡化的成熟细胞，其衬质完全为水所饱和，衬质势很高并趋近于零，可以忽略不计。故这类细胞的水势可表示为：

$$\Psi_w = \Psi_s + \Psi_p$$

在无液泡的细胞内，如根、茎尖端的分生细胞，由于原生质较丰富，并不断合成新的结构物质，其衬质势较低。尤其是在含水量很少的风干种子中，原生质为凝胶状态，其衬质势更低，如苍耳种子的衬

质势接近 -1000×10^5 Pa，故具很强的吸水能力。这类细胞的水势可略等于衬质势：

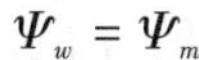

$$\Psi_w=\Psi_m$$

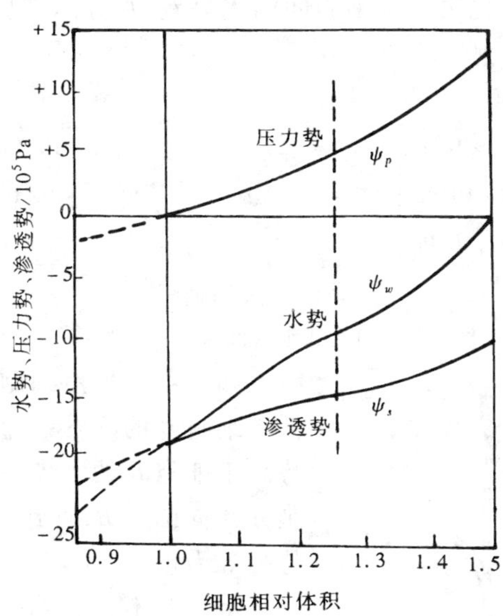

图 4-2　细胞水势及其组分 Ψ_p 与 Ψ_s 和细胞相对体积间的关系

细胞水势（Ψ_w）及其组分 Ψ_s 和 Ψ_p 和细胞相对体积间的关系如图 4-2。图 4-2 表明一具有相对体积为 1.0 的植物细胞在初始质壁分离时，其 $\Psi_p=0$，$\Psi_w=\Psi_s$，图中为 -18×10^5 Pa。如将该细胞置纯水（$\Psi_w=0$）中，它将从介质吸水，随着含水量的增加，细胞液浓度降低，Ψ_s 相应增高；同时，细胞体积逐渐增大，Ψ_p 随之增高。当吸水达紧张状态时，细胞水分进出达动态平衡而不再吸水，是时图中 $\Psi_p=12\times10^5$ Pa，$\Psi_s=-12\times10^5$ Pa。

$$\Psi_w=\Psi_p+\Psi_s=12+(-12)=0$$

可见细胞水势不是固定不变的，Ψ_p 及 Ψ_s 随含水量增加而增高，吸水能力则相应减小。当细胞吸水达紧张状态，$\Psi_w=0$，即使细胞在纯水中亦不能吸水。细胞失水时，随着含水量减少，其水势亦降低，吸水能力又相应增加。所以植物细胞颇似一自动调节的渗透系统。

(二)细胞间水分运动的方向

水分进出细胞,取决于细胞与外界介质间存在的水势差。水分总是从水势高的地方向水势低的部位运转。同样,水分在两个相邻细胞之间的移动也决定于细胞间的水势差,水分总是从水势高的细胞向水势低的细胞流动。

A	*B*
$\Psi_s = -12\times10^5\,\text{Pa}$	$\Psi_s = -10\times10^5\,\text{Pa}$
$\Psi_p = +6\times10^5\,\text{Pa}$	$\Psi_p = +2\times10^5\,\text{Pa}$
$\Psi_w = -6\times10^5\,\text{Pa}$	$\Psi_w = -8\times10^5\,\text{Pa}$

→水分流动方向

图 4-3　两相邻细胞间水分移动情况

如图 4-3,虽然细胞 *A* 的溶质势低于细胞 *B* 的溶质势,但细胞 *A* 的水势高于细胞 *B* 的水势,所以水分从细胞 *A* 流向细胞 *B*,直到两个细胞的水势相等为止。

水势差不仅影响水分的移动方向,而且影响水分的移动速度。两细胞间的水势差越大,水分移动越快。

在作物体内,不同部位的水势不同。一般作物地上部分的水势低于根系,故根系水分可向地上部分运转。同一作物上的叶片,着生的层次不同,其水势也有差异。距地面越远的叶片,其水势越低。就是同一叶片的不同细胞水势也不同,距主脉越远的细胞水势越低。这些生理上的差异对于水分进入作物体及在作物体内的移动都有重要意义(图 4-4)。

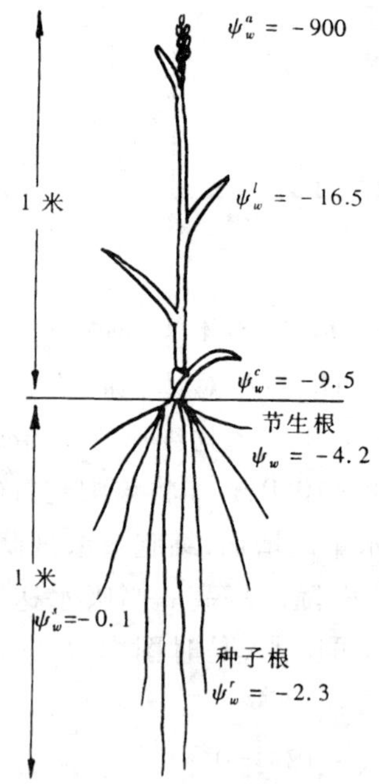

图 4-4　小麦植物各部位的水势图解(单位:$\times10^5$ Pa)

Ψ_w^s = 土壤水势,Ψ_w^r = 根水势,Ψ_w^c = 冠部水势,Ψ_w^l = 叶片水势,Ψ_w^a = 空气水势

在不同环境条件下的同一植株,其水势不同。生长在灌溉条件较好

的情况下,其生长速度快,水势亦较高,而在灌溉条件差的情况下,其水势较低,生长速度亦较慢或停止生长。所以水势的高低也是作物是否需排灌水的重要生理指标。

三、水分在作物体系中的传导过程

(一)水分传导的基本过程

植物体内水分运输的途径是从土壤→根毛→皮层→中柱→根的导管或管胞→茎的导管或管胞→叶的导管或管胞→叶肉细胞→叶细胞间隙→气孔下腔→气孔→大气中(参见图 4-5)。

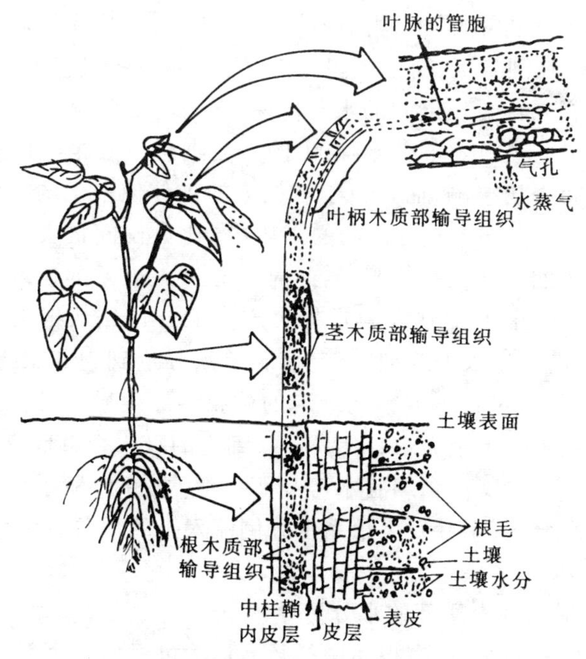

图 4-5　水分从根向地上部运输的途径

上述运输途径可分为以下两部分:

1. 导管或管胞的输导系统　从根的导管或管胞至叶的导管或管胞,是长距离运输。但由于成熟的导管和管胞都是中空而无原生质的死细胞,细胞与细胞之间有纹孔相通,对水分运输的阻力很小,运输速度较快。

2. 活细胞　从根毛至中柱以及从叶的导管或管胞至气孔下腔的径向运输，虽然距离很短，但都是活细胞，受到的阻力大得多，运输速度很慢。与叶片活细胞相比，根部活细胞对水分运输的阻力更大。因为根部内皮层细胞的凯氏带阻碍了水分的运输，而叶片的输导系统分布密集，其输导末端距气孔下腔很近，水分容易蒸发至气孔下腔。所以，根系吸水的速度往往跟不上蒸腾，特别是在强光、高温、蒸腾强烈时，容易使作物发生暂时萎蔫。

水分在作物体内运输过程中，输导组织内的水分还可以与周围薄壁组织内的水分相互交往，进行侧向运输。水在茎中也可旁侧通行。有人将苹果树的某一侧根系切断，树冠两边叶片的含水量没有明显差异。在烈日下，断根一侧的树冠也无明显的萎蔫趋势。

（二）根系与土壤之间的水分传递

根系在土壤中分布广泛，根尖的表皮细胞以及根毛的表面与土壤颗粒之间密切接触，而且由于有根毛的延伸使根土的接触面积扩大了许多倍。在一个充分湿润的土壤中（比如田间最大持水量的条件下），土壤的水势几乎等于零，此时水分进入根系的速度几乎全由根表皮细胞或根毛细胞内的水势决定。水分首先从根土接触的界面，较为自由地进入根的细胞壁，使胞壁水分达到饱和状态，然后通过渗透作用，透过根表或根毛细胞的质膜→原生质→液泡膜进入其液泡中。但是当土壤失水，水势下降，细胞的吸水力就取决于细胞水势与土壤水势之差。当细胞水势高于土壤水势时，根系便不能从土壤中获得水分，甚至会发生根系水分倒流入土的现象，地上部便有可能出现萎蔫。

（三）根表到木质部的水分传导

进入根系的水分，在根系中的径向运输可经由二个部位，即质外体与共质体。一般认为细胞壁比细胞质更易透过水分，从而导致木质部外大部分的水分运输是通过细胞壁进行的，加快了水分运输的过程。

（四）导管系统中的水分传递

作物体内水分运输的大部分历程是由导管担任的。成熟导管是由一些次生壁不均匀加厚的长形死细胞（导管分子）组成。纵行排列的导管分子在其相互接触的头部有穿孔使其互相沟通，从而串联成长度及口径各异的长长的导管，由于它由死细胞组成，故其水分传递与一般的活细胞的传递有很大的不同；导管分子间的水分传递只需通过穿孔，而无须通过原生质体，使整个导管内的水分为一连续的水柱线。水分以集流的方式流动，流动的方向受水势差别的影响，其水势差则主要取决于水柱两端水势的大小，而这些水势又主要由根压及蒸腾拉力造成。发达的导管系统构成了水分运输的有效通道，从而大大方便了作物体内水分的运转。

（五）叶脉、叶肉细胞与大气间的水分传递

发达的叶脉使导管与叶肉细胞间建立起广泛的联系及较大的接触面。水分首先由叶脉的木质部导管传递给邻近的叶肉细胞的细胞壁，再渗透到细胞内部。然后通过细胞间的水分传递（渗透和扩散）传遍所有的叶肉细胞及表皮细胞。这个过程同样可由质外体进行，亦可通过共质体进行。但质外体的存在可能会加快其运转的速度。然后水分从湿润了的细胞壁表面以气体的形态蒸发到叶肉细胞的间隙中，使其接近水蒸气饱和状态。透过气化，水蒸气便会散发到大气中。同样，水分在其他组织内（如分生组织、茎中薄壁组织等）细胞间的运输，如在茎中由导管向其他组织的径向运输、扩散，亦遵循水势由高向低流动的原则。

第二节　作物对水分的吸收与散失

一、作物对水分的吸收

（一）根系对水分的吸收

1. 作物根系吸水的部位　根系是作物吸水的最主要的器官。作物根系是很庞大的，但并不是根的各部分都能吸水，各部分的吸水能力也不相同。根部表皮细胞木质化或木栓化部分的吸水能力很小。根系吸水的部位主要在根的先端约 10cm 内，包括根冠、根毛区、伸长区及分生区四部分，其中以根毛区的吸水能力最大。具体地说，根系吸水的主要部位是在根尖木质部已成熟的伸长区及邻接伸长区部分的成熟区。

由于根毛很脆弱,极易受到损伤,因此作物移栽时要尽量保留细根,移栽后的最初几天要采取保护措施,以减少水分的丢失。当新的根毛生长进入土壤后,作物就可以恢复吸水能力了。

2. 根系吸水的方式　根系吸收水分有两种方式:主动吸水和被动吸水,被动吸水是根系吸水的主要方式。

(1) 主动吸水　主动吸水是由于根本身的生理活动引起的植物吸收水分的现象,与地上部无关。主动吸水的动力是根压。

如果将植物的茎在近地面处切去,不久即有液滴从切口流出,这种现象叫做伤流,流出的汁液叫伤流液。如果在切口处套上橡皮管与压力计相接,就会表现出一定的压力,这显然是由于根部的活动所引起的,这种靠根部的生理活动,使伤流从根部上升的压力,称为根压。各种植物的根压大小不同,但通常低于 0.1MPa,高的可达 0.5MPa。

伤流是由根压引起的,各种植物的伤流程度不同,葫芦科植物伤流液较多,稻、麦等较少。同一植物在不同季节中根系生理活动强弱、根系有效吸收面积大小等都直接影响伤流液的多少。伤流液除了含有大量水分外,还含有各种无机盐、有机物和植物激素。无机盐是根系从土壤吸取的,而有机物和植物激素是根部活动形成的。所以伤流液的数量和成分,可作为根系活动能力强弱的指标。

没有受伤的植物如处于土壤水分充足、天气潮湿的环境中,叶片尖端或边缘也有液体外泌的现象。这种从未受伤叶片尖端或边缘向外溢出液滴的现象,称为吐水或溢泌现象。吐水也是由根压所引起的。水分是通过叶片或叶缘的水孔排出的。在自然条件下,当植物吸水大于蒸腾时,例如在雨后的早晨或傍晚,往往可以看到吐水现象。在生产上,吐水现象可作为根系生理活动的指标,它可以说明水稻秧苗返青等生长情况。

由于根压的产生与作物的生理代谢活动有关,因而受多种外界因子的影响。土壤水分含量的多少,尤其是土壤水势的高低是影响根压大小的主要因子。伤流量的多少与根系所处土壤环境的水势高低有关,水势高则伤流液增加,反之则减少,甚至还会出现水分的倒流，即负溢泌现象。土壤温度及通气情况也会影响到根压的高低、伤流量或吐水量的多少。同样的植株在温暖通气的土壤中，清晨的吐水量就比冷凉和通气不好的土壤上生长的植株为多。淹水植株的伤流量往往低于不淹水的植株，主要原因便是由于根系部位通气不良造成代谢下降所致。土壤肥力也是影响根压的一个因子。表 4-6 的结果显示出不同施肥量及肥料种类对小麦单茎伤流量的影响。

表 4-6　氮磷肥对小麦伤流液的影响

（元新华和董树亭，1981）

处　理	伤流液量（$mg \cdot h^{-1} \cdot 茎^{-1}$）		
	14/4	22/4	23/4
硫酸铵 20kg	1.03	1.39	1.92
过磷酸钙 50kg	1.61	1.83	1.97
硫酸铵 20kg + 过磷酸钙 50kg	1.81	—	—

注：硫酸铵作追肥，过磷酸钙作基肥

地上部的生长状况对根压的产生起重要作用，因为根压的产生与代谢密切相关，这可能包括呼吸作用等能量代谢过程以及物质的运转、吸收、合成与分解等，这些过程又与地上部生长、光合作用等有关。生长健壮、枝繁叶茂的植株与黄弱小苗相比更易于产生较高的渗透压，较多的伤流，因而根压亦高。

由于自然条件的变化及作物年龄的不同，根压还有周期性的变化。这包括日周期性变化、生长季节周期性变化以及多年生作物的年周期性变化。这种变化可直接表现在根压值的大小上，也可间接地表现在伤流量的多少上。

表 4-7　棉花不同品种不同生育期的伤流量

（王道均和朱枫岗，1965）

品种	蕾期 30/6 ~ 1/7	花铃期 2/8 ~ 4/8	盛铃期 18/8 ~ 20/8	吐絮初期 17/9 ~ 19/9	备　注
晋中 200 号	1.746	3.233	1.680	0.097	单位：$mL \cdot 株^{-1} \cdot d^{-1}$
涡及一号	1.680	1.770	1.550	1.077	连续测定 2 ~ 3 天平均

从表 4-7 可以看出棉花在不同生育阶段伤流量有很大差异，且品种间也不相同。通常根压和伤流量的最大值出现在白天，最小值出现在夜间。

主动吸水与根系有氧呼吸关系密切，它需要能量供应，要消耗从呼吸中获得的能量，如果用呼吸抑制剂处理就使伤流及吐水受到抑制；当根系呼吸增强，代谢活跃时，根系吸收水分的量亦增多。

应该指出，这里所说的主动吸水是指植物利用代谢能量主动吸收外界溶质，造成导管溶液的水势低于外界溶液的水势，而水则是被动地顺水势梯度从外部进入导管。

（2）被动吸水　被动吸水指由于枝叶的蒸腾作用而引起的根部吸水，被动吸水的动力是蒸腾拉力。由于蒸腾作用，使靠近气孔下腔的叶肉细胞含水量减少，水势降低，并向相邻细胞吸取水分，当相邻细胞水势减低时，转向另外相邻细胞吸水，如此依次传递而直至向导管吸水，这种由于蒸腾作用产生的一系列水势梯度使导管中水分上升的力量称为蒸腾拉力。由于蒸腾拉力而使根产生了从土壤中吸水的动力。如将正在进行蒸腾的植株的根用高温或毒物杀死或使其失去活力，植物仍可从环境中吸水，甚至因为死细胞对水分子扩散的阻力减少，而使被动吸水的速度更快。在这种吸水中，根似乎只提供水分吸收通道，故称为被动吸水。

主动吸水和被动吸水在根系吸水过程中的比重因蒸腾速率而不同。正在蒸腾的植株其被动吸水占较大比重，强烈蒸腾的植株其吸水的速度几乎与蒸腾速率一致，而且这时不表现出根压；另一方面，由根压所引起的伤流量远较蒸腾失水量少，只有蒸腾速率很低的植株，例如春季树木叶片尚未展开时，主动吸水才占较重要的地位。不过植株地上部和地下部的生理活动是相互联系的，根系的生理活性对蒸腾作用也有一定的影响，所以有时主动吸收与被动吸收并不能截然分开。

（二）影响根系吸水的外界因素

作物本身的生理状况，如根的木质部溶液的渗透势、根系发达程度、根系对水分的渗透性、根的呼吸强度等都限制着根系对水的吸收。限制吸水的外界因素主要有大气因子通过影响蒸腾速率，从而间接影响根系吸水，而土壤因子则直接影响根系吸水。下面谈土壤与根系吸水的关系。

1. 土壤的有效水量　土壤中水分的类型与作物吸收水分有直接联系，按照其物理状态和作物利用状况有两种分类方法。

土壤中的水分按物理状态可以分为三种类型：重力水、毛细管水和束缚水（又叫吸湿水）。重力水是指在重力作用下通过土壤颗粒间的空隙下降的水分。在降过大雨或充分灌溉之后，土壤中存在重力水，但经过数小时，这部分水就会排掉。如果土壤下层没有不透水层的话，重力水不会在土壤中长时间停留。重力水对作物有害无益，因为它占据了土壤中的大孔隙，排除了其中原有的空气，这就严重影响植物的生长。在农业生产中要求土壤排水良好，就是为了尽快地使重力水流失，大孔隙中充满空气，有利于根系呼吸作用。毛细管水是指存在于土壤颗粒间的毛细管内的水分。作物所吸收的水主要是毛细管水。束缚水是土壤颗粒或土壤胶体的亲水表面所吸附的水合层中的水分。水合层只有几个水分子厚，其水势很低，植物一般不能利用束缚水。当土壤中重力水全部排除而保留全部毛细管水（当然也保留全部束缚水）时，土壤的含水量称为田间持水量，通常以占土壤干重的百分比来表示。田间持水量是土壤耕作性质的重要指标。当土壤含水量为田间持水量的70%左右时，最适宜耕作。

按植物是否能够利用的生物分类法，可以将土壤中的水分分为可利用水和不可利用水两类。反映土壤中不可利用水的指标是永久萎蔫系数。土壤的永久萎蔫系数是指当植物发生永久萎蔫时，土壤中存留的水分含量（以占土壤干重的百分率计）。达到永久萎蔫时土壤中所含的水分就是植物不能利用的水分。在水分亏缺较严重时，植物细胞因失水而松弛，靠膨压维持挺立状态的叶片和茎的幼嫩部分下垂，这种现象称为萎蔫。萎蔫分暂时萎蔫和永久萎蔫两种。当蒸腾作用强烈、根部吸水及转运水分的速度较慢，不足以弥补蒸腾失水时，会产生萎蔫。当蒸腾速率降低时，如夜间，吸收水分足以弥补失水，消除了水分亏缺，这时即使不浇水植物也能恢复原状。这种靠降低蒸腾就能消除的萎蔫，叫做暂时萎蔫。如果土壤中已无可利用的水分,那么虽然降低蒸腾,仍不能消除水分亏缺,植物不能恢复原状,这种萎蔫叫做永久萎蔫。

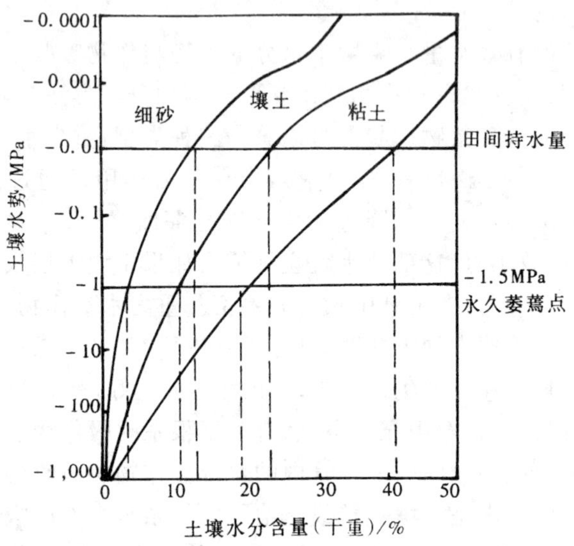

图 4-6　不同土壤水势与水分含量的关系
(据 Salisbury F. B. et al, 1992 年)

不同土壤的田间持水量和永久萎蔫系数的值相差很大,但不同土壤在田间持水量或永久萎蔫系数的水分含量时,其水势却是相同的。图 4-6 描述了三种质地土壤的水势与含水量的关系。由图可见,对于大多数植物,当土壤含水量达到永久萎蔫系数时,其水势约为 -1.5MPa,我们把这一点的水势称为永久萎蔫点,这时,土壤的水势不大于植物体的水势。由于萎蔫时 $\Psi_{p植物}=0$,则此时 $\Psi_{w土壤} \leqslant \Psi_{s植物}$。在永久萎蔫点时,粘土、壤土和细砂的含水量分别约为 20%、11% 和 3%,表明在三种土壤中,粘土中不可利用的水分最多,细砂中最少。当含水量达田间持水量时,$\Psi_{p土壤}$趋于 0,土壤水势由 $\Psi_{s土壤}$决定。非盐碱土的 Ψ_s 约为 -0.01MPa,即在含水量为田间持水量时,$\Psi_{w土壤}$ 为 -0.01MPa。在这一点,粘土、壤土、细砂的含水量分别为 40%、23% 和 13%。这说明粘土的保水能力最强,壤土次之,细砂最弱。田间持水量减永久萎蔫系数所得的值,就是植物可利用的水分。可以得出,粘土中植物可利用的水分最多,约20%,细砂中最少,约10%。

作物在永久萎蔫点时的土壤含水量叫做萎蔫系数(或永久萎蔫系数),萎蔫系数的大小主要取决于土壤的种类,沙土、壤土和粘土的萎蔫系数相差甚大,此外,不同作物的萎蔫系数也有一定差异(表4-8)。

表4-8 不同土壤对不同作物表现的萎蔫系数

(依 Millar 等,转引自赵微平,1982)

单位:%

作物	粗沙	细沙	沙质壤土	壤土	粘质壤土
小麦	0.88	3.3	6.3	10.3	14.5
玉米	1.07	3.1	6.5	9.9	15.5
水稻	0.96	2.7	5.6	10.1	13.0
番茄	1.11	3.3	6.9	11.7	15.3
豌豆	1.02	3.3	6.9	12.4	16.6
甘蔗	0.94	3.6	5.9	10.0	14.1

土壤水势的变化会极大地影响到作物水势的变化。从图4-7中可以看出,随着土壤含水量减少,水势下降,根和叶片的水势也随之下降,最后导致萎蔫发生。

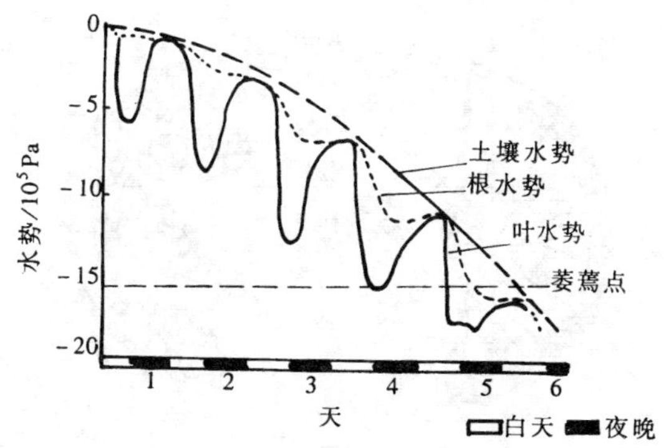

图4-7 叶水势、根表面水势和土壤水势的变化,水平虚线代表萎蔫发生

(依 Sfafyer,1967)

2. 土壤通气状况　根系的生长和吸收水分都必须在根系代谢活动正常进行的条件下才能完成。根系的呼吸作用为主动吸水提供能量，也是根系生长的物质、能量基础。根系呼吸需要环境为其提供足够的氧气，同时呼吸放出的 CO_2 又必须及时地排出。当土壤通气不良时，土壤缺乏氧气，积累较高浓度的 CO_2，短期内可使细胞呼吸减弱；影响根压，继而阻碍吸水；时间较长，就形成无氧呼吸，产生和累积较多酒精，根系中毒受伤，吸水更少。作物受涝，反而表现出缺水现象，也是因为土壤空气不足，影响吸水。因此，在农业生产实践中，往往需中耕松土，增加土壤通气状况，有利于根系生长和吸水、吸肥。

不同作物对土壤通气不良的忍受能力差异甚大。水稻、芦苇等植物在水分饱和的土壤中，生长正常；而小麦、烟草等植物在土粒空隙被水分充满的土壤中，则易萎蔫甚至死亡。这种情况与作物的结构差异和生理区别有关。从结构方面看，忍受能力强的作物，由于长期生长在通气不良的沼泽地带，根部具有较大的细胞间隙和气道，与叶茎的细胞间隙和气道相连，空气可以从叶茎运到根部，满足根系吸水的需要。从生理方面看，可能是它们呼吸机理有些不同。例如水稻根部具有较强的乙醇酸氧化途径，放出氧气，供根系呼吸用；水稻幼苗在缺氧情况下，细胞色素氧化酶仍保持一定的活性，可能是秧苗耐淹的生理原因之一（参见图 4-8）。

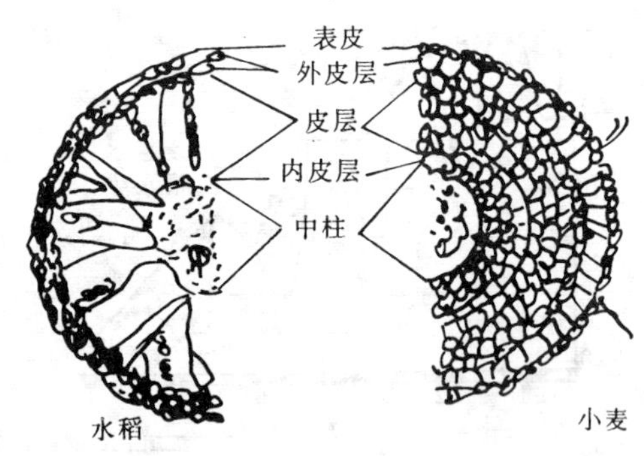

图 4-8　水稻与小麦的根结构

土壤中具有足够的可利用水分和良好的通气状况，是作物根系充分吸水的必要条件。但事实上土壤中水分和空气的存在是矛盾的，它们将争夺土壤空间，互相排斥。土壤的团粒结构可以解决这一矛盾。团粒结构的土壤中具有大、小空隙，在大空隙里，除了下雨或浇水时，都充满空气，在小空隙里则含有水分，所以可满足根系对二者的需要。

3. 土壤温度　土壤温度影响根系生长及生理活性。在一定范围内温度增高使根系生理活性增强，生长加快，故吸水量增多。土壤温度低时，呼吸作用减弱，间接地影响吸水。温度低同时使得水的粘滞性增大，原生质对水的透性降低，这些都使水的传导率减小，不利于根系吸水。此外，温度低使根系生长缓慢，有碍吸水表面的增加。土壤温度过高对根系吸水也不利，高温加速根的老化过程，使根的木质化部位几乎达到顶端，吸收面积减小，吸收阻力增大。同时温度过高使酶钝化，不利于根系对溶质的吸收，间接抑制吸水。

不同作物由于其系统发育过程中所经历的温度条件不同，其根系吸水的最适温度亦不同。例如，油菜及冬小麦等在土温接近0℃时，其根系仍保持相当的生理活性，仍然继续生长与吸收水分；而玉米、高粱等原产于热带的作物在土温低于10℃时即可能出现萎蔫，根系的吸水即被抑制。

4. 土壤溶液浓度　土壤溶液含有一定盐分，具有水势。根系要从土壤中吸水，根部细胞的水势必须低于土壤溶液的水势。在一般情况下，土壤溶液浓度较低，水势还是比较高。盐碱土则相反，土壤水分中的盐分浓度高，水势很低，作物吸水困难。当土壤水势低于根系水势时，甚至会使根系中的水分倒流进土壤。在生产中施用化肥时，应注意不能一次施用过多，造成根系吸水困难，产生“烧苗”现象。

二、水分在作物体内的运输与分配

（一）水分在作物体内的运输

水分与作物的关系从运动角度，可以看做是水分在“土壤-作物-大气”连续系统的循环过程。这个连续的循环过程受多种因素影响，在运动中有动力，也有阻力，有作物内部的因素，也有土壤与大气的因素，这就构成了循环过程的复杂性。

1. 运输系统　水分是经由作物体内的维管系统进行运输的，其中木质部是运输水分的主要通道。关于运输系统的结构特点可参考“第三章作物光合作用与产量形成”的第四节所介绍的内容。

2. 运输的动力　水分的移动方向是从高水势区向低水势区，水分迁移的动力是水势梯度。根部导管的 Ψ_s 一般高于 -0.1MPa，叶肉细胞的 Ψ_w 通常在 -0.4 ~ -4.0MPa。根部导管与叶肉细胞间的水势差（-0.3 ~ -3.9MPa）可以支持一个高达 3.0 ~ 390m 的水柱，即这一压力梯度足以使水分上升到高大树木的顶端。

水分沿导管或管胞上升的主要动力是蒸腾拉力。但是，在作物叶片尚未展开前，空气中相对湿度较大，土温较高及土壤供水条件较好的条件下，根压所产生的动力也对水分上升有较大的贡献。

3. 作物水分运动的阻力　一种物质在另一种物质中运动，便会在两种物质的界面上产生阻力。水分在作物导管内的运动除受到水分与导管壁、导管穿孔间的阻力外，还会受到重力的作用，重力的作用在直立生长的作物体内要比在匍匐生长的作物体内大。作物体内水流过程中水势的存在与作用，也正说明阻力的存在。

（1）根-土阻力　水分从土壤到根系的整个历程中的不同阶段所受到的阻力亦不相同。土壤中水分的保持主要依靠衬质势、毛管力及渗透势的作用，因而土壤水势的高低基本上可代表土壤水分阻力的大小。有人认为当土壤水势在 -5×10^5 Pa 左右时，土壤阻力就会成为作物水分吸收的限制因素，而 -15×10^5 Pa 则可视为作物能否吸水的临界水势（参见图 4-7）。大部分农作物的凋萎系数为 -10×10^5 ~ -20×10^5 Pa，中等旱生植物可达 -20×10^5 ~ -30×10^5 Pa。

根土界面处的吸水对作物的水分关系作用相当重要。蒸腾强烈的作物，有时会把界面层的水分很快地吸收掉，而此处又得不到及时的水分供应，因而可造成短暂的水分亏缺，增加了界面处的阻力。然而根与土壤的广泛接触（庞大的根系与发达的根毛的存在）可能会缓解这个问题。

水从根表至维管柱的运行中，要经过表皮、皮层、内皮层和维管柱薄壁组织，最后才能到达根木质部导管，因而阻力也较大。其阻力大小与原生质体的性质、质外体系统的老化作用（如栓化、木化等）

及根的生命力等有关。内皮层凯氏带的存在,是根内水分运输阻力较大的主要原因。

(2)导管体系的阻力　作物的导管由一系列无生命力的导管分子所组成,因而其阻力与活细胞中水分运行的阻力相比要小得多。这些阻力一方面来自于水分与导管壁间的吸附作用以及导管壁突起及导管末端的穿孔所产生的阻力。导管的大小也有一定的作用,一般大的导管与小导管相比,阻力要小得多。同时重力也会产生一定的作用。

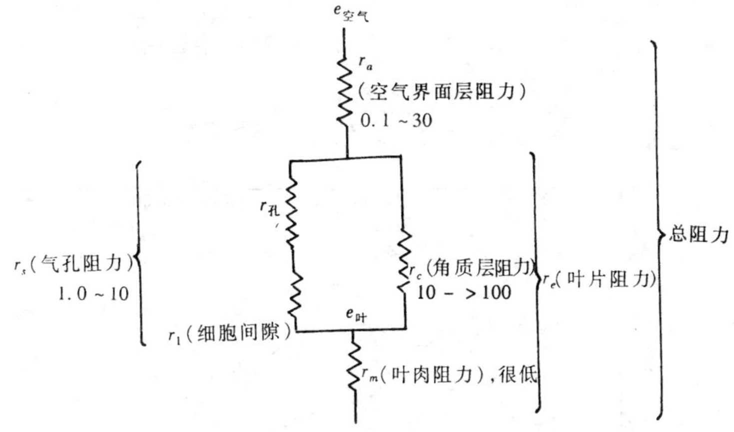

图 4-9　图示水蒸气从叶片扩散出去时的阻力(以 s/cm 表示)
(kramer,1983)

(3)叶-气阻力　在水分从叶片向空气中散发的过程中,水分由叶脉渗透到叶肉细胞,然后经叶肉细胞进行传递,与根内一样可经由两条途径:共质体与质外体。然后水分由叶肉细胞壁的外表面蒸发到细胞间隙和气孔腔中,也有人认为表皮细胞的内表面在水分蒸发中也起到一定的作用。此后便以蒸汽的方式透过气孔或角质层散发到大气中。因而在“叶片→大气”的水分运行中,阻力成分可包括:叶肉阻力、气孔阻力、角质层阻力、扩散阻力及空气界面层阻力几个成分。其中气孔阻力的变化较大,它作为作物体内水分向大气散失的门户,受作物(作物种类、品种、生育期、生育状况)及外界环境因子的多重调节。气孔阻力变化对作物体水分的散失、吸收及水势的调节起重要作用。角质层阻力虽然很大，但它的作用受气孔的左右。当气孔张开时，角质层阻力所起的作用很小，水汽大部分由气孔通过，这时水汽通过叶表皮的阻力也不大；而当气孔关闭时，水分的散发只能由角质层通过，叶表阻力主要由角质层阻力组成，因而阻力较大。叶片各种阻力的相对大小可参见图4-9另外不同作物之间以及因叶片的水合度和大气湿度的不同，气孔阻力和角质阻力变化很大。

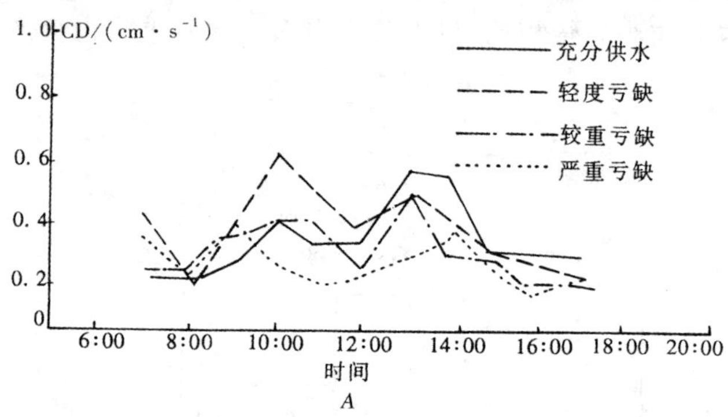

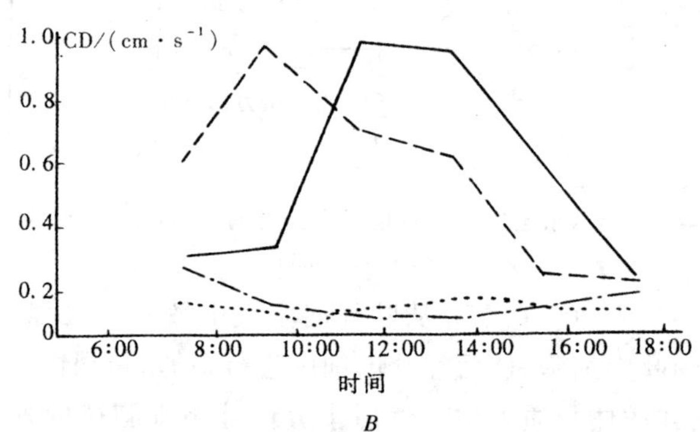

图4-10　不同天气条件下玉米气孔传导率（CD为气孔阻力的倒数）的日变化

A.典型阴天　*B*.典型晴天

（王恩利和韩湘玲，1987）

由于环境因子的变化及作物生命活动的周期性、季节性，气孔的阻力也表现出规律性的变化。从图4-10可以看出，在晴天水分供应充足时，气孔阻力主要受辐射控制，而在晴天水分亏缺的条件下则受到辐射和缺水的双重影响。随水分亏缺程度的增加,气孔导度降低,阻力增加。而在阴天各处理间差别变小且日变化变得平缓起来。这是因为阴天时作物蒸腾需水较少,光线较暗且作物对气孔调节的要求较小之故。

水分流经作物体各部的阻力不同。由表 4-9 可以看出作物不同器官的阻力在整株阻力中的比例或相对大小,以根系中最大,叶次之,而以茎中最小,且这个趋势在不同作物中相近。

表 4-9 作物体内各部位水分运行的相对阻力

(kramer,1983 整理)

部位	向日葵	番茄	玉米	向日葵
整株植物	1.60	1.40	100%	100%
叶	0.66	0.60	15% ~30%	20%
茎	0.26	0.24	15% ~25%	8%
根	1.00	1.00	55% ~70%	70%
资料来源	Jensen 等,1961		Neuman 等,1974	
备　　注	阻力相对大小		阻力占整株的百分比	

对于"土壤-作物-大气"水分运行系统的阻力变化,图 4-11 左给出了其近似的数量级估计。可以看出,最明显的水势梯度存在于枝叶表面和干燥的空气之间。这也是运输阻力最大的场所,这种阻力与水分蒸发需要很多能量和角质层对水分扩散的阻力有关。水分在植物体内的流动及其阻力还可用类似电流传导线路图表示(图 4-11 右)。图中 E_p 为蒸发势;Ψ_O 为土壤中液相的水势;Ψ_a 为大气水势;r_{soil} 为水分通过土壤的扩散阻力;r_r 为次生根和根皮层内的运输阻力;r_{xy} 为根、枝条、叶柄和叶脉中木质部导管里的传导阻力;r_m 为叶肉中的运输阻力;r_c 为角质层阻力(很高);r_s 为气孔阻力(变量);r_a 为边界层阻力;⊗则为水分由液相转变为汽相处。可以看出,在此线路图中水势相当于电压,各部位阻力相当于电阻,且这些"电阻"分别以串联或并联的方式接合起来,对水分的运行(电流)起调控作用,其中以可变电阻(气孔阻力 r_s)的作用最大。

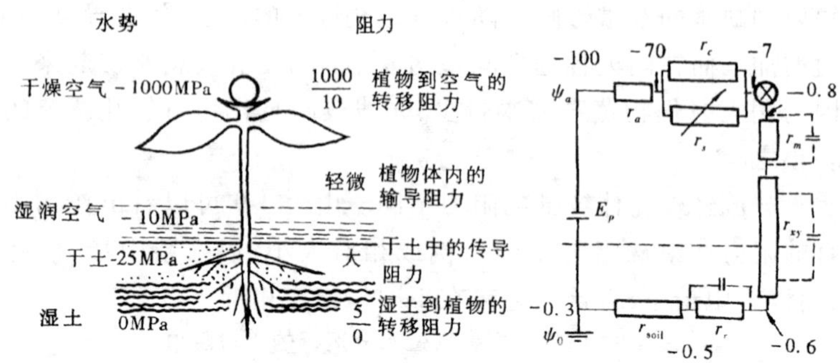

图 4-11　土壤、植物和大气之间的水势梯度和水分运输阻力

（二）水分在作物体内的分配

进入作物体内的水分，经过发达的维管束系统运输到作物的各个部分，然后供给附近的组织和细胞。各器官、组织的含水量不一致，而且还会随其年龄、生长状况及环境因子而发生变化。但水分最基本的分配原则仍可概括为在水势差支配下的“按需分配”，即水流的方向遵循热力学定律，由水势高处向水势低处流动。

同样，器官组织之间的水分分配也是如此。某个器官的水势越低，在获得水分方面越优先，竞争力越强。各器官组织的水分获得量或其在整个作物体的吸水总量中所占的比例因其水势高低、器官大小、含水量多少及失水情况而定。在水分供应充足时，各部位水势相近，体内无明显的竞争现象。此时作物各部位水分基本保持了供求上的平衡，因而十分有利于作物的生长。

作物体内水分的吸收与蒸腾的动态、盈亏过程为作物的水分平衡。只有在水分的吸收、运输、损耗三者协调时，才能使作物体内水分的分配协调，维持作物良好的水分平衡。当蒸腾大于吸水、作物体内出现水分亏缺时，体内各器官间的水势差增大，于是便出现了竞争水分的现象。此时作物体内水分的分配便采取保证重点的原则，吸收获得的水分重点向水势最低处运输，这也可以看作是作物对水分亏缺的一种适应性机理。

在整株作物中，一般分生组织、幼嫩的器官（如幼叶、幼果等）或蒸腾旺盛的功能叶片，由于其生命力旺盛、代谢作用强烈或失水较多,细胞内所含的胶体物质及溶解物质较多,故水势较低,其保水力及吸水力也强。当作物出现水分亏缺时,水分优先供应这些部位。有时这些幼嫩组织甚至会从较老的器官中夺取水分,使作物体内水分出现再分配,以保证幼小器官组织的生长。如果水分进一步亏缺,一些尚未成熟的幼果的水分会向水势较低的蒸腾叶及嫩尖流去,造成落花落果而减产。

三、作物体内水分的散失

(一)水分散失的部位及方式

作物吸收的水分,只有1%左右被利用,绝大多数却散失到体外。水分散失的方式有两种,一种是以液体状态的方式散失,即吐水,又叫溢泌作用,作物通过溢泌作用散失的水分很少。另一种是以气体状态的方式散失,即蒸腾作用,这是作物水分散失主要方式。

作物水分散失的主要部位是叶片,而叶片水分的散失包括气孔和角质层二部分,并以气孔为主。角质层由于对水分的扩散阻力相当大,因而水分在其中的扩散极慢。幼嫩叶片的角质化程度较低,其蒸腾量较高,有时可占到叶片蒸腾总量的50%以上。但大多数情况下,角质层蒸腾量不超过叶片总蒸腾量的5%,甚至有时不超过1%。

作物的枝条也会丧失部分水分,这与表皮木栓化的程度、皮孔的多少及有无裂缝有关。禾谷类作物的茎由于有叶鞘的包裹,故其茎表面的水分散失还与叶鞘表面的气孔数目、蜡质厚度或栓化硅化的程度有关。幼嫩枝条表面一般失水较多,而成熟的老枝、老茎则失水较少。群体条件下由于嫩枝多在群体上部,水分的散失较多,而下部枝叶由于老化及群体内的湿度较大,故失水较少。

(二)蒸腾作用的基本过程

蒸腾作用(transpiration)是指水分以气体状态,通过作物的表面,从体内散失到体外的现象。

1. 作物蒸腾作用的指标

(1)蒸腾速率(transpiration rate,也称蒸腾强度)是作物在一定时间内单位叶面积蒸腾的水量,常用每小时每平方米叶面积蒸腾的水的克数表示($g \cdot m^{-2} \cdot h^{-1}$)。如果测定叶面积有困难,也可以用叶的干重或鲜重来代替叶面积。一般白天的蒸腾速率是15～250 $g \cdot m^{-2} \cdot h^{-1}$，夜间的是1～20$g \cdot m^{-2} \cdot h^{-1}$。

(2)蒸腾比率(transpiration ratio，也称蒸腾效率)是作物每消耗1千克水时所形成的干物质的克数($g \cdot kg^{-1}$)。一般植物的蒸腾比率是1～8$g \cdot kg^{-1}$，大部分农作物的蒸腾比率是2～10$g \cdot kg^{-1}$。

(3)蒸腾系数(transpiration coefficient)也称需水量(water requirement)，是作物制造1g干物质所消耗水分的克数，它是蒸腾比率的倒数。一般作物的蒸腾系数是250～1 000。

C_3植物的蒸腾系数大于C_4植物。C_3植物如小麦、水稻、棉花和大豆的蒸腾系数分别为510、710、646和744，4种作物平均是654。C_4植物如黍、谷子、高粱、玉米的蒸腾系数分别为293、310、322和386，4种作物平均是323。C_3植物的蒸腾系数比C_4植物约大一倍。

以作物的生物产量乘以蒸腾系数，可作为作物的理论最低需水量。例如某作物的生物产量为15000$kg \cdot hm^{-2}$，其蒸腾系数为500，则每hm该作物的总需水量为7 500 000kg。当然，这里没有考虑田间水分的蒸发、土壤保水能力、降雨量等。

2. 作物气孔的结构及分布

(1)气孔的结构及调控过程　作物体水分的散失主要经由叶表面的气孔进行。因而气孔的结构、分布及调控能力对作物的水分平衡具有十分重要的意义。

作物的气孔结构大体上有两种形式：双子叶作物的气孔器与单子叶作物的气孔器(图4-12)。双子叶作物的气孔器由两个半月形的保卫细胞组成，半月形之间为气孔口。保卫细胞近孔口一方的壁加厚，而另一方则较薄。当保卫细胞充水时，薄壁一边较易伸长而使整个细胞向薄壁边弯曲，因而气孔张开，为水汽及CO_2的通过打开了通道。失水时则关闭气孔口，限制水汽和CO_2的扩散，从而实现了调控作用。而禾本科作物的气孔器则由两个哑铃形的保卫细胞和两个三角形的副卫细胞组成。哑铃形细胞两端的壁较薄，中间的壁较厚。水分充分时，保卫细胞吸水使两端的头部首先膨大起来，相互支撑使气孔口张开，否则会因失水而关闭。保卫细胞中含有叶绿体及光合作用的相关酶类，通常认为气孔开放是因为白天光照条件下，保卫细胞进行光合作用,可溶性物质增加(如糖、苹果酸、K^+、Cl^-等),使保卫细胞水势下降,从周围细胞中吸水膨胀,气孔便开放。气孔开口的大小受保卫细胞吸水膨胀的程度决定。气孔口的下方为气孔腔。气孔腔实际上为一个较大的细胞间隙,周围为叶肉细胞(参见图4-13)。气孔腔与周围的叶肉细胞间隙一起,构成了一个连续的胞腔系统,为气体的扩散传导提供了通路。而叶片内广大的细胞表面积则为水分在液相——气相之间的传递场所。如小麦叶片中叶肉细胞的多环形结构则更为扩大了这个表面积。大多数中生作物叶肉细胞暴露于细胞间隙的总表面积要比叶片外表面积大12~18倍。作物的旱生性愈大,这个数值亦越高,对水分的散失及CO_2的吸收提供了巨大的潜力。

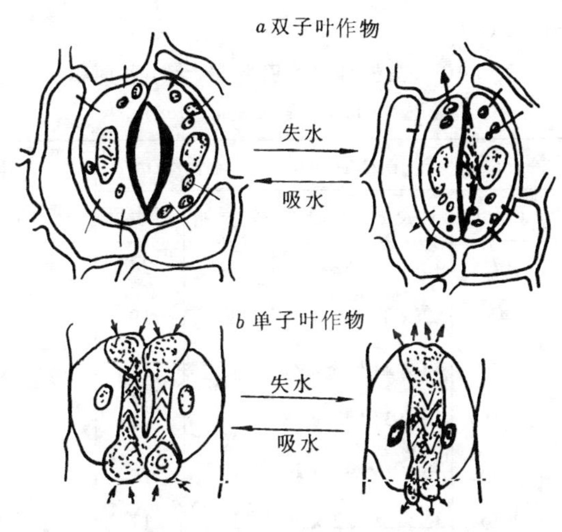

图4-12　两种不同类型的气孔器及开关过程

(2)气孔的数目及分布　气孔数受作物遗传特性的控制,不同作物不同品种间气孔的数目不同,表4-10中为一些作物的大致气孔数目,还可以看出上、下表皮气孔密度的差异:一般是下表皮多于上表皮。另外不同作物气孔的排列规则也不一样。多数禾谷类作物的叶片叶面上,气孔成行与叶脉平行地排列(如小麦、玉米),而在双子叶作物的叶面上,气孔则是较为均匀随机地嵌合在叶片的表皮细胞中(如棉花、大豆等)。气孔的大小和数量之间往往有一定的相关性，一般较小的气孔，数量便多些。

同一作物的不同品种气孔的密度差别亦较大，一般较耐旱的品种气孔密度较高。同一植株不同叶位的气孔数目也不一样，因生育时期及所处的环境条件不同，常有上位叶高于下位叶的情况。同一片叶子通常叶尖或离叶鞘、叶脉较远的地方，气孔的数量较多。

不同的水肥条件及栽培管理措施也影响到气孔的密度与大小。一般讲干旱缺肥条件下的瘦弱植株常具有密而小的气孔分布，相反，充足的水肥供应则可产生大而较稀的气孔。

气孔的密度对 CO_2 的浓度很敏感，CO_2 浓度高时气孔密度降低。有人对植物标本的研究发现在过去的两个世纪里，气孔密度下降了40%，而在这一期间空气 CO_2 浓度从 $280\mu mol \cdot mol^{-1}$ 增加到 $350\mu mol \cdot mol^{-1}$ 以上。

表 4-10　某些作物气孔数量、大小和面积

（依 Meidner 和 Mansfield，1968）

种类	个数/mm^2		气孔大小/μm		孔长/μm		气孔面积占总叶面的百分比/%
	上表面	下表面	上表面	下表面	上表面	下表面	
洋葱	175	175	42×38	42×38	24	24	2.0
燕麦	50	45	52×31	56×26	20	19	0.5
大麦	70	85	42×21	38×21	17	17	0.65
小麦	50	40	56×31	53×28	28	28	0.63
玉米	98	108	38×19	43×24	12	16	0.7
向日葵	120	175	35×25	32×29	15	17	1.1
苜蓿	169	188	26×17	25×17	9	13	0.8
烟草	50	190	31×25	31×25	14	14	0.8
蓖麻	182	270	31×21	38×24	12	24	2.1
蚕豆	65	75	46×25	46×25	28	28	1.0

3. 气孔蒸腾的过程　气孔蒸腾分两步进行，首先是细胞间隙及气孔下腔周围叶肉细胞的水分蒸发；然后是水蒸气分子通过气孔下

腔及气孔扩散到空气中去(图 4-13)。

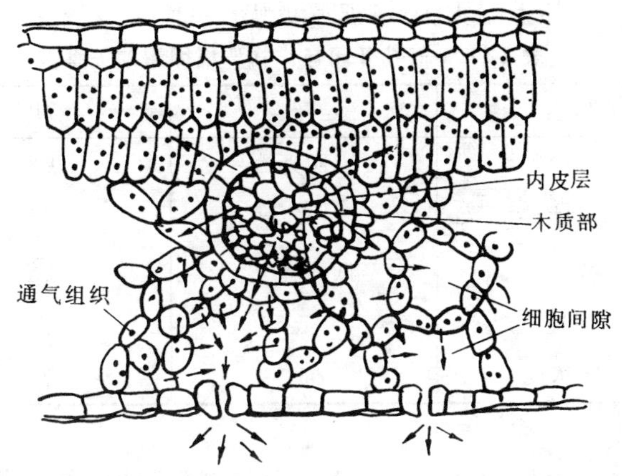

图 4-13 通过气孔散失水分的途径

气孔蒸腾的速率与上述两个步骤——蒸发与扩散都有关。蒸发的速率与蒸发表面积及蒸发表面的水蒸气饱和度有关。叶肉细胞表面较大,蒸发表面就大,蒸发的速率也快,但如气孔下腔内水蒸气接近饱和,则水分子遇到的阻力较大,蒸发即受到影响。扩散过程的快慢决定于通过气孔的阻力以及叶表面界面层的阻力,扩散阻力的大小决定于气孔的阻力以及叶表面界面层的阻力,扩散阻力的大小决定于气孔的开度及叶子表面水蒸气界面层的厚薄。

4. 影响蒸腾作用的环境因素　蒸腾速率决定于水蒸气向外扩散动力(叶内空间与外界空气的水蒸气浓度梯度)和扩散途径的阻力。

蒸腾作用的快慢受植物内外多种因素所制约。凡增加扩散动力的因子就会提高蒸腾速率,而增加扩散阻力的因子则会降低蒸腾速率。根据小孔扩散原理可知,气孔开闭是蒸腾作用的最重要限制因子,因此,将几种重要环境因素的变化与气孔开闭的关系介绍如下(参见表 4-11)。

(1) 光照　光照是影响蒸腾的最主要的外界条件。光照促使气孔开放,减少气孔阻力。一般气孔张开的光强度是全日光的 1/1000 ~ 1/30,恰好可以引起一定程度的净光合作用。另外,光照可以提高大气温度和叶温间接促进蒸腾,一般叶温比气温高 2 ~ 10℃。

大气温度的升高就增强水分蒸发速率,叶片温度高于大气温度,就使叶内外的蒸汽压差增大,蒸腾速率更快。

表 4-11　气孔开闭与作物环境因素的关系

因素	开	闭
光	照光	黑暗
叶片水势	高	低
温度	低到适中	高温
风速	低	高
CO_2浓度	低	高

(2)水分状况　大气中水蒸气含量越低,叶内外的蒸汽压差越大,越有利于蒸腾的进行;反之则使蒸腾减弱。叶片的含水量影响气孔的运动。只有当保卫细胞的膨压大于其周围表皮细胞时,气孔才能张开。有两种情况可使这种膨压差消失:当蒸腾强烈,保卫细胞失水过多时,会失去膨压;当叶片被水饱和时(如久雨后),表皮细胞与保卫细胞都有同样高的膨压。在这两种情况下,即使是在白天气孔也会关闭。前一种情况会造成植物萎蔫,萎蔫时蒸腾作用大大降低。在一定意义上,萎蔫是植物的一种自我保护机制,它避免植物的水分代谢失去平衡。若土壤干旱,有可能使植物失水量大于吸水量,结果细胞失去膨压,植物萎蔫。在水分胁迫时,植物体内积累脱落酸,引起气孔关闭。有时即使叶片的水分状况良好,但若土壤干旱,根系中产生的脱落酸向上运输到叶片,也会引起气孔关闭。

(3)温度　温度升高会使叶内外的蒸汽浓度差增大,一般情况下,叶片温度比气温高一些,叶片气孔下腔的相对温度也比空气高,当大气温度增高时,气孔下腔蒸汽压的增加大于空气蒸汽压的增加,所以叶内外的蒸汽压差加大,有利于水分从叶内逸出,蒸腾加强。但温度过高(30～35℃)通常引起气孔关闭,这可能有两种原因:一是高温一般伴随着水分释放量增大,CO_2浓度升高,使气孔关闭(在高温时植物置于无 CO_2的空气中,气孔不会关闭)。也有些植物在高温下气孔张开,这可以增强蒸腾,使植物体温降低。

(4)风　风对蒸腾的影响比较复杂。无风时界面层厚,蒸腾阻力大。微风能吹走气孔外边的水蒸气,补充一些相对湿度较低的空气,界面层变薄或消失,外部扩散阻力减少,因此蒸腾加快。但强风会使气孔关闭,反而会降低蒸腾,其原因可能是在强风的机械刺激下,叶内脱落酸含量升高,导致气孔关闭所致。

(5)CO_2浓度　CO_2浓度低促使气孔张开,反之则气孔关闭。叶片内CO_2浓度受光合作用和呼吸作用的影响,光合作用使CO_2浓度降低,呼吸作用则相反。凡影响二者的因素都有可能影响气孔的运动。

(三)作物蒸腾的变化规律

1.作物蒸腾作用的日变化　作物蒸腾作用的日变化规律受内外因素影响很大。通常从清晨到傍晚,遵循"低-高-低"的变化趋势,但不同物种,不同条件下有差异。

不同作物、不同品种、不同部位的蒸腾强度,由于气孔密度、开度,布局与结构以及不同的生理特性,其蒸腾速率可表现出多种多样

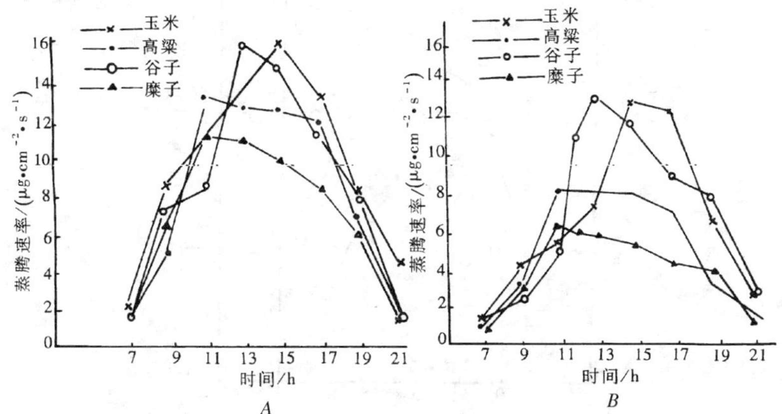

图 4-14　玉米、高粱、谷子和糜子的蒸腾速率日变化

A.降雨处理　*B*.遮雨处理

(张锡梅、徐勇,1987)

的差别。从图 4-14 可以看出,在同样的条件下,糜子、高粱比谷子、玉米的蒸腾强度低,每日蒸腾速率的高峰到达的时间早,气孔关闭时

间也早且遇旱后蒸腾的降低幅度较大。这也从一个侧面揭示出糜子和高粱比谷子、玉米耐旱、水分散失少的原因。

抗旱性较强的小麦品种蒸腾速率低于较弱的品种。水稻同一株不同叶片自上而下蒸腾作用逐渐下降，说明随着叶龄增加，蒸腾作用减弱(图 4-15)。

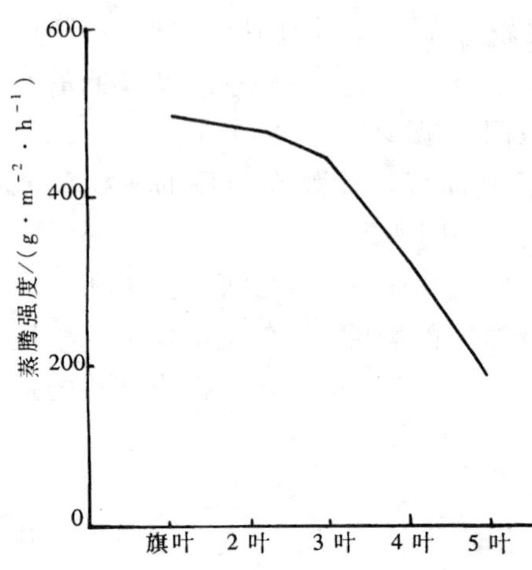

图 4-15　水稻不同叶龄的蒸腾强度
(转引自郑丕尧,1992)

蒸腾作用的日变化与气温及光照强度的变化很密切，从图 4-16 可以看出，水稻

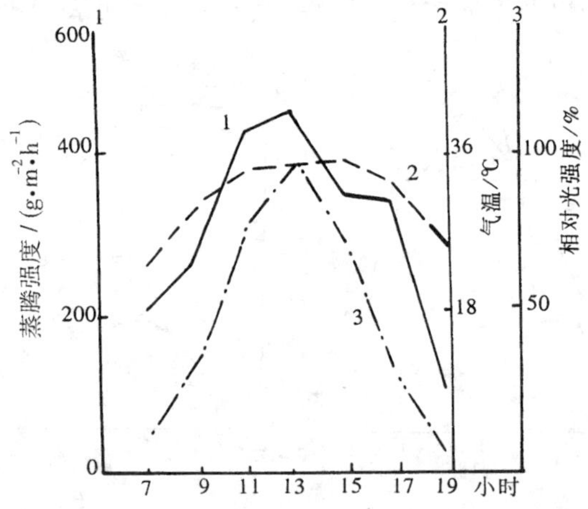

图 4-16　水稻蒸腾强度的昼夜变化
(转引自江苏农学院主编，植物生理学，1986)

在开花期晴天一天中蒸腾强度的变化规律呈单峰曲线，蒸腾强度自早上 7 时起逐渐增大，到上午 10 时迅速上升，到中午 13 时左右达最高峰，下午 14 日以后逐渐下降，到 18 时以后迅速下降，一直到晚上

20 时仍有微弱的蒸腾强度。这个变化规律与气温及光照强度的曲线趋势基本吻合。近年来对蒸腾作用的研究结果发现蒸腾的日变化或季节变化，以及因水肥条件不同而引起的蒸腾的日变化规律均与气孔导度有着极为相似的变化曲线，说明气孔对作物蒸腾的重要调节作用。

从图 4-14 还可看出，缺水、遮雨处理使几种作物蒸腾的"低-高-低"日变化曲线表现得较为平坦。

作物蒸腾作用的强弱还受到许多其他因子的影响。当叶片喷施蒸腾抑制剂时蒸腾作用将会减弱，而其他一些生长调节物质有时也会对蒸腾作用起到直接或间接的调节作用。病害的发生，如一些锈病也能大幅度地提高作物叶片的蒸腾强度造成失水。虫害则可以给叶片造成许多机械伤害而加快叶面水分的蒸腾。

蒸腾作用的日变化除了单峰曲线外，一些作物有时也会表现出双峰曲线，类似于光合强度的变化，即在单峰曲线中间出现一个低谷，这是由于气孔关闭而造成的蒸腾降低所产生的"午休"现象。当大气湿度降低、土壤水分亏缺时，就容易造成叶片的水分亏缺，从而导致气孔的关闭，蒸腾阻力增加，因而产生"午休"现象。

2. 作物蒸腾强度的季节性变化　水稻不同生育期的蒸腾强度的变化呈抛物线型（图 4-17），以拔节期及抽穗期前后为最高，幼苗期及结实成熟期则较低。这种季节性变化规律在其他作物（如小麦、玉米）中也有类似的趋势。

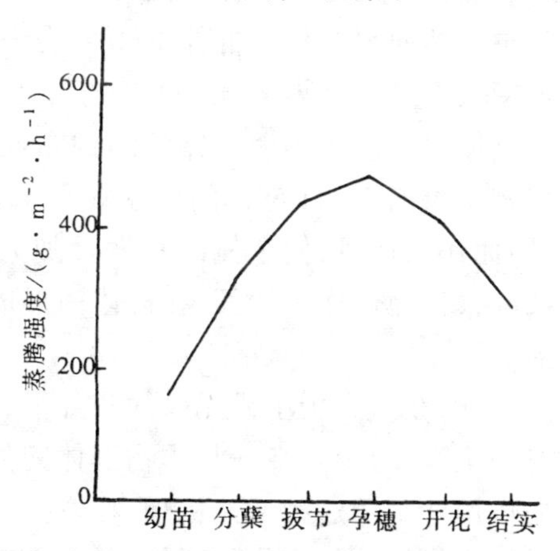

图 4-17　水稻各生育期蒸腾强度的动态变化

（转引自郑丕尧，1992）

农业栽培措施因改变了环境条件，对这些变化有影响，如烤田使水稻蒸腾作用降低而施肥却可增加作物的蒸腾作用，因为这些措施改变了植株含水量及自由水与束缚水的相对比值。

3. 作物群体蒸腾作用的特点　田间作物群体所形成的生态环境，使其间的温、光、气、水和 CO_2 浓度等发生了变化，故群体植株的蒸腾作用与单株情况不尽相同。所有的个体均可散失水分，扩散的水汽在群体中交汇起来，使群体株丛中的空气变得比群丛外的空气更为潮湿。只有群丛内上层空气中的水汽可以比较容易地扩散到大气中，越向下扩散到上部空气中的距离越远，阻力越大，向外部空气的扩散也就越困难，从而造成了群丛内自上而下水蒸气压的逐渐升高，下部常会达到饱和状态。这样，就群体内的个体来说，各部位的蒸腾速率的差异不仅取决于体内向体外水分扩散阻力的不同，还受到作物体内外水势差变化的影响。另外，光在群体中的分布由于枝叶的截取，越向下越少，气孔的光调节也会受到一定的限制。这样，下层叶片的蒸腾速度将比上层叶片低得多。在作物群体条件下，蒸腾作用主要发生在上层，即叶与外界空气的界面处。当作物群体的表面比较均匀且密度较大时，此时不管群体内部有多么复杂，其蒸腾表面就可看作作物群体暴露在空中的外表面，而不是所有各单个叶片之和。群体内每个个体的蒸腾量将远少于单个生长的孤立植株的蒸腾量。然而整个作物群体的水分丧失却是相当高的，当群体表面粗糙度较高且与外界空气接触的外表面较大时，情况更是如此。

群体效应的大小因群体的结构布局及生育时期的不同而不同。在作物生长前期，行与行间的空闲距离较大，群体尚未完全遮住地面，因而比较通风，使个体的蒸发量加大。而随着群体的发展，繁茂的枝叶很快地遮住了地面，在群体内形成了典型的内环境，群体效应较为明显。

另外，在风力较小或无风的条件下，群体上方的空气也会因蒸腾而变得湿润，减少了空气与作物群体间的水势差，对降低蒸腾也起一定的作用。利用这种反馈机理，在农田周围种植防护林带，减弱风力以增加或保持林带内作物群体上方因蒸腾、蒸发所产生的湿度，对减少蒸腾失水、提高作物的抗旱能力也起一定的作用。

图 4-18 表明群体中植株相互作用对蒸腾作用的影响。在净辐射条件相同的情况下，茂密群体的蒸腾作用日变化曲线比较平缓（7

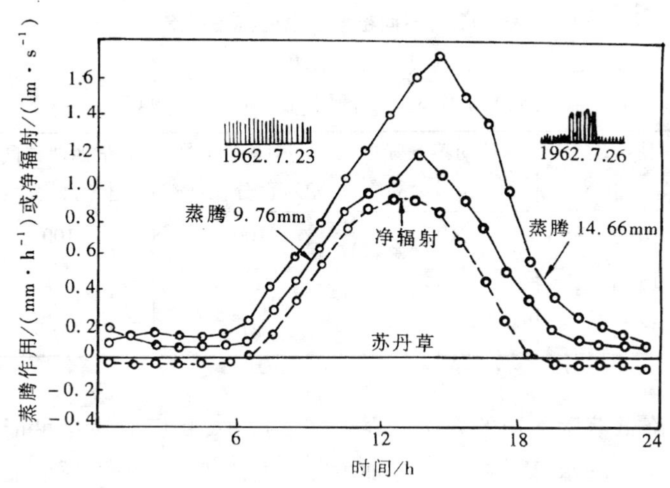

图 4-18　不同环境中苏丹草蒸腾日变化(Kramer,1983)

月 23 日)。如果将周围作物割除一部分后,由于待测植株更多地暴露出来,因而加剧了蒸腾作用,三天以后(7 月 26 日)测定时其蒸腾曲线陡然上升大大超过了处理前。因为气流把外围大气中的较热而干燥的空气带来,取代了植株体表较为湿润且温度可能较低的空气,从而加快了水分的蒸腾散失。

群体为个体的生长创造了小气候环境,小环境影响了作物的生育,而作物的生育状况、生理特性又反过来影响到个体的蒸腾作用。有结果指出,随着水稻基本苗数的增加,叶片的蒸腾强度下降(表 4-12)这是由于在基本苗数较少的情况下,由于植株个体发育较好,株间通风透光,故蒸腾量较大,反之则较小。当然,在群体密度较大的情况下,整个群体的蒸腾强度或蒸腾量也还是很高的。

在土壤环境中,由于群体条件下各株根系对水分吸收的竞争,在水分不十分充足的情况下也会限制地上部植株的蒸腾强度,使其小于单株根系自由生长时的情形。这也是群体效应的表现。

对个体蒸腾的研究有助于我们对蒸腾基本过程机理的了解,而群体的蒸腾规律则反映了农田作物群体水分平衡的情况,从而有助于指导我们制订合理的灌溉措施。

表 4-12　不同密度水稻的蒸腾强度

（倪文，毛协亭，1966）

（品种：水原 300 粒，顶上第二叶片，1959）

插秧密度 /（苗·亩$^{-1}$）	孕穗期蒸腾强度 /（$g \cdot h^{-1} \cdot m^{-2}$）	蒸腾强度相对百分比/%	孕穗期株间相对光强度
10 万	400	100	100
15 万	365	90	40
25 万	324	81	28

4. 降低蒸腾作用的方法　在生产实践中，我们应该尽可能地维持作物体内的水分平衡。一方面使根系生长健壮，外界环境能满足根系吸水的需要；另一方面要适当减少蒸腾，以免因蒸腾失水过多，产生萎蔫，在干旱环境中这一点更为重要。降低蒸腾速率的途径有：

（1）减少蒸腾面积　在移栽植株时，去掉一些枝叶，减少蒸腾面积，可使水分消耗减少，保证作物体内水分平衡，因为移栽作物往往会损伤根系而使供水能力下降。

（2）改善作物生态环境　例如，在农田周围栽植防护林，可有效降低风速，提高空气湿度；灌溉农田使植物生长环境的小气候改变，即增加湿度，降低温度。

（3）应用抗蒸腾剂　抗蒸腾剂是一些可降低蒸腾失水的药物，据其作用方式分为三类：

薄膜性物质　喷于作物叶面，形成单分子薄膜，以遮断水分的散失，如长链的醇类，或低粘度的如硅酮，发现喷施后可显著降低叶面蒸腾，而对光合作用影响较小，作物生长正常，其缺点是叶温略有增高。

反射剂　它主要是一种对光有反射性的物质，如高岭土，喷施后能提高植物冠层光能的反射，从而减少用于叶面蒸腾的能量。

气孔开度抑制剂　这类药物主要作用有两方面，一是控制 K^+ 泵的作用，从而控制气孔保卫细胞的膨压，改变气孔开度，如阿特津（除草剂抑制光合作用中水光解）、羟基磺酸（乙醇酸氧化酶抑制剂)、敌草隆(光合磷酸化抑制剂)和脱落酸(影响保卫细胞 K^+ 浓度);二是阻碍水分透过作用,主要是改变细胞膜的透性使水分不易向外透出。

需要指出的是气孔既是水汽的通道,又是 CO_2 的通道,因此在利用抗蒸腾剂时,要注意用量和时间,应使作物水分散失减少,而光合和呼吸又能正常进行。

第三节 合理灌溉和排水的生理基础

一、作物的需水规律

(一)作物的水分临界期和耗水量

1. 水分临界期 作物的一生都离不开水,不同时期作物缺水所受到的伤害有一定差别。作物对水分特别敏感的时期,称为水分临界期,也称为水分关键期(critical period of water)。这个时期作物缺水所受到的伤害最大,或者对作物的产量损失最严重。

作物的水分临界期是供水的关键时期,许多作物的水分临界期都在转向生殖生长的阶段。在水分临界期细胞原生质的粘度和弹性都剧烈降低,因此忍受和抵抗干旱的能力减弱,并且新陈代谢增强。此时原生质必须有充足的水分,代谢才能顺利进行。这时如果缺水,作物会显著受害而减产。在水分临界期,作物不但对缺水最敏感,而且还由于生长较快,水分利用率较高。因此应特别注意保证水分临界期的水分供应。

水分临界期是一个相对的概念,随生产目的和条件而有所变化(表 4-13)。如禾谷类作物可以是拔节初期到抽穗期,也可是灌溉到乳熟期。如水稻在开花期缺水影响授粉、受精,乳熟期缺水影响灌浆,使空秕粒增多,都会使产量明显下降。有人把小麦的水分临界期分为两个时期,第一个是孕穗期,第二个是灌浆到乳熟期。

甘蔗是以收获营养体为目的的作物,其水分临界期是分蘖到拔节期。

表 4-13 部分作物水分临界期

作物	临界期	作物	临界期
小麦	孕穗、灌浆至乳熟期	花生	开花下针期
水稻	孕穗、开花期	马铃薯	开花、块茎形成
玉米	吐丝期	甜菜	抽薹到块根形成
高粱	孕穗、开花期	西红柿	开花、结实
谷子	孕穗、开花期	瓜类	开花、结实
甘蔗	分蘖到拔节期	甘薯	蔓薯并长期
蚕豆	开花期	豌豆	开花期
大豆	开花至鼓粒	棉花	花铃期
油菜	薹花期		

不同作物与品种,其水分临界期之长短也不同。一般讲,水分临界期较短的作物和品种,适应不良水分条件的能力较强;而临界期时间较长的作物和品种易遇到不良水分条件的危害。水分临界期只说明此时段缺水对产量影响较大,水分供应十分重要;但也不应忽视其它生育期的水分供应。应了解不同作物的需水规律,同时也要了解当地降水、水源及土壤水分状况,合理利用地表水、地下水及土壤水,以提高水分利用率。

2. 作物耗水量　作物耗水量不同于作物蒸腾作用所需水量。因为生长在田间的作物,除了生理需水外,还有维持其生态环境所需的水。因此,作物耗水量应是作物叶片蒸腾作用量与农田植株间水分蒸发量之和,也称之为农田总蒸发或蒸散(即蒸腾蒸发作用之总量,又名腾发量)。

作物在不同生育阶段,蒸腾水量与蒸发水量不同。以冬小麦为例,生育初期(播种至拔节)植株叶面积指数小,蒸腾耗水量所占总耗水量的比值小(如返青期只有 23%);随着叶面积指数增大,蒸腾耗水量占总耗水量比值逐步增加,到灌浆期达到 91.5%;最后植株成熟,一些功能叶片开始枯萎,叶面积指数降低,蒸腾耗水量所占比值又开始下降。冬小麦总耗水量中蒸腾耗水约占 50% ~60%,蒸发耗水约占 40% ~50% 。在玉米中,也有蒸腾和蒸发大约各占 50% 的记录。采用农田覆盖等农业措施减少植株间蒸发量可大大提高水分利用率。

表 4-14　C_3 和 C_4 植物耗水量/($g \cdot cm^{-2} \cdot d^{-1}$)

C_3 植物	干燥条件下	湿润条件下	C_4 植物	干燥条件下	湿润条件下
水稻	5.17	3.08	谷子	1.74	1.12
荞麦	3.56	2.74	黍	1.64	0.87
大豆	3.40	2.43	高粱	1.24	0.67
黄瓜	3.40	2.09	玉米	0.94	0.64
向日葵	3.09	2.76	苋菜	1.12	1.09
7 种作物平均	3.86	2.57	19 种作物平均	1.89	1.30

由于田间作物的需水量是蒸腾与蒸发水量之和,作物的水分利用率包括了这两部分水的消耗。水分利用率(water use efficiency, WUE)是单位蒸腾和蒸发水总量所收获的作物生物量(干重)。

$$WUE(mg \cdot g^{-1}) = \frac{作物生物量(干重)}{(蒸腾作用+蒸发作用)耗水量}$$

不同作物及作物生长在不同环境下,水分利用率是不相同的。

(二)不同作物和品种的耗水量不同

不同作物的蒸腾系数不同,田间耗水量不同,因而所需水量也有差别。C_3 植物的耗水量大于 C_4 植物。图 4-19 是 C_3 植物小麦和 C_4 植物玉米日耗水过程线。小麦为乳熟期,玉米是抽穗期。图中看出,从日出到日落小麦的耗水速率始终大于玉米,只有中午时段两者接近。小麦耗水曲线有较宽的峰值带,而玉米耗水曲线的峰值带较窄。小麦自日出后蒸腾量迅速增大,直到日落前仍保持有较大的蒸腾速率。玉米上午的蒸腾速率一直较小,11 点后才迅速增大,到 16 时后又急剧下降,玉米耗水日变化过程属剧增骤降型,日耗水量较少。

据华北地区的一些观测表明,C_4 植物玉米抽雄期平均日耗水量为 4.4mm,最大日耗水量 8.3mm;谷子灌浆期平均日耗水量 5.7mm,最大日耗水量 8.5mm。C_3 植物小麦灌浆期,平均日耗水量 10.7mm,

表 4-15　我国几种主要作物的耗水量($m^3 \cdot 亩^{-1}$)

作物	地区	年份		
		干旱年	中等年	湿润年
双季稻(每季)	华中、华东	300~450	250~400	200~300
	华南	300~400	250~350	200~300
中稻	华中、华东	400~550	300~500	200~450
单季晚稻	华中、华东	500~700	450~650	400~600
冬小麦	华北北部	300~500	250~400	200~350
	华北南部	250~450	200~400	160~300
	华中、华东	250~450	200~350	150~280
春小麦	西北	250~350	200~300	——
	东北	200~300	180~280	150~250
玉米	西北	250~300	200~250	——
	华北	200~250	150~200	130~180
棉花	西北	350~500	300~450	——
	华北	400~600	350~500	300~450
	华中、华东	400~600	300~500	250~400

(沈阳农学院,《农田水利学》,1980)

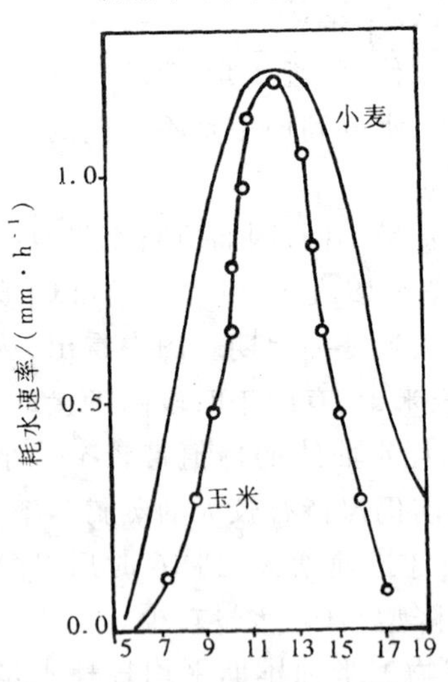

图 4-19　C_3植物小麦和C_4植物玉米耗水速率日变化(董振图,1997)

最大日耗水量14.9mm;大豆开花期平均日耗水量11.2mm,最大日耗水量14.6mm;棉花结铃期平均日耗水量11.7mm,最大日耗水量22.6mm。平均日耗水量C_3植物小麦、大豆和棉花3种作物平均是11.2mm;C_4植物玉米和谷子平均为5.1mm。平均日耗水量C_3植物是C_4植物的两倍。小麦、大豆最大日耗水量为玉米、谷子的178%;棉花是谷子的2.7倍。日平均耗水量和最大日耗水量C_3植物都大于C_4植物。

有人在人工控制气候条件下测定26种作物的耗水量表明,作物耗水量与作物种类有着十分密切的关系。无论在干燥条件下(相对湿度40%)或在湿润条件下(相对湿度80%),C_3植物耗水量大约是C_4植物的两倍(表4-16),C_3作物7种作物平均,干燥条件下耗水量是3.86g·cm^{-2}·d^{-1},湿润条件下为2.59 g·cm^{-2}·d^{-1};C_4植物19种作物平均,干燥条件是1.89 g·cm^{-2}·d^{-1},湿润条件下为1.30 g·cm^{-2}·d^{-1}。表4-15是我国几种主要作物的需水量。

(三)不同作物在不同季节耗水量不同

不同季节降水量和土壤湿度不同,因而作物的耗水量也有差别。

如北京地区降雨主要集中在七、八月份,因而冬小麦的水分需要更多的灌溉,而玉米除播种期外,差不多全在雨季生长,灌水不如小麦迫切,低湿地区在雨季还要注意排水。

表4-16　几种作物各生育期耗水情况

作物	生育阶段	各生育阶段日数占全生育日数百分比/%	各生育阶段耗水量占全生育期百分比/%	平均每日耗水量/(cm^3·亩$^{-1}$)
冬小麦	播种-出苗	2.65	2.01	0.99
	出苗-分蘖	4.54	4.94	1.29
	分蘖-越冬	23.10	9.37	0.53
	越冬期	32.95	5.44	0.22
	返青-拔节	12.87	12.07	1.23
	拔节-抽穗	10.61	30.09	3.74
	抽穗-开花	1.14	3.84	4.42
	开花-成熟	12.12	32.49	3.51
花生	播种-出苗	5.9~15.3	3.2~6.5	0.55~0.57
	出苗-开花	22.9~25.2	16.3~19.5	0.68~1.20
	开花-结荚	38.9~43.7	52.1~61.4	1.33~2.11
	结荚-成熟	22.9~25.2	14.4~25.1	0.82~1.34
甘蔗	发芽期	17.2	10.7	2.0
	分蘖期	18.4	15.4	2.7
	伸长期	45.0	15.4	3.9
	成熟期	19.4	19.6	3.2

表 4-17　棉花一昼夜耗水量

（据郑广华，1980）

时　　期	一昼夜耗水量/($m^3 \cdot$ 亩$^{-1}$)		需水/%
	一般	最多	
出苗——现蕾	0.5～1.5	2.0	15%以下
现蕾——开花	1.5～2.0	3.0	12～20%
开花——开始吐絮	2.5～3.0	5.0	45～65%
开始吐絮以后	2.0以下	——	10～20%

早稻和晚稻生长的季节不同，环境条件差异较大，故需水量的变化规律也不同。早稻插秧后气温较低，光照弱，蒸腾量增加比较缓慢，抽穗开花期蒸腾量达高峰，后期由于气温高，光照强，蒸腾量下降比较缓慢。晚稻插秧期的气温高、光照强，蒸腾量在孕穗期就达到高峰，尔后由于温度低，日照弱，蒸腾量便迅速下降，直到黄熟（图 4-20）。

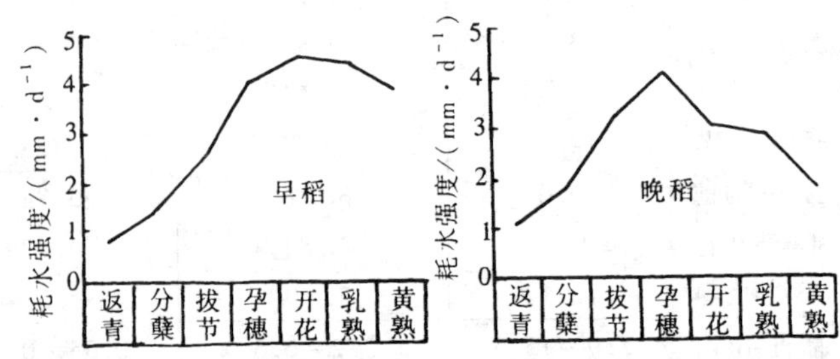

图 4-20　连作早、晚稻不同生育期的蒸腾量变化

（潘瑞炽，1979）

（四）作物不同生育期的耗水情形不同

不同作物不同生育期耗水量也有差别（表 4-16 和 4-17）。一般作物幼苗期需水量较少，随着幼苗长大，水分消耗量亦相应增多，耗水量也增加，到植株逐渐衰老时，需水量又下降。

以小麦为例，分析作物在不同生育时期对水分需要的情况。

第一个时期是从萌发到分蘖前期。这个时期主要进行营养生长,根系发育很快,叶面比较小,植株耗水量不大。

第二个时期是分蘖末期到抽穗期。这时小穗分化,茎、叶和穗开始迅速发育,叶面积增大,消耗水量最多。该时植株代谢强烈,如果缺水,小穗分化不佳或畸形发展,茎的生长受阻,结果是植株矮小,产量减低。因此,这个时期便是第一个水分临界期。这个临界期,严格说就是孕穗期,也就是从四分体到花粉粒形成的过程。

第三个时期是从抽穗到开始灌浆。这时叶面积的增长基本结束,主要进行受精和种子胚胎生长。如水分不足,上部叶子因蒸腾强烈,开始从下部叶子和花器官抽取水分,引起结实数目减少,导致减产。

第四个时期是从开始灌浆到乳熟末期。这个时期营养物质从母体各处运到籽粒。物质运输与植株水分状况有关。这个时期如果缺水,有机物液流运输变慢,造成灌浆困难,籽粒瘦小,产量降低;同时,也影响旗叶的光合速率和缩短旗叶的寿命,更减少有机物的制造。所以,这个时期便是第二个水分临界期。

第五个时期是从乳熟末期到完熟期。这时营养物质向籽粒运输的过程已经结束,种子失去大部分水分,渐渐变成风干状态,植株逐渐枯萎,已不需要供给水分,尤其是进入蜡熟期,根系开始死亡。该时期如灌水,反而有害,因为又会从老茎基部再生新蘖,消耗养分,减低产量。此外,成熟时籽粒水分过多,品质变坏,蛋白质含量减低。

表 4-18　不同生育期的蒸腾系数

（据郑广华,1980）

<table>
<tr><td rowspan="2">陆　稻</td><td>分蘖始期</td><td>幼穗形成期</td><td>始穗期</td><td>抽穗末期</td><td>成熟前期</td><td>成熟后期</td></tr>
<tr><td>1020</td><td>532</td><td>459</td><td>233</td><td>339</td><td>399</td></tr>
<tr><td rowspan="2">大　豆</td><td>三叶期</td><td>六叶期</td><td>始花期</td><td>开花末期</td><td>成熟期</td><td></td></tr>
<tr><td>691</td><td>534</td><td>328</td><td>601</td><td>1 663</td><td></td></tr>
</table>

作物在不同生育期间的蒸腾系数也不同(表 4-18)。在旺长期间,由于干重增长快,所以蒸腾系数较小,生长较慢时则变大(特别

是温度较高时）。根据蒸腾系数及干重增长量，可大体上推算不同阶段的需水总量。从这里也可以看出，在不同情况下，作物对于水分的利用率是不同的。

在总需水量的研究中，应分别考虑蒸发量及蒸腾量的变化规律和特点，这样才能针对具体情况制定出合理排灌的对策。下面以冬小麦为例看二者的变化情形。

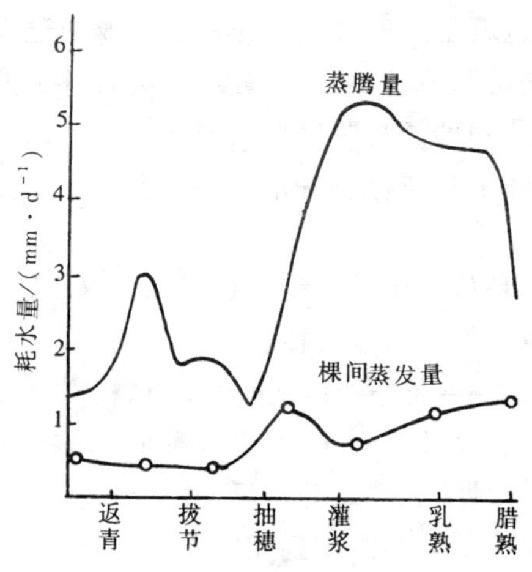

图 4-21　冬小麦不同生育期平均日耗水量数

（山东禹城，据董振国，1997）

冬小麦不同生育期平均日蒸腾量和日棵间蒸发量如图4-21。棵间蒸发量变化比较平衡，抽穗期和腊熟期日蒸发量大于1.0mm，其余时间小于1mm。蒸腾量有两个高峰值，一是起身期，平均日蒸腾量3.0mm；二是灌浆期，日蒸腾量大于5mm。

表 4-19　冬小麦不同生育期麦田总耗水量、棵间蒸发量和蒸腾量

（mm，山东禹城，据董振国，1997）

生育期	天数	麦田总耗水量/mm	棵间蒸发量/mm	蒸腾量/mm	蒸腾量与麦田总耗水量之比/%
播种—拔节	193	170.7	150.8	19.9	11.2
拔节—收获	58	269.8	64.4	205.2	76.1
全生育期	251	440.5	215.4	225.1	51.1

表 4-19 列出冬小麦播种至拔节和拔节至收获所需天数及蒸腾和棵间耗水量。播种至拔节历时 193d,麦田耗水 170.7mm。其中棵间蒸发 150.8mm,蒸腾 19.9mm,蒸腾占 11.2%。拔节至收获历时 58d,麦田耗水 269.8mm,其中棵间蒸发 64.6mm,蒸腾 205.2mm,蒸腾占 76.1%。小麦全生育期麦田总耗水为 440.5mm,其中棵间蒸发为 215.4mm,占 48.9%;蒸腾为 225.1mm,占 51.1%。

(五)作物耗水量随叶面积而变化

随着叶面积增大,植株蒸腾作用加强,因而耗水量也增加。

叶面积的扩增,还使蒸腾作用耗水量占田间总耗水量的比例也增加(图 4-22)。

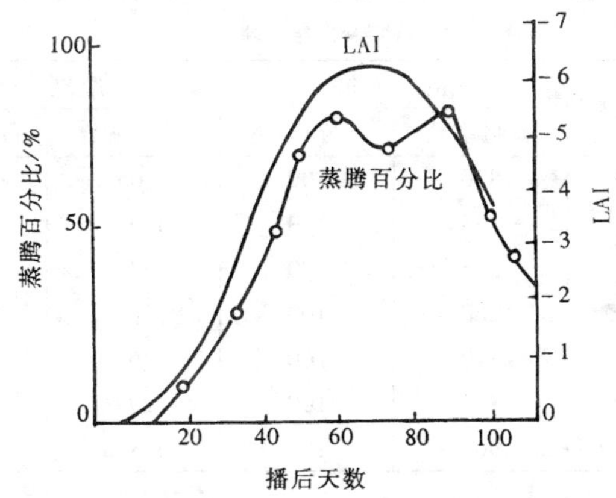

图 4-22　夏玉米蒸腾百分比与群体叶面积指的关系

(山东禹城,据董振国,1997)

表 4-20　冬小麦不同生育期群体叶面积指数和蒸腾量与总耗水量之比

(董振国,1997)

生育期	返青	起身	拔节	孕穗开花	灌浆	乳熟	腊熟	完熟
叶面积指数	1.5	3.0	4.5	6.5	6.0	5.0	4.0	2.5
比值/%	23.0	61.0	64.2	70.0	91.5	87.7	76.5	61.0

冬小麦不同生育期群体叶面积指数和蒸腾耗水所占百分比如表 4-20。表中看出,小麦蒸腾耗水所占百分比随群体叶面积增大而增

加。返青期群体叶面积指数为1.5,蒸腾比值是23%,灌浆期群体叶面积指数为6.0,蒸腾比值为91.5%,完熟期叶面积指数是2.5,蒸腾比值为61.0%。

(六)作物耗水量随不同环境而变化

在不同条件下,作物的耗水情况有很大差异。由于不同因子对蒸腾和同化(后者联系到生长和干物质积累)的影响不同,因而对耗水量和蒸腾系数的影响可能相同,也可能相反。例如在气候干燥时,促进蒸腾而阻碍同化,耗水量和蒸腾系数都会变大。从表4-21可看出,空气干燥时,不同作物的蒸腾系数增大25%~52%。其他如光、肥和土壤湿度等,也都会影响需水量。

表4-21　不同空气湿度与不同作物的蒸腾系数

(据郑广华,1980)

作　　物	空气湿润		空气干燥	
	蒸腾系数	百分比/%	蒸腾系数	百分比/%
小　麦	826	100	1 052	127
大　麦	758	100	1 037	137
水　稻	585	100	743	127
谷　子	267	100	386	145
玉　米	210	100	263	125
高　粱	223	100	297	134
紫花苜蓿	906	100	1 378	152

土壤水分条件也使田间蒸腾蒸发量发生变化。以冬小麦为例(图4-23),土壤水分含量很高,接近田间持水量时,总耗水量大大提高(图4-23曲线A),适宜水分条件下耗水量减少(图4-23曲线B)。后者只有前者的57.9%。调节土壤含水量,使其保持在合适的水平,不但大大提高水分利用率,还能增产。

二、适时适量灌溉的依据

适时适量灌溉可满足作物的生理需水。灌溉可使植株生长加快,特别是叶面积加大,增加光合面积;根系活动增强,叶片水分充足;光合速率增强,同时还能改善光合作用的"午休"现象;茎叶输导

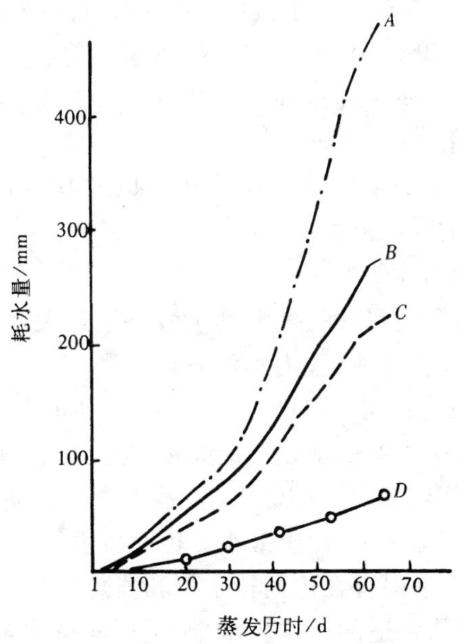

图 4-23　不同水分条件下冬小麦耗水量、蒸腾量和棵间蒸发量

A. 充分供水条件下总耗水量　*B*. 适宜水分条件下总耗水量

C. 适宜水分条件下蒸腾量　*D*. 适宜水分条件下棵间蒸发量

（董振国,1997）

组织发达,提高水分和同化物的运输效率,改善光合产物的分配利用,提高产量。由此可见,灌溉可改善各种生理作用,特别是光合作用,所以增产效果十分显著。

表 4-22　不同种植密度玉米田产量和水分利用率

（据董振国,1997）

密度 /(株·亩$^{-1}$)	实收穗 /(穗·亩$^{-1}$)	亩产 /kg	总耗水量 /mm	水分利用率 /(kg·mm^{-1}·亩$^{-1}$)
4 860	4 780	653	470	1.39
5 000	4 850	620	475	1.30
5 500	5 120	648	490	1.32
7 500	7 400	902	526	1.73

灌溉除直接满足作物正常生命活动需要外,还能改变栽培环境,

即提供生态需水，间接对作物产生影响。例如，早稻秧田在寒潮来临前深灌，起保温防寒作用；晚稻在寒露风来临前灌深水，有防风保湿作用；盐碱地灌溉，还有洗盐和压制盐分上升的功能；旱田施肥后灌水，可起溶肥作用。

灌溉的时间和水量要据不同的作物以及其生长环境的情况而定，主要是根据土壤和植株的状况。

（一）据土壤含水量判断

土壤达到完全饱和时的含水量叫做土壤最大持水量（又叫最大容水量、饱和含水量）。当重力水渗下以后，主要是靠土壤毛细管所持有的水，这时土壤含水量叫田间持水量。田间持水量是在排水良好状况下的土壤所能保持水分的最大量，是土壤有效水的上限，此时土壤吸水力为$(0.1 \sim 0.5) \times 10^5$ Pa，各种土壤的田间持水量不同，一般是粘土最大、壤土次之、沙土最小。田间持水量是灌溉的一个重要指标，使土壤含水量保持在田间持水量和萎蔫系数之间，作物才能生长良好。一般作物最适的土壤含水量，是田间持水量的60% ~80%（表4-23）。

表4-23　各种作物最适的土壤水分

（转引自赵微平，1982）

作　物	田间持水量/%	作　物	田间持水量/%
小　麦	60 ~ 70	马铃薯	80
大　麦	40 ~ 70	豌　豆	80
燕　麦	64 ~ 80	大　豆	70
荞　麦	20 ~ 60	玉　米	64 ~ 74
棉　花	50 ~ 67	亚　麻	43
甘　薯	70 ~ 75		

（二）据作物生长状况判断

但灌溉的真正对象是植物本身，而不是土壤，因此，也应据作物生长情况来精确决定灌溉时间。

1. 形态指标　缺水时幼嫩的茎叶易发生萎蔫；生长速率下降

（因膨压降低甚至消失，代谢减慢）；叶、茎颜色转为暗绿色（由于细胞生长缓慢，叶绿素浓度相对增大）；茎、叶颜色有时变红（干旱时碳水化合物的分解大于合成，细胞中积累较多可溶性糖，就会形成较多花色素，花色素呈红色）。形态指标易观察，但从缺水到引起形态的变化，有一定的滞后期，因此，当观察到植物缺水时，植物已受到了一定的危害。

2. 生理指标　它能及时、灵敏地反映植株内部的水分状况，叶片水势、细胞汁液浓度、溶质势和气孔开度都可以作为灌溉的生理指标。植株缺水时，叶片水势很快降低；细胞汁液浓度升高，溶质势降低；气孔开度减小，甚至关闭。当有关指标达到临界值时，就应灌溉。应该强调，在不同地区、不同作物、不同品种、不同生育期、同一植株的不同部位、同一部位在一天中的不同期间，作为生理指标的参数都可能不同。因此应结合当时当地情况，确定具体的灌溉生理指标，并在固定时间和固定部位进行测定。

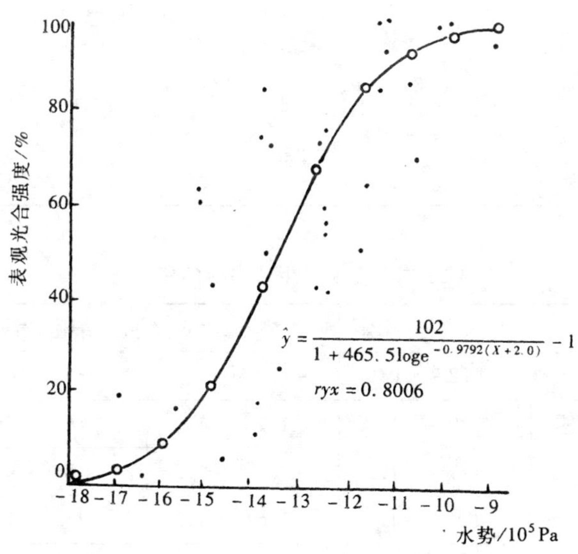

图 4-24　叶片水势与光合强度的关系

（1984.6.20-21，宣化，沙岭子）

（韩凤山等，1987）

叶片水势与光合强度及植株的关系最为密切(图 4-24)。因而,据水势大小作为灌溉的生理指标最为受到人们的重视。

从表 4-24 可以看出,各种作物在叶水势接近 -10×10^5 Pa,光合便开始受到抑制。因此可以根据这样的指标,经常注意进行人工灌溉,以保证光合作用充分地进行,最后形成较高的干物质产量和经济产量。

表 4-24　各种作物在不同叶水势下的净光合

(依 Boyer,1976)　　单位:10^5 Pa

作物	开始抑制	抑制 50%	完全抑制
玉　米	-3 ~ -8	-11 ~ -17	-12 ~ -20
葡　萄	-5 ~ -13	-9	-13 ~ -15
菜　豆	-6	-7	-10
向日葵	-7	-14	-22
番　茄	-7	-9	-14
高　粱	-10	-14	—
大　豆	-10 ~ -12	-16 ~ -18	-25
大　麦	-10	-15	-30
小　麦	-10	-15	-30

表 4-25　小麦灌溉生理指标的极限值

生育期	叶片水势/MPa	叶片溶质势/MPa	叶片细胞汁液浓度/%
开始分蘖~孕穗	-0.8 ~ -0.9	-1.0 ~ -1.1	5.5 ~ 6.5
孕穗~抽穗	-0.9 ~ -1.0	-1.1 ~ -1.2	6.5 ~ 7.5
灌　浆	-1.1 ~ -1.2	-1.3 ~ -1.5	8.0 ~ 9.0
成熟期	-1.4 ~ -1.5	-1.6 ~ -1.3	11.0 ~ 12.0

当然,作物在不同生长时期,叶片水势值是有一定差异的,故要据实际情况,找出最恰当的生理指标(表 4-25)。现在有的国家和地

区将作物灌溉所需生理指标数据输入计算机,届时只需将资料加以对比,就可确定是否需要灌溉。

三、灌溉定额及灌溉方法

(一)灌溉定额

灌溉水量的多少,不仅取决于作物耗水量(蒸腾与蒸发总量)的多少,而且要据当时当地的生态条件。土壤水分含量高并不一定产量高,还有可能发生涝害,也不利于节约用水。

土壤水分与产量和田间耗水量的关系可以图 4-25 的小麦为例。当土壤相对持水量处于某一值时,小麦产量最高,而农田耗水量相对较小。图 4-25(*A*)表示了土壤水分与田间耗水量的关系,农田耗水量随土壤含水量增大而增加。图 4-25(*B*)表示了小麦产量与土壤相对持水量的关系。当土壤相对持水量为某一值时(65% ~70%),小麦产量最高。土壤相对持水量大于某一值后,农田耗水量增加而产量反而下降。根据作物不同生长发育期对水分的需求,保持适宜的土壤水分,不仅可增产,而且可节约农田用水。

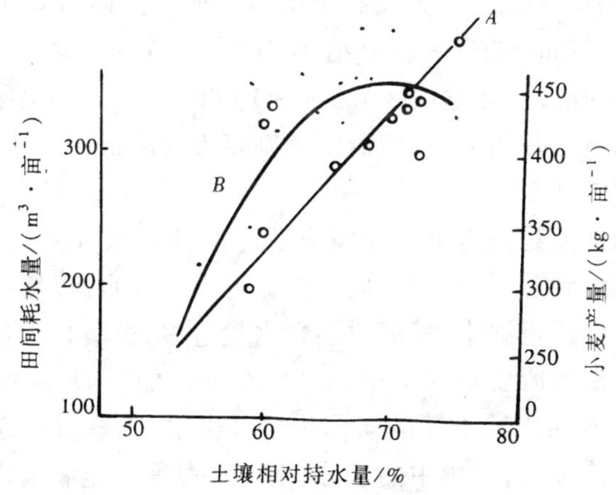

图 4-25　土壤水分与小麦产量和田间耗水量的关系

A. 土壤水分和田间耗水量的关系　　*B*. 土壤水分与小麦产量的关系

(董振国,1997)

另有试验表明，夏玉米苗期和拔节期0~40cm土层相对持水量以60%左右为宜，抽雄吐丝期0~60cm土层相对持水量以70%左右为宜，灌浆期相对持水量应为60%。土壤含水量低于下限指标，发生干旱导致减产。低于适宜水分下限指标10%~15%时为轻度干旱，低于下限指标20%~25%时干旱严重。玉米不同生育期缺水，减产的百分数不同，苗期为5.8%，拔节期24.8%，抽雄期30.0%，灌浆期40.0%。作物生殖生长期缺水减产幅度大。在农田生态系统中，水效益受多种因素的制约，其中肥力影响最大。因此，在讨论农田水分时，应充分考虑土壤肥力的影响。

值得一提的是，作物耗水量不同于实际生产中的田间耗水量，因为田间水分的消耗，除了蒸腾与蒸发外，还有土壤中水分的渗漏、流失等，因此，在计算灌溉定额时，要考虑这部分水量的损失。

作物生长所需的水分除降水直接供应外，还有一部分需人工灌溉补充。每单位田土面积需补充的水量，叫灌溉定额，即田土需水量减去作物生长期间的有效降雨量。不同作物和不同地区因内外因子的差别，灌溉定额相差很大。以水稻为例，北方稻田需水量大而降水量少，所以稻田灌溉定额大大高于南方。如一般南方双季稻灌溉定额为350~670m^3/亩，一季中稻为200~460 m^3/亩，一季晚稻为500~600 m^3/亩，而北方稻区为266~1 000m^3/亩。如果采用先进的灌溉措施和节水栽培方式，灌溉定额则可大大降低。

（二）灌溉方法

渠灌和井灌是最常见的灌溉方法。此种灌水方法是，当农田耕层含水量减少到某一程度时，向农田进行人工补水，以增加土壤含水量。灌前土壤严重缺水，灌后耕层含水量过多，土壤含水量不能连续保持在作物根系所要求的范围内。现在推广的喷灌、滴灌等节水灌溉技术能少量和连续不断的向作物根区供水，土壤耕层含水量长期保持在适宜范围内，土壤中的水分、空气和温度都能满足作物生长发育的要求。

灌溉方法有多种分类，可分为地上灌、地面灌和地下灌等。

下面简介几种灌溉方法。

1. 漫灌　水通过沟渠在农田表面形成水层或水流，渗入土壤内。

在确定灌溉量时，要考虑因渗漏和田面水分蒸发所造成的水分消耗。这种方法对水的浪费较大，另外若水质差（含盐分高），还会造成土地盐碱化。

2. 喷灌　利用设备把水喷到空中成水滴降落到植物和土壤上。这种方法可以解除大气干旱和土壤干旱，保持土壤团粒结构，防止土壤盐碱化，节约用水。

3. 滴灌　通过埋入地下的或设置于地面的塑料管网络，将水分输送到农田。在根系附近，水分从管上的小孔定量缓慢地流出，给作物提供水分和营养物质。滴灌能使被灌溉的作物经常保持良好的水分状况。由于滴灌使作物根系最发育区的土壤局部湿润，地表很大部分是干燥的，故可有效地利用水分，并对杂草生长造成不利条件。滴灌具有地面灌与地下灌之长，既不破坏土壤结构，也无深层渗漏，且不受地形的限制。滴头靠近作物根部，以最短的途径为作物供水，水利用率高。适于小定额多次灌水。滴灌比沟畦灌节水 83% ~ 87%，比喷灌节水 50% ~66%。

四、排水

水分不足固然会使作物生长发育受影响，但水分过多也会引起作物生育障碍。作物生长过程中水分平衡最为重要，因此，当遇雨涝等情况时，还应注意适时适量的排水，为作物生长创造最佳环境。

过多水分使叶片黄化、根呈暗褐色、伸长停止、分蘖率降低。特别是灌浆成熟阶段造成根系早衰，甚至发黑、腐烂，绿色叶片减少，叶片功能期缩短、籽粒变小，产量大幅度降低。

各种作物对水分过多的反应有所不同，下面以大麦和小麦为例。

种子萌发初期，大麦对水分过多的反应就比小麦敏感，其萌发率与出苗率均低于小麦。大麦和小麦在正常状态下随着种子萌发和根叶伸出，籽粒淀粉酶活性逐渐增强，植株干物重（除去籽粒）增加，两者间呈一定正相关，大麦和小麦都有相似趋势。水分过多时大麦和小麦的生长速率减慢，株高低于对照，叶色变黄，淀粉酶活性与植株干重积累都严重受阻。从表 4-26 可看出，大麦比小麦受害更为严重。持续 9 天后，小麦的干重和淀粉酶活性与对照相比，川麦 22 为

81.9% 和 64.7%，绵阳 21 为 66.1% 和 67.3%；而大麦 V24 只有对照的 55.1% 和 58.4%，早熟 3 号只有 61.5% 和 66.0%。

水分过多的原因较为复杂，如田块的地理位置和地形条件不适，地下水位高，土壤透水性差，降雨量突然增加等，因此要作好排水的各种准备，如降低河网水位、地下水位，开挖各种明沟、暗沟，埋排水管、隔水沟等。

表 4-26　水分过多对大麦和小麦籽粒淀粉酶活性及幼苗干物重的影响

（据王三根，1996）

作物		处理	项目	淹水时间/d					
				0	1	3	5	7	9
小麦	川麦 22	处理	DW	2.25	2.28	4.65	8.15	12.4	14.9
			Am	8.13	9.15	17.4	15.3	21.6	27.8
		对照	DW	2.25	2.31	5.24	9.25	14.8	18.2
			Am	8.13	9.01	19.3	22.4	29.7	43.0
	绵阳 21	处理	DW	2.18	2.21	4.35	7.49	10.2	12.1
			Am	9.45	10.8	15.3	17.6	21.2	23.0
		对照	DW	2.18	2.20	5.01	8.87	14.1	18.3
			Am	9.45	11.0	17.3	20.5	29.7	34.2
大麦	V24	处理	DW	1.61	1.71	2.35	4.75	7.11	10.3
			Am	7.12	7.59	10.8	13.5	18.2	21.2
		对照	DW	1.61	1.77	3.59	8.37	13.5	18.7
			Am	7.12	7.42	13.5	21.4	29.5	36.3
	早熟 3 号	处理	DW	1.85	1.88	3.62	5.95	8.01	10.7
			Am	7.40	7.85	9.45	14.4	17.6	23.3
		对照	DW	1.85	1.89	4.01	8.51	13.6	17.4
			Am	7.40	8.01	10.1	19.4	23.8	35.3

注：DW 为幼苗干物重，单位为 mg · 株$^{-1}$；Am 为淀粉酶（麦牙糖）活性，单位为 mg · 籽粒$^{-1}$ · 5min^{-1}。

在水源充足的水稻种植地区，有的采取在分蘖盛期到幼穗开始分化以前进行排水晒田，是缓解水稻个体与群体之间的矛盾、营养生长与生殖生长之间矛盾的重要措施。在排水晒田过程中，土壤耕作层水分逐渐减少，随着空气的透入，增加氧含量，引起氧化还原电位升高，还原性的有毒物质得以消除，减少黑根，提高根系活力，增加了根的呼吸强度，促进了根的生长（图 4-26、表 4-27）。晒田还促进稻株的生理活动，改变氮、磷代谢，增加茎杆的机械强度和抗倒伏能力，叶片不易早衰。当然，排水晒田一段时间后应及时回水追肥，保证植株生长有充足的水肥供应，否则，得不到应有的效果。

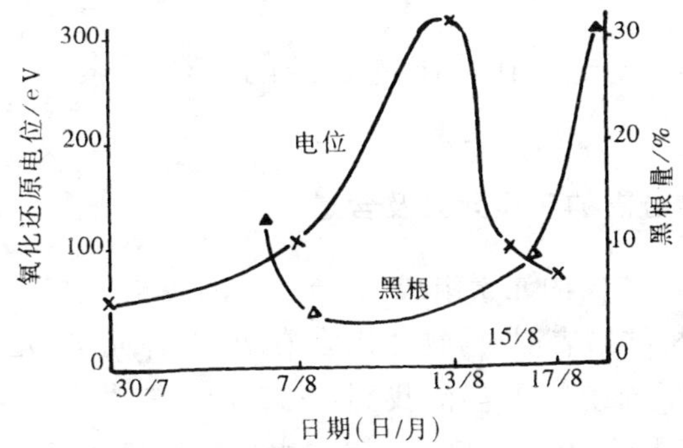

图 4-26　晒田过程中土壤氧化还原电位变化和水稻黑根率的关系

（中国科学院南京土壤研究所）

表 4-27　晒田对稻根（FW 对 CO_2）呼吸强度的影响

（中国科学院南京土壤研究所）

单位：$\mu l \cdot g \cdot h^{-1}$

	测定日期	不晒田	晒田	晒田比不晒田根系呼吸增加的百分率/%
晒田期	8月6日	18.83	20.85	10.6
	8月8日	15.93	18.36	15.2
	8月11日	25.25	29.00	11.9
晒田后	8月16日	20.89	23.95	14.6
	8月19日	19.67	23.04	17.1
	8月29日	12.29	16.17	31.5

第五章 作物的矿质营养生理与合理运筹

作物主要从土壤中吸收矿质元素和氮素。矿质元素的供应、作物对其吸收、矿质元素在作物体内的运输、分配及其生理功能等是作物矿质营养所涉及的主要内容。对作物矿质营养规律的研究及合理施肥对提高农作物产量和改善品质等方面都有十分重要的意义。

第一节 作物必需的矿质元素

一、作物必需的矿质元素及含量

（一）作物体内的元素组成

现代分析结果表明，植物体内含有70多种元素，几乎周期表中所有元素在不同植物中都能找到（表5-1）。植物体中绝大部分是水，一般占鲜重的70%～90%。除去水分后的剩余部分为干物质。

植物体干物质灼烧后的残余物称为灰分，呈白色。灰分中所含的元素叫灰分元素，一般以氧化物、硫酸盐或磷酸盐等形式存在。因灰分元素来源于土壤矿物质，所以，人们通常将灰分元素叫做矿质元素。

灰分中几乎不含C、H、O和N。植物体中的C、H和O在灼烧过程中已以CO_2和H_2O的形式挥发，而N则以N_2和氮的氧化物形式被损失（Cl和S在灼烧过程中也部分损失）。因灰分中不含N，N本身也不是土壤矿质成分，所以，N不是矿质元素。但一般仍将N与矿质元素一起讨论，因它与矿质元素一样，也是通过根以相似的方式从土壤中吸收来的（生物固氮例外）。

植物体内矿质元素的含量与植物的种类、年龄和生态环境等因素有关，一般中生植物的矿质含量约占植物干重的5%～10%。表5-1中为植物体内各元素的平均含量，这些数值会随分析的植物数量和种类的变化而变化。因此,从不同的资料看到的数值可能不同。就是同一植物在不同年龄,不同生态环境,甚至在同一植株的不同部位,某一元素的含量也有很大的差异。下面以大麦为例说明之(表5-2)。

表 5-1 各种元素在不同类植物中的含量(%干物质)

含量高低顺序	被子植物		蕨类植物		单细胞藻类	
	元素	含量/%	元素	含量/%	元素	含量/%
1	C	45.4	C	45.0	O	44.0
2	O	41.0	O	43.0	C	22.5
3	H	5.5	H	5.5	Si	22.0
4	N	3.0	N	2.1	H	4.6
5	Ca	1.8	K	1.8	N	3.8
6	K	1.4	Cl	0.60	Ca	0.80
7	S	0.34	Si	0.55	S	0.60
8	Mg	0.32	Ca	0.37	Na	0.60
9	P	0.23	P	0.20	Fe	0.35
10	Cl	0.20	Mg	0.18	Mg	0.32
11	Na	0.12	Na	0.14	Zn	0.26
12	Mn	0.063	S	0.10	Al	0.10
13	Al	0.055	Fe	0.030	I	0.030
14	Si	0.020	Mn	0.025	Sr	0.026
15	Zn	0.016	Zn	0.007 7	Cu	0.020
16	Fe	0.014	B	0.007 7	Ti	0.008
17	B	0.005	Cu	0.001 5	Mn	0.007 5
18	Sr	0.002 6	Sr	0.001 3	Ni	0.003 6
19	Rh	0.002 0	Ba	0.000 8	Sn	0.003 5
20	Br	0.001 5	Pb	0.000 23	Zr	0.002 0
21	Ba	0.001 4	Zr	0.000 23	Ba	0.001 5
22	Cu	0.001 4	Sn	0.000 23	Pb	0.000 5
23	Ni	0.000 27	Ni	0.000 15	Co	0.000 5
24	Pb	0.000 27	Co	0.000 08	V	0.000 5
25	V	0.000 16	Cr	0.000 08	Cr	0.000 35
26	Ti	0.000 1	Mo	0.000 08	Ga	0.000 15
27	Mo	0.000 09			Mo	0.000 1

表 5-2　大麦地上部分和根内营养元素的含量(干物质)分布

元素	地上部分的含量/%	根的含量/%	元素	地上部分的含量/%	根的含量/%
N	4.47	1.89	Fe	0.008 1	0.025 5
P	0.72	1.00	Mn	0.003 3	0.010 6
K	5.50	1.40	Cu	0.000 67	0.000 85
Ca	1.80	2.30	Zn	0.004 8	0.016 5
Mg	0.16	0.12	Mo	0.000 39	0.000 28
S	0.26	0.42	B	0.003 1	0.001 3

(二)作物必需矿质元素

虽然目前在植物体内鉴定出70多种元素,但它们并非都是植物生长发育的必需营养元素。要确定某元素是否为植物所必需,需满足以下三个条件:

(1)如缺乏该元素,则植物的生长发育不正常,不能完成其生活史;

(2)植物缺乏该元素时表现出特有的病症特征,如补充该元素,则植物逐渐转向正常,且其功能不能被其他元素所代替。

(3)该元素对植物的营养作用是直接的而非间接的(如使某些元素更有效或使有些元素更无效,或改变了环境条件所致)。

这三条标准自1939年由Arnon和Stout提出以来,一直被大家所采用。根据这三条标准,到目前为止确定出16种元素为植物的必需营养元素,简称为必需元素,它们分别是:C、H、O、N、P、K、Ca、Mg、S、Fe、Mn、Zn、Cu、Mo、B和Cl(表5-3)。除C、H、O和N外,其余12种为植物的必需矿质元素,其中Cl是最晚被确定为必需矿质元素的(1954年)。

各种必需元素在植物体内的含量相差很大。据必需元素在植物体内的含量多少,可将它们分为两类——即大量元素和微量元素。大量元素包括C、H、O、N、P、K、Ca、Mg和S共9种,一般占干物质重量0.1%以上。其余为微量元素,包括Fe、Mn、Zn、Cu、Mo、B、Cl,一般占干物质重量0.01%以下(表5-3)。

表 5-3　大多高等植物的必需元素和据认为是适当的内部浓度*

元素	化学符号	植物可利用的形式	原子量	在干组织中的浓度/%	与钼相比较的相对原子数
钼	Mo	MoO_4^{2-}	95.95	0.000 01	1
铜	Cu	Cu^{2+},Cu^{+}	63.54	0.000 6	100
锌	Zn	Zn^{2+}	65.38	0.002 0	300
锰	Mn	Mn^{2+}	54.94	0.005 0	1000
铁	Fe	Fe^{3+},Fe^{2+}	55.85	0.010	2 000
硼	B	BO_3^{3-},$B_4O_7^{2-}$	10.82	0.002	2 000
氯	Cl	Cl^{-}	35.46	0.010	3 000
硫	S	SO_4^{2-}	32.07	0.1	30 000
磷	P	$H_2PO_4^{-}$,HPO_4^{2-}	30.98	0.2	60 000
镁	Mg	Mg^{2+}	24.32	0.2	80 000
钙	Ca	Ca^{2+}	40.08	0.5	125 000
钾	K	K^{+}	39.10	1.0	250 000
氮	N	NO_3^{-},NH_4^{+}	14.01	1.5	1 000 000
氧	O	O_2,H_2O	16.00	45	30 000 000
碳	C	CO_2	12.01	45	35 000 000
氢	H	H_2O	1.01	6	60 000 000

* 根据 P. R. Stout, *Proc. 9th Ann.* Calif. Fertilizer Conf., *pp* 21～23,1961 改作。

值得一提的是,虽然必需元素在作物体内有含量多少的分别,但它们都符合必需元素的三条标准,即它们的生理功能是同等重要的,且是其他元素所无法取代的。作物缺乏其中任何一种必需元素,都会患上特有的缺素症,不能正常生长发育、完成其生活史。只是在生产实践中,有的元素易于缺乏,有的元素不易缺乏罢了。如 N、P、K,由于作物用量很大,土壤常常供应不足,必须经常补充,因而被称为肥料“三要素”,但这丝毫不能说明其他大量元素和微量元素就不重要了。

二、作物必需矿质元素的生理作用

必需矿质元素在作物体内一般有三方面的生理作用：一是细胞结构物质和某些代谢上的活性化合物的组成成分；二是参与酶的活动，调节作物的新陈代谢；三是起电化学作用，即起离子浓度的平衡、胶体的稳定和电荷的中和等作用。大部分大量元素具备第一种作用，而大多数微量元素具有酶促功能。

必需矿质元素缺乏或过剩对植物的正常生长发育都有不利的影响，并在一定的部位表现出失调症状。在作物体内易于移动的、可被再利用的矿质元素（如 N、P、K 和 Mg），其缺素症最先出现的部位是老组织；而在作物体内不易移动的、难于被再利用的矿质元素（如 Ca、S、Fe、Cu、Mn、Zn 和 B 等）缺乏时，其新组织最先出现症状。

（一）氮（N）

1. 氮的生理功能　除碳、氢、氧外，作物体内含量最多的元素就是氮。通常作物的含氮量约为干重的 0.3% ~5%。

根系从土壤中吸收的主要氮素形态是 NO_3^- 和 NH_4^+。某些可溶性的有机氮化物如氨基酸、酰胺、尿素也可为作物直接吸收。

豆科作物可与根瘤菌共生固定空气中游离的 N_2。如大豆的固氮量为每年 57 ~94kg · ha^{-1}。

N 为各种细胞器以及新细胞的形成和增长所必需；N 通过酶和辅酶间接影响植物细胞的各种代谢过程；N 还参与能量代谢；N 在促进细胞的伸长和分裂方面也具有重要的作用。

2. 氮缺乏和过多的症状　作物缺 N 时，蛋白质、生长素和细胞分裂素的合成受到抑制，从而影响到细胞的分裂和生长，导致细胞小而壁厚，分枝或分蘖减少，使植株瘦弱、矮小而直立；叶细而直立，与茎的夹角减小；根少且细长，根/冠比增大，后期根停止伸长，由白逐渐变为褐色。缺 N 时，叶绿素的合成受阻，导致叶失绿而渐黄，病症沿中脉逐渐向基部伸展。有些作物如玉米、番茄和油菜等在缺 N 时，随着蛋白质合成的减少而碳水化合物和花青苷的积累相对增加，使叶脉和叶柄呈现紫红色。

由于含 N 化合物在植物体内具有高度的可移动性，能从老叶转移到新叶再利用，故缺N时的症状通常从老叶开始，逐渐向幼叶扩展，下部叶片黄化后提前脱落（禾本科植物的叶片一般不脱落，干枯在植株上），使植株上留存叶片逐渐减少。这与受旱时整株叶片同时变黄不同。

N过多则促进蛋白质和叶绿素的大量形成，使营养体徒长，叶面积增大，叶色浓绿，叶片披垂，相互遮荫，影响通风透光，由于N素过多要消耗大量的光合产物用于合成蛋白质，从而使得茎秆柔弱，抗病虫和抗倒伏能力降低。N素过多一般使根系发育不良，根短而少，并且早衰。禾谷类作物分蘖期N肥施用过量，将促进营养体旺长，无效分蘖增加；抽穗期N素过量，容易发生倒伏，延迟成熟，空穗率增加。

3. 氮对作物产量的影响　氮通过两个途径影响作物产量，一是影响营养器官（源）和产品器官（库）的生长发育，二是在生殖生长阶段缺氮影响光合速率和加速衰老，由此调控同化物的贮存量。在有适当碳水化合物、水及其他成分条件下，氮多则原生质增殖快，促进细胞的分裂和扩大，显著地促进生长、扩大光合面积，提高根系活力，也有利于禾谷类作物的花序和籽粒胚乳细胞的分化和发育，从而奠定作物产量库容的基础（图5-1）。

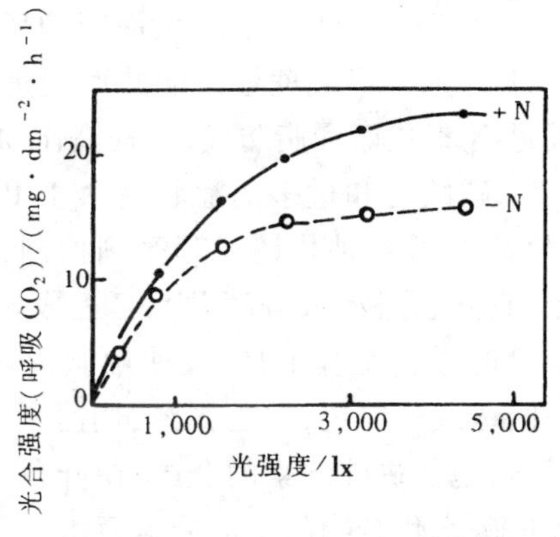

图5-1　氮素条件对光-光合作用曲线的影响
［Nevins与Loomis，1970；转引自古谷雅树等，植物生理学讲座，第五卷，（程炳嵩译，1976）*p*.274，科学出版社］

氮还强烈地影响CO_2的扩散，玉米缺氮时气孔阻力和叶肉阻力均大大增强，缺氮植株的叶肉阻力可比正常植株高2.5倍，增加植株氮素含量还能提高CO_2固定速率。

（二）磷（P）

1. 磷的生理功能　作物的全磷含量一般为干重的 0.05% ~ 0.5%，其中有机态磷占全磷量的 85% 左右，无机态磷占 15% 左右。

作物吸收的磷主要是正磷形态的磷，即 $H_2PO_4^-$，HPO_4^{2-} 和 PO_4^{3-}，其中以 $H_2PO_4^-$ 最易吸收。作物有时也可吸收偏磷酸（PO_3^-）和焦磷酸（$P_2O_7^{4-}$）。此外，作物还可吸收土壤中的有机磷化物，如已糖磷酸酯、甘油磷酸酯和蔗糖磷酸酯等。

P 在生物膜的形成、细胞分裂和遗传信息的传递中具有重要的功能。P 在能量转换和核酸合成中特别重要。

P 在光合作用中有重要功能。P 是同化力（ATP 和 NADPH）的组分；卡尔文循环中的各种糖也都是磷酸酯化的。P 在光合产物的运转中具有重要的作用，磷酸丙糖（TP）从叶绿体的运出是靠磷酸调节的，P 还通过形成蔗糖磷酸酯而促进筛管中蔗糖的运输。此外，P 还促进 N 素代谢和脂肪代谢，提高作物对环境的适应性。

2. 磷缺乏和过多的症状　由于 P 广泛地参与作物各种代谢过程，故缺 P 时各种代谢过程受到抑制，作物生长迟缓，表现为瘦弱、短小、直立、分枝（或分蘖）少，延迟成熟，果实、种子少且不饱满。由于缺 P 时细胞发育不良，致使细胞内叶绿素浓度相对提高，使得茎叶呈暗绿或灰绿色，缺乏光泽；同时植株缺 P，有利于铁的吸收和利用，间接地促进叶绿素的合成，使叶色变深暗。当缺 P 较严重时，植株体内碳水化合物的运输受阻而相对积累，形成较多的花青素，因此在一些作物如大豆、甘薯、油菜和玉米等的茎叶上出现紫红色。由于 P 易于再利用，故缺乏时，病症常从基部老叶开始，逐渐向上部发展。

P 素过多会增强呼吸作用，消耗大量碳水化合物，使禾谷类作物无效分蘖和空瘪粒增加，叶肥厚而密集，繁殖器官过早发育，营养生长受到抑制，引起植株早衰。P 素过多阻碍植物对硅（Si）的吸收，水稻易生稻瘟病。水溶性 P 还会与土壤中的 Zn、Mn、Mg 和 Fe 等营养元素形成溶解度小的化合物，降低上述元素的有效性。所以，P 素过多常以缺 Zn、缺 Mn、缺 Mg 和缺 Fe 等的失绿症表现出来。

3. 磷对作物产量的影响　磷对作物生长发育有明显促进作用。棉花缺磷时植株根系生长明显受阻，只有磷素充足，根系 ATP 含量、核酶总量及根系伤流量提高，地上部干物质产量才增加。小麦、水稻苗期缺磷，不仅根系发育受到抑制，而且分蘖减少，叶片暗绿无光泽，叶片及根中核酸和 ATP 含量减少，光合速率降低，对干物质积累、穗粒的分化发育都有重大影响，补充磷素后可缩解这些症状，促进生长和产量。磷尤其对作物籽粒和块根、块茎形成有很大的促进作用，此期间缺磷将会对作物产量造成很大影响。

（三）钾（K）

1. 钾的生理功能和缺素症状　K 在作物体内含量较高，达到干重的 1% ~5%，一般都超过 P。高产作物中 K 的含量非但超过 P，甚至超过 N。

K 是细胞中最丰富的游离阳离子。K 是生物体内很多酶的活化剂，目前已知有 60 多种酶的活化需要一价阳离子，而 K^+ 是最有效的。K 是细胞中构成渗透势的重要成分。地上部分的 K^+ 作为有机或无机阴离子的平衡离子，通过韧皮部运至根部并转移至根导管，降低根导管中的水势而引起根系主动吸水。K^+ 在保卫细胞中的进出造成保卫细胞的水势发生变化，从而调节气孔的开闭。

K 在植物体内流动性大，能再利用，故缺 K 时老叶上先出现缺 K 症状，通常是老叶的叶尖和叶缘发黄，进而变褐，焦枯似灼烧状，并在叶片上出现褐色斑点或斑块，但主脉附近仍为绿色。随着缺 K 程度加剧，病症沿叶缘逐渐向叶基部发展（而缺 N 症病则是沿中脉逐渐向叶基部发展，且叶片上无褐色斑点或斑块），以致整个叶片变为棕色甚至干枯。有的植物在缺 K 时叶面皱缩不平。若新叶出现缺 K 症状，则表明严重缺 K。

2. 钾对作物产量的影响　钾能增强 CO_2 同化作用，促进核糖酮-1，5-双磷酸羧化酶的合成，减少叶肉细胞对 CO_2 的阻抗，改善叶片的超微结构，提高光合净同化力。

钾在调节作物水分状况中有重要作用。供钾充分的植株水分损耗较少，是因为钾提高叶水势、叶片持水力、降低了蒸腾速率，并提高了水分利用效率。

钾通过调节原生质的胶体性质，使胶体保持一定的分散度、水化度和粘滞性，从而可提高作物的抗逆性。如钾可减轻棉花黄萎病、蚕豆叶茎枯死症等的发病率。钾也有利于提高玉米、小麦等禾木科植物的粗纤维含量，促进硬皮组织和维管束鞘的增长，从而提高茎秆强度，减轻倒伏。钾也可增强作物的抗寒性和抗盐性。

由于作物对钾的需要量较大，随着作物单位面积产量和复种指数的提高，氮、磷化肥用量的增长，缺钾往往成为许多地区作物产量提高的限制因素。

（四）钙、镁、硫

1. 钙（Ca）　在作物细胞中，Ca 富集于细胞壁、淀粉体和核仁里。绝大部分 Ca 作为构成细胞壁的果胶质的成分，它与果胶酸结合形成果胶酸钙而被固定，处于中胶层处，将相邻细胞粘连在一起，稳定细胞的结构；Ca 也直接参与染色体的结构并维持其稳定性。

Ca^{2+} 可作为第二信使，它与钙调素（calmodulin，CaM。一类存在于所有真核细胞中，具有调节细胞多种生理活动的钙依赖性酸性小分子蛋白，也叫钙调蛋白）结合后所形成的复合物能活化细胞中的许多酶，对细胞的代谢起着重要的调节作用。如 ATP 水解酶、磷酸酯酶、α-淀粉酶等的活化都需要 Ca^{2+}。目前认为，细胞分裂、细胞运动、细胞间信息交流以至植物的光合作用、植物对激素的反应及生长发育等都与 CaM 有密切的关系。

Ca^{2+} 主要通过质外体移动，在木质部汁液中 Ca^{2+} 随蒸腾流向上运输，而通过共质体、韧皮部运输的数量极少，因此 Ca 富集于老叶中。一旦 Ca 在老叶中沉积下来，就不能被活化向生长点移动，故缺 Ca 时的病症主要表现在幼叶和根、茎的生长点。

缺 Ca 时，植株生长受阻，节间较短，组织柔软，比正常植株矮小；顶芽、侧芽、根尖等分生组织容易腐烂死亡，幼叶卷曲畸形，多缺刻状，或从叶开始变黄坏死；果实生长发育不良。

由于果实的蒸腾量较小，缺 Ca 时易在果实中出现症状。Ca 充足时，能降低果实的呼吸作用，增加果实硬度，使果实耐藏，减少腐烂，又能提高维生素 C 的含量。

适当浓度的钙可以提高水稻的种子活力，促进光合作用与根系活力，增强水稻幼苗抗低温冷害的能力（表 5-4），还可提高小麦叶片细胞原生质的表观粘度，并降低细胞膜透性，提高氨基酸含量、光合速率和硝酸还原酶活性，从而提高小麦的抗旱性。钙在作物中广泛的生理生化功能已引起了人们的极大关注。

2. 镁(Mg) Mg 在光合作用中具有重要的作用。Mg^{2+} 是多种酶的活化剂，几乎所有的磷酸化酶、激酶和某些脱氢酶、烯醇酶都需要 Mg^{2+} 来活化。

Mg^{2+} 在植物体内是易于移动的元素。缺 Mg^{2+} 时，首先老叶发生脉间失绿，而叶脉仍保持绿色，形成清晰的绿色网状脉纹(禾本科植物缺 Mg^{2+} 时，脉间呈条纹状失绿)，以后失绿部分逐渐由淡绿色转变为黄色或白色，最后变为褐色甚至坏死。

表 5-4 钙对冷害水稻幼苗生长及光合作用、根系活力的影响

(据梁颖，王三根，1997)

Ca^{2+} 浓度/($mmol \cdot L^{-1}$)	株高/cm	干物重/mg	叶绿素/($mg \cdot g^{-1}$)	净光合强度(呼吸 O_2)/($mg \cdot dm^{-2} \cdot h^{-1}$)	根系活力/($\mu g \cdot h^{-1}$)
常温对照	10.7*A*	277.1*AB*	2.38*A*	3.77*A*	0.88*A*
冷害对照	9.8*B*	255.7*B*	2.12*B*	2.70*B*	0.37*C*
冷害缺 Ca^{2+}	9.2*C*	230.3*C*	1.55*C*	2.43*B*	0.22*D*
冷害 +0.25	9.7*B*	292.4*A*	2.35*AB*	3.30*A*	0.44*BC*
冷害 +0.5	9.8*B*	312.2*A*	2.35*AB*	3.31*A*	0.45*BC*
冷害 +1.0	9.8*B*	295.3*A*	2.31*AB*	3.22*A*	0.50*B*
冷害 +5.0	9.6*B*	271.3*AB*	2.26*AB*	3.20*A*	0.43*BC*

3. 硫(S) S 在蛋白质(包括酶)的结构组成和其空间构型的稳定性(通过二硫键)方面具有特别重要的作用。S 也是一些生物活性物质的必要组成。S 在光合作用、呼吸作用、NO_3^- 和 SO_4^{2-} 的还原作用、氨基酸、脂肪和碳水化合物的合成过程等诸多代谢方面都具有重要作用。

S 主要是以 SO_4^{2-} 离子形式被植物吸收的。还原性硫很快会结合成有机硫。第一个稳定的有机硫化合物是半胱氨酸。通过半胱氨酸，又可进一步合成甲硫氨酸(是植物激素乙烯的生物合成前体)。

由于 S 在植物体内的移动性不大，故缺 S 病症首先出现在幼嫩的叶片和生长点上，表现为幼芽心叶失绿变黄，无清晰的脉纹，茎细、僵直,分枝(蘖)少。缺 S 时蛋白质合成受阻,可溶性 N 化合物积累,植株生长缓慢。

不同作物对硫的需要量不同。禾谷类作物需硫量较低;豆科作物、甜菜和马铃薯需硫量中等;需硫量多的有十字花科作物,因为硫是这类作物种子中芥子油的主要元素之一。

(五)作物的微量元素

微量元素与大量元素相比,有如下特点:

①极微量(一般为 $10^{-5}\mathrm{mol}\cdot\mathrm{L}^{-1}$)就能发挥作用,稍一过量就会发生有害作用。作物所需要的微量元素虽然很少,就其重要性而言,必需微量元素与大量元素,对作物生长发育是同等重要的,缺乏其中任一种都会对生长发育产生不良影响。

②作物种类不同,对各种微量元素的需要量显著不同。如禾谷类作物对铜、锰或锌的缺乏特别敏感,花生、甜菜对硼的缺乏特别敏感(表 5-5)。

表 5-5　某些作物对各种微量元素缺乏的敏感性

(据何念祖、孟赐福,1987)

粮食作物	硼	铜	铁	锰	钼	锌
小　麦		* *	*	* *	*	*
水　稻			*	*		* *
玉　米	*	*			*	* *
马铃薯	*			* *		*
大　麦		* *	*	*		*
大　豆			* *	* *	* *	* *
燕　麦		* *		* *	*	
高　粱		*	* *	* *		* *
糖用甜菜	* *	*		* *	*	
花　生	* *		* *		*	*
蚕　豆			* *	* *	*	* *
木　豆					*	
鹰嘴豆					*	
香　蕉	*					
椰　子	*					

注:* * 表示很敏感;* 表示敏感。

③在通常栽培管理下不必进行特殊供应。但不同微量元素对某些特定作物或某些特定地区可能特别重要,故要区别对待,妥善处理。

④作物微量元素缺乏症的出现与气象条件有很大关系,如铁和硼的缺乏在干旱年份容易发生。

⑤微量元素的有效度低,加之与根的接触面积小,一般头一年施入作物吸收很少,故常有以叶面喷施的方式即时补其不足。但从长期效果看,也不应忽视土壤中微量元素的缺乏。

1. 铁(Fe)　Fe 是细胞色素、血红素、豆血红蛋白、铁-硫蛋白和铁氧还蛋白(Fd)等的组成成分,也是许多酶的组成成分。Fe 在植物体内的主要生理功能是起传递电子的作用。所以,Fe 在光合电子传递链、呼吸电子传递链、NO_3^- 和 NO 以及 SO_4^{2-} 的还原、生物固氮和 H_2O_2 的分解过程中具有重要作用。Fe 虽不是叶绿素的组成成分,但它在叶绿素的生物合成过程中是必不可少的。植物体内 80% 以上的 Fe 都在叶绿体中。

由于 Fe 在植物体内不易移动,故缺 Fe 的失绿症最初出现在幼叶,表现为脉间失绿,严重缺 Fe 时,整个幼叶变为黄白色。缺 Fe 常发生在高 pH 的土壤上,如我国北方石灰性土壤上常发生果树及各种观赏树木的缺 Fe 失绿病症。

2. 锰(Mn)　Mn 广泛地参与植物体内的催化作用,是许多酶的活化剂。叶绿体的形成和正常结构的维持必需 Mn,缺 Mn 时,类囊体片层不能形成。但 Mn 主要在光合作用中参与水的光解,因它是光系统Ⅱ(PSⅡ)中水氧化酶的主要组成成分。

Mn 还对植物体内的氧化还原过程起着重要作用。当锰呈 Mn^{4+} 时,它可使植物体内的 Fe^{2+} 氧化成 Fe^{3+} 或抑制 Fe^{3+} 还原成 Fe^{2+},从而减少有效铁(Fe^{2+})的含量,引起缺 Fe 失绿症。

Mn 是不易移动的元素,缺 Mn 时,幼嫩叶片脉间失绿,且有不规则的褐色小斑,有的连成斑块状。

Mn 毒害时,表现为老叶边缘和叶尖出现许多焦枯棕褐色斑块,且在斑块上有 Mn 的氧化物沉积。

3. 铜(Cu)　Cu 在植物体内的功能大部分与酶有联系,如抗坏血酸氧化酶、酚氧化酶、漆酶、细胞色素氧化酶、二胺氧化酶等都是含Cu酶，Cu在这些酶中的作用是起氧化还原作用。Cu还存在于超氧化物歧化酶（SOD）中。

由于Cu在植物体内难以再利用，故缺Cu症状首先出现在较幼嫩的组织上，表现为失绿、叶细而扭曲，叶尖发白卷曲，分蘖或侧芽增加，呈丛生状。禾本科作物缺铜时新叶呈灰绿色、卷曲、发黄、老叶在叶舌处变曲或折断，叶尖枯萎，叶片下部有灰白色斑点，有时扩展成灰色条纹，最后干枯死亡。

4. 锌（Zn） Zn在作物体内的主要功能是作为某些酶的组分或活化剂。已发现含锌酶有80多种。

Zn在植物体内还参与生长素（吲哚乙酸）的合成。因生长素合成前体——色氨酸是由吲哚和丝氨酸经色氨酸合成酶催化生成的，而Zn是色氨酸合成酶的必要成分。因此，缺Zn时，色氨酸含量下降，从而导致生长素含量下降，植株生长受阻，节间缩短，叶片扩展被抑制，表现为叶小簇生，称为小叶病或簇叶病。

5. 硼（B） B能促进植物体内光合产物（糖）的运输，B能影响酚类化合物代谢与生长素的活性，也促进核酸和蛋白质的合成。

B还参与植物的受精与结实过程。B能使花粉萌发加快，花粉管迅速进入子房，有利于受精和种子的形成。缺B时，花药和花丝萎缩，花粉母细胞不能进行四分体的分化，常引起花而不实，即使结实，果实和种子也不饱满。油菜的“花而不实”和棉花的“蕾而不花”现象，喷施B肥有良好的效果。缺B主要表现在生长点受影响，如根尖和茎尖的生长停止，严重时生长点萎缩而死亡，侧芽大量发生。缺B时，叶柄和茎变粗，木质部很不发达，输导组织发育不良，贮藏根的次生形成层或表层坏死。一些作物缺B时块根内部形成褐斑，如萝卜的褐心病、甜菜的心腐病、芜菁和甘蓝的褐腐病等。

对B缺乏最敏感的器官是生殖器官。缺B时，花粉粒变小而畸形，出现如油菜“花而不实”，大麦、小麦“穗而不实”和棉花“蕾而不花”现象。

6. 钼（Mo） Mo在植物体内的主要功能是作为硝酸还原酶和固氮酶的组成成分，参与NO_3^-还原和固氮作用，与电子传递系统相联系。大多数生长在 NO_3-N 营养条件下的植物比在 NH_4-N 条件下的需 Mo 量多。对缺 Mo 土壤上的豆科作物增施 Mo 肥,可使结瘤增加,植株含 N 量增加,有利于提高产量,改善产品品质。

缺 Mo 时,一般在植株中部或较老叶片上先出现病征,表现为脉间失绿,叶缘焦枯向上卷曲,形成杯状。豆科植物缺 Mo 时,根瘤发育不良,数量多但形小,呈绿色或棕色而不是正常的粉红色。十字花科缺 Mo 时,叶瘦长并螺旋状扭曲,老叶变厚、焦枯。禾本科作物缺 Mo 时,籽粒皱缩或不能形成籽粒,但在田间条件下,禾本科植物很少出现 Mo 的缺乏。Mo 的缺乏一般发生在豆科和十字花科植物上。

7. 氯(Cl) Cl 为光合作用中水的光解放氧所必需,其作用可能是维持和稳定水氧化酶(Mn-蛋白复合体)的空间结构以防止该酶与除 H_2O 以外的其他还原剂接触。

Cl^- 还能与阳离子(如 K^+、H^+ 等)保持电荷平衡,维持细胞内较高的渗透压,使叶挺立。氯可以促进液泡膜上 ATP 酶的活性。适量的氯有利于碳水化合物的合成与转化,提高作物的抗病性。氯在作物体中是不移动的,并在较老的器官中积累。缺 Cl 时,常出现叶子萎蔫,接着变为褪绿和青铜色。缺氯还使根的生长受阻,变粗、侧根短而少,降低座果率。

氯在生理上的需要量很低,仅为百万分之几,而多数植物含有高量的氯。作物中如果氯含量过高,也会受到很大影响。如生长在受盐分影响的土壤中的作物常显示氯中毒病状,包括叶尖、叶缘烧伤、发黄和叶子脱落等。大豆中高量氯抑制植株对氮素的吸收和代谢,影响磷素向籽粒中转运,产量及品质均有所降低。氯中毒的马铃薯叶子变厚,卷起,块茎贮藏质量变差。高氯含量使作物对 NO_3^- 和 SO_4^{2-} 的吸收减少,小麦籽粒蛋白质下降。

(六)作物的有益元素与稀土元素

作物的有益元素是指能促进作物生长发育,但不为作物普遍所必需的,或在一定的条件下为作物所必需,或只有某些作物生长所必需的元素。随着研究技术的日益改进,一些现在认为的有益元素以后也有可能成为必需元素。

1. 钠(Na) 钠在植物中的含量约 0.1%,有的作物如甜菜可高达 3% ~4%。

研究发现有些 C_4 植物钠可激活磷酸烯醇式丙酮酸羧化酶，调节碳水化合物代谢。钠与钾的化学性质相近，当钾不足时，钠可替代钾的部分功能。例如在保卫细胞中，钠有渗透调节功能，促进气孔张开；盐生植物中往往以 Na^+ 调节渗透，降低细胞水势，促进细胞吸水。

在一些作物中，还发现钠可促进呼吸作用，活化（$Na^+ + K^+$）ATP 酶，增进细胞胶体与水的结合能力，从而降低蒸腾作用，提高植物的抗旱性。

钠可促进纤维更好地分化，增加纤维细胞壁厚度，使纤维排列紧密，提高棉花纤维的强度，亚麻纤维的含量。

已发现甜菜施用 $NaNO_3$ 和 Na_2SO_4 等含钠肥料有较好的效果，含钠肥料对棉花有显著增产作用，当钾不足时，钠可补偿其功能，提高水稻产量。

根据植物中 Na^+ 对 K^+ 的取代程度以及植物生长对钠的反应情况，可将植物分为四类：(*A*)相当大部分的 K^+ 可被 Na^+ 代替而植物生长不受影响，且 Na^+ 可促进植物生长，例如甜菜、萝卜及 C_4 牧草；(*B*)较小部分的 K^+ 可为 Na^+ 取代而不影响生长，Na^+ 对生长的促进作用不明显，例如，甘蓝、棉花、豌豆、亚麻、小麦；(*C*)只有很少一部分 K^+ 可被 Na^+ 取代，Na^+ 对生长无促进作用，例如，大麦、水稻、燕麦、番茄；(*D*)植物体内的 K^+ 不能被 Na^+ 取代，例如大豆、莱豆、黑麦、莴苣，如图 5-2 所示。不过应注意的是同一植物在不同品种之间可能有不同反应，所以有时也不能将各种植物这样严格绝对地划分。

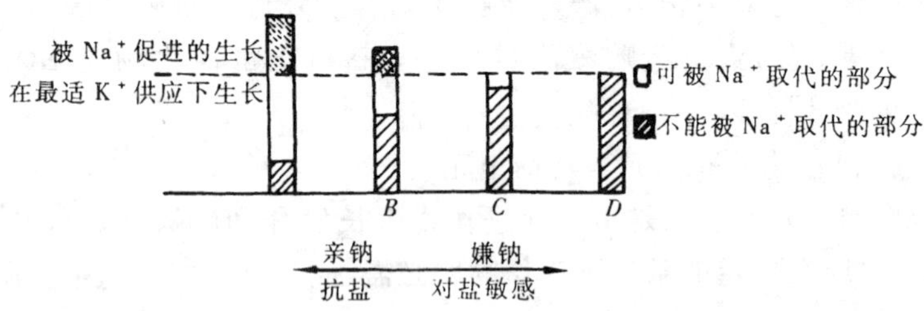

图 5-2　不同类型植物生长对钠的反应图解

（Marschner, H. , 1986）

2. 硅(Si) 硅是地壳中仅次于氧的第二位丰富的元素。硅在嗜硅植物中含量很高,通常认为是水稻、大麦、甜菜及某些硅藻正常生长所必需的元素。水稻含 SiO_2 5% ~20%,燕麦和大麦、小麦约2% ~4%。同一作物不同器官的含硅量有很大差异(表5-6)。

表5-6 植物体内硅的含量和分布

(转引自何祖念、孟赐福,1987)

植物和部位		Si(干物)含量/%	植物和部位		Si(干物)含量/%
小麦	籽粒	0.16~0.11	大麦	籽粒	0.42
	根	3.11		芒	4.70
	茎秆	0.60~2.24		茎秆	1.54
黑麦	籽粒	0.04~0.46	燕麦	籽粒	0.99
	根	1.23		根	2.43~3.74
	茎秆	1.06~1.76		叶	2.05
				茎秆	5.96
水稻	根	2.74	玉米	籽粒	0.04
	叶	6.02		根	0.78
	茎秆	3.7~5.6		果穗	0.32
	谷壳	8.40		小茎	0.83
糖用甜菜		0.70	苜蓿		0.75

硅对大多数双子叶植物的发育并不是必需的,但对于它们的正常生长发育是有益的,然而对一些含硅较高的禾本科植物(如水稻)等,硅是必需元素。

硅是细胞壁的成分之一,并与硅藻酸和果胶酸共价结合,稳定机械结构和其他多糖基的结构,增强组织的机械强度,减少植物蒸腾,抵制病虫害的入侵,增强作物的抗倒性。

水稻的蒸腾速率随硅浓度的增加而下降,植株缺硅时增加水分蒸腾,是产生凋萎的直接原因。小麦对小双翅蝇的抵抗力,水稻对稻瘟病、白粉病和螟虫的抵抗力都随硅的含量增加而增强。固态硅能增强颖的硬度,因而有利于种子的保存。

甘蔗中可能形成酶-硅复合体,可以调节光合作用和酶活性,有利于蔗糖的积累。水稻、甘蔗叶片的硅化细胞对于散射光的透过量为绿色细胞的10倍,可起增加阳光吸收的天窗的作用,促进光合作用。

硅可调节作物对磷的吸收和利用。当磷过剩时,硅可抑制水稻对磷过多的吸收,减轻黄熟障害。大麦在低磷时施用硅肥有显著增产效果。硅也可减轻大麦、小麦锰过多的毒害作用,减轻水稻铁、锰过多的毒害作用,减轻甘蔗铁、铝、锰过多的毒害作用。

缺硅植株叶片凋萎下垂,出现褐斑,严重时坏死,且症状首先从下部叶片开始;生长受阻,花粉授精能力减退,植株易倒伏,最后导致减产。

3. 钴(Co) 豆类作物和固氮兰藻需要钴。钴是豆科植物固氮所必需的元素。钴离子能促进氨基酸与豌豆核糖体的结合,影响植物的氮代谢。钴能提高豆科和其他植物蛋白质的含量。

有研究指出钴参与呼吸作用和能量代谢,促进三羧酸循环和糖酵解过程,提高过氧化物酶与过氧化氢酶活性。

钴对叶子结构和功能有一定作用,增加叶表面积,促进豌豆茎的伸长。钴还能促进花粉的萌发,对授精过程有一定影响。

施钴对棉花、豆类和芥菜的生长、蒸腾作用和光合作用有促进作用,提高叶片中叶绿素含量。钴可提高棉花结铃数,减少蕾铃脱落,提高燕麦的抗旱性。

4. 硒(Se) 低浓度的硒对植物生长有刺激作用,但过多的硒对植物有毒害。

硒和硫是同族元素,植物体内有很多含硒的有机物与含硫有机物相似。如半胱氨酸〔$HSCH_2CH(NH_2)COOH$〕和硒半胱氨酸〔$HSeCH_2CH(NH_2)COOH$〕,蛋氨酸〔$CH_3S(CH_2)_2CH(NH_2)COOH$〕和硒蛋氨酸〔$CH_3Se(CH_2)_2CH(NH_2)COOH$〕。近年的研究表明硒在遗传表达的特殊作用。有人在谷胱甘肽过氧化物酶中发现存在有硒代半胱氨酸。该酶活性中心的硒代半胱氨酸是由一个终止密码所编码的。

虽然硒是否作物所必需尚未确定。但硒是人与家畜必须的,且常发生缺硒病。故在缺硒地区施稀肥对人和家畜有益。在缺硒地区也有报道作物喷硒增产的报道。

5. 碘(I)　在缺碘的土壤上,碘可促进作物生长。碘可促进作物叶绿素、胡萝卜素的合成,促进细胞伸长,增加大麦产量。提高大麦和玉米体内氨基酸、氮、磷、钾和碳水化合物的含量,促进大麦分蘖,提高鲜重,促进小麦生长。

碘可促进碳水化合物向复杂多聚物转化,促进茎叶纤维素的合成和茎秆组织的木质化,增强茎秆的机械强度。

6. 稀土元素(rare earth element)　稀土是元素周期表中第Ⅲ B 族的一组元素,即由原子序数 57 ~ 71 的镧系元素及其化学性质与 La 系相近的钪(Sc)和钇(Y)共 17 个元素的统称。根据稀土元素的化学性质及电子结构特点,通常将其分为两组:一为铈组(也称轻稀土),包括镧(La)、铈(Ce)、镨(Pr)、钕(Nd)、钷(Pm)、钐(Sm)、铕(Eu)、钆(Gd);二为钇组(也称重稀土),包括铽(Tb)、镝(Dy)、钬(Ho)、铒(Er)、铥(Tm)、镱(Yb)、镥(Lu)和 21 号元素钪(Sc)、39 号元素钇(Y)。地壳和土壤都含有稀土元素,土壤中稀土含量与成土母质类型有关,酸性火成岩发育形成的土壤稀土含量高。植物体内普通含有稀土,但在含量上是有差异的,这与土壤含量密切相关。生长在稀土矿区的植物,稀土含量就高。我国稀土储量丰富(3600 万吨),约占世界储量的 80%。

作物体内平均稀土氧化物(RE_2O_3)含量为 0.002% ~0.003%。含量丰富的山核桃叶片中可达 0.2%。稀土在植物中分布规律一般为根 > 茎 > 叶 > 谷粒,在不同叶位中幼叶含量高于老叶。早在 30 年代即发现稀土对作物生长有刺激作用。稀土可与蛋白质结合,可能与氨基酸、卟啉化合物和多糖类结合形成络合物。

农业生产上用的稀土基本上是以轻稀土组中的前四种元素(镧、铈、镨、钕)为主,主要是硝酸稀土〔$R(NO_3)_2$〕,含稀土氧化物 38.7%。

稀土元素可促进作物种子萌发和初期生长,冬小麦种子萌发率可提高 8% ~19%。稀土元素对植物扦插生根有特殊的促进作用,并促进根生长,根系活力、根系伤流液的产生、*ATPase* 活性、影响根系对营养离子的吸收和根系细胞质膜的透性。稀土与植物光合作用关系的研究证明,15mg/L 浓度的 $CeCl_3$ 使光合作用强度提高了

28%。稀土可促进叶绿素的合成,例如应用 $CeCl_3$ 处理黄化大麦幼苗,照光 38h 叶绿素形成增加了 24%。

稀土能促进大豆植物的生长发育,尤其促进根系的生长和增加结瘤数,使根瘤数目增加了 45% ~47%,根瘤的固氮活性增加 10% ~24%,增加结荚数和荚粒数,提高了产量。

7. 其他有益元素

(1)铝(Al) 铝是地壳中第三位丰富的元素,也是第一位丰富的金属元素。低浓度铝对作物生长有促进作用,能显著改善大麦、小麦和燕麦的生长。当培养液铝浓度低于 $1mg \cdot L^{-1}$时,对豌豆、甜菜、水稻、玉米等的生长有刺激作用。也发现铝对某些酶有激活作用,并促进淀粉合成。铝可增强甘蔗对磷的吸收、促进豌豆根瘤的发育。

茶树是铝积蓄植物,浓度达 $5 \sim 15\ mg \cdot L^{-1}$ 仍可促进茶树根的生长,当浓度高达 $90\ mg \cdot L^{-1}$时对茶树生长发育也未有不良影响。

但除茶树等少量几种植物外,较多的铝对大多数植物是有害的,特别是在酸性土壤中。铝含量过多时抑制铁钙的吸收,强烈干扰磷的代谢,作物根系变褐,生长受害。因而当铝过量时,常常被列为作物的有害元素,必须注意防治。

(2)钒(V) 钒在低浓度下可促进固氮作用和叶绿素合成,提高某些酶的活性,促进作物对铁的吸收和利用,刺激种子萌发。有关于钒促进玉米、大麦和水稻等生长的报道。适量的钒可改善作物品质,如甜菜施钒增加了根中蔗糖含量,玉米施钒增加了籽粒中蛋白质和淀粉含量。

(3)镍(Ni) 当作物生长所需的氮源为尿素时必需镍。镍为脲酶的一种组成成分。烟草和水稻的组织培养结果指出,尿酶必须要镍。

氰化物可抑制硝酸还原酶活性,而镍可与氰化物强烈反应,保护硝酸还原酶的作用,使其不致受氰化物影响而失活。

现今的研究认为,镍是豆科植物,也许是所有高等植物所必需的微量元素,镍对大豆根瘤菌和大豆叶中尿酶的活性有很大促进作用。作物缺镍会出现病症,如禾谷类作物缺镍叶片出现白黄色条纹,双子叶植物缺镍叶脉间明显黄化。施镍后才可消除之。

镍可促进作物生长，3 mg · kg^{-1}浓度的镍促进了水稻种子萌发和幼苗体内某些酶的活性。镍可替代某些酶中的 Cu^{2+}、Mg^{2+} 或 Mn^{2+}。

镍在植物体内含量为 0.5 ~ 5 mg · kg^{-1}，当土壤或作物中镍含量增高时，易发生毒害作用，故应注意。

(4)钛(Ti)　钛可提高叶绿素含量，增强光合作用，促进固氮酶、脂肪氧合酶、果糖-1,6-二磷酸酶等的活性，促进作物对 N、P、K 等养分的吸收。

(5)锂(Li)　锂可激活乙酰磷酸酶，为离子主动吸收提供能量；影响膜透性，促进作物对 K、Na、Ca、Fe 等的吸收。锂还可提高叶绿体光化学活性和叶绿素含量，促进光合作用，增强植物的抗病性。

三、作物必需元素的缺素症及其诊断

缺乏任何一种必需元素，作物代谢就会发生障碍，从而在外形上表现出一定的症状，这就是所谓的缺素症。

引起缺素症的原因很多，可能是土壤中该营养元素的缺乏，或土壤反应不适(如 pH 过高过低)，营养成分之间的不平衡、土壤理化性质不良，气候条件不良或作物本身的原因等。及早发现缺素症状，可避免造成生产的重大损失。

(一)作物缺素症检索表

各种缺素症的发病部位，因不同元素在植物体内的移动性而异。移动性较大的元素，如 N、P、K、Mg，病征先从老叶开始；移动性较小的元素，如 S、Fe、Mn、B 等，病征先从幼嫩部分开始，可资鉴别。但不同作物的缺素症表现常有出入，有时易于混淆，须有一定经验，才能正确判断。而且当出现缺素病征时，作物生育已受较大影响，此时确诊，再加补救，有些失之过晚。

下面将缺素出现时植株长势长相和叶、茎、根以及生殖器官的症状分别列于表 5-7，以便学习参考。

表 5-7 矿质元素的缺乏症

缺乏元素	植株长势长相	叶	茎与根	生殖器官
N	生长矮小，分枝或分蘖减少，叶的生活期及功能期缩短 地上部受影响较地下部明显	叶小，整个叶片显黄绿或黄色，有的叶色呈黄绿并带红色	茎细小，多木质，黄绿色，有时含有较多的花青素。根受影响较小。当植物吸收较多的 P 时，根冠较大	花果发育慢，黄化或白化，易脱落，种子小而轻
P	生长矮小，分枝或分蘖均少 地上部及地下部生长都受抑制	叶小，暗绿或红紫色，从下部叶开始，叶缘渐变黄，然后枯落	茎细小，多木质，含有较多花青素 根不发达，主根瘦长，侧根少	花、果实及种子都减少，开花期和成熟期延迟，种子不饱满
K	较正常植株矮小，但比缺 N 及缺 P 的稍大些，植株较柔弱，易感染病虫害，抗旱及抗寒性减弱	叶缘变黄色，逐渐变褐而干枯，叶片常有坏死斑点；边缘卷曲或皱缩，较易萎蔫	茎细小，柔弱，易倒伏。根系生长较差	结实较少，种子不饱满
S	生长受抑制，茎叶普遍缺绿	幼叶先变黄色，叶脉先缺绿，遍及全叶	茎细长，根稀疏，分枝少	开花结实期延迟，果实减少
Mg	植株大小无显著变化	缺绿，下部老叶先发黄，渐向上部扩展。叶肉发黄，叶脉仍为绿色，时期延长则渐变褐死亡	变化不大	开花受抑制，花色苍白
Ca	矮小，组织坚硬，病态先发生于根及地上幼嫩部，未老先衰	幼叶卷曲，脆弱，叶缘发黄，渐坏死	短小，茎和根尖分生组织细胞逐渐腐烂死亡	不结实或很少结实

续表

缺乏元素	植株长势长相	叶	茎与根	生殖器官
Fe	矮小，生长不良，明显缺绿	幼叶黄绿至灰白色，以后枯死。叶片薄，易脱落	茎、根生长均被抑制	果实小
Cu	矮小，缺绿症，易发生病害	禾谷类叶尖缺绿，幼叶易萎蔫	发育不良	果实、种子均少
Mn	矮小，缺绿	大小较正常，脉间缺绿	茎生长势弱，黄绿色，多木质	花、果减少
B	茎及枝条的生长点死亡。植株短小，尖端发白	叶易碎，叶柄易断，新叶粗糙，淡绿。常呈烧焦状斑点	根粗短，根尖死亡，茎脆，分生组织死亡，块根空心	易落花，果实种子不充实
Zn	矮小	新叶脉间缺绿，叶易碎而皱折，形成小叶	枝条停止生长；根系生长差，枝条节间缩短成叶簇	果实及种子小而少，易脱落

（二）矿质元素的缺素症与病虫危害

作物的缺素症有时与病虫危害症状易混淆，且相互间也常有联系，因此应注意区别，不要判断失误。如毒素病和线虫病常出现花叶、黄化、生长不良等，与一些缺素症相似。病毒病害可引起植株矮化，出现花叶或小叶等症状。蚜虫危害后出现卷叶。红蜘蛛危害后出现红叶，但通常缺素症与病理病之间在发生发展的特点等方面是存在着一定差别的（表5-8）。

另一方面，在观察中，即使检出典型的病斑或病原物时，仍应注意与营养失调的可能关系。因为病原病与缺素症之间常常存在着密切的因果关系。例如水稻胡麻叶斑病是以缺钾为诱因，某些条件下的稻瘟病与缺硅有关。棉花褐斑病与缺钾也有密切的联系等等。这些病表现的是病原病，其本质则在于缺素。实践一再证明，对水稻胡麻叶斑病（指缺钾性胡麻斑病）的防治，以施用钾肥最为有效就是有力的证明。不仅病害，即使虫害，也常与营养失调有关。例如缺钾棉花植株常常招致蚜虫集中为害，在正常棉株与病株靠近的情况下，蚜虫集中于病株上取食，而正常株上则很少，原因大概与缺钾植株体内可溶性物质浓度增加有关。又如稻螟和稻纵卷叶螟都有喜欢取食含硅低的水稻叶片的倾向。这些现象，骤一看，可能认为是一种巧合，但实质出于营养条件的不同。

表 5-8　缺素症与病理病的若干区别

（据秦遂初，1988）

项目	病　理　病	缺　素　症
发生发展过程	一般有明显的发病中心	无发病中心，以散发为多。
与土壤关系	与土壤类型、特性大多无特殊的关系，但与肥力水平有关，通常有以肥田多发的倾向	与土壤类型、特性有明显的关系，土壤类型不同，发病与正常截然不同，不同肥力水平的土壤都可发生，但以瘠薄的土壤多发
与天气关系	一般以阴霾多湿的天气多发，群体郁蔽时更甚	与地上部湿度关系不大，但土壤长期干燥或渍水可促发某些缺素症

此外，不良气候条件也会引起作物生长异常，出现类似缺素的症状。例如，初冬的一次寒潮过境，常使油菜幼苗叶片普遍变红，看起来很像缺磷；又如梅雨季节，有些作物如棉花植株体色显著变淡，甚至叶片脉间出现隐约黄斑，有如缺钾等等，前者由于低温使叶绿素减褪，后者可能是因足肥（N）足水，高温少照下，生长速度快而光合作用不旺，物质合成相对不足，使叶肉内叶绿素充实程度不够所致。缺水或渍水都会使叶片发黄。但这些通常在环境恢复正常后短期内即能复原。

（三）矿质元素缺乏的疑似症和重叠症

1. 疑似症　疑似症是指所缺乏元素不同而缺乏症状相似的缺素症。由于作物的形态建成和生理功能受多种元素所影响，故缺乏的元素不同而症状相似的状况经常出现。

疑似症在实践中是很普遍的。如氮和硫，镁和钾，钙和硼，铁、锰和锌三者之间的疑似以及有时还有磷和氮的疑似等等。当接触诊断时，除了一些具有特异性症状可以一目了然作出判断的以外，大多数场合存在疑似现象，所以疑似症的判断是诊断实践中经常碰到的。对于疑似的判别可从以下几方面入手：①从形态诊断角度看，需要对各种缺乏症的形态症状有较为深刻的认识，要能区别相似与不似，重要一点在于掌握某些互相疑似的症状中可能存在的一些细节差异，即从通性中找个性。例如，缺钾与缺镁，表现为叶肉黄化，先发于老叶，多数情况其发生土壤也相同（如砂土、酸性土）等，这是共同的。但另一方面，缺钾叶片叶尖叶缘一般都发生竭变或枯焦，叶肉发黄但不白化，病变部与绿色部界线明显；而缺镁大多边缘保持完好，叶肉的失绿常倾向于白化，有的还会出现淡的紫红色泽等。又如果树的缺铁与缺锰，发生的土壤，褪绿、花叶以及出现部位（上部）都有共同之处，但失绿程度则通常以缺铁为深，缺铁全叶黄化或发白，叶肉和叶脉的色界十分鲜明，而缺锰失绿程度较浅，通常不会发白，黄、绿色界不清；其次，缺铁一定发生于新梢，顶芽最严重，老叶通常正常绿色，缺锰常常延及老叶等等，了解这些个性对于疑似症的判别是十分重要的。②作成分的对比分析，疑似症在许多场合单凭目视是不能解决问题的，需要借助化学分析，以速测或常规方法测定植株（叶片）的有关元素，涉及元素不妨多些，多设几个疑点，有排除、有验证，结果可靠性自然大些。例如有人观察到甜菜叶片发黄，具缺硫和缺氮的疑似症状，在作了氮、磷、钾、硫等有关含量分析后（表 5-9）就能比较容易地进行鉴别而确诊为缺硫。一般情况下通过以上步骤大多可以作出确诊，必要时还可进行施肥诊断，以作最后验证。

表 5-9　甜菜氮、硫疑似缺乏的成分分析

生长状况	成分含量			
	叶柄			叶片
	NO_3-N 的含量/($\mu g \cdot g^{-1}$)	PO_4-P 的含量/($\mu g \cdot g^{-1}$)	K 的含量/%	SO_4-S 的含量/($\mu g \cdot g^{-1}$)
繁茂	2 500	2 100	3.15	1 880
不良	9 000	2 900	3.80	155

2. 重叠症　重叠症是指两种（或几种）元素同时缺乏的并发症，两种元素缺乏相继出现实际上也是重叠缺乏。

重叠缺乏大多表现一显一隐的特点。例如有人观察到马铃薯锰、锌重叠缺乏，在外形上只出现缺锰症状，在施用锰肥后症状消失，但产量却未见增加，如同时添施锌肥则产量显著提高。又如水稻磷、锌重叠缺乏，表现严重发僵，几乎不曾生长，施磷后发僵开始解除，生长势迅速转旺，但随之出现显著的缺锌症状，植株生育又受缺锌的影响，如同时施用磷、锌可得到满意的结果。以上现象的产生，大概是由于①缺乏程度不同或症状出现难易不同；②主要限制因子解除后，次要的第二种限制元素（即其原来含量接近于临界范围的元素）浓度被稀释而表现出来。当然也有几种缺乏症状同时表现的，如油菜同时表现出缺磷和缺钾，病株株形瘦小，分枝细、少，全体带紫红色（缺磷表现），同时下部叶片脉间退绿发黄，叶缘发褐枯焦（缺钾表现）。生产上可能出现重叠症的场合，较多的是土壤原因相同，如铁、锌、锰的缺乏都容易出现在石灰性土壤上；钾、镁都容易出现于酸性砂土上。实践中，在矫正了某种缺乏症状后，如果产量仍达不到应有的效果，就要考虑重叠缺乏的可能。

第二节　作物对矿质元素的吸收

一、作物组织中的养分状况与生长的关系

作物组织中矿质元素的浓度与生长发育和产量有很密切的关系。养分严重缺乏时，产量甚低；养分适当时、产量最高；养分浓度如继续提高，产量亦不增加，浪费肥料；如养分更多，产生毒害，产量反而下降。图 5-3 是作物组织中养分含量和生长速率或产量的关系。

当一元素严重缺乏时，施用该缺乏元素可促进植物生长或使产量增加，但在干物质中该元素的浓度有时反而稍有降低（图 5-3 曲线中的Ⅰ）；当养分供应再增加时，可能出现生长（干物质）增加而缺乏元素的浓度无明显变化（图 5-3 Ⅱ）；养分供应再增高时，生长量增加的同时，植物组织中该元素的浓度亦增高，一直到临界缺乏水平，在

临界缺乏水平和奢侈消耗之间是养分供应的适宜范围(图 5-3 Ⅳ),在奢侈消耗范围内,进一步再供应养分时,对生长不起作用,而元素吸收量仍继续增高(图 5-3 Ⅴ);再多供应养分,使组织中养分浓度继续增高,但由于浓度过高,且养分间失去平衡而产生毒害作用,使生长反而下降(图 5-3 Ⅵ)。植物组织内养分含量不是固定不变的,分析时应加以注意。

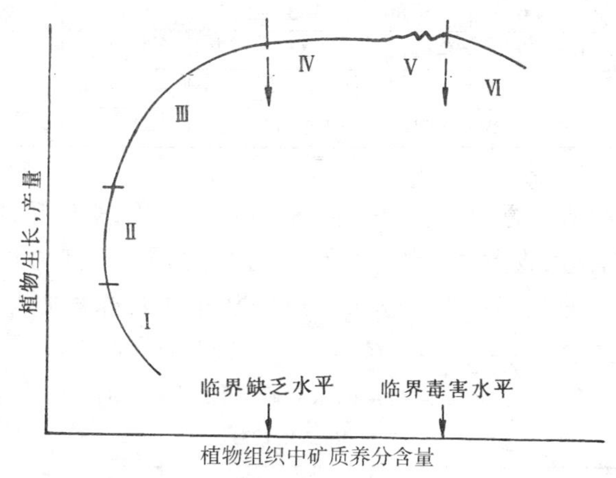

图 5-3 植物组织中矿质养分含量与生长或产量间的关系

Ⅰ及Ⅱ. 严重缺乏;Ⅲ. 中等缺乏;Ⅳ. 适宜范围;Ⅴ. 奢侈消耗;Ⅵ. 毒害范围。

(据饶立华,1993)

二、作物对矿质元素的吸收

(一)根系吸收矿质元素的区域及特点

1. 根系吸收矿质元素的区域 根吸收矿质元素的部位主要在根尖,而根毛区则是最活跃的区域。这是因为根毛区的表皮细胞还未栓质化,而该区域的根毛又大大地增加了根的吸收面积,再加之该区域已有了发达的输导组织,使得所吸收的离子能很快地进入导管运走(表 5-10)。放射性同位素(如^{86}Rb、^{32}P)实验也表明,根尖顶端累积了大量的离子,而根毛区累积的离子很少。这是因为根顶端还未分化出输导组织,所吸收的离子不易运走而积累,而根毛区的输导系统已分化完全,所吸收的离子能很快运往地上部分。

表 5-10 几种作物的根和根毛的长度和表面积

（依 Russell，1973）

（在 $1cm^2 \times 15cm$ 土壤柱内的根和根毛）

种类	根			根毛			根和根毛在土壤内占有体积的百分比/%
	数量	长度/m	表面积/cm^2	数量	长度/m	表面积/cm^2	
大豆	—	6.3	8.80	133	0.13	6.03	0.91
燕麦	102	9.8	6.85	137	1.74	74.0	0.55
黑麦	142	13.9	11.3	272	3.66	167	0.85
早熟稻	1 840	83.5	25.0	1 120	11.2	344	2.80

在吸收机能方面，侧根和根毛起着主要作用，主根和老根由于面积小，往往在吸收上所占的比例较小（表 5-11）。一般作物的根主要分布于土壤的浅层（10 ~ 20cm），所以从土壤耕作层吸收的养分最多。

表 5-11 大麦不同类型的根对磷、钙的吸收，龄期 2 ~ 3 周

（依 Russell，1971）

项目	种子根（胚根）	不定根（节生根）	侧根
根系的大小			
长度/cm	420	380	4 910
平均直径/mm	0.40	0.62	0.18
体积/cm^3	0.53	1.15	1.75
占总吸收的百分比/%			
磷	15	34	51
钙	10	31	59
在 24h 内占苗含量的百分比/%			
磷	27	40	33
钙	5	35	60

2. 根系吸收矿质元素的特点

（1）矿质元素与水分吸收的相对性　蒸腾作用可以促进根对矿质元素的吸收，但矿质元素的吸收量与水分的吸收量并不呈直线相关，它们之间具有相对的独立性。实验证明，遮荫作物的蒸腾强度减弱，但对矿质元素的吸收不仅未减少，反而增多了；离体根在无蒸腾的情况下，同样能吸收矿质元素。蒸腾作用之所以能促进根对矿质元素的吸收，是因为溶于水中的矿质元素可随水流较快地到达根际（rhizosphere，指直接受根系影响的范围，一般距根表面 1 ~ 2mm），以补充该区域内由于根吸收而造成的养分亏缺，促进被动吸收。水分的吸收量与养分吸收量之间无直线相关性，这表明作物根对矿质元素吸收还存在着一种与蒸腾吸水不同的过程，即主动吸收过程。

（2）矿质元素吸收的选择性　作物从营养环境中吸收离子时，对各种离子的吸收量并不与溶液中离子的含量成正比，即根对矿质元素具有选择吸收。例如，水培中的番茄每吸收一升水时，对 Ca^{2+}、Mg^{2+} 的吸收量在数值上比培养液中 Ca^{2+}、Mg^{2+} 的浓度大，而对 Si 则相反，结果培养液中 Ca^{2+}、Mg^{2+} 的浓度逐渐下降，而 Si 的浓度则上升；对水稻则完全相反，培养液中的 Ca^{2+}、Mg^{2+} 浓度逐渐上升，而 Si 的浓度则大幅度下降。

作物根对离子的选择吸收还表现在对同一种盐的阳离子和阴离子吸收的差异上。例如，供给 NH_4Cl 时，由于植物需 N 量大，故对 NH_4^+ 的吸收量远大于对 Cl^- 的吸收量，从而造成作物体内的正电荷多于负电荷。但作物体内始终是保持电中性的，结果释放了 H^+（其他阳离子难于透过细胞质膜流出），使得环境变酸。如果作物对某盐阳离子的吸收量大于对阴离子的吸收量时（以荷电量计），作物为了保持体内的电中性而释放出 H^+，使得环境酸化，这种盐叫生理酸性盐。大多数铵盐属于生理酸性盐（NH_4NO_3 除外）。反之，如果作物对某盐阴离子的吸收量大于阳离子时，作物为了保持电中性而释放出 HCO_3^- 或 OH^-，使得环境碱化，这种盐叫生理碱性盐。大多数硝酸盐属于这一类（NH_4NO_3 除外）。如作物对盐中的阳离子和阴离子几乎以同等的速度吸收时，则介质的 pH 值基本保持不变，这种盐叫生理中性盐，如 NH_4NO_3。一种盐是否为生理酸（碱或中）性盐，只看盐的组成还不够，还要考虑到作物的种类。对于含 N 盐，因作物需 N 量一般都很大，除 NH_4NO_3 外，铵盐一般为生理酸性盐，而硝酸盐为生理碱性盐，这对绝大多数作物都是适用的。但对钾盐，如

KCl,由于某些作物需钾量少,对这些作物来说,KCl 可能是生理中性盐。而对马铃薯、烟草和麻类等需钾量较多的作物来说,KCl 则是生理酸性盐。

(3)单盐毒害、离子拮抗和协合作用　将作物培养在单盐溶液中时,即使该盐的阴、阳离子都为植物的必需营养元素,且浓度也较稀,作物仍然要受到毒害以致死亡,这种现象叫单盐毒害。例如,将作物培养在较稀的 KCl 溶液中,作物将迅速积累 K^+,很快达到毒害水平致使作物死亡。如在 KCl 溶液中加入少量 Ca^{2+},则 K^+ 的吸收量会显著减少而不会产生毒害作用。这种由于增加一种离子的供应而降低了作物对另一种离子吸收的现象叫离子拮抗作用。一般阳离子对阳离子、阴离子对阴离子才有拮抗作用。关于离子拮抗作用的机理现仍不清楚,可能因为作物组织中阳离子(或阴离子)的总量基本保持恒定,当增加一种阳(或阴)离子的供应量时,显然会减少作物对它种阳(或阴)离子的吸收量,从而保持体内恒定的阳(或阴)离子总量。

离子间除存在拮抗作用外,有的也表现出促进作用,即一种离子的存在促进植物对另一种离子的吸收和利用,这种情况称为协合作用。例如 P 能促进 N 的吸收利用,因蛋白质合成需 ATP 和核酸;K 也能促进 N 的吸收利用,这是因为 K 促进核酸形成和 N 代谢。

土壤溶液中某种离子过多或过少都会对作物的生长发育产生不利影响,只有在各种离子的浓度和比例适当时,作物才能生长发育良好。这种能使植物正常生长发育的溶液叫平衡溶液。对海藻来说,海水是平衡溶液;对陆生植物,土壤溶液一般也是平衡溶液,但并非理想的平衡溶液,施肥的目的就是使土壤中各种矿质元素达到平衡,以利于作物的正常生长发育。

(二)根系吸收矿质元素的过程

根对外界离子的吸收可分为两步:第一步是土壤胶体颗粒上或土壤溶液中的矿质元素通过某种方式到达根的表面或根皮层的质外体(自由空间);第二步是矿质元素通过细胞膜进入到共质体,然后通过内皮层进入中柱的导管进行长距离运输。

1. 土壤中离子向根表面的迁移　这一过程有三种方式:截获、

扩散和集流。

(1)截获　当根系向前生长与土壤密切接触时,吸附在土壤胶体表面的交换性矿质元素可与根表面分泌的 H^+ 通过接触交换或直接溶解于根表面的水膜中而到达根的表面。根通过这种途径获得矿质元素的方式叫截获。

(2)集流　溶质随溶剂一起移动的方式叫集流。溶解于土壤溶液中的矿质元素可随植物蒸腾作用所产生的水流(即集流)到达根表面。当土壤溶液中某种离子的浓度较高、蒸腾作用又较强时,离子的集流迁移率就会超过根的吸收率,在根表面将会出现离子的积累;反之,则亏缺。

(3)扩散　分子或离子沿着自由能减少的方向或顺电化学势梯度移动的现象叫扩散。电化学势包括电势和化学势,离子的扩散速率决定这两种梯度的大小,而分子的扩散速度只决定于化学势梯度的大小。

通常情况下,离子向根表面迁移的上述三种方式都同时存在,共同起作用。但当土壤溶液中离子的浓度较高、植物的蒸腾强度又大时,养分的供应以集流为主;反之,当土壤溶液中离子的浓度小而蒸腾作用又弱时,养分的供应就以扩散为主。这三种方式相互补充,促使养分持续不断地向根表面迁移,以满足植物对矿质元素的需要。

2. 矿质元素被细胞吸收进入共质体　到达根表面的离子可进一步通过扩散或集流进入根的质外体,然后进入共质体。离子被根细胞吸收进入共质体的过程有两种方式,即被动吸收和主动吸收。

(1)被动吸收　所谓被动吸收是指离子不需要细胞代谢直接供给能量而是顺电化学势梯度由外界进入细胞内的过程。被动吸收的方式主要是扩散。

A. 扩散作用　只有当细胞内的离子浓度低于外界离子浓度时,扩散作用才会发生。在纯溶液中,物质的扩散速率可表示为:

$$F = D \cdot \frac{\mathrm{d}c}{\mathrm{d}x}$$

式中:F 为扩散速率(单位时间内通过单位面积所扩散的质点数);D 为扩散系数;$\frac{\mathrm{d}c}{\mathrm{d}x}$为浓度梯度(其中 c 为浓度,x 为距离)。可知扩散速率受浓度梯度的影响。

B. 协助扩散　指小分子物质经膜运转蛋白顺着电化学势梯度方向的跨膜转运。这种扩散过程需经膜上的通道蛋白和载体蛋白协助,但由于是顺着电化学势梯度,也不需要细胞提供能量。

(2)主动吸收　实验结果表明,根内某些离子的浓度比外液中的高出几十倍甚至上百倍,这用被动吸收是难以解释的。此外,植物对矿质元素的吸收往往与根细胞的代谢活动有密切的关系,即根对矿质元素的吸收表现出明显的主动性。根细胞利用呼吸所释放的能量逆电化学势梯度吸收矿质元素的过程叫主动吸收。

关于主动吸收的机理,先后提出了几种不同的假说。目前被广泛接受的学说是载体学说和离子泵学说。

A. 载体学说　生物膜上能选择性地携带离子通过膜的分子叫载体。载体的活化需要能量(ATP),离子在载体上有专一的结合部位。

载体学说可解释作物对矿质元素吸收的许多实验现象。

比如离子的吸收速率随外液浓度的增加而增加,但当增加到一定浓度后,其吸收速率不再随浓度的增加而增加。因膜上载体的数目有限,在低浓度时,其载体未被充分利用,故离子的吸收速率随外液浓度的增加而增加;但在高浓度时,载体已完全饱和,所以,此时的离子吸收速率不再随外液浓度的增加而增加了。

又如增强呼吸,根对离子的吸收加快;反之,如用呼吸抑制剂、降低温度和控制氧气的供应,则离子的吸收减弱。因载体不论是形成或活化都需要能量。

B. 离子泵学说　该学说认为,膜上的 H^+-ATP 酶水解 ATP 为 ADP^- 和 Pi,所释放的能量将膜内的 H^+ 泵出膜外,使得膜外带正电荷而细胞质带负电荷,产生一电化学势梯度,细胞外的阳离子顺电化学势梯度被动地自由进入膜内。

进入根导管的离子,可随根压流或蒸腾流运至地上部分。在运输过程中,溶液中的部分离子可被沿途中的细胞吸收利用。

三、影响根系对矿质元素吸收的因素

(一)土壤 pH

土壤 pH 值,尤其是根际土壤的 pH 值,它从两个方面影响根对矿质元素的吸收:一方面它直接影响根表面的荷电情况。构成原生质胶体的蛋白质等是两性电解质。在土壤 pH 值较低时,根细胞表面吸附的 H^+ 多而带正电,对其他阳离子的吸附减少,因而,在这种情况下,阳离子的吸收受到抑制,但促进阴离子的吸收;反之,在土壤 pH 值较高时,根细胞表面吸附较多的 OH^- 而带负电,从而对阴离子的吸收不利,但促进对阳离子的吸收。另一方面,土壤 pH 值影响矿质元素的存在状态,即有效性。这种影响对于植物根系吸收矿质元素来说是间接的,但它比直接影响更大。一般情况下,大量元素的有效 pH 值范围在微酸性至碱性。因在酸性条件下,土壤胶体上的交换位置极大部分被 H^+ 和 Al^{3+} 所占据,K^+、Ca^{2+}、Mg^{2+}、NH_4^+ 等阳离子易流失,而磷则与 Fe^{3+} 和 Al^{3+}(在酸性条件下,它的活性增大)等形成难溶的磷酸铁和磷酸铝而降低有效性。在碱性条件下,磷酸根与钙生成难溶的磷酸钙,也降低磷的有效性。微量元素的有效 pH 范围在微酸性。因在碱性条件下,它们易形成氢氧化物沉淀而降低有效性。

表 5-12　几种作物在不同 pH 值下的相对产量/%

(Malavolta,1975)

作物 \ pH 值	4.7	5.0	5.7	6.8	7.5
小麦	68	76	89	100	85
玉米	34	73	83	100	99
燕麦	77	93	98	99	100
黑麦	0~20	23	80	95	100
苜宿	2	9	42	100	100
甜三叶	0	2	49	89	100
红三叶	12	21	53	98	100
大豆	65	79	80	100	93

表 5-13 主要农作物所适应的 pH 值范围

作 物	pH 值	作物	pH 值
水 稻	6.0～7.0	茶	5.0～6.0
小 麦	6.0～7.5	甘 蔗	6.0～7.0
玉 米	6.0～7.0	甜 菜	6.0～8.0
甘 薯	5.0～7.5	甘 蓝	6.0～7.0
马铃薯	5.5～7.5	番 茄	6.0～7.0
棉 花	6.0～7.5	西 瓜	6.0～7.0
大 豆	6.0～7.0	胡萝卜	5.5～7.0
油 菜	6.0～7.0	柑 桔	5.5～7.0
花 生	5.5～7.5	苹 果	6.0～7.5
亚 麻	6.0～7.0	葡 萄	6.5～7.5
烟 草	5.5～7.5	苜 蓿	6.0～7.5
大 麦	6.0～7.5	燕 麦	5.0～7.5
豌 豆	6.0～7.0	荞 麦	4.7～7.5
黑 麦	5.0～7.7		

土壤中 pH 影响作物对养料的吸收和利用,最终影响产量(表 5-12)。大多数作物最适合的 pH 范围在微酸性、中性和微碱性之间(表 5-13)。

(二)温度

在一定温度范围内,矿质元素的吸收速度随温度的升高而增加。因为不论是被动吸收还是主动吸收都与温度有密切的关系。对于被动吸收,温度升高,蒸腾强度增大,从而通过集流到达根表面或根皮层自由空间的离子增多,结果,促进了被动吸收,也为主动吸收提供了离子;对于主动吸收,一方面温度升高,集流的加强为根细胞提供了更多的离子,另一方面,温度增加,酶的活性提高,从而促进了呼吸作用,为主动吸收提供的能量增加。此外,温度还影响原生质胶体的性状,低温使原生质胶体粘滞性增大,膜透性下降,结果使吸收减慢。但温度过高,植物对矿质元素的吸收速率反而下降(图 5-4,图 5-5)。这是因为一方面高温使酶钝化,另一方面使膜的透性增加而增加了离子的泄漏,这与酶活性的温度曲线是相一致的,证明温度对矿质元素吸收的影响主要是影响了酶的活性所致，从而证明了植物对矿质元素的吸收是以主动吸收为主。

作物种类不同，适宜的温度范围也不同。大麦根际土温以18℃较好，棉花为28～30℃，玉米为25～30℃，水稻为30～32℃。当温度从30℃降低至16℃时，水稻吸收养分的速率下降，各种养分下降的次序为：

$PO_4^{3-} > NH_4^+ > K^+ > SO_4^{2-} > Mg^{2+} > Cl^- > Ca^{2+}$

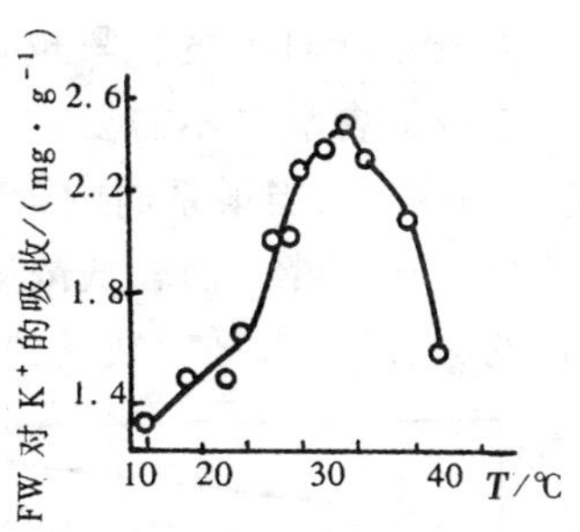

图5-4 温度对小麦幼苗吸K^+的影响

水稻在高温下养分受到阻碍的程度如下：

$K^+ > PO_4^{3-} > NH_4^+ > Mn^{2+} > Ca^{2+}$

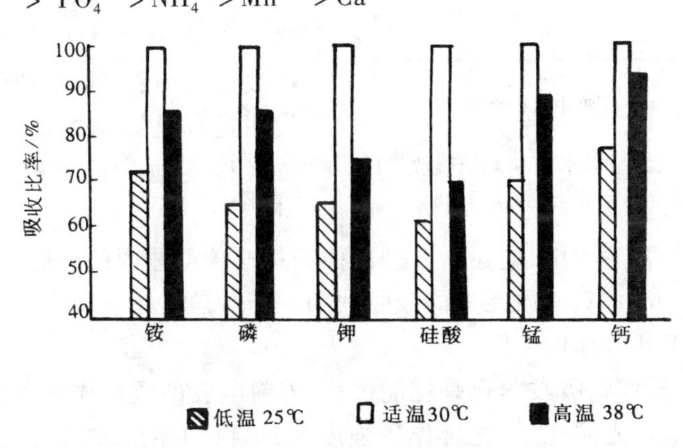

图5-5 不同水温对水稻吸收养分的影响

（三）土壤通气状况

土壤通气状况不良，从而氧气供应不足，呼吸作用下降，为主动吸收提供的能量减少；另一方面，通气不良，土壤中的还原性物质增多，对根系产生毒害作用。二者均降低根系对矿质元素的吸收。此外，土壤的通气状况还会影响矿质元素的形态和土壤微生物的活动等，从而间接地影响植物对养分的吸收。

随着 O_2 分压的提高，水稻、小麦等作物对 K^+ 的吸收水平上升，当 O_2 分压超过3%后，根系对 K^+ 的吸收大体稳定在一定的数值范围内。大麦茎叶对P的积累也在 O_2 分压低于3%时急剧下降。

土壤的含氧量不需要枝叶周围含氧量那样高（接近21%）。从图5-6中看出，当根系周围含氧量在2%～3%时，水稻和大麦根吸收钾的量便达高峰。而较低浓度的氧对大麦根吸收能力的影响比对水稻根的大，因为水稻对缺氧的适应能力更强。

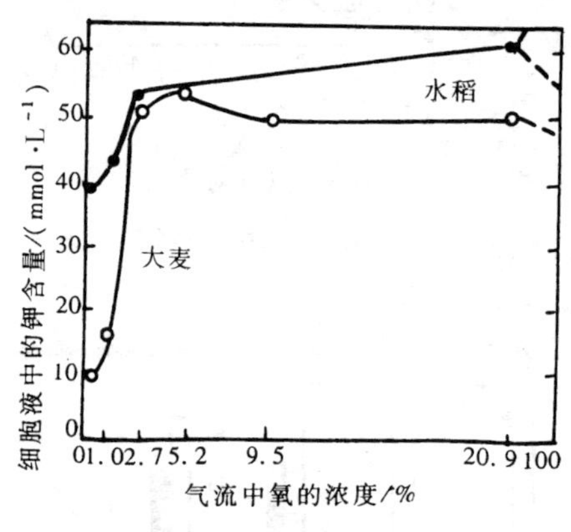

图5-6　氧含量对水稻和大麦吸收钾的影响
（据F. B. Salisbury，1969）

（四）光照

光对矿质元素吸收的影响非常明显。研究指出，光对水稻磷和钾的吸收有明显促进作用。光强不足时，水稻对氮和磷的吸收受到显著的抑制。

大麦、小麦和西红柿的植株被遮光后，首先受到限制的代谢过程是影响根系的生长，较大程度地降低了钾的吸收量。

在作物生产中，应建立合理群体结构改善群体内的光照条件，有效地促进作物对矿质元素的吸收利用。光对矿质元素吸收的影响可能是如下几方面的原因。

首先，作物吸收养料是耗能过程，养料吸收的数量往往受能量供应的影响。光照充足，光合作用强度大，提供的能量多，养料也吸收得多。

其次，光照影响酶的诱导和代谢途径。如植物吸收 NO_3^- 后在体内还原成 NH_3 才能被利用。这个过程需硝酸还原酶的作用。而硝酸还原酶的激活需要光。如果缺乏光，硝酸还原酶活性弱，NO_3^- 在植物体内积累，不仅影响到 NO_3^- 的进一步吸收，而且还会影响到产品的品质。

第三，光可以影响蒸腾作用。由于光可以调节叶片气孔的开闭而影响蒸腾作用,从而间接影响作物对养分的吸收运输。

以水稻为例从图 5-7 中可以看出,在弱光条件下,增施 N 肥对水稻产量反而不利;光强时,则 N 肥的增产效果显著。在小麦等其他作物中均可看到类似结果。

(五)土壤溶液浓度

在一定浓度范围内,离子的吸收速率随浓度的增加而增加。但达到一定浓度后,其吸收速率不再随浓度的增加而增加,因这时载体已达饱和。如浓度过高,离子的吸收速率反而会下降。这是因为土壤溶液浓度过高,其水势过低,使得根细胞失水,造成生理干旱,严重时,甚至引起"烧苗"。

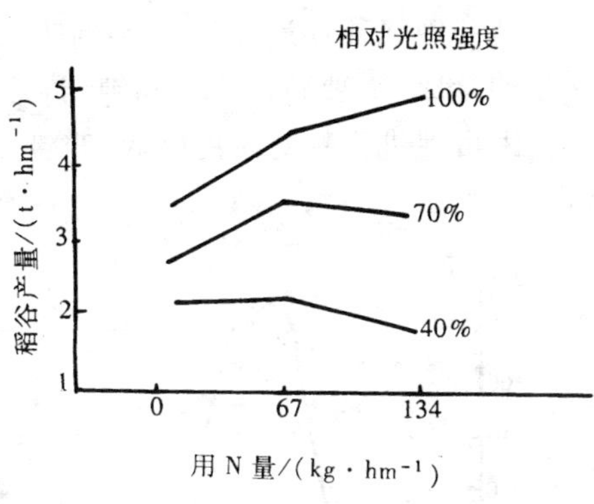

图 5-7　光对水稻 N 素利用的影响
(据郑广华,1980)

可将土壤养分的组成分为数量因素(有效养分的数量)和强度因素(土壤溶液浓度)。在作物整个生育期间,土壤溶液中矿质养分的浓度必须保持对作物适宜的水平。因此,养分的有效性决定于任一特定时间内土壤溶液的养分浓度和土壤保持养分浓度的能力。土壤对土壤溶液中养分的"缓冲"能力是一个更重要的因素。采用农艺措施,改善土壤物理化学性状,能够有效地调节容易交换的或可溶性的养分交换库,有利于根系的吸收。

(六)离子间的相互作用

元素间的相互作用也会影响根系对其的吸收和利用。有的表现促进作用,有的表现拮抗作用。

氮素能显著促进作物对磷的吸收。其原因是多方面的,如氮促进了根系的生长,增加了根系的表面积,由于生理酸性氮肥的施用,提高了土壤中磷的有效性。用氮素预处理玉米幼苗,根和地上部的含磷量均比用水或磷预处理提高 30%,说明氮对磷的吸收和运输都有促进作用。

在一般水平下，氮能促进钾的吸收。但在高氮水平下，氮、钾之间存在着拮抗作用。特别是水稻土，有效态氮主要存在形式是 NH_4^+，而 NH_4^+ 的半径非常接近 K^+ 的半径，因此铵离子与钾离子存在着相同固定位的竞争。

磷和钾往往促进作物对氮的吸收，因为氮的代谢（如蛋白质和核酸的合成）需要磷（ATP）和钾（许多酶的激活剂）。

钾可促进作物对磷的吸收，当钾充足时，磷的吸收量可成倍提高（图 5-8）。

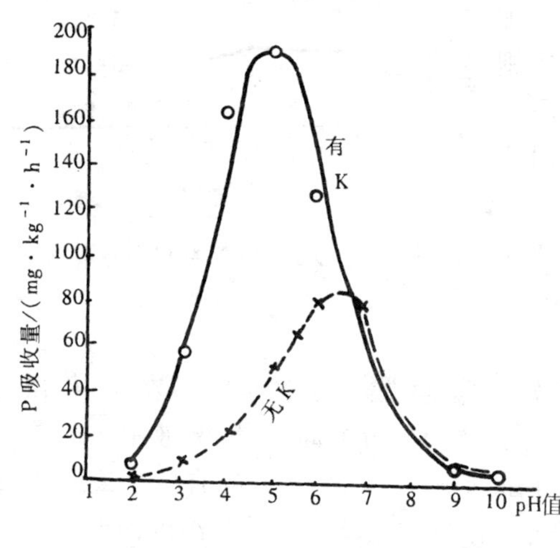

图 5-8　K 对 P 吸收的影响

（据郑广华，1980）

适宜的氮锌配比可提高作物对氮的吸收利用率，改变作物吸收氮源的比例，有利于作物的生长发育。适量的磷锌配比有利于作物的生长发育，而高磷可能引起锌的缺乏，可能是因为磷过量使细胞中一定位置上锌的代谢功能受到干扰。在高磷引起作物缺锌时，施钾可减轻其缺素症，表明钾能抵消磷和锌的拮抗作用，增加锌的有效性。

过量的磷供应明显地钝化铁的活性，引起作物缺铁失绿。因为磷、铁比值过高，形成较多的磷酸铁在根面或根内沉淀。加上铁在植物体中主要以柠檬酸铁的有机形态运输，铁与磷结合显然减少了可移动的这种有机态的铁，使植物出现缺铁症。再者，铁是通过根系将 Fe^{3+} 还原成 Fe^{2+} 的形态吸收的，而磷的增加可减弱根系对铁的还原能力。在水稻土中，钾明显地影响铁的吸收，降低水稻叶片中铁的含量。特别是长期淹水条件下，Fe^{2+} 含量高时，钾的作用更明显。相反，供给铁则会抑制钾的吸收，出现体内高铁和低钾的含量。因此在水稻土地区亚铁的毒害作用往往是与土壤中低钾含量相联系的。

磷可以加强植株对钼的吸收和运输，因为 P-Mo 阴离子复合物易于为作物吸收，同时磷还使钼易于传递和释放到作物的输导组织中。

磷过多还会抑制作物对镁的吸收，因为磷与之生成溶解度很小的化合物，降低了有效性。

第三节　作物对矿质元素的运输和分配

一、矿质元素的运输

矿质元素在作物体内的运输途径和方式与水分运输有相似之处。在根系的径向运输是通过共质体和质外体交替进行的，而从根到茎、叶的纵向运输主要是通过导管进行的，同时也存在韧皮部运输以及二者交替进行的状况。

(一) 矿质元素在根内的径向运输

根系吸收的矿质离子径向运输到中柱有两条途径。一条是共质体途径，即外界溶液中的离子进入细胞后，通过胞间连丝在细胞之间进行转移，最后进入中柱；另一条是质外体途径，当外界溶液中的离子浓度比较高时，离子可以通过扩散方式进入到根系皮层和内皮层细胞的质外体空间去。

离子从中柱薄壁细胞进入导管，即从共质体进入了质外体，这一过程可能需要 ATP 提供能量而进行主动释放。

离子从根皮层细胞进入木质部的输送受体内碳水化合物、氧气、温度和介质中该离子浓度的影响。如果作物体内碳水化合物丰富，氧气充足，温度较高，外界离子浓度高，则有利于养料的输送。但不同离子情况不同，如温度上升，进入木质部的钙反而减少。

(二) 矿质元素在植物体内的纵向运输

离子进入根部导管后，即通过根压流及蒸腾流从根运输到地上部。除了在根系中，许多矿质元素被合成为有机物之外，在运输途径中，导管组织周围的细胞可主动地从导管中选择吸收溶质，或吸收、分泌水分，所以，导管液的组成成分在运输过程中也在不断发生变化，并不一定保持原来的形式，吸进来的是无机物，而在运输过程中也可转化为有机物，所以，从根部导管向上运输的溶质中除无机物外，还有相当多的氨基酸、酰胺、蔗糖、有机酸及激素类物质如细胞分裂素及赤霉素等。

韧皮部也可输送矿质元素。例如氮、磷、钾等再利用的元素从老叶向幼嫩部分分配是通过韧皮部逆浓度梯度主动运输的。根外施肥的矿物质也是通过韧皮部运到植株各部分的。

在导管与韧皮部之间还存在着径向运输。担负这种径向运输的是转移细胞。转移细胞的细胞壁向内折叠，因而它们的原生质具有较高的表面积/体积比，扩大了物质运输交换的面积。

各种离子运输的方式和速度与其在植株体内的分布有关。如钾和镁很容易在韧皮部运输，所以果实和贮藏组织中富含钾和镁。而钙可随蒸腾流运送到地上部，但很少在韧皮部中向下输送。因而钾、钙、镁在植株的缺素症状不一样，钾、镁缺乏症始于老叶，钙始于新叶。

氮的运输形式主要取决于根系中硝酸还原酶的活性。如果根系中硝酸还原酶活性低，如棉花、黄瓜等，硝态氮为木质部向上运输的主要形式；如果根系中硝酸还原酶活性高，如豌豆、萝卜等，氨基态氮则为主要运输形式。

植株所吸收的磷主要是以无机磷的形式通过导管向上运输，也有少量先合成有机磷，如葡萄糖-6-磷酸、果糖-6-磷酸等形式进行运输。

二、矿质元素的分配和再分配

（一）矿质元素积累分配的一般规律

作物对各种矿质元素积累分配的基本特点既与作物不同生长阶段的需要量有关，也与矿质元素的性质有关。

当植株还很小的时候，土壤内虽有较丰富的养分供应，但是这时植株的吸收能力较弱，吸收的总物质量并不多。作物吸收无机营养元素的时间曲线，在一生中，基本上与干物质积累的曲线相类似（图

5-9)。这也是很容易理解的,因为在作物各种器官的组成中,大致上都能保持近似的氮、磷、钾比例关系,虽然这种比例关系随着作物发育的进程以及器官本身的衰老而经常发生变化。

从营养元素的整个积累来看,氮、磷、钾首先是积累于叶和茎内,然后是积累于花和穗内,最后才主要集中于果实或种子内。

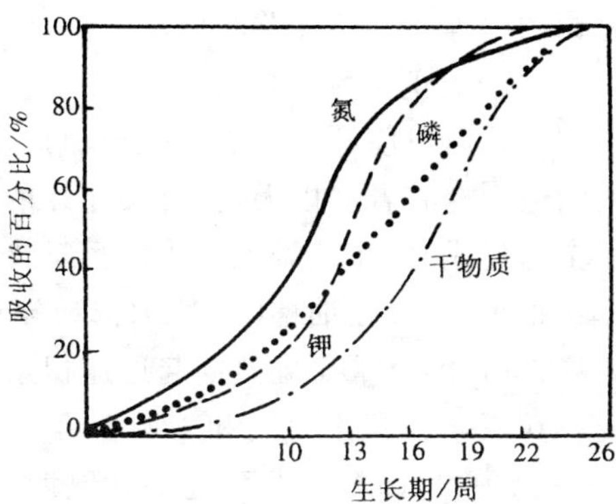

图 5-9　大麦干物质的生产和养分吸收

(依 Russell,1973)

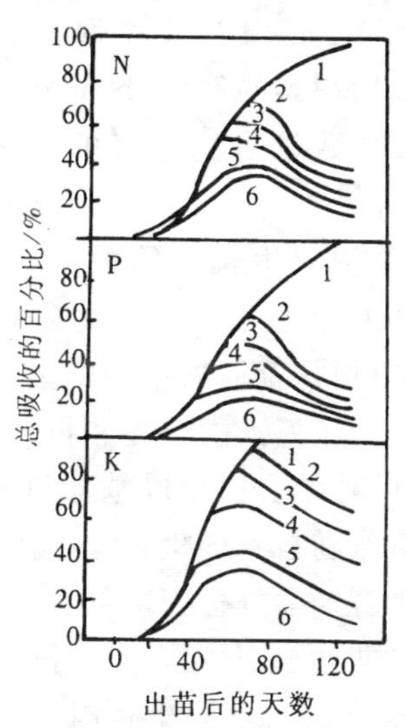

图 5-10　玉米出苗后不同时期各部分对 N、P、K 的吸收和分配

1. 子粒　2. 穗轴　3. 苞叶

4. 茎秆,雄穗　5. 叶鞘　6. 叶

(依 Hanway,1962)

从图 5-10 对玉米进行的实验中,这样的规律性表现得很清楚。出苗后,营养元素先是在叶茎内积累,其次是在苞叶和穗轴中积累,最后主要进入到子粒内,而叶、茎、苞叶和穗轴的营养元素在植株生长后期不但不增加,反而减少,即这些器官内的营养元素能转运到子粒中,以保证对生育中心的元素供应。在作物生长的后期,老叶或衰老的营养体向结实器官输送氮、磷、钾的现象是十分普通的,这对作物经济合理地利用营养元素是非常有意义的。所以在栽培上,施肥要前重后轻,要根据地力和植株生长情况适时地停肥,要利用衰老器官输出营养元素的能力。

水稻积累营养元素的动态和玉米的情况类似,即开始时,氮、磷、钾、镁、硫等主要积累于茎叶内,随着生长发育进程,慢慢移向结实器官,但是钙和硅等元素留在茎叶内。

（二）氮的分配和转移

籽粒形成前叶片充当了主要氮库的作用，成熟时籽粒则成了氮素的最大拥有者。以大麦为例，叶片的氮在拔节后 10 天左右（即叶片全部建成时）出现高峰，以后逐渐减少；叶鞘、节间和穗部的氮量变化很小；一般在抽穗（品种 76-22）至乳熟初期（品种矮秆齐）出现高峰；籽粒的氮量从乳熟期起迅速积累，至完熟期积累基本停止。大麦籽粒氮素在积累时间和来源上可分成三部分：第一部分为抽穗后 5 ~ 7 天内，也即籽粒发育进入乳熟期以前积累的氮素（包括施入土壤的肥料氮素）的吸收、同化，其相对数量约占总量的 15% 左右；第二部分为抽穗后 5 ~ 7 天到 18 ~ 20 天，即整个乳熟积累的氮素，它们部分来源于植株对土壤氮素的继续吸收同化，部分来源于其他器官的输出，其数量约占总量的 50% ~ 55%；第三部分为抽穗后 18 ~ 20 天到成熟时，也即籽粒发育进入蜡熟期以后积累的氮素，这部分氮素来源于当时绿色光合器官的全部输出，其数量占到总量的30% ~ 35%。不同品种籽粒氮素的来源有所差异。

玉米在营养生长阶段，氮优先分配至快速生长的幼嫩器官中。在极端缺氮的条件下，抽丝以前会从茎秆中转移出一部分氮。籽粒形成期，矿质养分开始在籽粒中积累，同时植株营养器官中的蛋白质分解，并把分解出的氮转移到籽粒中去。由于氮素的分配和再分配，使氮素在各器官中的含量发生变化。如叶片的含氮率以基部和顶部叶片较低，中部叶片较高。各叶片的含氮量随自身的生长年龄而异，果穗以下的各叶片在建成初期最高，随生育期的推进而降低，果穗以上叶片在建成初期较低，以后增高，灌浆期达到最高值，而后下降。抽穗以后果穗上、下的几个叶片含氮率最高。从不同生育时期叶片含氮率的变化看，拔节至雌穗生长锥伸长期最高，而后随着植株体长大开始下降，抽雄后又转而上升至灌浆期达到一个高峰，而后又下降，至成熟达最低值。

叶片、叶鞘、茎秆三者相比，则无论是不同节位还是不同生育时期的含氮率均是叶片 > 茎秆 > 叶鞘，三者均是拔节至雌穗生长锥伸长期含氮率最高，而后逐渐下降，至成熟最低。这表明氮素总是随着器官的盛衰而转移。在雌穗中则是籽粒 > 穗轴 > 苞叶。

抽雄至吐丝 20 天前后是叶片和茎秆吸氮最多的时期，至籽粒形成期仍稳定不变。此后开始明显向生殖器官转移，一直持续至蜡熟期。从绝对含量看，氮在各器官的分布是叶片 > 茎秆 > 叶鞘 > 苞叶 > 穗轴 > 穗柄 > 雄穗，最后集中供应籽粒。各器官氮素的转移时间不同。一般来说，叶片中氮素自灌浆期停止增长，开始向果穗转移，叶鞘中的氮素则到抽雄期停止增长，并开始向果穗转移；茎秆中的氮素在抽雄期停止增长，吐丝以后开始向果穗部位转移。各器官氮的转出量占完熟期籽粒含量总量的百分率不同。它们向籽粒转入的氮素总量占籽粒总氮量的 55.29%。这表明籽粒在灌浆成熟过程中还需要从根和土壤中吸收 43.71% 的氮。氮从各器官往籽粒中的转移量会因品种及土壤供氮能力等因素而发生变化。

各种作物对氮素的分配和转移有相似的规律，但也有自己的特点。如马铃薯、红薯等以块茎、块根为主要收获物的器官，后期氮向地下部转移便较为多。

（三）磷的分配与转移

从玉米中的研究可以看出，磷素在各器官中的分布趋势与氮素大致相同而磷向籽粒中的转移稍晚于氮，但比氮转移得更彻底。叶片中的磷自抽雄停止增长，此后开始向果穗转移。茎秆中的磷到抽丝期停止增长，并开始向果穗转移。各器官磷的转移率的高低次序为：穗轴（90.36%）> 苞叶（85%）> 茎秆（81.05%）> 雄穗（80.56%）> 叶鞘（78.69%）> 穗柄（75%）> 叶片（64.55%）。以转出量占完熟期籽粒含磷总量的比率看，穗轴（17.52%）> 茎秆（13.49%）> 叶片（13.28%）> 苞叶（7.4%）> 叶鞘（5.22%）> 雄穗（3.16%）> 穗柄（1.63%）。七个器官向籽粒转入磷的总量占籽粒总含磷量的 61.7%，表明籽粒在灌浆成熟过程中还要依靠根从土壤中吸取 38.3% 的磷。

对棉花用放射性 ^{32}P 的研究表明，种子萌发期，^{32}P 强烈地在新生器官、尤其是根中出现。这说明生长初期，磷素对棉株根系的伸长和新生器官的形成起重要作用。在棉花开花结铃期，^{32}P 在棉株内的分布是不一致的，施肥后的第八天植株生长点的磷的含量比其他部位要多。结实器官内磷的含量也比较多，随着植株的生育，磷的含量在不断增高，如6天的棉铃内 ^{32}P 含量比蕾和花多一倍。

测定将脱落蕾铃 ^{32}P 活动表明，不脱落蕾铃比脱落的蕾铃磷的含量要多得多。这说明，磷素营养不足时，蕾铃正常代谢受到破坏，这是导致蕾铃脱落的原因之一。在棉花成熟期间，磷素从营养器官向生殖器官运转，主要是贮积在种子中。

棉株体内磷分布不一致，表明在植株不同器官内形成的有机磷化合物不同，在不同器官的代谢物质中，磷的作用也不一样，生长点内含有多量的磷，这说明磷素对细胞繁殖和加速棉株生长具有很大的意义。另一方面，结实器官内积累的磷是从棉株其他部分运转而来，这对促进结实器官的成熟过程和籽棉的生产具有重要作用。

(四)钾的分配与转移

有研究指出玉米钾在植株中的分布与氮和磷显著不同，从地上部分转移到籽粒中去的量比氮和磷少得多。植株出苗后50天，吸收的钾大约有30%分布在叶片中，但在极端缺氮的情况下，几乎高达50%。叶子衰老时，钾转移到幼叶或正在发育的籽粒中去。钾的撤离使叶子的钙和镁含量相对增加，供应幼叶和籽粒形成，生长的其他器官中也发生这样的现象。在缺氮和磷的条件下，抽丝前所有的叶片都开始向外转移钾，在氮、磷、钾充足或仅缺钾的条件下，则只在抽丝后才向其他器官转移。在上述各种营养状况下，叶片中钾的转出均一直持续到成熟期。但是，果穗轴、苞叶、茎秆和叶鞘中的钾几乎不转出，而且在出苗80d以后，从叶片转出的钾主要积累在茎秆中。成熟时，籽粒含钾量占植株总钾量的三分之一左右。

对高产冬小麦地上器官钾素营养的累积、分配与运输的研究表明，越冬前麦株吸收的钾素主要分配给叶片，叶鞘中分配的较少，其分配比为7∶3。越冬到起身期间，叶鞘中钾素所占的百分比显著升高，这可能是由于叶鞘包括分蘖节部分，钾集中于分蘖节，有利于麦株顺利越冬。这时叶片中的钾素的分配比前期少了13.5%。进入拔节期，茎器官钾的分配急剧上升，从起身到拔节仅27d，每亩就有3.1kg氧化钾积累在茎秆中，占该期总量的38%，可见钾素对茎秆的形成和伸长的重要性。这一期叶片、叶鞘中的钾素分别经上期下降了 14.5% 和 23.9% 。孕穗期茎器官中钾素的分配量仍继续增加,占该期总量的 40.6% ,鞘分配量比上期略有增加,而叶片中的钾又比前期下降了 12.7% ,说明植株中的钾素开始由叶片中转移到其他器官被再利用。到开花期,麦株中钾的总含量每亩下降了 2.65kg,除穗部钾的积累量比上期增加外,叶、鞘、茎中钾素的分配累积量都有所减少,而其中又以叶、鞘减少较多,占总减少量的 94% ,说明鞘是第二个钾的输出器官。成熟期,除穗器官钾素继续增加外,叶、茎二器官钾素进一步减少,惟鞘中含钾量又有所回升,这一期麦株中钾素在各器官的分配是叶占本期总量的 20% ,鞘占 27.4% ,茎占29.7% ,穗占 22.8% 。

第四节　作物优质高产施肥的生理基础

一、作物的需肥特点

(一)作物需肥量与施肥指标

1. 作物需肥量　作物形成干物质的主要来源是通过光合作用,但其从土壤中获得矿质元素数量也是相当可观的。表 5-14 是一些作物经济产量形成所需肥料三要素 P、N、K 的数量。

2. 作物的营养临界期和最大效率期　作物在生长发育过程中对某种养分的要求特别敏感,这时养分过多或过少,或由于元素间数量不平衡,将对作物造成最大损害,这种损害即使以后养料补足也难纠正,这个时期就叫作物该养分的营养临界期。

不同作物对不同元素的临界期不同。大多数作物磷的营养临界期在幼苗期,因种子中的磷消耗后,根系尚小,吸收力弱,若磷供应不足,幼苗生长严重受阻,如棉花在出苗后 10 ~ 20 天,玉米在出苗后一星期左右(三叶期)。氮的营养临界期,水稻为三叶期和幼穗分化期;棉花为现蕾期;小麦、玉米为分蘖期和幼穗分化期。水稻对钾的营养临界期在分蘖期和幼穗形成期。

作物在生长发育进程中,所吸收的某种养分能发挥其最大效能的时期,叫做作物该养分的最大效率期。这一时期,作物生长迅速,吸收养分能力特别强，如能及时满足作物对养分的需要，产量提高效果将非常显著。

不同作物对不同养分的最大效率期也不一致。据试验表明，玉米的氮素最大效率期在喇叭口期至抽雄期；油菜为花苔期；水稻和小麦是幼穗形成期。棉花的氮磷最大效率期均在花铃期。甘薯的生长初期是氮素营养的最大效率期，而块根膨大期是磷钾肥料的最大效率期。

表 5-14　一些主要作物形成 100kg 经济产量所需的养分数量

作物	收获物	从土壤中吸取的氮、磷、钾的数量[①]/kg		
		N	P_2O_5	K_2O
水　稻	稻　谷	2.10	1.25	3.13
冬小麦	籽　粒	3.00	1.25	2.50
大　麦	籽　粒	2.70	0.90	2.20
玉　米	籽　粒	3.57	0.86	2.14
甘　薯	块　根[②]	0.35	0.18	0.55
马铃薯	块　茎	0.50	0.20	1.06
大　豆[③]	种　子	7.20	1.80	4.00
花　生	荚　果	6.80	1.30	3.80
棉　花	籽　棉	5.00	1.80	4.00
油　菜	种　子	5.80	2.50	4.30
烟　草	鲜　叶	4.10	1.00	6.00
大　麻	纤　维	0.40	0.15	0.60

注：①包括相应的茎、叶等营养器官的养分数量；②块根、块茎均为鲜重，其余为风干重；③大豆、花生等豆科作物由于具有固氮功能，仅从土壤中吸取所需氮素的 1/3 左右。

3. 施肥的指标

(1)形态指标　形态指标是指作物的外观形态。根据形态指标施肥简单易行，但当作物在形态上表现出症状时，生理上早已受到了影响，追肥已为时过晚。因养分过多或不足时，首先是代谢上受到相应的影响，然后才表现在形态上。

(2)生理指标　生理指标是指作物体内(主要是叶内)的生理生化变化。利用生理指标能及早发现问题，只要采取相应的施肥措施，就可达到预期的目的。

A. 营养元素含量　叶中营养元素的含量在植物营养诊断中有较好的参考价值。如棉花叶柄中的 NO_3-N 在苗期应为 0.01% ~ 0.025%，初蕾期应为 0.03% ~ 0.045%，花期应为 0.015% ~ 0.025%，当低于此数据时，表示肥力不足，高于它，棉株有可能徒长。叶片营养元素分析最好与土壤分析结合，相互补充，相辅为用，对于指导施肥更为有效（表 5-15 和 5-16）。

表 5-15　玉米在吐丝期穗位叶的养分临界值

（Arnon，1975）

养分		临界水平	范围
大量元素的含量/%	氮	3.00	2.75 ~ 3.25
	磷	0.25	0.25 ~ 0.35
	钾	1.90	1.75 ~ 2.25
	钙	0.40	0.25 ~ 0.40
	镁	0.25	0.25 ~ 0.40
	硫	—	0.10 ~ 0.20
微量元素的含量/（$\mu g \cdot g^{-1}$）	锰	15	20 ~ 150
	铁	25	20 ~ 250
	硼	10	4 ~ 20
	铜	5	6 ~ 20
	锌	15	20 ~ 70
	钼	0.2	—

表 5-16　冬小麦不同生育期所需要的养分指标

（据赵微平，1982）

部位	养分	不同生育期所需要的养分指标/（$\mu g \cdot g^{-1}$）				
		冬前	返青	起身-拔节	抽穗-扬花	灌浆-成熟
植株	硝态氮	>500	300 ~ 200	150 ~ 100	200 ~ 150	50 ~ 30
	磷	>300	300 ~ 200	200	200 ~ 150	150 ~ 100
	钾	8 000 ~ 7 000	7 000 ~ 6 000	6 000 ~ 5 000	5 000 ~ 4 000	4 000 ~ 3 000
	糖	20 ~ 40	40 ~ 20	20	20 ~ 30	20 ~ 10
土壤	硝态氮	25 ~ 15	20 ~ 10	10 ~ 5	5 ~ 3	3 ~ 2
	磷			10 ~ 20		
	钾			35 ~ 50		

注：植株养分为主要功能叶叶鞘内的养分。

B. 叶绿素含量　叶中叶绿素含量与 N 素水平成正比，因此，常用它作为 N 的指标。

C. 天冬酰胺含量　它的含量与 N 素营养呈正相关。当植株下部叶片衰老时，其再利用的 N 素主要以天冬酰胺的形式进行转移。如 N 素充足，则再利用的 N 素除转移到穗部参加蛋白质合成外，也转移至幼叶中贮藏起来。因此，常将幼叶中的天冬酰胺含量作为 N 的指标。

D. 淀粉含量　常作为水稻 N 素营养的指标，它的含量与 N 素营养呈负相关。因为当 N 素营养差时，植株中蛋白质合成减少，从而碳水化合物的消耗也相应减少，淀粉的积累就增加；反之，N 素水平高时，淀粉的积累减少或消失。

E. 酶活性　植物体内某些酶的活性与体内某些元素的含量有着密切关系。如缺 Cu 时，多酚氧化酶的活性下降；缺 Mo 时，硝酸还原酶（NR）的活性减弱；缺 Zn 时，碳酸酐酶的活性下降等。因此，通过测定酶的活性，就可知道相应的元素是否缺乏。

4. 矿质元素缺乏的提早诊断　当作物出现缺素症时，其生长发育已受到了影响。因此，诊断的最大价值在于预防缺素现象的发生，这才是人们追求的理想目标。将形态指标、生理指标和土壤矿质元素的分析结合起来，可以发现潜在性矿质元素缺乏，以便尽早施肥。

所谓潜在性缺乏，是指作物在形态上没有明显可见症状，但实际上作物的生长和代谢以及产量已可能受到某种元素不足的影响。

生产实践中潜在性缺乏的存在，比有明显缺乏症状的缺乏症显然要广泛得多，尤其是一些症状特征不明显的或不易出现症状的元素如磷、钼等元素更是如此。对于这类缺乏的诊断，可以通过定期采样分析植株或叶片来揭示。但如能找到各种作物潜在性缺乏的形态的或生理的某些先期征候，通过目视或简单的化学测定便能作出判断的技术方法是有重要实践意义的。如棉花叶柄上出现的深绿色环带（或称“叶环”）与缺硼有关，外形基本正常未显现典型缺硼症的棉株，如果叶柄上出现明显的叶环，表明它处于硼饥饿状态，对这种植株施硼有增产效果，所以棉花叶柄出现叶环可以作为潜在性缺硼的指标。棉花、水稻开始处于供钾不足时，植株不同叶位叶片含钾量不同,出现上高下低的梯度分布现象,而供钾充足时其含量上、下一致或接近,就是说在没有发现明显的外表症状时,如果检测到明显的梯度分布现象,可以认定作物处于钾饥饿状态,施钾将有反应。日本学者研究油菜缺硼诊断提出:在抽苔期分析植株的钙硼比(Ca/B)可以预示以后是否可能出现缺硼症“花而不实”,如此值 >300 时很可能出现,应该及时采取纠正措施如施硼等。

(二)不同作物的需肥特点

1. 作物不同需肥量不同　作物所需营养元素的种类基本相同,但每种作物对这些元素所需要的数量不同,应区别对待。以氮为例,豆科作物的含氮量大于禾本科作物,禾本科作物中,含氮量是玉米 > 小麦 > 水稻。但豆科作物可通过生物固氮获得相当的氮素。磷含量则是油料作物高于豆类作物,豆类作物又高于禾本科作物。此外,收获目的不同,对各种矿质元素的需要量也有不同需求。

例如茶、麻等作物需 N 较多,应多施 N 肥。禾谷类中小麦需 N 也较多,高粱、谷子需 N 较少。豆类作物一般只须在生长初期(根瘤菌还未能起作用时)施少量 N 肥,N 太多会降低根瘤菌对 N 的固定能力。P、K 肥对豆科作物就较为重要,对甘薯、马铃薯、甜菜、棉花及油料作物也特别重要,所以在施 N 肥基础上,还应注意施用 P、K 肥。一般禾谷类作物需 P 也较多。此外,豆科、茄科作物需 Ca 较多;水稻需 Si 较多;油料作物需 Mg 较多;甜菜、苜蓿、亚麻需 B 较多,施肥时应该注意。就是同一作物,由于生产目的不同,施肥也应不同,例如,麦类一般作粮食用,灌浆前后酌追 N 肥,可以提高籽粒的蛋白质含量;但酿造啤酒用的大麦,就不宜追 N,因籽粒蛋白质增高,有碍酿酒。

同一作物的不同品种,需肥特性也有差异。有人指出,小麦矮秆品种与匍匐性品种,比高秆或直立性品种易受缺 K 的影响。这些对缺 K 敏感的品种,在生育初期及中期,根系多半分布在土壤表层,而不易受缺 K 影响的品种,生长开始后根系就有向下生长的趋势。稻麦矮秆品种能耐较高的 N 肥。粳稻比籼稻耐肥,N 肥可以适当多施。马铃薯的早熟品种,应相对地多施些 N 而少施些 P,否则易因早衰而减产;晚熟品种则反之,P 能使营养生长及时停止而利薯块的形成和长大。

作物对不同矿质元素的利用效率不同，而且同一作物不同品种对矿质元素的利用效率也不同。如有人测定了籼稻品种 28 个，粳稻品种 62 个，在分蘖末期植株的氮营养利用率为 35.0% ~62.1%，最高和最低相差将近一倍。可见，肥料的施用量还要考虑作物对某种元素的利用效率。同时，也可在实践中培育和选择高营养利用率的品种，对节省肥料用量有重大意义。

以钾为例，据统计，我国土壤缺钾总面积达 3.4 亿亩（2267 万公顷）（按速效钾含量 $<70\mu g \cdot g^{-1}$ 为缺钾指标计算），而我国钾肥生产量和供应量又比较少，故在稳定作物产量和品质的前提下，培育和选用耐低钾作物品种有特殊意义。从表 5-17 中可以看出，在缺钾时耐低钾水稻品种吸收钾的能力和钾的利用率比不耐低钾的品种高，产量也高。在施钾后，耐低钾水稻品种对钾的吸收能力更显著，而谷物产量也更高。

表 5-17　水稻耐低钾、高产稳产品种对钾的吸收能力和钾素利用效率

（李共福，1986）

分类	品种名称	未施钾			施钾		
		K_2O 吸收能力/($mgK_2O \cdot$ 株$^{-1}$)	K_2O 中 K 利用效率/($mgK_2O \cdot mgK_2O$)	产量/(kg · 亩$^{-1}$)	K_2O 吸收能力/($mgK_2O \cdot$ 株$^{-1}$)	K_2O 中 K 利用效率/($mg \cdot mgK_2O$)	产量/(kg · 亩$^{-1}$)
耐低钾	竹系 26	87.6	166.7	376.0	172.0	109.9	434.2
	湘矮早 9 号	140.9	129.9	387.0	190.4	108.7	437.2
	广陆矮 4 号	123.2	129.9	389.5	172.0	106.4	444.5
不耐低钾	78 ~1000	97.4	125.0	299.9	137.4	109.9	392.7
	湘辐稻	92.0	128.0	262.5	127.6	113.6	316.8

注：植株分析样品来自长沙县牌楼乡低钾试验点。

2. 不同作物对肥料形态的要求不同　不同作物对肥料形态有一定选择性。如水稻，水田中 NO_3^- 易于流失，加之它生长前期由于体内硝酸还原酶和硝酸还原酶抑制蛋白共存于细胞质中，且抑制蛋白活性较强，抑制了硝酸还原酶活性，所以不能有效地吸收利用 NO_3^-，是典型的喜铵作物，宜用氨态氮。到生育后期，水稻硝酸还原酶抑制蛋白活性下降，硝酸还原酶渐趋活跃，对 NO_3^- 的利用才有所提高。而一些喜酸作物，在代谢过程中能形成有机酸来消除氨的毒害，因而可以吸收较多的铵盐而不会中毒。

烟草及马铃薯，用草木灰作钾肥比氯化钾好，因为氯会降低马铃薯淀粉含量及烟草燃烧性。黄花苜蓿及紫云英吸磷能力较弱，所用磷肥以水溶性的过磷酸钙为宜；荞麦、苕子吸磷能力强，施用难溶性的磷矿粉、钙镁磷肥等也能吸收利用。又如甜菜应施硝态氮，而不宜用氨态氮，因甜菜幼苗碳水化合物很少，NH_4^+ 易使幼苗受害，且 NH_4^+ 易使甜菜根汁中形成多量酰胺和生物碱，有碍糖的结晶而影响品质。马铃薯可用氨态氮，且以硫酸铵最好，因植株含碳水化合物，NH_4^+ 能同碳水化合物分解产物形成有机氮化物而不致积累成害，硫酸根中的硫对马铃薯生长也有利。烟草则既需硝态氮又需氨态氮，因硝态氮能促使烟草形成较多的有机酸，可提高燃烧性；氨态氮能促进烟草形成芳香族挥发油，增加香味，所以烟草施用硝酸铵最好。含氯氮肥（如氯化铵）同含氯钾肥一样，也会影响烟草燃烧性。氯化铵对水稻却比硫铵好，因水田中 SO_4^{2-} 易被还原成对水稻有毒的 H_2S，Cl^- 则无此不良作用。

（三）作物不同器官的矿质元素含量

由于作物不同器官的生理功能有别，也由于作物对各种元素的吸收特性和输送形式不同，矿质元素在各器官的分布比例并不一致（表 5-18）。

表 5-18　棉花中期各器官三要素含量（干重）

器官	N 含量/%	P 含量/%	K 含量/%
棉籽	2.99	1.08	1.23
叶	2.23	0.50	1.31
茎	1.47	0.22	1.34

一般移动性大的元素如钾和镁地上部和根部含量差不多。有些元素如磷等，它们是有机物的组成成分，地上部的浓度高于根系。钙与硅也是地上部的浓度较高。钠、锰等则是根部浓度较高。

作物各器官氮的含量往往是种子、叶片多于茎杆和根系。

磷则往往是生育前期高于后期，幼嫩器官高于衰老器官，繁殖器官高于营养器官，种子高于叶片，叶片高于根系，根系高于茎秆。

水稻的氮、磷元素含量在穗中比茎叶高，而钾、钙、镁、硅、锰、铁和硼则在茎叶含量较高。硫、锌和铜的含量在穗和茎叶几乎相同。

（四）作物不同生育时期对矿质元素的吸收量与作用

矿质元素吸收量与作物生长量有密切关系。在萌发期间，因种子本身有贮藏养料，不需从外界吸收矿质元素；苗期吸收也较少，随着幼苗的生长，吸肥量渐增，至开花结实期达高峰；此后随着生长的减弱而吸收也下降，至成熟停止吸收；衰老时甚至从根部“倒流”。不同元素间吸收情况有一定差异，不同作物吸收情况也不一样（表5-19），这都与生长习性有关。总的说，稻、麦、玉米等开花后营养生长停止，吸收很少，因而施肥应重在前、中期；棉花开花结铃期营养生长仍在继续，矿质元素的吸收前后期较为平均，开花后还应追肥。

表 5-19　几种主要作物不同生育期吸收 N、P、K 的比例

作物	生育期	吸收百分数*/%		
		N	P_2O_5	K_2O
水稻	秧苗期	0.50	0.26	0.40
	分蘖期	23.16	10.58	16.95
	圆秆期	51.40	58.03	59.74
	抽穗期	12.31	19.66	16.92
	成熟期	12.63	11.47	5.99
冬小麦	越冬期	14.87	9.07	6.95
	返青期	2.17	2.04	3.41
	拔节期	23.64	17.73	29.75
	孕穗期	17.40	25.74	36.08
	开花期	13.89	37.91	23.81
	乳熟期	20.31	—	—
	成熟期	7.72	7.46	—

续表

作物	生育期	吸收百分数*/%		
		N	P_2O_5	K_2O
玉米	幼苗期	5.0	5.0	5.0
	孕穗期	38.0	18.0	22.0
	开花期	20.0	21.0	37.0
	乳熟期	11.0	35.0	15.0
	成熟期	26.0	21.0	21.0
谷子	幼苗-分蘖	3.37	2.57	3.26
	拔节-孕穗	20.54	19.41	45.52
	抽穗-灌浆	25.86	37.06	37.77
	乳熟期	50.03	41.06	15.85
棉花	出苗-真叶	0.78	0.59	0.21
	真叶-现蕾	9.96	5.21	1.90
	现蕾-开花	52.76	28.80	17.29
	开花-成熟	36.50	65.40	80.60

* 以全生育期吸收养分为100。

（鲁如坤、史陶钧编，1982，农业化学手册，P.39，科学出版社）

作物在生育前期对三要素的吸收总量虽不多，但相对含量则以早期为高，随生育进程而逐渐降低，尤其是N更为明显。各种作物大体上有同一趋势（表5-20）。这说明生育初期对矿质元素的要求是比较迫切的。

表5-20　几种作物不同生育期N含量（干重）/%

作物	7/10～15	8/12～15	9/2～4	10/15～22	
				茎叶	籽粒
大豆	4.08	4.24	3.16	0.63	6.10
水稻	3.05	1.95	1.27	0.46	1.29
小麦	（4/8）	（5/4）	（5/28）	（收获期）	
	4.92	2.54	1.50	0.50	2.48
棉花	（苗期）	（现蕾）	（盛花）	（吐絮期）	
	4.46	3.86	2.14	1.85	2.99

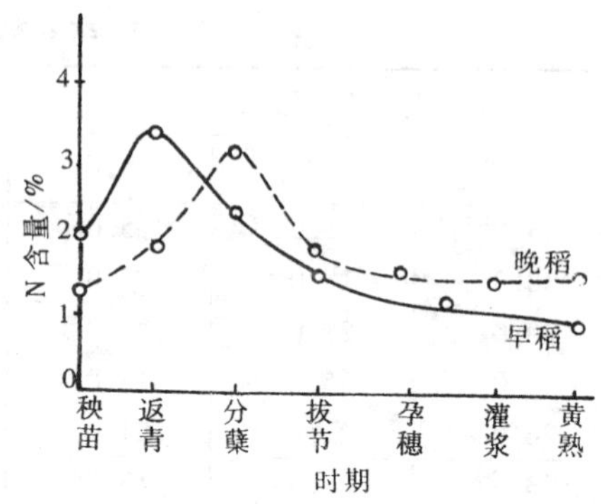

图 5-11 早稻和晚稻氮素含量的动态变化

玉米吐丝后两周地上部氮磷钾的浓度只有四叶期时的一半或不到一半，根中氮磷钾浓度后期为前期的 75%，而钙和镁则变化较少。

水稻不同生育期氮、磷、钾含量的动态变化，说明作物固有特性及环境条件对矿质元素吸收和分配的重要作用(图 5-11、图 5-12 和图 5-13)。

早稻的含氮率在返青期最高，以后就逐渐下降，其中以返青到拔节期间下降最快，拔节以后渐趋平稳；晚稻含氮率高峰在分蘖期，比早稻迟一些。这是因为，首先早稻秧苗比晚稻秧苗嫩，含氮率较高，基础不同，移栽后养分含量变化的趋势也就有些不同；第二，早稻移栽后气温较低，返青后生长慢，所以单位干物质所吸收的氮素比较高，而晚稻移栽后正值高温，生长快，干物质增长也快，因此单位干物质的含氮率就相对减少，经过一段补足过程才达到含氮高峰，比早稻推迟一些。

水稻整个生育期内磷素含量的变化幅度小，一般在 0.4% ~1.0% 的范围之内，晚稻含量普遍比早稻高。无论是早、中、晚稻，其含量的最大值都是在拔节时期，以后就逐渐下降。

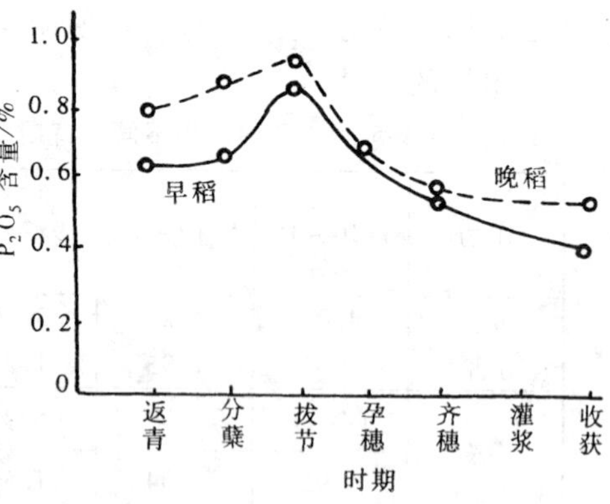

图 5-12 早稻和晚稻磷素含量的动态变化

在钾素方面，早稻含钾量比晚稻高，早稻含钾量的变化幅度也比晚稻大一些。在不同生育期内，回青到拔节期逐渐上升，分蘖盛期到拔节期达到最高峰,以后就下降,晚稻平稳一些,早稻下降剧烈一些。

二、不同营养成分的合理配比

(一)作物体内无机营养与有机营养的平衡

作物的养料有无机养料和有机养料两大类。无机养料包括矿质元素、CO_2和水,这些物质必须先被同化成有机物后才能在营养上起作用。作物体中的有机物按其利用的情形,可分为结构性物质与贮藏性物质,前者组成原生质、细胞壁等部分,后者则可进一步转化成结构物质或在代谢活动中被消耗,因而从营养考虑,有机养料主要指后一类。作物体中的贮藏性有机物主要有碳水化合物、蛋白质和脂肪三大类。

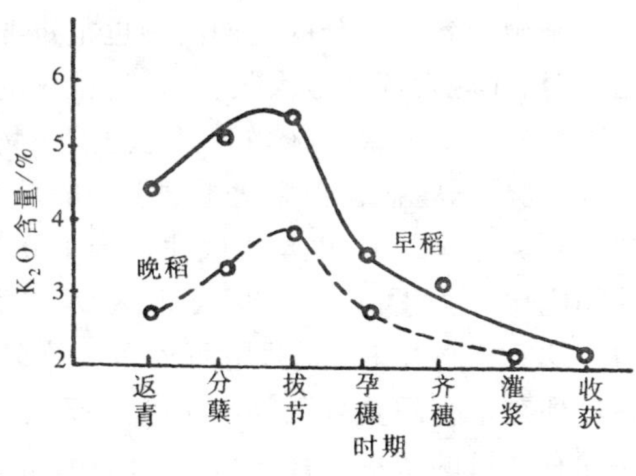

图 5-13　早稻和晚稻钾素含量的动态变化

碳水化合物主要包括葡萄糖、果糖、蔗糖、淀粉及半纤维素,有些作物还有果聚糖。蔗糖是大多数碳水化合物的转运形态,淀粉具有贮备性质。碳水化合物在营养中的作用主要是合成纤维素,组成细胞壁,组成其他有机物,如已糖可转化为戊糖而组成核苷酸、核酸、ATP 等;在呼吸过程中糖被氧化而形成的有机酸,可成为 NH_3的受体而转化成氨基酸,所产生的能量供生命活动之需。含氮有机物一般分可溶性氮(主要指氨基酸和酰胺)及蛋白质氮(贮藏蛋白质和结构蛋白质)二者。脂肪一般在种子、果实中含量较多,被利用之前通常先转化成糖。因此,从营养上考虑,主要有碳素营养和氮素营养。

在矿质元素的同化过程中,必须由碳水化合物提供能量和受体,矿质元素的吸收也要有碳水化合物做能源。所以,施肥以后改善营养前,先有一个消耗有机养料的过程。小麦在施氮肥和浇水后,都能明显加快叶鞘中碳水化合物含量的下降或减慢它的回升。但是,通过 N 素的作用,促进了生长和代谢,也提高了同化能力,特别是改善了光合性能，从而增加了有机养料（特别是碳水化合物的合成），又改善了有机营养。

除了氮素之外，其它矿质元素也对碳、氮代谢有所影响。

（二）矿质元素间的相对平衡

施肥中各种养分的比例问题也很重要。只有当各种养分的比例适当时，才能发挥其最大效益，保持植株的代谢协调和健壮生育。所施养分的比例取决于土壤肥力状况、作物种类和栽培管理等因素。一般情况下，将作物在肥沃土壤上吸收养分的比例作为施肥的比例。如禾谷类作物的N、P、K吸收比例为1∶0.3∶0.8，糖用甜菜和马铃薯的相应比例为1∶0.3∶1.8，因此，对禾谷类作物可推荐施用N∶P∶K为1∶0.5∶1的肥料，而糖用甜菜和马铃薯类需要含钾比例更高的肥料。现在市售的复合肥料就是按此原则制成的，其中某些复合肥料还加有适量的微量元素。当然，在计算养分的比例时，也应适当考虑作物的轮作情况。

不同作物所需各种养料的总量和比例不同（表5-21），因而施肥时要考虑合理搭配。

表5-21　几种作物所需的平均养料比例

（据何念祖、孟赐福，1987）

作物	N	P_2O_5	K_2O	CaO
谷类	2.5～3.0	1	1.5～2.2	0.5
亚麻	2.0	1	1.5	1.0
大麻	2.0	1	1.3	3～3.5
三叶草	3.5	1	3.0	4.0
马铃薯	2.5～3.5	1	4.0～4.5	—
甜菜	2.5～3.5	1	3.5～5.0	—
饲用甜菜	3.5～4.5	1	4.5～6.0	—

当环境缺钾时，耐低钾水稻品种植株含钾量比不耐低钾品种高2倍至3倍，说明耐低钾水稻品种在缺钾情况下对钾的吸收和利用率高。在缺钾条件下，水稻可能较多地吸收和利用铜、镁、锌、钠、钙、磷等其他元素予以补偿。但这种营养补偿作用对耐低钾水稻品种来说是有利的，表现在它的植株生长良好，谷物产量高；而对不耐低钾

水稻品种则可能是不利因素,致使谷物产量下降。

某些元素的缺乏或因过多而发生毒害,不单纯决定于该元素本身的绝对量的多少,而在很大程度上决定于与其他元素间的比例,即相对量的大小。例如,有些土壤的缺磷症状,只在氮、钾等要素比较充足时才会明显表现。一些作物要求许多矿质要素间的比例,例如 Ca/Mg 一般要在 20 以上。Ca/B 因作物种类而异,甜菜的适宜比值为 100,大豆为 500,烟草则达 1200。大豆 Fe/Mn 之间的适合比例为 2,Mn 多时引起缺 Fe 而发生缺绿病。烟草 K/Mg 大于 8 时发生缺 Mg 症。冬小麦籽粒中的 N/Zn,P/Zn,K/Zn 比达一定指标时则会影响产量,施 Mn 可调节冬小麦体内养分之间的平衡状况,对籽粒生产有重要意义。

水稻植株营养元素含量以硅钾最丰富,其次是氮、磷,其顺序为 $Si > K > N > P > Ca > Mg > S > Fe > Mn > B > Zn > Cu$。

(三)碳、氮有机养料的相对平衡

在不同营养成分的协调配合上,最重要的是碳水化合物和含氮物质的比例和含量,只有 C,N 适当配合,才能保证健壮生育。从春大麦植株一生醇溶糖和全 N 的变化趋势(图 5-14)可以看出,醇溶糖在拔节前夕和乳熟初出现两个高峰,而全氮含量则随着时间的增加而不断下降。其降低速度呈两慢一块的三段式:第一段从出苗到拔节前夕,也就是糖浓度出现第一个高峰时,含 N 量下降缓慢;第二阶段从拔节起到乳熟前,即糖含量出现第二个高峰时,全 N 含量下降较快;第三阶段从乳熟到完熟期,全 N 含量下降又减慢。这种变化趋势是与植株的生育节奏密切相关的。拔节前,光合产物积累要快于器官生长,因而体内含糖量升高,氮素含量由于干物重增加速率缓慢而下降缓慢;拔节至乳熟前,植株生长加快,同化物的需要量急增,因而体内含糖量较低,全 N 含量也因干物重积累速率加快而迅速下降。乳熟期前夕,营养器官和穗部器官的生长已经结束,籽粒的建成刚刚开始,因此对同化物的需要量很少,而这时光合作用仍很旺盛,因而含糖量又出现一个高峰,进入乳熟期,糖很快地输送到籽粒形成淀粉,则含糖量再次下降。

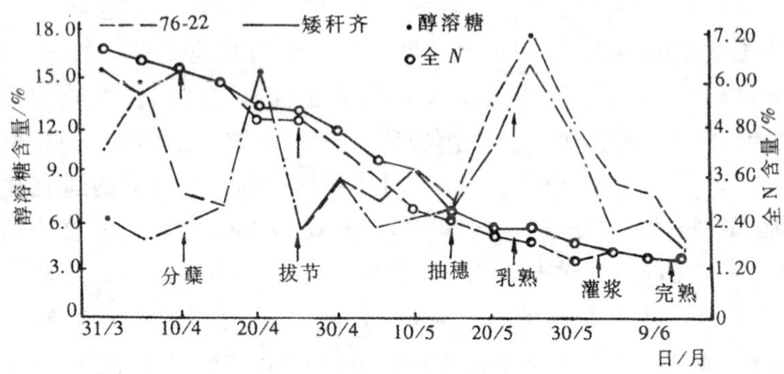

图 5-14　春大麦单株醇溶糖含量与全氮含量的变化

（郑丕尧等，1983）

从生理观点分析，生活物质的主要组成都是含氮有机物，但是氮的同化需要碳供应能量和受体，二者既密切联系又有矛盾，在作物的生长发育过程中有相互协调的关系（图 5-15）。高产小麦前期为高氮高糖期，返青期为高氮低糖期，后期以碳代谢为主，以这一高产小麦营养生理特性为基础，结合苗情地力制定高产施肥技术。在生产上，通过适宜的肥水措施，改变 C，N 营养状况和比例以调节作物的生长发育，能使作物向有利于高产、优质、低消耗的方向发展。

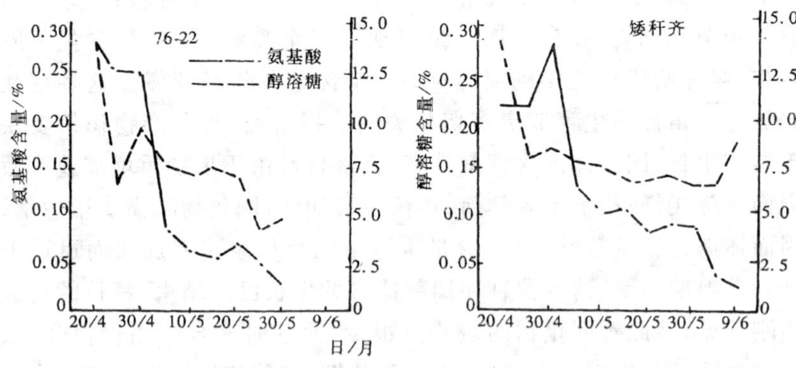

图 5-15　大麦第六叶片中氨基酸和醇溶糖的变化

（郑丕尧等，1983）

蚕豆可溶性糖含量在分枝至现蕾期和结荚至鼓粒期达到高峰,花期及鼓粒后期含糖量减少。含氮量则随生长期延长而下降。碳氮比的变化总趋势以始花期为最低,以后逐渐升高,到鼓粒期到最高峰。研究表明,蚕豆碳氮比与植株蕾、花荚脱落率呈负相关,说明控制适当的碳氮比对控制脱落率的重要性(图 5-16)。大豆等作物碳氮比太小时空花、空果或落花、落荚也增多。故豆科作物花荚期追肥应注意多用磷钾肥、慎用氮肥,以免导致脱落增加,产量降低。

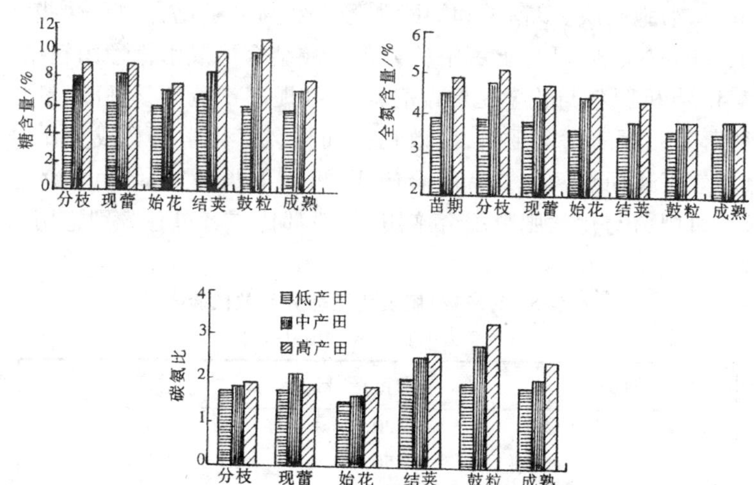

图 5-16　蚕豆植株可溶性糖全氮含量及碳氮比值变化

(据夏明忠,1998)

(四)有机肥料与无机肥料的关系

增施化肥是由传统农业向现代农业过渡的重要措施之一。据联合国粮农组织估算,全世界增产的粮食中约有 50% 是依靠增施化肥而获得的。但有机肥的施用也应大力提倡,有机肥料有如下优点:

1. 扩大农田生态系统中能量转化和物质循环　微生物是生态系统的构成要素之一,并对土壤的养分及其他性质有多方面的影响,而微生物生命活动所需要的能源主要是由有机物质提供的。经常向土壤施用有机肥料,既可维持和促进土壤微生物的繁衍,又可充分利用各种有机杂物参加生态系统循环,对于保持土壤肥力和良好的生态环境都有重要作用。

2. 增加土壤有效养分　有机肥料含有作物必需的各种营养元素，能在微生物分解过程中源源不断地供给作物吸收利用，肥效长久而均衡，而且能不断释放二氧化碳，改善作物碳素营养条件，促进光合作用。施入土壤中的有机肥料分解时产生各种有机酸，能够促进土壤中难溶性磷酸盐的转化，提高磷的有效性。

3. 改善土壤物理性状　有机肥料经过土壤微生物的作用，一方面起矿质化作用，释放有效养分；另一方面起腐殖化作用，增加土壤腐殖质、细胞胶质、多糖类和糖醛类等天然高分子化合物。这些物质是土壤的胶结剂，可与土壤中的无机粘粒结合形成水稳性团粒结构。

4. 有机肥料与化学肥料配合施用可提高产量　有机肥料是含多种营养元素的完全肥料，肥效迟缓而持久。化学肥料成分比较单一，肥效迅速而短暂。二者配合施用，可以取长补短，缓急相济。所以，有机肥料与化学肥料配合施用，一般都比二者单独分别施用的效果好。

表 5-22　有机肥及化肥养分后效试验

（前季为小麦，据董振国，1997）

处理	玉米亩产/kg	增产/%
对照	420.0	—
化肥	450.0	7.0
土粪	480.0	14.3
玉米秆单沤	525.0	25.0
玉米秆 + 化肥共沤	570.0	35.7
麦秆 + 化肥共沤	555.0	32.1
麦秆单沤	562.5	33.9

从小麦收获后种玉米的增产效果（表 5-22）可以看出，麦田施化肥处理产量最低，亩产 450kg，增产 7%；玉米秆加化肥共沤肥效最好，亩产玉米 570. 0kg，增产 35. 7%；麦秆单沤亩产 562. 5kg，增产 33.9%。试验结果表明，有机肥处理虽然不同，但都有明显的后效，而化肥虽然当季肥效高，但后劲不足，小麦仅用化肥的农田，玉米产量低，仅比对照增产 7%。要想夏玉米高产还必须再施化肥，这样不利于节肥。施用有机肥的农田，有明显的后效作用，种小麦时施足有

机肥，夏玉米不追肥也可获得较高产量。

肥沃的土壤既能为作物提供最佳的生长发育条件，又能适时供给作物生长所需的养分和水分，并有较强的自调能力。土壤所具备的这些优越性，主要是在有机质的参与下，创造了良好的结构，土壤物理性状好，水、肥、气、热协调，改善了氧化还原条件，防止还原物质对根系的毒害。有机质促进了微生物和酶的活性，使自身所含矿质养分活化，释放出作物生长所需的矿物营养元素，同时产生二氧化碳，作为碳素营养的重要来源。此外，有机肥还含有多种微量元素，在产量低的情况下，有机肥可满足作物所需的多种矿物营养元素，对作物生长发育有独特的作用。

但有机肥也有某些不足，如肥效缓慢养分含量低，作物生长旺盛期不能及时满足对矿质元素的需求，有时还带有病虫源和杂草种子等。因此有机肥料与无机肥料配合施用，可取长补短，既能及时提供作物足够的养分，又能提高土壤肥力，从而达到持续稳产的目的。

三、提高肥效的若干措施

为了充分发挥肥效，除了合理施肥外，改善环境条件也是一项十分重要的措施。

（一）适当灌溉

只有溶解于水中的养分才易于被植物根系所吸收利用。所以，土壤干旱时的施肥效果很差，肥料的利用率也很低，如施肥后（特别是追肥）立即浇灌，这样就能及时地补充作物对养分的需要，肥效才会大大提高。如施肥选在快下雨之前，也能达此目的（下大雨时切忌施用，以免养分的流失）。

反之，肥料中各要素的适当配合，也有利于水分的合理利用。如小麦在肥料比例适当时，蒸腾系数最小，如果缺任何一种必需元素，蒸腾系数便大大提高，因为这些元素的缺乏对生长及光合作用等生理过程产生了很大影响（表 5-23）。

表 5-23 小麦的蒸腾系数与矿质元素的关系

（据郑广华，1980）

	全肥	缺 N	缺 P	缺 K	缺 Ca	缺 Mg	缺 S
蒸腾系数	347	2 025	2 060	1 522	929	1 209	1 471
比值	1.0	5.8	5.9	4.4	2.7	3.5	4.2

（二）改善土壤条件

土壤矿物（或田质）是由岩石在环境条件作用下经风化作用而形成的。土壤矿物是构成土壤的基本材料，是作物所需要的无机营养元素的最初来源。

所有土壤矿物皆具有复杂的成分和难溶的特点，因而不能被作物直接利用。但这些矿物在各种物理化学因素作用下，即在风化过程中，能够缓慢分解，最后成为植株能够吸收的简单化合物，吸附于土粒的表面，或溶于土壤溶液中。

不同质地的土壤，对作物的生长发育及栽培措施均有显著影响。例如，沙质土壤，温度容易升高，透水及通气状况良好，但是保水能力差，容易受旱，而且氮及磷的养分含量少，有机质分解快，保肥能力弱，养分容易淋溶流失。粘性土壤，透水性和通气性都很差，温度上升缓慢，旱时易板结，但养分含量高，保肥能力强。一般作物所适宜的土壤，多属壤质土壤，在其机械组成中，沙粒和粘粒的比例适当，而且含有一定数量的有机质。

土壤条件包括土壤结构和土壤 pH 等。良好的土壤结构疏松多孔，利于保肥、贮水、通气和根系发展，从而提高肥效。培育良好土壤结构的措施主要有：施用有机肥与精耕细作相结合、绿肥和作物合理轮作、土壤结构改良剂等。土壤的酸碱性直接影响养分的有效性。例如，土壤 pH 值增高，使得微量元素的有效性降低。所以，对于不利于作物生长的过酸或过碱的土壤，应进行适当的调节和改良。对于酸性土壤，一般是施用生石灰（CaO）来降低土壤酸度；对于碱性土壤，可施用石膏（天然硫酸钙，$CaSO_4 \cdot 2H_2O$）、明矾〔$Fe_2(SO_4)_3 \cdot Al_2(SO_4)_3 \cdot 24H_2O$〕、硫酸铁〔$Fe_2(SO_4)_3$〕和硫磺（S）等。此外，利用合理的灌溉排水，可以有效地冲洗走土壤中的盐碱成分；种植绿肥以增加有机质，也可间接地改良碱性土壤。

（三）其他因素

表施的肥料氧化剧烈且易于流失或挥发。因此，肥料应适当深施于根系附近5~10cm深处，这样养分流失或挥发少，NH_4-N的硝化作用也减慢，从而供肥稳而久，加之根系生长具有趋肥性，使作物根系深扎，植株健壮，增产显著。

光照条件好时，增施氮肥有利于提高光合作用，在弱光条件下增施氮肥反而不利于生长。

种植密度与施肥也有密切关系。有人把根的吸收区分为“根系吸收区”和“根表面吸收区”。根系吸收区指根系主要部分所占据的整个土壤体积，根表面吸收区指与每条根或根毛表面相接触的薄薄一层土壤。一般情况下，植株只能从相接触的土壤中获得磷、钾等在土壤中不易移动的养分，而对在土壤中易于移动的养分如氮素，可以从根系所占据的整个土壤体积中获得。在稀植时，相邻植株的根互不重叠，对矿质养分不发生竞争，随着密度增加，当相邻植株的根系吸收区相交时，对氮素和不易移动的钾和磷素都要发生竞争。因此当植株密度增加时，对易移动的氮肥首先加剧竞争，本来在低密度下数量足够的氮肥，现在成了提高产量的限制因素，所以密度增加时首先要考虑增加氮肥的施用量。对于在土壤中不易移动的磷、钾等肥料，要在相当高的密度下才加剧竞争。而且加剧竞争的结果可使植株更有效地利用土壤中的磷和钾。所以当密度增加时，增加磷肥就不像增加氮肥那样迫切。在高密度下缺氮肥对产量影响最大，显然，随着密度增加，适量地增加磷、钾、硼、锌等肥也是必要的。

四、根外施肥

植物叶面（包括一部分茎）可以通过渗透扩散吸收矿质元素。根外施肥是通过气孔扩散和角质层渗透而进入植株体内的。气孔除可吸收CO_2和H_2O外，也可吸收SO_2气体，这对于植物的硫素营养有很大的作用。叶片也可吸收空气中少量的NO_2，在细胞内转化为HNO_2，进一步还原成-NH_2而加以利用。空气中少量的NH_3也可被叶片吸收，但浓度高时则造成氨中毒。氮、磷、钾、钙、镁等元素通常经过渗透作用由叶面进入植物体内。

根外施肥(主要是叶面施肥)在农业生产上有重要意义。当土壤环境如水分过多或干旱、土壤过酸或过碱等造成根系吸收养料困难时,作物已长得高大封行、向土壤内施肥料不易进行时,作物缺氮等需要迅速恢复而土壤施肥反应较慢时,或作物生长后期根系活力衰退时,叶面吸收的养料可以弥补根系吸收的不足。

根外施肥还有其他优点,某些养料如磷、铁、锰、铜、锌等易在土壤中固定而影响其有效性,叶面施肥则不受土壤条件的影响。一些作物当根系很深时,传统施肥方法难以施到根系吸收部位,而叶面喷施恰可取得较好的效果。叶面喷施用肥量少,见效快,效益高,且还可将一些生长调节剂等配合施用,以调控作物的生长发育。

根外施肥的效果受叶面积大小、气孔多少、角质层厚薄等多种因素影响。如叶面施肥效果油菜大于稻麦。嫩叶比老叶吸收速率和吸收量要大。肥料种类也影响效果,叶面吸收尿素特别容易。

由于叶片只能吸收溶解在溶液中的营养物质,所以溶液在叶面上保留的时间越长,被吸收的营养物质的量就越多。凡能影响液体蒸发的外界环境因素,如风速、气温、空气湿度等都会影响叶面施肥的效果。因此,叶面施肥应尽量选择在凉爽、无风、大气湿度高的期间(如阴天、傍晚)进行。根外施肥因直接作用于植株体表,浓度不宜过高,否则易引起作物的伤害。

根外施肥耗工较大,易受气候条件影响,苗期或叶面积小的作物叶面施肥效果较差,因而只能作为根系营养的一种补充而不能代替。

第六章 作物的成熟与衰老生理

第一节 作物成熟的基本概念

一、生理成熟

种子植物在完成其正常的生长发育后，种子发育到一定程度便达到成熟。真正的成熟应包括两个方面的涵意，即形态上的成熟和生理上的成熟。所谓形态成熟，是指收获产品（如种子）的颜色、形状及大小等外观性状均呈现出品种本身的固有特征、特性；生理成熟是指贮藏器官（种子）内部的生理生化过程基本停止，种子胚具有了发芽能力。有些种子，在达到形态成熟的同时，胚的发育也完成并有发芽能力，两方面的成熟是一致的。但也有些种子如稻、麦，在乳熟期胚就具有发芽能力，整个籽粒远未达到形态成熟，因而这时不能叫真正的成熟。如水稻种子，开花授粉 7 天后，胚已基本发育完成，开始具有发芽能力，但发芽很慢，发芽率很低。授粉 14 天后，胚乳已接近正常种子的大小，发芽率显著提高，到蜡熟期才具有完全的发芽能力。另有一些种子如大麦、燕麦、莴苣等及许多林、果种子，在形态上达到成熟时胚却没有发芽能力，要经过一段时间的后熟作用才具有发芽能力，因而也不能称为真正成熟。

真正成熟的种子一般应具备以下指标：第一，养料运输已基本停止，种子中干物质不再增加，即达到了最大干重；第二，种子含水量降低到一定程度，如豆类 40% ~50%，大、小麦子 20% ~25%，玉米、高粱 30% ~35%；第三，果皮内的内含物变硬，呈现了品种的固有色泽；第四，种胚具有了发芽能力。完成形态成熟是种子收获的指标，而是否完成生理成熟则是能否作种用（播种）的必需条件。掌握好种子的成熟指标及特征，确定好适宜的收获时期，可提高种子的产量和品质。有些种子易落粒，遇雨易穗发芽，一旦成熟必须立即抢收，如麦类、豆类及十字花科种子；有的作物晚收还会导致籽粒颜色变暗、胚乳角质程度降低，更应及早收获，如高粱。但也有些作物如玉米，不存在落粒和穗发芽，却常因籽粒成熟和苞叶成熟不一致而导致早收减产。玉米收获多在苞叶全白甚至不全白时，这时籽粒含水量在40%以上，离完熟约差10～15天，玉米完熟有两个特征，即乳线消失和基部黑色层出现。

充分成熟的种子往往具有最高活力，因而在种子生产中应尽可能创造条件，使种子得以充分发育并达到成熟。然而在某些情况下，却难以获得充分成熟的种子。

利用未熟种子，关键是掌握好各种作物种子和适用时期。在这方面，许多单位做过较详细的研究。据浙江农业大学种子教研室试验，早稻到了黄熟后期，种子提早3～5天收获，立即脱粒或留株后熟5～7天，对千粒重无显著影响。晚稻种子比正常收获期提早10～20天，如立即脱粒，对千粒重影响较大。发芽率也较低；但如果收获后10天或20天再脱粒，可提高种子的饱满度和发芽率。另据沈阳农业大学研究，玉米、高粱种子开花授粉后15～20天，即种子发育期，种子干重占正常种子的1/5时，种胚已具有一定发芽能力，可能出苗乃至正常结实，只是幼苗细弱、成株率低，产量不高；开花授粉后29～34天，即乳熟末期种子干粒重约占正常种子的2/3时，不仅胚具有了正常发芽能力，而且产量与完熟期差异缩小，因此可以作为低温冻害提前收获的临界期；蜡熟至完熟的种子在发芽、出苗、发育等方面都几乎没有显著差异，可以作为种子田提前收获的安全期。

在未熟种子的利用中应注意两点：一是未熟种子的耐贮性较差，收获后应充分干燥、妥善贮存，且贮藏时不宜过久；二是与正常成熟种子相比，未熟种子毕竟活力较低，因而需要较好的播种条件。即使播种前在适温下测定的发芽率较高，播后若遇不良的环境，也多不能达到较高的田间出苗率。因此，在用未熟种子播种时，应好好整地造墒，选择好适宜温度，还要适当加大播种量，以求获得全苗。在选择种子提前收获的时期时，亦应因时、因地、因种子用途而定。如果是作加代繁殖的少量用种，且播种条件良好，可适当提前多一些，像玉米可在乳熟末期收获;但若是作大田用种,则不宜提前太多。

种子植物从开花受精到种子完全成熟所需时间,因作物不同而有很大差异。一般禾谷类作物30~50天,豆类30~70天,油菜40~60天。林木种子所需时间往往更长,如茶籽约需一年,松柏则需二年以上。同一作物的不同品种间也有明显差异,一般早熟品种所需时间较短,晚熟品种则长。这种不同作物、不同品种间种子成熟期的差异,主要是由植物的遗传性所决定。然而,同一品种的作物种子,其成熟期也常存在显著差异,这主要是种子发育、成熟过程中不同环境条件的影响所引起。同时种子发育、成熟过程中环境条件的差异,对种子产量及品质也有很大影响。

从茎叶流入种子的营养物质主要是光合产物,其产生的数量、输入种子的多少及在种子中转化、累积的情况,在很大程度上受光强、温度和大气湿度影响。一般说来,天气晴朗,空气湿度较低,温度适当高,光合作用强度大,有利于养分的合成和运输,对提高种子产量和正常早熟都是有利的。若种子发育期间尤其是灌浆期阴雨连绵,空气湿度大且温度偏低,蒸腾作用进行缓慢,水分向外扩散受阻,会影响种子中物质的合成,且光线不足,光合强度小,干物质来源不足,会使种子延迟成熟并减产。当然,大气的湿度也不能过低,如果过低加上土壤缺水,就会出现干旱,使种子过分早熟,导致子粒瘦小、产量降低。因为养分的合成和运转必须要在活细胞尤其是叶肉细胞充分膨胀的情况下才能进行,干旱的条件使植株萎蔫,不但养分的合成和运输受阻,且养分积累的时间短,种子多达不到正常的饱满度就过早成熟。在盐碱地区,由于土壤溶液浓度大,渗透压高,植株吸水困难,往往造成和干旱相仿的结果。

种子发育、成熟期间温度过高亦会明显降低种子产量。干热风造成小麦种子减产,就是高温和大气干旱综合影响的结果。对于麦类作物,强光配合适当低温是籽粒发育的理想条件。我国青藏高原地区麦类产量较高,北方地区小麦千粒重也往往高于南方,除了高原地区光照强以外,最主要的原因就是昼夜温差大的影响。在麦类种子灌浆期,南方温度高,昼夜温差小,容易引起叶片早衰,灌浆期缩短,且呼吸强度大,干物质积累少,因而千粒重降低(图6-1),种子产量低。

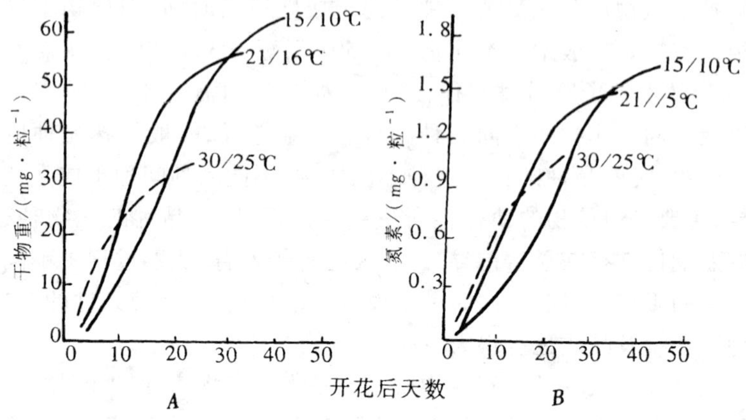

图 6-1　不同昼夜温度对小麦籽粒干重

A. 及氮素　　B. 积累的影响

土壤的营养条件对种子的产量和成熟期也有影响。一般氮素缺乏,会使植株短小且早衰,种子虽可提前成熟,但籽粒小且活力低。相反,如果氮素过多,又会导致茎叶徒长,营养生长和生殖生长失调,种子会明显晚熟,也不会饱满。磷、钾肥料能增加粒重、促进成熟。因此制种田应氮、磷、钾合理搭配使用。

二、工艺成熟

工艺成熟是指以营养器官为收获对象的作物(麻类、甘蔗、甜菜、烟叶、薯类等),其产品器官的产量最高、品质最好的时期,即经济利用价值最高的收获时期,而不是生理上的成熟。

(一)茎用作物产品器官的成熟

茎的成熟过程,反映在碳、氮之间和各类碳水化合物之间的比例关系上。在茎伸长期、碳/氮比小,茎的含水量大,碳水化合物中可溶性糖分高而淀粉、纤维素和木质素含量较低,糖分中蔗糖含量低而还原糖含量较高。这些都是保证旺盛生长所必需的。进入成熟期后,碳/氮比逐渐加大,淀粉,半纤维素,纤维素和木质素的积累增多,糖分中蔗糖增多而还原糖含量降低。

甘蔗茎的成熟,是以蔗茎的碳/氮比和蔗汁中蔗糖含量增大为内部特征,而以叶色褪淡变黄、绿叶少而枯叶增多为外部特征的。在成熟过程中营养生长和氮素代谢显著减弱而碳素代谢显著加强。麻茎的成熟标准是:韧皮纤维的长度和数量均达高峰期,纤维细胞积累了大量的纤维素和半纤维素(合计占粗纤维组成成分的70%~90%)和一定的木质素,纤维品质好。此时,营养生长也处于衰减时期,黄麻、红麻已有部分蒴果形成;大麻植株盛花期,雌株处种子蜡熟期;苎麻中部叶黄,下部叶落,麻茎下部2/3变为黑褐色。因此,都处于碳素代谢占优势的时期。

(二)叶用作物产品器官的成熟

烟草为叶用刺激性作物。一般采用移植栽培,多在苗床育苗到长出8~10片真叶移栽于大田,因此,栽培上以育苗期和大田期划分烟草的两大生育阶段。在四川烟草多秋播,用塑料薄膜或草帘搭棚覆盖育苗越冬,也有早春播种的。由于气温较低,幼苗密度大,生长慢,栽培措施主要要求达到保苗越冬和壮苗稳长的目的。因此,烟叶的主要生长期在移栽成活以后。

烟草在春-夏季气温上升,前作物收获后移栽,还苗发根以后即逐渐进入茎叶生长盛期,茎秆伸长,出叶速度加快,然后开始出现花芽,现蕾(主茎顶端花蕾出现)以后,进入生长更快的旺长期,茎秆每天可增长3~4厘米,不到2天即可以出一片叶,至开花后茎停止伸长。

由于烟叶从下至上发生,持续时间长,上下部叶片成熟过程也参差不齐,栽培上采取分期采收,以保证烟叶品质。就单叶而言,其成熟过程是:光合产物从大量消耗于叶和其他器官生长逐渐变为大量贮存于叶中,叶的组织由疏松变为紧密,含水率下降,单位叶面积干重增加,叶内蛋白质含量下降而糖分增加,使糖氮比(斯木克值)增大,叶色变淡,呈老熟的特征,同时,烟碱含量及其糖、氮的比值达适宜水平。此时,即达到烟叶的工艺成熟期,可以采收。

烟草产品器官的形成和成熟是营养生长过程,就全株而言,氮素代谢很活跃。但就单叶而言仍有由形成期氮素代谢占优势过渡到成熟期碳素代谢占优势的代谢变化过程。

（三）块根块茎类作物产品器官的成熟

包括甘薯和马铃薯，其利用部分是地下贮藏器官-块根和块茎。甘薯块根成熟收获前 60 天左右；马铃薯盛花期以后，植株代谢由氮素代谢为主转入以碳素代谢为主，茎、叶生长逐渐减慢，下部枯死叶增多，叶面积降低。随着茎、叶生长减慢以至停止，光合产物主要以碳水化合物形式转运到地下贮藏器官，块根、块茎积累大量淀粉而迅速膨大，干重增加，地下部/地上部比很快上升，直至茎、叶枯黄，地下贮藏器官干物量达到最大时即达成熟期。此期中生长中心由茎、叶转向地下贮藏器官。

第二节　产品器官的形态建成

一、产品器官的发育生长过程与同化产物积累及品质的关系

（一）禾谷类作物

禾谷类作物以籽粒为收获产品。籽粒的形成和发育包括胚和胚乳两个主要部分，其中与产品产量和品质关系最为密切的乃是胚乳组织的形成。禾谷类作物在胚乳形成的早期阶段，初生胚乳核只进行核的分裂而不形成细胞壁，出现多个胚乳核游离于胚囊中的多核现象。这种“游离核时期”一般持续 3～4 天便被细胞型胚乳所代替。游离核期末胚乳的大小可能和籽粒在成熟时的重量有关。在胚乳形成的早期阶段，胚囊合点端的反足细胞开始由外向内逐渐退化。小麦的反足细胞在原生质经历剧烈变化过程中，不断输出其内含物质，哺育邻近游离胚乳的增殖和生长。此外，籽粒中细胞分裂素水平的迅速提高也可能同反足细胞崩解产物的代谢有关。可见，反足细胞的分解退化无疑对胚乳的早期建成具有重要意义。

细胞型胚乳形成后便开始迅速分裂增殖，其增殖过程呈“*S*”型曲线特征。在正常条件下，小麦的胚乳细胞大约在开花后两周停止分裂，细胞总数可达 10 万～15 万个。水稻的胚乳细胞一般在开花后 9 天左右结束分裂，细胞总数约 18 万个。玉米的胚乳细胞主要是在授粉后 13 天之内形成的，细胞总数可高达$(8.7 \sim 9.7) \times 10^5$个。

禾谷类作物籽粒所能分裂形成的胚乳细胞数目及细胞体积决定了籽粒的“库存能力”,或者说决定了籽粒容纳同化产物的潜势。至少在玉米上,这种“库存能力”主要决定于胚乳细胞数目,而同细胞大小关系较小(*R. Capitanio* 等,1983)。

表 6-1　玉米不同品种籽粒的胚乳细胞数目与淀粉粒数目、籽粒灌浆强度及粒重的关系

(V. M. Reddy 等,1983,安大略省,加拿大)

品种类型	胚乳细胞数目 /(10 个·粒$^{-1}$)	淀粉粒数目 /(10^5 个·粒$^{-1}$)	籽粒灌浆强度 /(mg·粒$^{-1}$·d^{-1})	成熟时籽粒重量 /(mg·粒$^{-1}$)
硬齿型	104	354	8.2	290
齿　型	72	337	7.2	200
爆裂型	35	74	1.5	55

胚乳细胞的建成在一定程度上决定了籽粒以后的发育。较多的胚乳细胞可促使籽粒以较快的速度累积同化产物,并可容纳和积累较多的淀粉粒。籽粒中能形成较多胚乳细胞的玉米品种,成熟时可获得较高的籽粒重量(表 6-1)。小麦籽粒中胚乳细胞的减少,也会导致籽粒生长速度率减慢及粒重的降低。因此,在籽粒发育早期阶段,较多胚乳细胞的形成对于促进籽粒干物质积累具有重要意义。

胚乳细胞分裂及生长状况对籽粒品质也有一定影响。水稻籽粒中分裂形成的小细胞越多,米粒的垩白越大,垩白率越高,其品质也因此降低。

(二)豆类作物

豆类作物虽然也以籽粒作为收获产品,但其形成过程同禾谷类作物有着完全不同的特点。在籽粒形成的初期阶段,胚乳和胚的分化速度大致相同,以后随着子叶的迅速生长及其对胚乳物质的分解和吸收,胚乳组织逐渐解体、退化。当子叶、胚根及胚轴等分化完全时,胚乳细胞壁大部分已被破坏,到成熟时仅留残痕。因此,子叶实际上已成为这类作物种子贮藏同化产物的场所。

大豆籽粒中子叶细胞的分化增殖主要在开花后 14 ~ 20 天完成,并在开花后 20 ~ 25 天开始积累营养物质,到开花后 30 天左右,胚部器官分化基本完成;之后,子叶不断增大。不同品种的大豆籽粒,子叶细胞数目变动在(2.3 ~ 10.9)$\times 10^6$个。

与禾谷类作物类似,大豆不同品种籽粒累积同化产物的能力受子叶所能分化形成的细胞数目的限制,籽粒生长速率与子叶细胞数亦呈显著正相关关系(表 6-2)。子叶细胞的分化速率,对于增加粒重,提高产量具有一定的促进作用。

表 6-2 改变源-库比率对大豆籽粒生长特性的影响

(于振文等,1988,肯塔基,美国)

品种	处理	子叶细胞数 /($\times 10^6$ · 粒$^{-1}$)	籽粒生长速度 /(mg · 粒$^{-1}$ · d^{-1})	有效充实期 /d	籽粒大小 /(mg · 粒$^{-1}$)
York	去叶	2.3	2.3	24	56
	去荚	7.7	4.9	23	162
	对照	5.4	3.5	27	94
Mccall	去叶	2.4	3.0	22	66
	去荚	4.6	7.0	31	216
	对照	3.8	4.0	25	101
Williams	去叶	7.1	3.6	40	131
	去荚	10.9	6.4	55	217
	对照	8.3	3.7	48	171

(三)块根、块茎类作物

块根、块茎类作物以营养体作为贮藏器官。甘薯及甜菜将同化产物贮藏于块根薄壁细胞中,马铃薯的养分则贮存在块茎薄壁细胞内。甘薯在栽种后 30 天,即可形成薯块,尔后便是迅速膨大过程。马铃薯块茎的膨大是由于旺盛的细胞分裂引起的。在甘薯块根膨大过程中,由于初生形成层内侧木质部薄壁细胞的再分裂能力不同,其再分裂所增殖的细胞和组织具有不同的特点(表 6-3)。

1. 增殖分裂 像大型薄壁细胞分裂和导管周围次生形成层那样,只分裂出大薄壁细胞和韧皮薄壁细胞,不伴有维管束的分化。这种类型块根膨大极好,但淀粉含有率则较低。

2. 分化分裂 如木质部内筛管及次生形成层的分化分裂,是伴有维管束分化的薄壁细胞分裂。该种类型块根膨大良好,淀粉含有率较高。

表 6-3　甘薯块根木质部薄壁细胞再分裂的四种类型和块根膨大及淀粉含量的关系

(国分祯二,1973,日本)

项　目	分裂		不分裂	
	增殖分裂	分化分裂	细胞生长	细胞木质化
膨大程度 淀粉含有率	极良好 低	良 高	不 良 极 高	极不良 极 低

3. 细胞生长　是薄壁细胞的再分裂停止类型。即薄壁细胞只进行生长而不进行再分裂。由于这种类型细胞的再分裂能力极差,淀粉消耗少,加之块根膨大不良,淀粉含有率反而极高。

4. 细胞木质化　薄壁细胞尚未充分生长就迅速木质化。此种类型易形成梗根,细胞中也很少积累淀粉。

这类作物在块根(茎)形成过程中,次生形成层的活性及所形成组织的结构特点直接同产量和品质相关。甘薯块根木质部薄壁细胞进行增殖分裂的,薯块膨大极好;分化分裂的薯块膨大较好,淀粉含有率也较高;块根皮部筛管面积较大,木质部周缘筛管发育良好,中部分单位面积筛管束数较多,且木质部导管面积率较高的为高淀粉类型特点。

甜菜块根中维管束环的多少与块根含糖量呈正相关。维管束环较多的块根,薄壁细胞多而小,糖分含量较高。块根中较多的维管束及薄壁细胞的生成有利于同化产物的积累。

除块根、块茎类作物外,甘蔗茎中维管束密度与蔗糖含量呈显著正相关关系。贮藏细胞体积则与蔗糖含量呈极显著负相关关系。且高糖品种中,柱细胞和球状细胞各占 50% 左右(庄伟建,1989)。贮藏细胞小的品种中,其蔗糖含量较高的原因,可能是由于细胞壁、细胞膜及液泡膜表面积较大,扩大了吸收面积,因而可以积累较多的糖分。

(四)纤维类作物

棉纤维由受精胚珠的外表皮细胞发育而成。开花前一天,整个胚珠表面光滑，看不到表皮细胞发育的突起。开花当天，部分表皮细胞向上呈球形突起，成为纤维原始细胞——生毛细胞。进一步的研究表明，尽管开花从表皮细胞的外表看不出明显的形态变化，它早在开花前24h，表皮细胞的液泡中就已积累了丰富的电子致密物质——邻苯二酚。到开花前8h，部分表皮细胞的液泡将这种酚类物质释放到细胞质中去而使细胞发暗，表皮细胞亦由此而分为暗、亮两类。开花时验明，纤维由暗细胞分化而成。据 J. C. Ramsey 推测，这种酚类物质可能与细胞质中的各种蛋白质相互作用，抑制了吲哚乙酸氧化酶的活力，从而使细胞内的吲哚乙酸含量提高到足够水平，刺激了纤维细胞的分化。

生毛细胞形成后开始伸长，一般在开花后 10 天进入迅速伸长时期。纤维的次生壁加厚过程则始于花后的第 19 ~ 20 天，与纤维的伸长过程有一重叠的时期。加厚过程可一直延迟到成熟。麻类作物纤维细胞的伸长及次生壁加厚过程与棉纤维发育具有相似的特点。

纤维细胞的分化直接关系到纤维数目的多少及纤维品质。对于棉纤维来讲，生毛细胞的突起时间与其发育前景密切相关。一般在开花当天到开花 2 天突起的生毛细胞可形成纤维；而在 4 天后第二次突起的生毛细胞，最后形成短绒（徐楚年等，1988）。生毛细胞的形成机制及其突起时间受何种因素的控制，迄今尚无法解释。J. D. Berlin（1980）则认为，纤维原始细胞的这种形成过程是随机的。大约有 27% 的表皮细胞将发育成纤维。生毛细胞液泡中酚类物质的释放机理目前也知之甚少。假若能在开花前诱使更多的表皮细胞向细胞质中释放酚类物质而成为生毛细胞，并促使这些生毛细胞尽早突起，无疑将对棉纤维产量的提高及品质的改良起到重要作用。

纤维细胞的快速伸长期持续时间、伸长终止期的迟早及次生壁加厚速度等，同样会对纤维品质产生一定影响。陆地棉在开花 20 天后纤维伸长速度减慢，花后 25 天趋向停止。海岛棉纤维的快速伸长期则一直延续到开花后 27 天，花后 32 天才终止伸长（图 6-2）。海岛棉由于延长了快速伸长阶段，所以成熟时纤维长度超过陆地棉。中棉次生壁加厚速度比海岛棉要快，所以成熟时期形成壁粗、绒厚的特点；而海岛棉则明显地绒细、壁薄（徐楚年等，1988）。

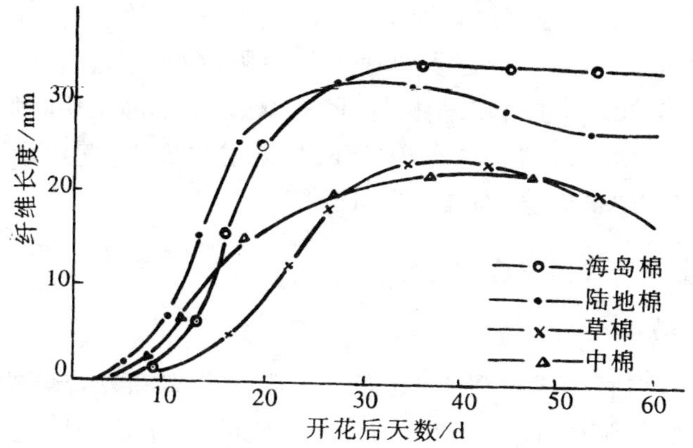

图 6-2　各棉种胚珠中部纤维伸长变化

（徐楚年等，1988，北京）

对于麻类作物，如果次生韧皮纤维层数较多，纤维细胞分布密度较大，单纤维细长，则形成的纤维品质较好，产量也高。

（五）油料作物

油菜种子是由胚珠受精发育而成的，其种子发育过程可分为三个阶段：①细胞增殖阶段：受精后的合子不久即开始分裂，开花后第 9 天，已明显地形成一个细胞增殖的球体，达数百个细胞；②种胚发育阶段：开花后第 12 天，细胞球体开始变长，有子叶和胚根的分化，略呈三角形，第 15 天子叶分化明显，胚根亦较长；③种胚充实阶段：当子叶和胚根发育明显时，不再纵向伸长，但子叶转向下方弯曲，逐渐包围胚根，略呈球形。此后随种子胚的肥大、生长、种子亦渐充实饱满，胚乳逐渐消失，到开花后第 33 天，子叶和胚根紧密相联，种子内部几乎全为种胚占据。

油菜种子成熟过程中物质积累情况，据浙江农业大学测定，胜利油菜开花后第 21 天果瓣鲜重达最大值，而干重在开花后第 33 天最高。开花后第 9 天，种子含油率为 5.76%，到开花后第 21～30 天，油分积累速度增快，含油率从 17.96% 迅速增加到 43.7%；开花后 30～45天，含油率基本稳定，但稳定粒重的迅速增加，油分仍大量积累，为积累油分的最主要时期。

在油分形成过程中，脂肪酸组成也发生变化。据黄尚琼（1980）

研究，油菜受精后一个月内，种子脂肪酸主要是亚油酸、亚麻酸、棕榈酸和油酸，一个月后种子进入快速生长阶段，在芥酸含量为64%的品系中，开始出现芥酸和二十碳烯酸，亚麻酸、亚油酸很快降低，油酸则增加，随种子的继续发育充实，芥酸积累增加最快，直到种子成熟时，芥酸增加达最大值，而油酸含量降低。

二、影响产品器官建成的环境条件

（一）温度

在贮藏器官形成过程中，温度对细胞的分裂和发育影响较大。玉米的胚乳细胞在日均温27℃条件下增殖最快，形成的胚乳细胞最多。随着温度的升高，特别是在35℃条件下，细胞停止分裂时间提前，形成的细胞总数也大大减少，细胞体积也相应变小。而在15℃低温条件下，胚乳细胞早期的分裂受到抑制，分裂速度变缓，分裂持续时间却大大延长（图6-3）。低温使细胞总数减少，但有利于细胞体积的扩大。小麦籽粒形成期间，较高的夜温（25～20℃）有利于胚乳细胞早期的分裂的扩大；而较低的夜温（25～10℃）则利于糊粉层细胞的增殖和扩大。

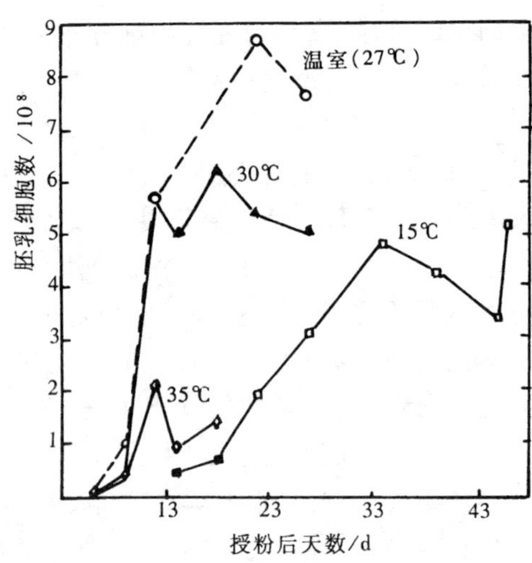

图6-3　玉米籽粒发育早期的胚乳细胞数与温度的关系

（R. J. Jones等，1985）

棉纤维发育期间，较低的夜温（22℃）使纤维细胞伸长速度下降，并影响次生壁的加厚。若温度低于18℃则易于导致短绒的产生。此外，高温还可抑制块根（茎）的形成。低温则对块根（茎）的诱导具有明显的效果。高温主要是加速细胞的早期分裂和扩大，但缩短了细胞分裂持续时间；低温则减缓了细胞早期的分裂速度,但可延迟细胞分裂持续时间,并有利于后期分裂形成细胞体积的扩大。

红麻在不同时期播种,纤维细胞数及其他性状都有明显的差异。水稻在晚播条件下,胚乳细胞总数和小细胞显著减少。但可增大细胞体积;在早播条件下胚乳细胞总数也比中季稻略有减少。播期对贮藏细胞形成所产生的这种影响,也主要同作物在生长发育期间所处的温度条件有关。

(二)光照

在贮藏细胞形成期间,光照强度和光照时间长短都会对其形成过程产生一定影响。小麦开花后遮光,籽粒所形成的胚乳细胞数减少45%,细胞可见表面积减少28%左右。光照不足对胚乳细胞分裂的影响,主要是降低了细胞分裂速度,而并不影响分裂持续时间。弱光还可使棉花及麻类作物的单纤维支数增加。在高密度种植条件下,纤维支数的增加也主要同光照强度的减弱有关。但由于光照不足,光合作用减弱,影响纤维素的沉积而使纤维强度下降。

光照时间长短对于诱导块茎(根)的形成至关重要。短日照条件(12h)可促进块茎(根)的形成,长日照则延缓或抑制其形成。日照长短对块茎(根)的诱导作用表现出激素调节的特点。据研究,赤霉素和脱落酸具有共同的生物合成前体—甲羟戊酸。长日照条件有利于甲羟戊酸向赤霉素的合成方向转化;短日照条件则有利于脱落酸的合成。前者可刺激匍匐茎的形成,脱落酸则对块茎的形成具有明显的促进作用。

(三)水分

细胞的分裂增殖及细胞体积的膨大都必须靠一定的膨压来维持。贮藏器官形成期间,正是贮藏细胞旺盛分裂并迅速膨大时期,此时的水分供应状况必然对其产生较大影响。玉米吐丝后12h之内干旱,严重影响胚乳细胞的分裂,细胞总数减少16.8%。Brocklehurst(1978)认为,小麦胚乳细胞形成期间水分不足,胚乳细胞总数的减少主要是由于细胞分裂速度降低所致。棉纤维发育期间,土壤水分不足阻碍纤维细胞的伸长而导致短绒的发生。因此,在贮藏细胞形成期间必须保证充足的水分供应。

(四)矿质营养

贮藏器官形成期间,丰富的矿质营养可以为贮藏细胞的分裂与发育提供物质基础。麻类作物施用钾肥,可使纤维细胞壁变薄,胞壁直径变小,纤维细胞排列紧密纤维支数增加。施用硼肥也可使纤维支数有所提高,而施用氮肥则具有相反效果。但如果将氮、磷、钾肥配合施用,也可使麻类作物的纤维细胞腔变小,细胞壁增厚而使强度力提高,并可增加纤维细胞数和纤维束数。

第三节　产品器官营养物质积累

一、同化产物积累的特点

随着贮藏器官形态建成的同时,便迅速开始同化产物的积累。无论是禾谷类作物、豆类作物、纤维类作物、块根(茎)类作物,贮藏器官中同化产物的积累过程均呈现“S”型曲线。从积累的动态过程来看,前期主要是贮藏器官形态建成阶段,同化产物积累甚少;之后的一段时间里,同化产物以近似线性的速度快速积累,这是贮藏器官中同化产物积累的主要时期。接近成熟时积累速度又趋缓慢(见图6-4)。

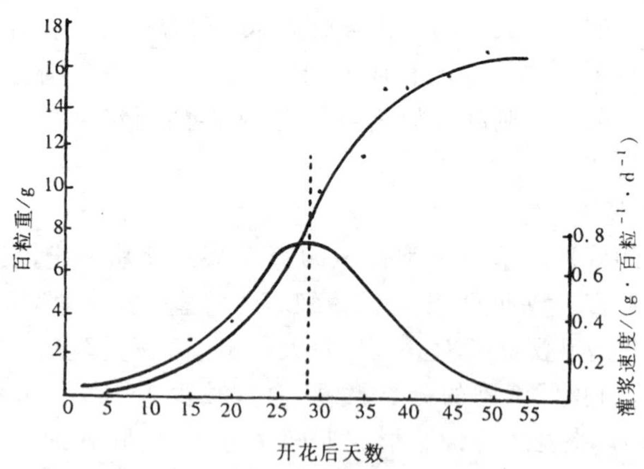

图6-4　大豆百粒重增长曲线

(丁希泉,1984)

同化产物积累强度和积累持续期是决定同化产物积累总量的两

个重要参数。积累强度的变化一般是呈单峰值出现时，同化产物的积累也达到高峰，积累总量近半。可以推断，提高积累强度或延长积累持续期都将使同化产物的积累总量增加。但实际情况是，不同品种间贮藏器官中同化产物积累总量主要决定于积累强度，积累持续期的作用要相对小些。玉米在籽粒充实期间，环境条件的变化也主要是通过灌浆强度影响了粒重。因此，提高同化产物积累强度是提高贮藏器官中同化产物积累的关键。

贮藏器官鲜重量的变化与干重的增长相平行。前期鲜重的增加主要是由于含水量的增加，进入快速增长期后则主要靠干物质的增加。在干物质迅速积累阶段，含水量达到极值并保持相对稳定；而在贮藏器官形态建成时期，含水率保持较高水平（见图 6-5）。这种较高的水分含量对于细胞的分裂器官的形成是至关重要的。

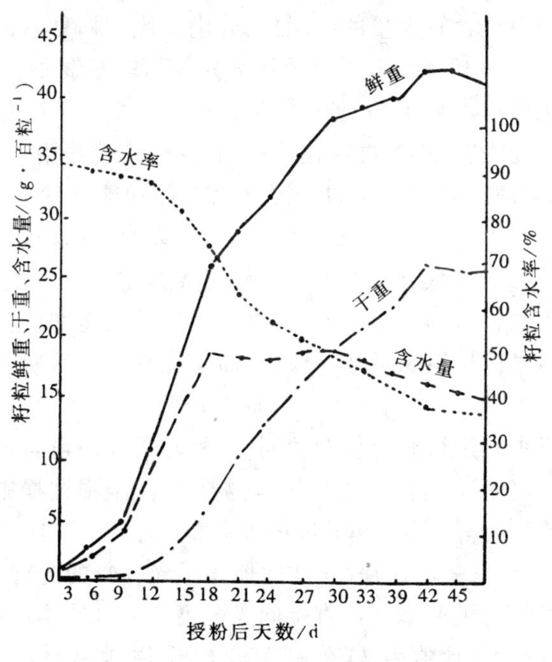

图 6-5　玉米籽粒发育过程中重量和水分的变化

（李伯航等，1986）

二、植株光合特性与物质积累的关系

贮藏器官建成后,植株的光合特性对于同化产物的积累影响极大。如小麦开花前的光合产物对粒重的贡献约为5% ~20%。因此,前期同化产物对于贮藏器官的建成仍有着不可低估的作用。

(一)叶绿素含量、光合强度与同化产物积累

同化产物积累期间,叶片的叶绿素含量与其光合强度呈正相关关系。禾谷作物的主要功能叶片,如小麦的旗叶、水稻的剑叶及玉米的穗粒叶等,由于光合细胞结构复杂、叶绿素含量高及运输系统发达,因而具有较其他叶位叶片更强的光合作用强度,向贮藏器官转运的同化产物也最多。

近年来,对于麦类作物穗部(颖片及芒)光合特性研究表明,穗部绿色组织中也含有大量的叶绿素,叶肉细胞结构复杂,其光合产物对籽粒重的贡献比旗叶还要大(陈培元等,1987;高如嵩,1990);小麦穗部同化产物对粒重的贡献约为24% ~40%(罗春梅等,1984)。进一步的研究表明,小麦籽粒建成期间,同化产物作用下降并逐渐停止,籽粒充实期间同化产物的来源则以上部功能叶片为主。豆类作物在成熟过程中,由于叶片的不断衰亡,荚壳绿色面积占全株的比重越来越大;因此,在成熟后期阶段,荚壳成为主要的光合作用场所。荚壳首先积累较多的同化产物,在籽粒干物质迅速增长时,荚壳中的同化产物通过输导组织运往籽粒,因而荚壳重量在后期迅速下降。

(二)光呼吸、净光合生产率与同化产物积累

绿色组织在进行光合作用的同时,光呼吸作用也与这相伴而生,二者共同决定了净光合生产率。作物在光合作用过程中,1,5-二磷酸核酮糖羧化酶/加氧酶(Rubisco)是控制光合作用与呼吸作用的关键。Rubisco加氧酶活性提高,从而催化了光呼吸的进行。

植株净光合生产率高低直接同光强度及光呼吸强度相关。C_3作物的光呼吸/光合比值为23% ~25%,C_4作物则为1% ~7%。说明C_4作物由于光呼吸较弱而具有较高的净光合生产率。据测定,作物白天总光合量的20% ~40%要被呼吸作用所消耗。假如能有效地抑制光呼吸,提高净光合生产率,对贮藏器官中同化产物的积累无疑

具有重大意义。光呼吸抑制剂 $NaHSO_3$ 的施用,虽然对光合作用也有一定影响,但对光呼吸的抑制作用远大于前者,因而可使净光合生产率提高 4% ~18%。苎麻施用 $NaHSO_3$ 后,净光合生产率可提高 6% ~7%。

(三)光合势、叶片衰亡与同化产物积累

光合势指光合器官的功能期长短。延长叶片功能期,是保证同化产物生产的重要途径之一。但在成熟后期,由于植物自身生育规律的限制,往往在贮藏器官中同化产物积累达到高峰时,功能叶片开始衰亡。叶片衰亡时最初表现为光合速率下降,尔后是蛋白质的解体,叶绿素和蛋白质含量下降;与抗性有关的过氧化氢酶和超氧物歧化酶(SOD)活性下降,原生质渗透性丧失,叶片结构逐渐解体。

成熟后期叶片能否正常衰亡,直接关系到贮藏器官中同化产物的积累。早衰型和贪青型均属非正常衰亡,与正常落黄叶片相比,叶片含氮量和根系活性急剧衰降,叶绿素加速解体,叶片活性和光合强度降低,加速了叶面积的衰减,缩短了光合持续期(表 6-4)。

表 6-4　小麦不同熟相的生理性状变化

(陆贵生等,1987,北京)

生育期	旗叶含氮量 $/(mg \cdot g^{-1})$			旗叶叶绿素含量 $/(mg \cdot g^{-1})$			根系脱氢酶活性 $/(mg \cdot g^{-1} \cdot h^{-1})$		
	落黄	早衰	贪青	落黄	早衰	贪青	落黄	早衰	贪青
开花期	3.84	2.29	3.81	3.61	2.59	4.08	43.0	39.0	56.0
乳熟末	1.57	0.78	1.42	2.18	0.00	1.18	34.0	28.0	37.0
衰减率%	59.1	65.9	62.7	40.0	100.0	71.0	21.0	28.2	34.0

表 6-5　小麦不同熟相籽粒灌浆强度的变化

(位东斌,1988,莱阳)

单位:g/(千粒·d)

测定时间	28/5	30/5	1/6	3/6	5/6	7/6	9/6	11/6	13/6	15/6	17/6	19/6
正常	0.91	2.20	0.82	0.65	1.28	1.78	2.44	0.46	0.93	—	0.76	-0.33
贪青	0.43	1.82	0.71	—	0.07	2.22	0.65	2.35	1.48	1.49	2.02	-0.83
早衰	0.64	1.35	0.91	1.32	0.90	1.64	—	1.39	1.20	0.99	0.07	-0.37

由于叶片的非正常衰亡，贮藏器官中同化产物也受到一定影响。早衰型植株，籽粒灌浆强度一直平缓，灌浆结束早，持续时间短，粒重低于正常落黄型植株；贪青型植株，籽粒前期灌浆速度慢，后期虽然增大，但仍不能正常成熟，粒重甚至低于早衰型（见表6-5）。

（四）产品器官自身的光合产物与呼吸作用

1. 贮藏器官的光合作用　成熟过程中，一些作物（如麦类和豆类作物等）的贮藏器官中由于含有叶绿素，并能接受一定的光照，因而也具有同化 CO_2 的能力。小麦和大麦都属 C_3 作物，但它们未成熟的果皮中具有非常高的 PEP 羧化酶活性（一种对 C_4 代谢的最重要酶）和丙酮酸磷酸激酶（一种惟一对 C_4 代谢的酶）活性的存在。在鹰嘴豆籽粒发育的各个阶段，籽粒 PEP 羧化酶活性高于叶片（见图6-6）。$NADP^+$-苹果酸脱氢酶、NAD^+-苹果酸脱氢酶、$NADP^+$-苹果酸酶、谷氨酸草酰乙酸转氨酶和谷氨酸丙酮酸转氨酶等 C_4 代谢酶类活性与 PEP 羧化酶结果相似。说明在贮藏器官的绿色组织中存在着比叶片绿色组织中活性更高的 CO_2 同化系统。

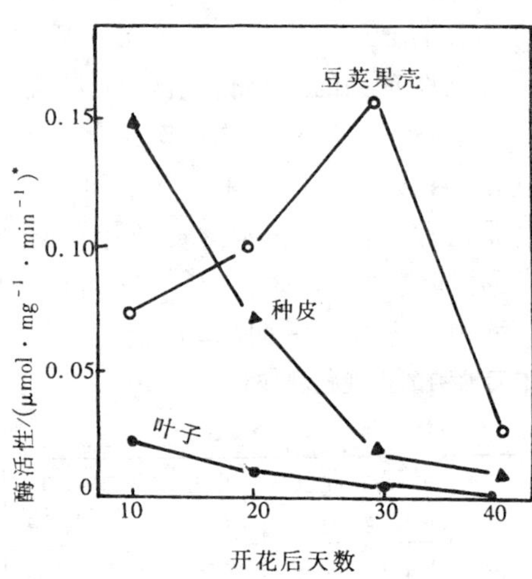

图6-6　鹰嘴豆种皮内 PEP 羧化酶活性

（H. R. Singal 等，1986）

* mg 为蛋白质的质量。

小麦颖果绿色层内，叶绿体数量和叶绿素含量明显高于旗叶；无论在强光或弱光条件下，颖果绿色层的光合效率均高于叶片（见表6-6）。鹰嘴豆种皮在照光和黑暗中固定 CO_2 的能力分别比叶片高2～4倍和3～4倍。

小麦颖果绿色层中合成的同化产物，分别输送到果皮薄壁组织与内部胚珠中，并且逐渐在胚珠中积累。成熟过程中，绿色贮藏器官中的光合面积对于整个植株来讲无足轻重，因而它不可能对自身同化产物的积累起到重要作用。但可能同胚珠的早期发育有关，或对其生产某种程度上的影响。

表 6-6 小麦颖果果皮绿色层与叶片的光合速率

（王新鼎等，1988）

项目	强光 1200μmol·m^{-2}·s^{-1}		弱光 300μmol·m^{-2}·s^{-1}	
	光合放氧量*	净光合耗氧量*	光合放氧量*	净光合耗氧量*
颖果绿色层	2.109	1.452	1.459	0.801
叶片	0.869	0.651	0.639	0.421

*：μmolO_2·mg^{-1}DW·h^{-1}

油菜产量形成中一个显著的特点是角果皮的光合产物为种子提供的干物质比例很大。是因为第一，角果皮表面积大，接近油菜一生中最高叶面积，且在植株上处于有利位置，受光充足；第二，光合强度大。据中科院植生所测定，结角期果皮的光合强度为 1.81mg/(dm^2·h)，叶片为 1.36mg/(dm^2·h)、茎皮为 0.86 mg/(dm^2·h)；第三，距贮藏光合产物库（种子）最近。因此，防止油菜后期早衰，充分发挥角果的光合器官作用，对提高产量十分重要。

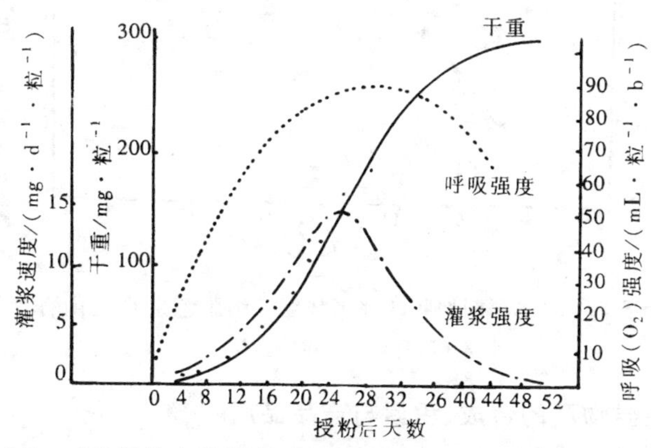

图 6-7 玉米籽粒生长发育过程中干物质积累与呼吸强度的变化

（王忠孝等，1986，济南）

2. 产品器官的呼吸代谢　这是反映活体生理活性强弱的重要标志。贮藏器官成熟过程中,呼吸代谢所产生的能量,一部分用以维持自身的生命活动,另一部分能量连同呼吸代谢中间产物,用于结构物质和贮藏物质的合成。成熟过程中,贮藏器官的呼吸代谢与同化产物积累速度的变化大体平行(见图6-7)。即呼吸强度高峰出现在同化产物积累最快的时期。稻穗不同部位籽粒呼吸强度的差异同粒重的差异大体一致,优势粒干重增加较快,呼吸强度较高,且后期下降迅速,成熟时粒重也较高。

稻胚发育过程中,胚呼吸强度的变化同细胞色素氧化酶活性变化相一致(见图6-8)。细胞色素氧化酶是呼吸链中末端氧化酶系的重要酶之一,它直接关系到高能ATP的形成。因此,贮藏器官生理活性的强弱,在一定程度上同呼吸代谢系统中有关酶活性的高低有关。

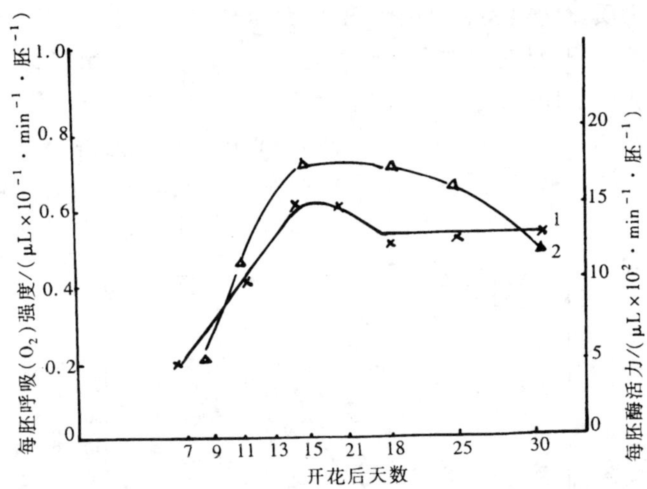

图6-8　不同发育期稻胚的呼吸强度及细胞色素C氧化酶活力

(唐锡华等,1983,上海)

三、主要物质的合成、积累与产品品质

(一)淀粉的合成与积累

1. 淀粉积累的特点　淀粉是谷类和薯类作物的主要贮藏物质。豆类作物籽粒中也含有部分或少量淀粉。淀粉在贮藏器官内以离散

型的亚细胞体形式—“淀粉粒”存在。成熟籽粒中淀粉粒数目的多寡是决定粒重的一个重要因素,能积累较多淀粉粒的籽粒往往具有较高的粒重(V. M. Reddy 等,1983)。淀粉粒的大小及形状同时也反映出籽粒品质的优劣。品质较好的水稻品种,籽粒中淀粉较小,呈明显的多面体晶形,棱角不明显,个别近圆形,粒间疏松(伍时照,1986)。J. D. Bewly 认为,棱角少而圆的淀粉粒中直链淀粉含量较高,而且直链淀粉含量越高,淀粉粒也越大。

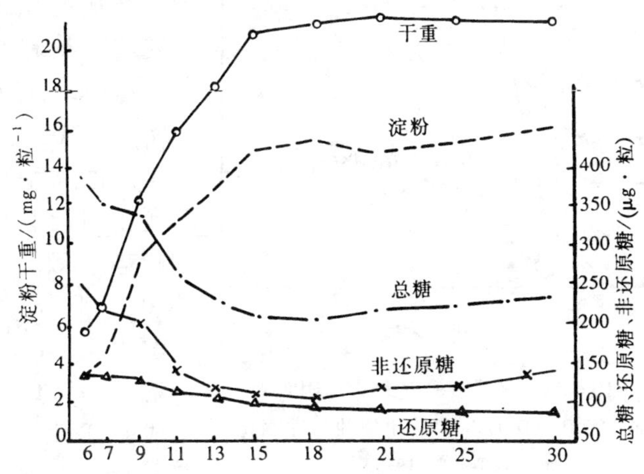

图 6-9 水稻籽粒发育过程中干重、淀粉、总糖、还原糖及非还原糖含量的变化

(高锦华等,1982,上海)

淀汾的合成以蔗糖为底物。禾谷类作物籽粒中,淀粉的积累同干重增长趋势相平行(见图 6-9)。在籽粒发育的早期,蔗糖就已大量积累,以后随着淀粉的不断合成其含量也迅速下降。还原性糖含量在整个成熟过程中下降速度则非常缓慢。在双子叶作物籽粒发育的早期,淀粉的大量积累只是过渡性的,随着蛋白质和脂肪等主要贮藏物质的大量合成,淀粉便作为原料来源被不断分解和利用。

2. 酶活性与淀粉的合成和积累　淀粉的合成途径有多条,不同作物间主要合成途径各有所不同。玉米籽粒中以利用腺苷二磷酸葡萄糖(ADPG)合成淀粉的途径为主,水稻则以利用尿苷二磷酸葡萄

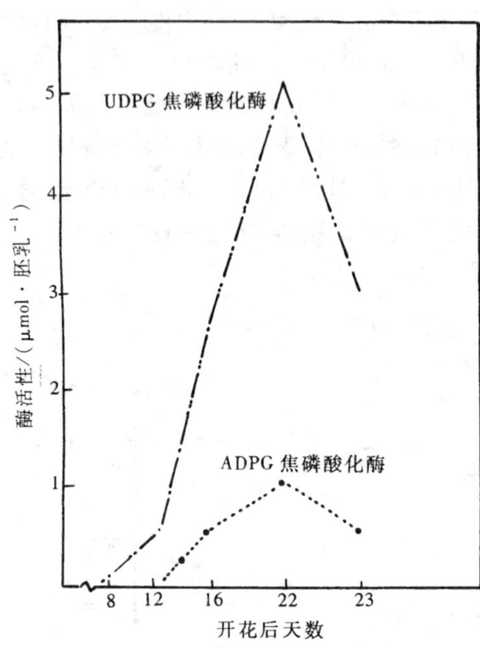

图 6-10　玉米胚乳发育过程中 UDPG 焦磷酸化酶和 ADPG 焦磷酸化酶的活性变化
(C. Y. Tsai 等,1970)

糖(UDPG)合成淀粉的途径为主,玉米籽粒发育的早期阶段(授粉后 12 天),蔗糖酶活性首先达到高峰,蔗糖含量也同时达到极值,为淀粉的合成提供了大量底物。在籽粒发育过程中,与淀粉合成密切相关的 UDPG 焦磷酸化酶活性的变化与淀粉的积累趋势一致(见图 6-10)。此外,淀粉磷酸化酶、结合态及可溶性 ADPG 淀粉合成酶活性也有类似变化。禾谷类作物籽粒中,淀粉的积累乃至干物质的积累强度之所以呈现单峰曲线式变化,可以说在一定程度上同主要贮藏物质合成酶活性的变化特点有关。

分枝酶(Q-酶)可催化 α-1,6 葡萄糖甘键的合成,在直链上产生分枝而形成支链淀粉。直链和支链两种类型淀粉的含量与比例同籽粒品质有关。水稻籽粒发育早期,淀粉的合成以支链为主,以后则以直链淀粉的合成为主(见图 6-11)。在水稻籽粒发育初期,分枝酶活性较高的品种可合成较多的支链淀粉,分枝酶活性较低的品种,直链淀粉含量要相对高些。

在淀粉合成的同时,具有降解淀粉作用的 α-淀粉酶、β-淀粉酶及去分枝酶(R-酶)也表现出一定的活性。据高锦华等(1982)观察,水稻胚旺盛发育时期,淀粉酶活性也达到高峰。淀粉的这种降解过程为胚的发育提供大量的物质基础和能量来源。在这种合成—降解的动态过程中，正是由于合成作用远远大于降解作用，才使得贮藏器官中淀粉含量不断增加。

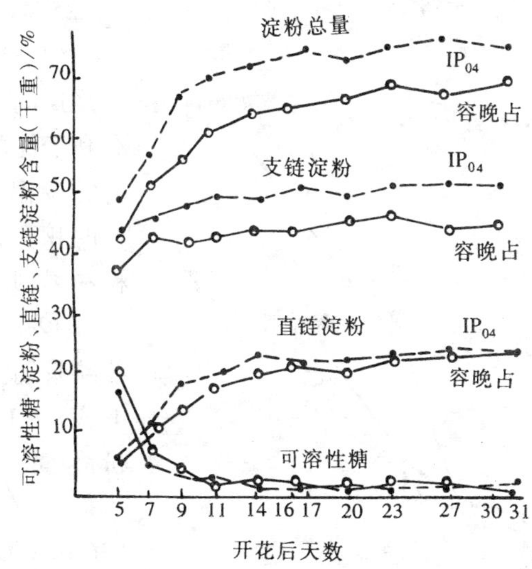

图 6-11 水稻籽粒发育期间可溶性糖、淀粉、直链淀粉和支链淀粉积累动态

（罗科，1987，南宁）

3. 激素对淀粉合成与积累的调节作用 在淀粉的合成与积累过程中，激素起着一定的调节作用。水稻结实期间，同时施用 GA_3 和 IAA 可使籽粒直链淀粉含量提高 1.4% ~2.2%；单独施用 IAA，直链淀粉含量约降低 0.1% ~0.7%（周广洽等，1987）。菜豆籽粒中淀粉含量的消长可能同 ABA 含量有关。激素的这种调节作用主要表现在对那些调节淀粉合成及代谢的各种酶活性的影响。在离体培养的马铃薯匍匐的培养基中，加入赤霉酸后，茎中控制由蔗糖水解为葡萄糖和果糖的可溶性转化酶含量提高；激动素则使转化酶含量下降。激动素可促进马铃薯块茎中磷酸化酶和 ADP-葡萄糖焦磷酸化酶活性，同时也促进淀粉合成酶的活性。因此最终促进了淀粉的积累。

4. 影响淀粉合成与积累的环境条件 作物在成熟过程中，由于环境因素的差异，贮藏器官中淀粉含量也相应发生变化。贺微仙等

(1989)对在 17 个不同生态点种植的 6 个大麦品种的分析结果表明,各品种籽粒淀粉含量在各生态点的变异系数为 3.37% ~ 5.75%。水稻在春播条件下,四个品种直链淀粉平均含量为26.85%,而在夏播条件下,直链淀粉含量则降至 24.63% ~25.39%。

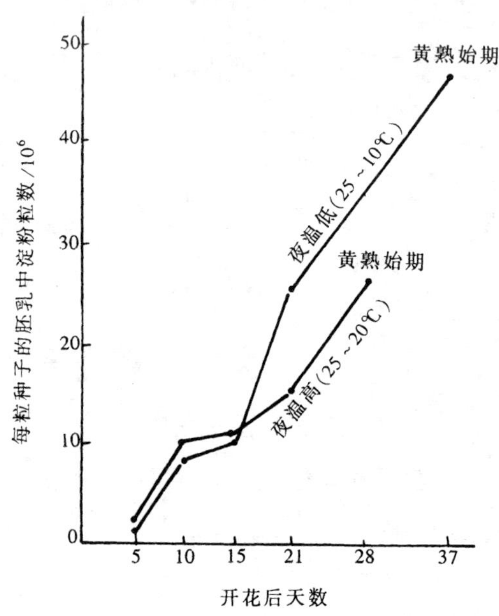

图 6-12　夜温对小麦胚乳中淀粉粒数增长的影响

(王祝华等,1964,上海)

(1) 温度　小麦灌浆期间,较低的夜温有利于淀粉的积累,较高的夜温则缩短淀粉粒的积累时间而使淀粉粒数明显减少(见图 6-12)。水稻在籽粒灌浆期间,低温条件下(21 ~16℃)直链淀粉含量平均为 18.75%,而在高温条件下(36 ~30℃)直链淀粉含量下降到 8.87%(周广洽等,1986)。据 T. L. Setter 等(1986)报道,玉米成熟期间,低温阻碍了籽粒中可溶性糖向淀粉的转化,因而使淀粉含量明显下降(见表 6-7)。

表 6-7　玉米蜡熟期和黄熟期果穗温度处理对籽粒糖分和淀粉含量的影响

(T. L. Setter 等,1986)

温度/℃	蜡熟期(授粉后 18 ~27d)含量(干重)/($g \cdot kg^{-1}$)			黄熟期(授粉后 34 ~44d)含量(干重)/($g \cdot kg^{-1}$)		
	葡萄糖	蔗糖	淀粉	葡萄糖	蔗糖	淀粉
6	23.0	59	524	11.8	30	683
16	18.9	70	647	6.3	12	791
25	21.1	47	767	5.5	12	664
32	13.7	51	781	4.6	6	722

(2)光照　光照强度和光照时间都会影响淀粉的积累。小麦开花后遮光,淀粉粒数明显减少,其中以淀粉快速积累时期(开花后11~20天)最为明显。遮光时间越长,影响越严重(见表6-8)。水稻开花后遮光,随遮光时间的延长和遮光强度的加大,光照越弱,直链淀粉含量也越低。但光照太弱则影响干物质的积累,使淀粉总量减少。光照对淀粉积累的影响主要同光照对植株光合产物的合成及向贮藏器官的动转和分配的影响有关。

(3)水分　小麦开花期干旱,籽粒淀粉含量下降4.3%;灌浆期干旱,淀粉含量下降1.7%。水稻在开花及乳期阶段,土壤含水量过高(80%)或过低(25%~40%)都会降低直链淀粉含量。而在蜡熟阶段,较低的土壤含水量则使直链淀粉含量提高。水分对淀粉积累以及对直链/支链淀粉比率的影响,除了同植株光合产物的合成与运输有关外,水分的变化还可能影响淀粉的生理合成过程及有关酶的活性。

表6-8　小麦花后遮光对成熟籽粒胚乳中淀粉数的影响

(夏镇澳等,1964)

遮光时间	淀粉粒数/10^6		占ck的百分率/%	
	大淀粉粒	小淀粉粒	大淀粉粒	小淀粉粒
开花后1~10d	12.2	52.6	52.7	59.0
开花后11~20d	6.2	8.1	26.7	9.1
开花后21~30d	11.6	50.3	50.2	56.4
开花后-成熟	2.9	1.1	12.5	1.2
ck	22.1	89.1	100	100

(4)矿质营养　氮、磷肥的施用可明显降低贮藏器官中淀粉含量。因为氮、磷肥可提高贮藏器官干物质积累总量,淀粉所占比例因此而相对下降。钾可促进碳水化合物的合成及低糖向多糖的转化,提高蔗糖酶的活性,并可提高淀粉合成酶的活性,因而可提高淀粉的含量。

(二)蛋白质的合成与积累

1.蛋白质的积累与特点　大豆籽粒中总氮和可溶性蛋白质氮含量在开花后15~25天下降,25~30天增加较快,以后增加较少。种子中球蛋白百分含量在开花后 25～30 天达到最大值，30 天花板后随着籽粒中干物质的积累而下降，接近成熟时又略有增加。球蛋白绝对含量的增长则再现“S”型特点（见图 6-13）。

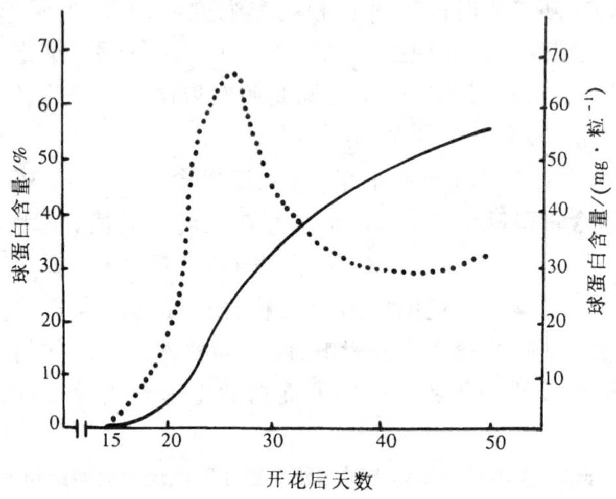

图 6-13　大豆种子发育过程中球蛋白含量变化

（雷勃均等，1988，黑龙江）

蛋白质的合成需要多种氨基酸。在玉米籽粒发育的初期阶段，游离氨基酸总量不断增高，乳熟初期达最大值，尔后便迅速下降。游离氨基酸在乳熟期迅速下降，标志着此时蛋白质的合成正在旺盛进行。

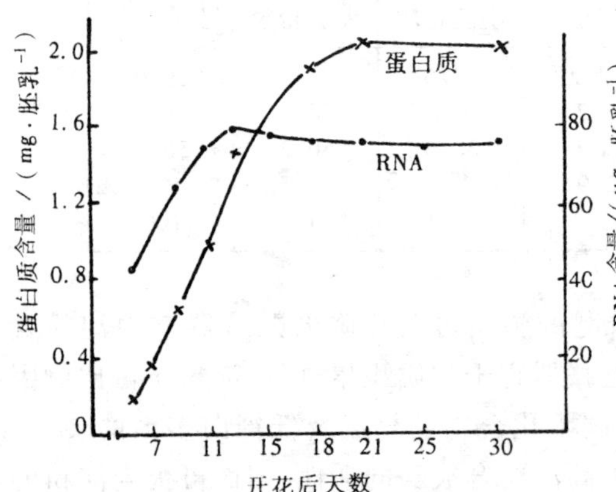

图 6-14　水稻胚乳发育过程中蛋白质和 RNA 含量的变化

（朱治平等，1988，上海）

蛋白质的累积过程是蛋白质合成与降解的动态平衡过程。在发育籽粒中，贮藏蛋白质是很少发生降解与周转的。因此，贮藏蛋白质的积累水平可能取决于 mRNA 的水平，而不是取决于贮藏蛋白质本身的降解。豆科作物种子发育过程中，蛋白质增加与 RNA 含量的增加是平行发生的。玉米及水稻等谷类作物也有类似变化。但胚乳中 RNA 的水平高峰要比蛋白质合成的高峰时间出现早些（见图 6-14）。这种蛋白质和 RNA 合成的不平行现象，可能与籽粒的含水量变化有关。含水量的降低严重影响 RNA 的合成，而蛋白质却不如 RNA 对水分的反应那么敏感。

2. 环境条件对蛋白质合成与积累的影响　环境条件对作物贮藏器官中蛋白质含量及氨基酸组成具有显著的影响。其影响程度往往超过了基因的作用。B. Spencer（1983）认为，小麦籽粒蛋白质含量对生长条件的依赖程度比其对品种的依赖程度高四倍以上。作物在不同生态区种植，其蛋白质含量及氨基酸组成往往表现出明显的差异。据研究种植在 19 个生态点的 6 个大麦品种，其籽粒蛋白质含量的变异系数高达 16.7% ~21.26% 。70 个大豆品种在全国五个生态区种植，籽粒蛋白质含量的变异系数为 4.6% 。

随着地理纬度的升高，麦类作物蛋白质含量及氨基酸总量提高。如大麦在北京种植，籽粒氨基酸总量为 13.11% ，在杭州为 8.33% ，在福建为 8.29% 。大豆蛋白质含量的变化主要同作物在生长发育期间的环境因素有关。

（1）温度　温度具有使蛋白质含量提高的作用。据梅玉祥（1989）研究大麦在日均温度 15.3℃ 条件下，籽粒蛋白质含量为 10.8% ，18.6℃时为 11.8% ，24.2℃时则为 14.4% 。高温降低碳水化合物的合成和运转，但可促进植株对氮素的吸收，因而有利于蛋白质的合成。此外，高温使植株的呼吸作用加强，碳水化合物的消耗增多，产量降低，因而相对提高了蛋白质含量。

（2）水分　作物成熟期间，干旱少雨条件使蛋白质含量提高。小麦在开花期和灌浆期，土壤干旱使籽粒蛋白质含量提高，但蛋白质产量下降（见表 6-9）。

干旱对蛋白质含量的影响主要同干旱对产量的负作用有关。小麦植株积累氮素的主要时期在开花之前，而籽粒碳水化合物的合成物的合成却主要在开花以后。因此，成熟期间干旱对碳水化合物的影响要远大于对氮素积累的影响。干旱使产量降低的同时，相对提高了蛋白质含量。

表 6-9　后期干旱对小麦籽粒蛋白质含量的影响

（吴建国等，1983，许昌）

处理	粗蛋白/%	粗干面筋/%	粗蛋白产量/(kg·亩$^{-1}$)
开花期干旱	17.4	12.6	47.2
开花期灌水	16.3	11.7	80.6
灌浆期干旱	17.7	16.9	43.9
灌浆期灌水	16.9	13.0	66.3

(3)光照　弱光条件有增加蛋白质含量的作用。大豆在光强为自然光的57%光照条件下，籽粒蛋白质含量提高1.7%～4.6%。弱光可提高后期籽粒中氮素的含量，但这种氮素含量的相对提高可能同籽粒干物质的减少有关。

(4)矿质营养　在矿质营养中，氮素对蛋白质含量的影响最大，有关研究报道也最多。大量研究表明，随着施氮量的增加，贮藏器官中蛋白质含量也相应提高。小麦施氮肥后，主要增加醇溶蛋白，而麦谷蛋白增加很少，白蛋白和球蛋白增加甚微。施氮使小麦氨基酸总量和17种氨基酸含量提高。但由于醇溶蛋白的大量增加，谷氨酸、苯丙氨酸和脯氨酸含量明显提高，使得赖氨酸和蛋氨酸等营养必需氨基酸所占比例下降。大豆施氮后，胱氨酸和脯氨酸含量提高，蛋氨酸和赖氨酸含量下降。因此，氮素在提高蛋白质含量的同时，蛋白质品质却下降。

氮素在提高蛋白质含量的同时，籽粒产量和蛋白质产量也相应提高。但也有报道指出，氮肥使蛋白质含量提高，但降低籽粒产量的蛋白质产量。由此可见，在蛋白质含量和籽粒产量提高到一定限度（阈值）时，籽粒产量和蛋白质产量往往随着蛋白质的提高而降低。

氮肥施用时期对蛋白质含量也有一定影响。小麦拔节前施氮，籽粒产量与蛋白质同步增长。拔节后施氮，虽有利于蛋白质含量的提高但不利于产量的形成。后期施氮对提高蛋白质含量作用更明显。因为后期植株营养生长基本停止，增施氮肥可提高植株含量，加速氮素向籽粒运转。磷肥的施用可使蛋白质含量略有提高,或作用不明显,甚至还可降低蛋白质含量和氨基酸总量。钾肥的作用也不太明显,但 K. Mengel 等(1981)认为,K 可促进氨基酸向籽粒中的动转速率,同时也加快氨基酸向蛋白质的转化速率。

B,Zn,Mn,Mo 等微量元素直接参与酶促反应过程,可提高蛋白质含量。棉花缺 B 条件下,施 B 可明显促进 N 的吸收,提高游离氨基酸含量,促进蛋白质的合成,大豆施 Mn 后,蛋白质含量也明显提高。

(三)脂肪的合成与积累

脂肪在双子叶作物种子中含量较高。成熟的大豆种子,脂肪含量为 16.4% ~22.08%。花生种仁中脂肪含量则高达 50% 左右。不同作物种子中脂肪酸组成及含量不同,但多以油酸和亚油酸等不饱和脂肪酸含量最高。甘油三酯形成后多以离散型的亚细胞——油体的形式存在。

1. 脂肪的积累特点　脂肪酸的合成以乙酰辅酶 A 为前体,蔗糖则是脂肪酸合成的最初底物。油质种子成熟过程中,淀粉和可溶性糖首先积累,在脂肪形成时,其含量即迅速下降。表明前期积累的碳水化合物参与了脂肪的合成。脂肪的积累主要是在种子快速生长时期完成的。大豆种子发育期间,饱和脂肪酸(棕榈酸和硬脂酸)含量下降,不饱和脂肪酸中的油酸和亚油酸含量上升,亚麻酸含量却不断下降(表 6-10)。玉米、棉籽和蚕豆成熟期间,除硬脂酸含量有所上升外,其他脂肪酸含量的变化趋势同大豆类似。油菜籽粒成熟期间,芥酸含量不断上升,其余脂肪酸含量都呈下降趋势。脂肪酸和这种代谢差异,标志着不同作物间脂肪合成的多样性,并由此而决定了种子的品质。

2. 酶活性与脂肪合成　葡萄糖的降解过程为脂肪酸和甘油的合成提供了原料,降解过程中有关酶系统活性必然影响脂肪的合成。当油菜种子中脂肪大量合成时,异柠檬酸酶活性增强,导致某些有机酸的积累,并为脂肪的合成提供充足的乙酰 CoA。酯酶及其同工酶对油脂的合成与分解起着重要作用。在未成熟的花生种子中,酯酶同工酶带数少,活性低,油分积累较少。随着种子的成熟,酯酶同工酶带数增加,活性增强。养分快速充实期酶活性达到高峰,油脂积累也最快。

表 6-10 大豆种子发育过程中总脂肪含量的变化

(雷勃钧等,1988,黑龙江)

开花后天数	总脂肪含量(占干物质的百分率)/%	棕榈酸/%	硬脂酸/%	油 酸/%	亚油酸/%	亚麻酸/%
15	8.50	29.69	14.24	17.38	24.90	11.94
20	10.05	18.42	5.54	13.64	37.23	20.96
26	13.01	16.79	5.85	32.06	36.67	8.62
30	13.51	12.67	4.90	28.96	45.52	7.95
40	17.62	11.67	3.66	26.07	51.61	7.00
50	22.60	11.51	3.24	22.56	53.94	8.77

激素对脂肪的积累具有调节作用。油菜在结荚期施用 GA,种子含油率提高 1.92% ~2.87%。GA 可增强植株光合作用,促进物质运转和转化,提高脂肪酶活性,促进脂肪合成。GA 还可降低油菜籽中芥酸的含量(唐启才等,1985)。芥酸为长链脂肪酸,凝固点高,不易被吸收、消化。因此,GA 可使油脂的食用品质提高。目前有关激素对脂肪合成、积累的影响及作用机理方式的研究尚不深入。

3. 环境条件对脂肪合成与积累的影响 作物生长在不同的生态环境条件下,籽粒中脂肪含量表现出一定的差异,大豆脂肪含量在北方区为 20.1%,黄河流域为 18.6%,长江流域为 18.4%,东南区为 18.6%,西南区为 18.2%,即表现出北高南低的趋势。油菜也有类似变化。大豆在不同时期播种,脂肪含量的变异系数平均为8.78%,最高可达 19.04%。环境因素对脂肪酸组分也有一定影响。大豆在春播条件下,油酸含量高于夏播和秋播。低纬度地区,硬脂酸、亚油酸和亚麻酸含量较低;高海拔地区,亚油酸和亚麻酸含量较高,油酸含量较低。

温度影响油脂的积累。油菜结荚角期,高温使含油量下降。大豆膨粒期间,较高的昼夜温差可提高棕榈酸含量、降低亚麻酸含量。亚油酸性质不稳定,易被氧化而使油脂变质。因此,高温条件可提高油脂质量。

土壤水分过高过低均不利于油脂的积累。油菜结角期间，土壤含水量为 24.44% 时，油脂含量较高，为 41.77%；当土壤含水量为 38.87% 时，油脂含量为 34.59%；含水量在 9.42% 时，油脂含水量为 38.44%。油菜籽粒形成期间，仅有自然光强 1/3 的光照条件，使油脂含水量下降 6.83%（沈惠联等，1989）。氮素的施用对向日葵籽粒的含油率没有什么影响，但可提高产量和产油量；磷、钾肥单施可使含油率提高（R. C. Samui 等，1987）。硼肥的施用也可提高向日葵的含油率和产油量（J. H. Palmer 等，1988）。矿质元素对含油率的影响同对产量的作用有关。

（四）纤维的合成与积累

1. 纤维素的积累特点　棉花及麻类作物纤维细胞的主要组成成分是纤维素。纤维干重增长几乎主要靠纤维素的积累。在棉纤维初生壁延伸期间（开花后 6～22 天），平均每胚株纤维细胞壁中总蛋白质、纤维素及总中性糖含量不断增加。而每毫米长度纤维细胞壁中。总中性糖和总蛋白质含量下降。表明此时壁的延伸速度超过各组分的合成速度。初生壁延伸停止时，蛋白质和总中性糖含量明显下降，而纤维素含量在增加（见图 6-15）。表明由中性糖转化为纤维素的合成过程大大增强。

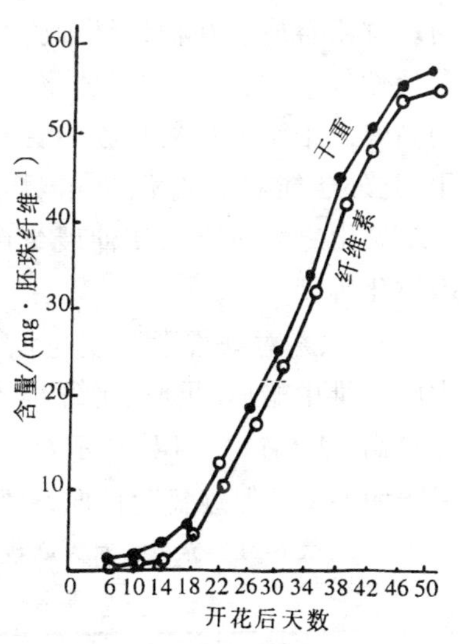

图 6-15　棉纤维发育过程中平均每个胚株纤维细胞壁干重及纤维含量的变化

（刘思颖等，1983，上海）

可溶性糖是纤维合成的前体。在棉纤维发育的前、中期，单糖组分中以非纤维素葡萄糖为主，阿拉伯糖次之，岩藻糖则仅以痕量存在。在纤维延伸期间，每胚珠纤维胞壁中的阿拉伯糖、鼠李糖、岩藻糖、木糖、甘露糖、半乳糖及非纤维素葡萄糖等各中性糖含量不断增加，至开花后 22～26 天达到高峰。这种前期糖分的大量积累有利于纤维素的快速合成。到纤维发育后期，各中性糖组分含量迅速下降，仅木糖仍持续增加（刘思颖等，1983）。木聚糖在次生壁纤维素的各层之间均匀存在，它对各层之间的连接起着一定作用。在成熟纤维中，木糖含量高的其强度也较高。

2. 酶活性与纤维的合成　棉纤维发育过程中，β-1，3 葡聚糖合成酶活性在资助次生壁开始快速加厚时迅速提高，到开花后 16 ~ 18 天达到高峰。其活性高峰的出现同纤维素的快速积累时期相吻合（D. P. Delmer 等，1976）。β-1，3 葡聚糖是构成棉纤维细胞壁中果胶的主要物质，另外在纤维发育后期可转化成 β-1，4 葡聚糖的形式参与纤维素合成。在棉纤维细胞快速伸长期，过氧化物酶和 IAA 氧化酶活性较低；当纤维细胞即将停止伸长生长时，这两种酶的活性却达到高峰。细胞壁过氧化物酶具有促进棉纤维细胞全面失去伸展的作用；此外还能将具有促进植物细胞伸长作用的 IAA 分解（表现出 IAA 氧化酶的功能），使伸展蛋白亚单位间产生交联，以及使细胞壁木质化等。

3. 激素对纤维素合成与积累的调节作用　赤霉素可显著降低大麻纤维中蜡质、果胶、半纤维素和木质素的含量，纤维素含量则明显提高（表 6-11）。用^{14}C 示踪方法研究 GA 对纤维素合成的影响，结果表明 GA 可促进葡萄糖向纤维合成方向的转化。

表 6-11　赤霉素对大麻茎韧皮纤维化学成分（%）的影响

（罗学刚等，1988，山东）

浓度/($mg \cdot L^{-1}$)	蜡及脂肪	果　胶	半纤维素	纤维素	木质素
50	0.56	7.36	14.52	74.32	3.10
100	0.55	7.56	14.6	73.99	3.14
200	0.53	7.60	14.71	72.78	3.15
400	0.47	7.7	14.41	71.81	3.17
ck	0.63	9.3	16.3	65.91	4.45

吲哚乙酸等生长素的施用可使棉纤维品质稍有改善。魏玉凝等（1984）对茼麻愈伤组织的研究表明，吲哚乙酸可使葡萄糖、甘露糖、

半乳糖、木糖和阿拉伯糖大量增加，并促进葡萄糖向纤维素的转化。激动素也具有促进纤维素合成的作用。乙稀则促进葡萄糖向纤维细胞的运输和分配。激素对纤维素合成的活化作用，可能在某种程度上与激素对细胞质中蛋白质的合成有活化作用有关。

4. 环境条件对纤维合成与积累的影响　棉纤维发育期间，较高的温度可促进纤维素的合成，夜间低温（ $<16℃$ ）则不利于纤维素的合成，导致纤维素合成速率下降、产生不成熟纤维。但如果温度过高，会引起纤维细胞蛋白质变性、降低纤维素合成中酶的活性，使纤维发育缓慢。承泓良等人（1984）的研究进一步表明，棉纤维素合成与温度间呈二次抛物线关系。离体棉铃纤维素合成的最适温度为29～30℃，温度过高、过低均不利。H. Harmon（1980）认为，温度主要影响了植株的生长发育与代谢，而不是直接作用于纤维细胞本身。

弱光不利于纤维发育，使纤维素停止积累，并可能使次生壁沉积量减少。漫射光能促进纤维细胞壁增厚，使 α-纤维素含量提高，纤维长而柔软。土壤水分不足往往导致短纤维的发生，并使棉铃过早分裂，影响次生壁沉积。

氮肥的施用虽可提高棉纤维产量，但使纤维支数减少而降低品质，追肥时期和次数对纤维品质影响不大。钾可使纤维细胞壁增厚而提高纤维强力。

（五）蔗糖的合成与积累

1. 蔗糖积累特点　蔗糖是甜菜块根及甘蔗茎中的主要贮藏物质。甘蔗在蔗糖迅速积累时期，还原糖含量也快速下降。随着甜菜块根中蔗糖的不断积累，淀粉含量相应下降，表明淀粉水解后转化成了蔗糖。高糖类型品种在块根膨大初期阶段淀粉含量较高，生育后期由淀粉转化为蔗糖的效率也较高，蔗糖积累速度快。甜菜块根内的蔗糖主要由还原糖转化而来，仅有小部分来自叶片。

2. 酶活性与蔗糖合成　随着甜菜块根内蔗糖的积累，淀粉磷酸化酶合成活性下降，而水解活性迅速上升，并在蔗糖积累高峰期活性最强。淀粉水解产物可为蔗糖合成提供原料。蔗糖合成酶的活性随蔗糖的积累而迅速提高，转化酶活性则迅速下降。R. T. Giaguifa（1979）认为，蔗糖酶活性对甜菜块根中蔗糖积累起着关键作用。而在甘蔗茎中,碱性转化酶则是调节蔗糖贮藏和利用的关键。

3. 环境条件对蔗糖合成与积累的影响　在甜菜块根积累蔗糖期间,高温不利于糖分的积累。甘蔗茎伸长生长后期,白天气温太高,促使茎继续生长,成熟期推迟,因而不利于糖分积累。在糖料作物工艺成熟期间,较强的光照和较长的日照数均有利于糖分的积累。强光和长日照可增强植株的光合作用,从而使光合产物向贮藏器官运转和分配量增多。

甜菜块根含糖率随降水量增加而降低。甜菜生育期间,降水量为 454mm 的正常年份,块根含糖率为 17.4%;而在降水量为 336.5mm的旱年,含糖率可提高到 21.2%(高桐祥等,1982)。甘蔗生育期间,空气相对湿度小、雨量少的年份也有利于糖分的积累。干旱条件可能主要是影响了植株的生长发育,使贮藏器官中干物质总量减少,而相对提高了含糖率。

氮肥的施用使甜菜含糖率和糖量降低。N 素提高了茎叶与根的比率,提高了块根水分含量,相对降低了干物质积累总量,并使非蛋白态的可溶性 N 增加。甜菜施 N 后,块根氨基酸中天门冬氨酸和谷氨酸含量提高几倍。大量的此两种氨基酸以酰氨态贮存,成为有害 N 源。块根中全 N 及有害 N 含量最高的根头部位,糖分含量也最低。A. D. Halvorson 等人(1978)的研究则表明,施 N 提高根头比率,因而使含糖量下降。糖料作物需 K 量约比谷类作物高 3 倍。K 具有促进甜菜块根中己糖转化为蔗糖的作用。施 K 可使含糖率提高 0.3% ~1.2%,产糖量增加 15.8% ~26.0%(刘晔等,1981)。

B,Mo,Mn,Zn,Cu 等微量元素可促进糖分积累。Mn 化合物可增强氧化—还原酶类及碳素代谢酶活性,使甜菜能有效地利用其他元素。稀土元素则促进光合产物向运用贮藏器官的动转,因而有利于糖分的积累。

四、激素与成熟

成熟过程中,生长素、细胞分裂素、赤霉素、乙烯和脱落酸这五类内源激素分别在不同发育时期出现并表现出一定的活性变化(见图 6-16)。尽管目前对于各类激素的作用机理尚不太明确,但激素对于贮藏器官的形成、发育及贮藏物质的合成和积累等生理过程确实起着重要的调节作用。

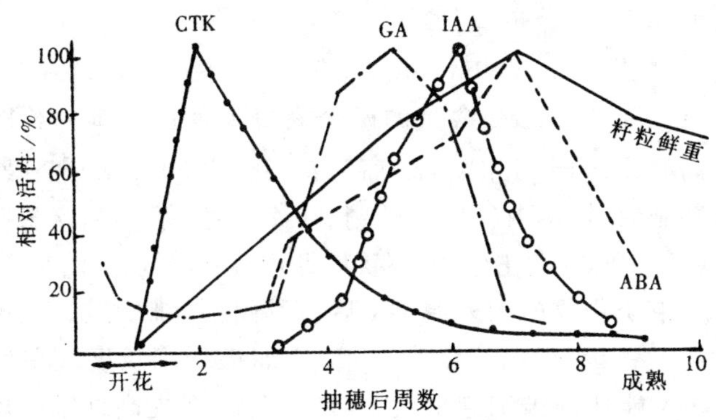

图 6-16　小麦籽粒发育过程中内源激素活性示意图

(A. W. Whealer,1972)

(一)细胞分裂素(Cytokinin,CTK)

细胞分裂素具有促进细胞分裂和分化的作用。除根尖外,发育中的种子也具有合成 CTK 的能力。在小麦、大麦、玉米、豌豆种子及棉籽的发育过程中,CTK 的出现及活性高峰时间同贮藏细胞的分裂过程相一致。外源 CTK 的施用,可促进马铃薯匍匐茎中磷酸化酶和 ADP-葡萄糖焦磷酸化酶活性及淀粉合成酶活性,因而具有诱导马铃薯成块的作用;并可促进花生子房柄伸长,使高粱粒数和粒重增加,促进苘麻愈伤组织细胞壁中果胶的合成;还可改变胞壁微丝的沉积方向。因此,CTK 可通过细胞分裂的影响来调节贮藏器官的形成,进而影响同化产物的积累。

(二)生长素(Auxin)

棉花胚株及纤维中 IAA 含量有两个高峰,第一个高峰出现时正值纤维细胞快速伸长阶段;第二个高峰的出现同纤维素的快速积累时期相吻合。说明 IAA 对于贮藏器官的建成及强化同化产物的积累具有重要作用。IAA 可促进纤维素的合成;促进木质的甘蔗木质部细胞转化薄壁细胞以贮存碳水化合物;诱导花生原胚细胞的分裂和生长，促进子房膨大。生长素的作用方向同浓度有关。低浓度IAA（10^{-7}mol/L）可促进花生子房柄的伸长和膨大，如果浓度过高（10^{-3}～10^{-5}mol/L）时，则促进乙烯的产生，反而会抑制子房柄的伸长及子房的膨大（潘瑞炽等，1985）。

（三）赤霉素（Gibberellin，GA）

棉纤维及胚株中，GA_3含量的两个高峰期间同纤维伸长的干重增长速率高峰出现时间相吻合（商慧深等，1986）。水稻齐穗后15天施用促芽肥后，株体内（茎秆、叶鞘、叶片、再生芽）GA_3含量明显升高（王光明等，1998）。花生子房膨大期间GA含量也较高（冯启理等，1989）。麻类作物施用外源GA后，可降低纤维蜡质、果胶、半纤维素及木质素含量，提高纤维素含量，增加束纤维长度和单纤维长度。由于GA能使纤维细胞增大、加厚，因此，在提高纤维强度的同时，也会降低纤维细度。此外，GA还可提高马铃薯匍匐茎中可溶性转化酶的活性，加速蔗糖的水解，调节匍匐茎的成块过程。

（四）脱落酸（Abscisic acid，ABA）

脱落酸具有抑制器官生长的作用，并可诱导休眠和脱落，促进衰老和成熟。小麦在成熟前，籽粒中ABA含量达到高峰；ABA可抑制马铃薯茎枝的生长，使得更多碳水化合物贮藏在块茎中（R. Melis等，1984）。水稻在齐穗后20天株体内ABA含量达最大值（王光明等，1997）。

近年来的研究表明，ABA除具有抑制生长作用外，还可促进结实器官的生长发育。较高浓度的ABA（10^{-7}mol/L）可促进花生子房柄的伸长。棉纤维伸长及干重增长高峰时期，也伴有ABA含量高峰的出现。稻、麦籽粒灌浆前期，ABA含量与籽粒增重趋势一致。水稻抽穗及灌浆初各喷一次10ug·g^{-1}的ABA，可增加同化产物向穗部的转移，使粒重提高；其中以弱势粒反映最为敏感，籽粒重可比对照提高35.5%。由此可见，ABA具有抑制和促进发育双重作用，其作用方向可能同浓度及生育进程有关。

（五）乙烯（Ethylene，Eth）

乙烯具有抑制伸长生长，促进器官脱落和促进成熟作用。高浓度乙烯（1 000 μl·L^{-1}）可抑制花生子房柄的伸长。棉铃脱落前会大量释放乙烯,诱使离层纤维素酶活性提高,引起幼铃的脱落。乙烯的催熟作用主要表现在,增强成熟期间物质代谢,并提高有关合成酶的活性,加速同化产物向贮藏器官的运输、分配和积累。施用外源乙烯后,可使结实器官大量释放乙烯,促进过氧化氢酶活性的提高,使结实器官提早成熟。

五、影响物质积累的环境条件

(一)温度

成熟过程中,温度过高或过低均不利于同化产物的正常积累。高温虽可加速同化产物积累速度,但同时也会缩短积累持续时间;低温条件可延长积累持续时间,但也会导致积累速度的下降。小麦灌浆期间,较低的夜温比高夜温条件更有利于籽粒的灌浆。因为较大的昼夜温差可有效地抑制暗呼吸作用,从而减少消耗,增加积累。温度的变化还会影响叶片功能的光合性能。水稻灌浆期间,如果气温低于 15℃,会缩短叶片功能期,剑叶的光合速率也明显下降,同化产物供应不足,在一定程度上又限制了贮藏器官中的物质积累。

(二)光照

光照不足会明显降低同化产物在贮藏器官中的积累。小麦开花后遮光,籽粒的生长发育受到限制,灌浆速率下降,粒重降低。春大豆在光照为自然光的 20% 光强条件下,百粒重由 8.35g 下降到 2.81g,约降低了 66%。

弱光条件下,小麦叶片叶绿素(叶绿素 a、叶绿素 b 及总量)含量明显上升,特别是叶绿素 b;且遮光越严重其含量也越高。叶绿素 b 含量的大幅度提高有利于植株对弱光的适应。但这种低光强条件往往使叶片的光合速率下降。此外,弱光条件还会促使叶片过早衰亡,使功能叶片的光合时间缩短。

(三)水分

水分同贮藏器官中同化产物积累的关系较为密切。小麦灌浆期间,土壤干旱缺水,粒重下降为 30% 左右。干旱使叶片水势下降,叶片蛋白酶和肽酶活性增强,蛋白质含量下降,并伴有游离氨基酸的积累和转移,蛋白质和 RNA 的分解加剧,氮代谢紊乱,叶片叶绿素含量下降,光合强度减弱。此外,干旱还会诱使光合器官早衰,光合持续时间缩短。

(四)矿质营养

适量的氮素营养可增大光合面积,促进干物质生产。小麦叶片开始衰亡时,根施或叶施尿素溶液,可提高叶片绿素含量和可溶性蛋白质含量,施氮可延长叶片功能期,预防和延缓衰亡的开始。水稻缺磷,叶片及根中 ATP 和 RNA 含量下降,使叶片 CO_2同化率降低。

钾可提高叶片绿素含量,增大叶面积,延长叶片功能期,提高光合强度和净化同化率,并可降低呼吸消耗。适量钾可促进同化产物向贮藏器官中的运输(欧阳铎声等,1989)。缺钾则阻碍这种运输过程。钾对叶片光合性能的促进作用主要表现在,钾可改善叶片超微结构,叶绿体内基粒增多,希尔(Hill)反应和光合磷酸化活力增强。

硼、锰、锌、钼、钙等微量元素可促进植株氮代谢和核酸代谢,促进 ATP 和叶绿素的形成,提高叶片 CO_2同化率,对于物质的生产和积累具有明显的促进作用。棉花施用锰后,叶片绿素 a 含量提高 7% ~ 17%,叶绿素 b 含量提高 3% ~ 35%,叶绿素总量提高 12.4% ~17%;净光合生产率提高 18.6% ~38.3%;并可促进同化产物向贮藏器官的运输和分配(蒋式洪等,1986)。

近年来对富含镧、铈等稀有金属元素的研究表明,稀土元素的施用也可提高叶片绿素含量,增大叶面积,延长叶片功能期,提高光合速率;并可促进大量元素的吸收,促进同化产物的运输和积累。

第四节　生殖器官的脱落与败育

作物的生殖器官在完成正常的授粉、受精过程之后,经过生长发育及同化产物的充实、积累,最终形成可收获的结实器官。但在开花授粉至同化产物积累、充实过程中,由于环境因素的影响及植株体内某些生理代谢过程的失调,障碍了生殖器官的进一步发育,使之脱落或形成空壳及败育粒(即瘪粒)等。生殖器官的脱落除病虫危害外,一个重要原因是由于未受精引起的。空壳的发生也主要是因为子房未能授粉、受精。受精子房在发育中途阶段停止发育则形成败育粒。

生殖器官的脱落与败育现象生产上很普遍。小麦、水稻、玉米、谷子、大麦、蚕豆、大豆、油菜等作物也都存在不同程度的籽粒败育,在一定程度上影响收获产品的产量和品质。

一、生殖器官脱落的生理原因

(一)有机养料与脱落的关系

T. G. Mason 等 1992 年提出了"营养竞争学说",以此来解释棉花的脱落原因。他们认为,在任何一段生长季节里,脱落的比例是由于棉株体内合成有机营养的速度与蕾铃的发育速度两个相对过程互相作用的结果。幼铃如果不能获得足够的碳水化合物和氮素供应就会导致脱落。

近年来,有关方面的研究进一步揭示出营养竞争与脱落之间的内在联系。据测定:正常棉铃在开花当天上午,糖分含量为干重的 5% ~6%,下午便急剧下降到 2% 左右,并一直维持到开花后第 3 天;此后,幼铃中含糖量又迅速回升到 8% 左右。用遮光诱导脱落的幼铃,到开花 3 天后并不出现糖分含量的迅速上升,而是仍维持在 2% 左右,甚至更低,直至脱落。大豆幼荚脱落前也会发生类似的变化,表明运输和分配到即将脱落幼铃或幼荚中的同化产物明显减少。郑泽荣等(1978)采用同位素示踪技术,研究了棉花叶片中$^{14}CO_2$同化产物的运输和分配情况,进一步证实,植株运输和分配到未受精子房中同化产物的数量明显少于受精子房。

营养竞争与脱落学说的另一有力证据是无籽果实的形成问题。没有受精的棉花子房在开花后第 4 ~6 天必定脱落;如果在环剥的果枝上留两片叶子,则未受精子房可发育成较小且具有短纤维的无籽果实,但却不会脱落(梅方权,1978)。尽管目前对于控制有机营养运输与分配的机理尚缺乏足够的了解,但生殖器官对有机营养竞争的失败,使其难以征服足够的同化产物来维持自身的生长发育,是导致其脱落的一个重要原因。

(二)内源激素与脱落的关系

生殖器官的脱落与内源激素水平有关。棉花受精幼铃中,吲哚乙酸(IAA)含量明显高于未受精幼铃。IAA 可促进同化产物向未受精幼铃的供给和分配,并可促进其生长发育。IAA 还可以抑制离层纤维素酶的活力。落荚率较高的大豆品种,根系及其伤流液中过氧化物酶同工酶带数较多,活性较强。据报道,过氧化物酶可表现出类似于 IAA 氧化酶的作用而使 IAA 分解。因此,过氧化物酶可以通过对 IAA 含量的影响来调节脱落。

在即将脱落的未受精棉铃中,也曾观察到 IAA 与 ABA 含量都明显高于正常幼铃的情况。较高的 IAA 含量与脱落的发生似乎是相互矛盾的。但 Y. P. Chang 等(1970)认为,ABA 能减少 IAA 的向基运输。ABA 含量明显刺激铃柄外植体中乙烯的生成而促进脱落。由此看来,即将脱落棉铃中,IAA 含量的增高与脱落现象的发生也并非不可理解。

即将脱落的未受精棉铃中,ABA(脱落酸)和 Eth(乙烯)含量剧烈增加,不脱落幼铃中则不出现这种剧增现象。落荚率较高的大豆品种,运往地上部的根系伤流液中,ABA 含量比落荚较低的品种要高。可见,ABA 和 Eth 水平变化同脱落的发生密切相关。乙烯可促进离层过氧化酶活性,并严重抑制胚株的生长发育。棉花幼铃内源生长抑制物质(很可能是 ABA)的存在,使幼铃的呼吸作用与产生高能 ATP 的磷酸化作用出现解偶联现象,扰乱了正常的能量代谢过程,引起幼铃生长停滞而导致脱落。

赤霉素(GA)可调节光合产物的分配,使幼铃的养分供应得到改善,并可抑制脱落酸和乙烯含量的增加,表现出对乙烯的拮抗作用而抑制脱落。用赤霉酸(GA_3)处理未受精幼铃后,铃柄离层过氧化物酶活性明显减弱并逐渐接近于正常幼铃水平。细胞分裂素(CTK)虽然可以促进幼铃的发育,但与脱落的发生并没有直接关系。此外,三十烷醇等一些植物生长调节剂,也可改善有机营养的供应状况,提高幼铃对养分的竞争能力;具有增加有机物质积累和提高高能 ATP 含量等作用;可加速生殖器官的生长,延缓脱落速度,降低脱落率。

激素对脱落的调节作用同激素间的平衡状况及其相互作用有关。只有当生长素、细胞分裂和赤霉素的浓度大为降低,或当脱落酸浓度增大时,离层细胞才会受到引起细胞分裂的乙烯浓度的影响而导致脱落。

二、籽粒败育的生理原因

籽粒败育的发生同籽粒所处的“位势”有关。玉米果穗顶部的小花、小麦穗基部小穗花及小穗顶部小花、水稻二次枝梗上颖花及谷穗上部和分枝上部小花等,在分化和发育开始时,便处于弱势地位,在受精后的发育过程中也始终处于弱势地位,因而极易成为败育粒。败育籽粒在外部形态上表现为生长发育迟缓,最终籽粒体积不足正常粒的十分之一。籽粒干瘪,粒重不足正常粒的12%;且胚发育粒的发生主要集中在籽粒形成期和干物质快速积累前期。

(一)同化产物的供给与籽粒败育

籽粒呼吸强度的高低标志着生理活性的强弱,同时也反映出籽粒对同化产物的征调能力。玉米败育籽粒的呼吸强度在授粉后一直低于正常粒,且高峰时间出现早,下降速度也快,到授粉后28天时已很微弱,而此时正常粒的呼吸强度正处于高峰时期。水稻同一枝梗上,弱势粒的呼吸强度较低,到达高峰的时间较晚,后期下降速度较慢并逐渐高于强势粒。表明败育粒在能量代谢方面受到严重阻碍,对同化产物的主动调节能力也大大降低。

表6-12 水稻强、弱势小穗柄中央维管束导管、筛管的数目及面积

(陈锦清,1983,杭州)

品种	部位	导管(后生导管)			筛管		
		数目/个	总面积/μm^2	单个面积/μm^2	数目/个	总面积/μm^2	单个面积/μm^2
汕优6号	强位	2	680	340	19	663	34.9
	弱位	2	394	197	32	908	28.4
早金风5号	强位	2	670	335	20	663	33.2
	弱位	2	212	106	41	949	23.1

对不同部位小穗柄输导组织的解剖观察发现,易发生败育粒的小穗柄,维管束数目较少,且发育不健全(表6-12)。这种输导组织发育上的差异同小穗发育的不均衡现象相关联。不管引起输导组织间发育差异的原因如何,这种发育程度不同的输导组织必然会造成同化产物在不同小穗花之间的不均衡运输与分配。因此,有理由认

为,败育粒的发生在一定程度上与输导组织的发育状况或同化产物的运输能力有关。

用同位素示踪技术研究发现,^{14}C—光产物并不是平均分配给各部位籽粒的,分配给正常籽粒的数量显著多于败育籽粒,并且随着籽粒生长发育的进行差距也越大,^{15}N 的分配特点也与之类似。同化产物的这种分配差异,使得败育籽粒干物质积累特点及积累总量明显不同于正常籽粒。主要表现为干物质积累速度缓慢,积累时间缩短,积累总量明显减少。

在生殖器官授粉、受精后,遮光或去除叶片,使同化产物供应不足,空、秕粒数明显增多,粒重下降。若去除部分结实器官,则空、秕粒明显减少,粒重提高。一般情况下,玉米果穗顶部籽粒极易败育;但若阻止中、下部小花受精,则顶部受精小花也能发育成正常籽粒。说明弱势位小花也同样具有发展为正常籽粒的潜势。因此,同化产物供应不足是导致籽粒败育的重要原因。

(二)籽粒库容量与败育

早在授粉之前,弱势颖花的胚株和胚囊就小于正常籽粒。受精后,胚和胚细胞的分裂及发育也都相应滞后,玉米中部籽粒在授粉后2天,初生胚核已分裂形成4个胚乳游离核,第3天时已达60个。授粉后3~4天开始形成细胞型胚乳。顶部籽粒在授粉后4天时才开始分裂出7~15个胚乳游离核,第6天时才形成细胞型胚乳,比中部籽粒晚2~3天。中部籽粒在胚乳分裂增殖速度上也远远高于顶部籽粒。发生败育的大豆籽粒,在胚发育的早期阶段也便停止细胞分裂。

据 V. M. Reddy(1983)测定,玉米果穗基部籽粒(第5~10粒位)所形成的胚乳细胞数为顶部籽粒(第20~25粒位)的2.4~3.2倍。表明败育粒所形成的容纳同化产物的能力远不及正常籽粒。造成这种"库存能力"差异的原因可能同籽粒建成初期同化产物的供给有关。较少的同化产物供给量,限制了细胞的分化与发育,而"库存能力"的降低反过来又大大削弱了对同化产物的积累。

(三)贮藏物质的合成能力与籽粒败育

在籽粒发育过程中,败育籽粒内贮藏物质的合成能力明显不同于正常籽粒。玉米败育粒中淀粉的积累始终低于正常粒,成熟时败育粒中淀粉累积量仅为正常粒的5%～10%。在正常籽粒淀粉积累高峰期,败育粒则停止积累,基本丧失了淀粉的合成能力,蛋白质的积累也有类似变化,但不及淀粉的变化明显。

另据张秀梅等(1984)报道,玉米败育与正常粒中,可溶性糖含量在刚刚完成授粉时相关无几,以后随着淀粉的积累,可溶性糖含量不断下降;但正常粒的下降速度比败育粒要快。说明败育中由可溶性糖转化为淀粉的机理受阻,淀粉合成能力减弱。在大豆败育荚中,淀粉和可溶性碳水化合物含量并未降低;而豇豆可能结实的花中,RNA 水平要比将败育的高出 1.5 倍。这暗示着在蛋白质为主要贮藏物质的豆类作物中,籽粒败育时蛋白质的合成能力明显下降,而淀粉的合成能力基本不受影响。因此,败育籽粒中贮藏物质的合成能力,特别是贮藏器官的合成能力明显衰降。

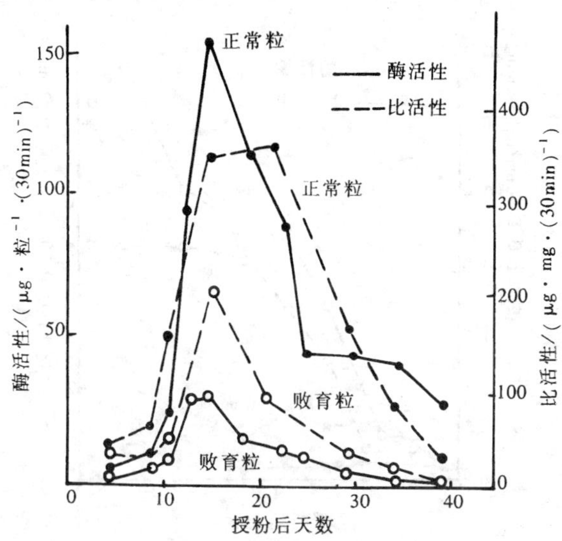

图 6-17　玉米籽粒生长发育过程中淀粉磷酸化酶活性

(高学曾等,1987,济南)

败育籽粒中,贮藏物质合成能力明显降低的另一例证是有关酶活性的变化。玉米败育中,与淀粉合成有关的淀粉磷酸化酶活性显著低于正常粒,而且这种差异在淀粉开始大量合成时更为明显(图 6-17,图中的 mg 是指蛋白质的质量)。小麦粒发育过程中,如果酸性蔗糖转化酶活性低，而淀粉酶活性高时，由蔗糖转化为淀粉的能力就弱，籽粒则因充实而皱缩。

（四）激素对籽粒败育的调节作用

籽粒败育的形成同内源激素水平有关。水稻开花至灌浆期间，施用赤霉素＋细胞分裂素及赤霉素＋生长素，都能明显地增加每穗结实粒数，提高结实率（谭周兹等，1988）。高学曾等（1987）曾观察到，玉米败育粒中过氧化物酶及其同工酶活性明显高于正常籽粒（见图 6-18）。过氧化物酶及其同工酶是 IAA 的有效氧化酶，较强的酶活性会引起生长素的亏缺而导致败育。但目前有关方面的具体研究尚不多见。此外，植物生长调节剂对于减少籽粒的败育也有一定作用。油菜素内酯（Brassinolide，BR）可调节作物光合产物的分配，在大豆和玉米上施用后可减少败育粒的发生，使结实率提高。

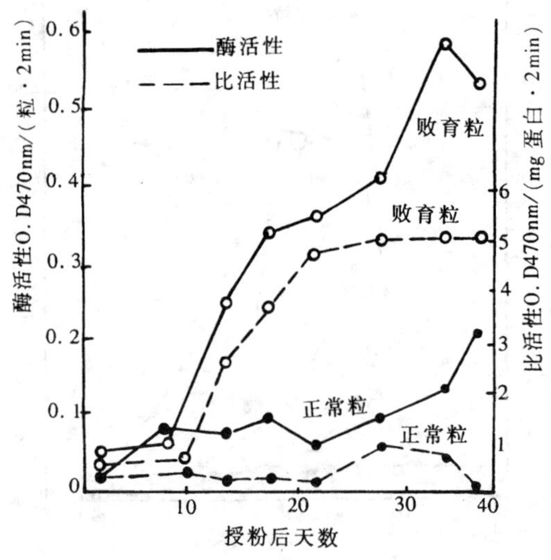

图 6-18　玉米籽粒发育过程中过氧化物酶活性

（高学曾等，1987，济南）

三、环境条件对脱落与败育的影响

(一)温度

水稻孕穗期,若温度低于20℃,花粉粒不充实,雌、雄器官异常,花粉粒不充实,淀粉合成减少或没有淀粉,使之失去授粉、受精能力。开花期低温,花丝不能伸长或伸长缓慢,颖壳张开时间缩短;开花时部分花药不开裂或全不开裂;落在柱头上的花粉粒减少或没有。开花时低温处理,引起花药中脯氨酸含量明显下降(见表6-13);开花期高温,花药开裂受阻,散粉不充分,并降低花粉粒的发芽率和柱头受精能力。

温度过高或过低,都会使生殖器官的脱落增加。日均温超过30℃时,蕾铃脱落率高达80%以上。温度逆境可能妨碍了植株的光合作用,引起体内有机营养的亏缺。低温抑制植株的代谢,高温则显著提高呼吸强度,使消耗增多而供给蕾铃的养分减少;高温降低花粉生活力,造成不孕。此外,高温还可导致离层物质的增加而诱导脱落。

表6-13　温度与水稻花粉萌发的关系

(周广洽等,1984)

处理温度/℃	13	16	19	21	25	28	31
花粉萌发率/%	20.9	30.47	38.46	40	36.16	42.69	50.12
花粉管长度/μm	7.5 ±2.1	30 ±3.2	45 ±3.1	50 ±4.2	50 ±3.3	60 ±2.7	63 ±3.0
花粉生活率(着色率)/%(过氧化物酶活性染色)	53.84	68.86	73.13	75.12	77.69	89.16	88.9

(二)光照

光照强度对生殖器官的脱落影响较大。据金成忠等测定,在自然光照条件下,棉田蕾铃脱落率为57.2%;光照强度降到自然光的1/8 ~1/10时,脱落率为91.1%;光照强度若降到1/20时,脱落率则高达98.6%。大豆开花后遮光使幼荚的脱落增加,其中以开花和荚伸长期最为敏感,在大豆开花后期两周时间内,用反射器增加光照强度则可提高结荚率。光照不足,降低了叶片的光合作用,减少了同化产物向幼铃中的运输和分配，并可能引起激素水平的变化。

水稻开花期和灌浆初期遮光，空秕粒增多，而且遮光越严重、遮光时间越长空秕率越高。遮光主要影响了颖花的开张、花药的开裂及花粉的散落；花粉粒在双核阶段则不具有淀粉粒，并失去了过氧化物酶活性而丧失了生活能力。

（三）水分

作物开花期间，不适宜的湿度条件对花粉生活力影响很大。水稻开花期相对湿度过低，花粉粒易失去水而丧失生活力；如遇多雨天气，花粉粒易吸水膨胀、破裂，造成授粉不良。小麦在胚乳细胞形成期缺水，有效结实粒数明显减少。毫无疑问，这种有效粒数的减少同籽粒的败育有关。

棉花开花期缺水，开花速度明显下降，开花数减少，成铃率降低；现蕾至开花结铃期，降雨过多或过少都会使脱落增加。雨水过多、过少都会影响植株的光合作用，使同化产物供给不足。

（四）无机营养

在高肥力土壤条件下，玉米败育粒较少，成粒较高；在低肥力条件、特别是土壤肥力极低情况下，败育粒明显增多，成粒率大大降低。在禾谷类作物结实期间，施用氮、磷、钾及硼等可提高结实率，减少败育。大豆及棉花在开花期缺少氮、钙及锌元素时，蕾铃及幼荚脱落率提高。G. Guinn（1982）认为，养分的亏缺会提高棉花幼铃中的乙烯含量而导致脱落。

第五节 作物衰老及其机理

一、作物衰老的基本概念

关于生物或植物衰老的问题虽然早有研究报道，但直到目前仍处于探索的阶段。在生物衰老研究中有两种概念，一是“老化（aging）”；另一是“衰老（Senescence）”。老化是指生物体从幼年逐渐趋向成熟的过程，而最后结局不一定是生命的终结，而衰老则是指器官或生物体某些生活单位自然终止生命活动的败坏过程。因此，就作物来说,似可把在生育过程中,植株或某些器官中发生导致生命活动自然终止的败坏过程叫做衰老的现象。

二、作物衰老的表现

(一)作物叶片衰老的表现

作物叶片衰老在形态上的明显表现是黄化。叶片衰老除去形态上表现黄化外,更主要在内部解剖结构上叶绿体逐渐缩小直至消失。近期李雁鸣等在叶片衰老过程中进一步对各种表现(形态表征、解剖结构、生理特性)作了深入的分析,在解剖结构上,先从叶肉组织开始,然后才是表皮细胞和维管束组织,又当叶绿体完整性丧失后,可导致内外壁的分离,叶肉细胞在最后连同细胞核共同消失形成空细胞,表皮细胞的核也在衰老过程中消失,但线粒体的结构则相对稳定些。在生理特性上主要是叶绿素含量急剧降低,叶片中氮的含量和可溶性蛋白质含量均下降。而可溶性蛋白质的50%是RuBP羧化酸,这将有助于说明光合速率的变化。此外,RNA含量和组分的变化、组成细胞膜系统的膜质组分发生败坏变化,因而膜的透性增加,膜的完整性受到破坏,致使细胞内的物质沥出和加速失水,其结果所表现的叶片浸出液的电导率急剧升高。此外,与蛋白质含量下降相平行的蛋白水解酶活性和其他水解生物大分子的酶活性的提高。根据近期的研究发现,在逆境下和衰老过程中,植物体内活性氧的产生能力大于清除能力,而过量的活性氧会影响生物膜和其他大分子的结构和功能。但植物体内有一种超氧物歧化酶(Superoxide Dismutase,SOD)是活性氧的清除剂,可以维持活性氧代谢平衡,保护膜的结构。但可惜在水稻叶片的衰老过程中,SOD活性也相应降低,同时其他一些酶系在衰老过程中也都发生变化,但总的趋势是使叶片结构和功能的完整性受到破坏。

(二)作物根系的衰老

一般情况下,每当作物进入生殖生长后期以后,根系的生长即基本停止,实质上就是根系衰老的开始,当地上部植株叶片开始按顺序衰老以后,根系的活性也相应地依次衰老。当用a-苯胺的还原能力测定水稻根系时表现下降,用红四氮唑(TTC)测定小麦生育后期的根系时,也表现其还原能力急剧下降。水稻也有类似情况。上述两法是利用根系呼吸代谢活性为指标的,而根系所支配的伤流液的多少似也可作为指标之一,毛科军(1986)曾用伤流液及其中的可溶性糖来判断小麦根系的衰老情况,可见根系的衰老是伴随地上部植株同时推进的,可惜截止到目前尚未看到不同节位根的衰老情况,推想同一节位的叶和根似应有些联系,但尚无具体材料说明,不能妄自推断。

三、作物衰老的机理及生产意义

Nooden 曾用大豆为试材,得出一熟性作物衰老的机理概括为四点如下:1. 有限的寿命和生长势,即在特定的年龄不能继续生育和替代老叶而正常终结生命;2. 营养物质撤退,如生育中的果实把营养器官中的关键性物质全部吸收而导致生命的终结;3. 营养物质转移,如光合产物等营养物质由叶片转移到生育中的果实中去,致使叶片、根系的营养亏缺而导致衰老黄枯;4. 生育中的果实产生衰老性的激素导致衰老。作物的衰老可以说明四种情况都有些迹象,但在不同时间地点条件下各种作物的类型、品种各有其本身的特点,就“寿命限制”来说,实质上是由遗传类型来决定的,另有些作物在某特定时间衰老,也是在系统发育过程中生态适应性的具体表现,至于性器官对于营养器官物质的吸引掠夺,则是人类长期培育作物的必然。大豆在去花去荚后确能延续衰老。而 Nooden 却把这种去花去荚处理,认为是减少了衰老激素的释放基础,但小麦去穗后的延续衰老的效应则极小,玉米去掉果穗后,反而由叶片积累了大量的碳水化合物,致使含氮、磷相对降低,导致硝酸还原酶活性下降而使叶片提前衰老,可见情况也因具体作物而有不同。

营养物质和衰老激素还涉及到生产的调控措施,当水稻叶片衰老时,内源乙烯释放量和 ABA 含量都有增加,乙烯和 ABA 可促进离体叶片的衰老,赤霉素、生长素和细胞分裂素则有延缓衰老的效应,但对整株作物和连体叶片的效应则很小。供应足够的氮素对于小麦、水稻、玉米叶绿素含量的降解均有延缓的作用,但也都不能改变叶片衰老的趋势。水分充足也有类似氮素的效应。早衰的棉株中主要是钾的含量低,在施用钾肥后,可以有效地防止棉花早衰。在水稻离体叶片衰老研究中,也表现一些微量金属离子(如 Ni^{2+}、Co^{2+}、Ag^{+})可延缓衰老,但连体叶片中则只有 Ni^{2+} 和 Ag^{+} 起作用。总之,衰老是作物生育过程中的必然步骤,这一现象无疑会受到生死器官形成并诱导,一旦开始衰老时,外界施加措施只能延续其进程,而不能有所逆转。一遇上不良的环境条件就会和衰老速度形成正相关,这在夏熟作物上可以显而易见。

作物是植物长期在自然选择和人为选择的压力下逐步形成的,对外界环境条件各有其相应的生态适应性,因而衰老是其生育过程中的必然归宿,并不具有什么消极的意义。对于夏熟作物来说,正常的衰老有助于营养物质及早转移籽粒中去,可以避免突然来袭的高温形成逼熟,并从而影响作物的正常生产,同样秋收作物的及时衰老成熟,也可以免受低温和早霜危害。因此,作物的正常衰老,对于保证作物生产的稳产和产品质量来说,有其积极的意义。当然,在作物生产过程中,应尽可能地避免那些不良的条件所造成的过早衰老现象。

第七章　作物的逆境生理及防御原则

我国的自然条件，对发展农业生产是比较有利的，但也有各种自然、气象灾害，给农业带来不利影响。作物在生长发育过程中，经常会遇到干旱、洪涝、冷冻、盐碱和环境污染等不利于作物正常生长的环境条件，这些不良环境因素对作物的影响，作物的反应以及提高作物的抗逆能力，是作物逆境生理研究的主要内容。

所谓逆境，是指作物正常生长不适宜的环境，包括由气候因素造成的干旱、洪涝、酷热和寒冷，由地理位置和地势高低等因素造成的盐碱、阴湿，由生物因素造成的病虫害，以及由天然或人为毒物因素造成的空气、土壤和水域污染等。作物受到对其生长发育不良环境的胁迫后，有不同的反应，有的无法继续生存而死亡，有的却能生长生存下来。在不良的环境中能够较正常地通过各自的生长发育过程，开花结果的作物，是因为它们对不良环境具有一定的适应能力，这种适应能力是作物在长期的系统发育过程中抵抗和忍耐不良环境的结果。作物对不良环境的适应性和抵抗力称为作物的抗逆性。

第一节　作物的旱害和涝害

我国地处欧亚大陆东南部，东临太平洋，直接受到世界最大陆地和最大海洋的影响，季风盛行。由于季风的强弱和进退时间的早迟经常发生旱、涝灾害。建国以来，平均每年受灾的耕地面积约 4.6 亿亩，其中旱灾就占 62%，涝灾占 24%。据初步估算，1950—1980 年的 30 年中，全国粮食产量受各类自然灾害的影响，每年平均要减产 100 亿千克左右，其中 95% 是旱涝灾害的影响，属于干旱影响而引起的减产约 50%。特别是 70 年代以来，每年受灾面积均在 5.6 亿亩左右，其中旱灾面积占 80%，成为影响我国作物生产最主要的自然灾害。

一、作物的旱害

旱害是指土壤水分亏缺或空气相对湿度过低对作物的危害。我国西北、华北地区因年降水量少且时空分布不均是造成干旱缺水对作物影响的最主要因素。长江中下游地区虽雨量充沛,但多集中在春末夏初,盛夏在副热带高压控制下,久晴无雨,也常发生干旱。

(一)干旱的类型

1. 按干旱发生的原因分

(1)土壤干旱　在干旱时期,通常温度偏高湿度偏低,使土壤蒸发和作物蒸腾加强,土壤中有效水分缺乏或不足,土壤颗粒对水分的吸附力大,作物的根系难以从土壤中吸收到足够的水分维持正常生理活动,体内的水分收支失去平衡而发生旱害。

(2)大气干旱　由于空气极度干燥、气温高、光照强,土壤中虽然有一定的、可供作物利用的有效水分,但因作物蒸腾加剧,使水分入不敷出,体内水分平衡遭到破坏而导致旱害。

(3)生理干旱　土壤和大气并不干旱,但由于土壤温度过低,土壤溶液浓度过高或积累了有毒物质,妨碍根系吸水,使作物体内水分失去平衡,这种由于水分胁迫引起的旱害称生理干旱。

2. 按干旱发生的季节分

如图 7-1 所示。

(1)春旱　春旱主要发生在 3 ~ 5 月份,在我国华北、西北和东北的许多地区因春季温度回升快,太阳辐射强,风力大,空气干燥,蒸发强,降水少,极易发生春旱。

例如北京和保定,冬春两季降水量不足年降水量的 15% ~ 20%。3 月平均气温仅 5℃,5 月即达 20℃,同时风速大,相对湿度迅速降低,蒸发量常为降水量的几倍,土壤水分损失快。使冬小麦返青后生长不良、穗数、粒数减少,粒重降低。在秦岭淮河以北地区,春旱几乎年年发生,素有“十年九春旱”、“春雨贵如油”之说。

(2)夏旱　夏旱又称伏旱,常发生于 7、8 月,主要出现在我国的长江流域,特别是四川盆地东部、湖北、湖南、江西、安徽、江苏、浙江

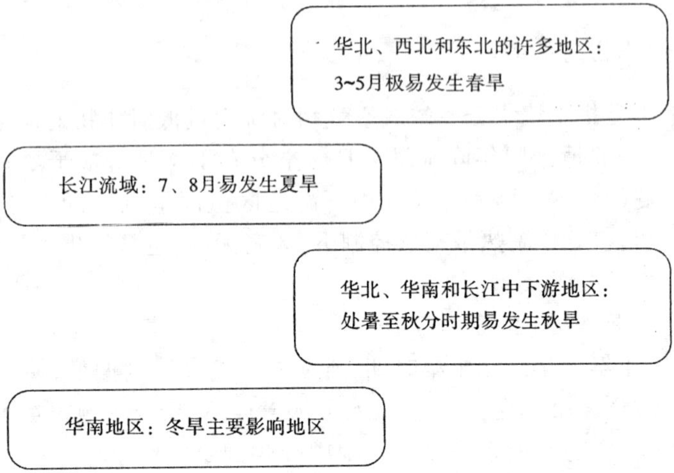

华北、西北和东北的许多地区：
3~5月极易发生春旱

长江流域：7、8月易发生夏旱

华北、华南和长江中下游地区：
处暑至秋分时期易发生秋旱

华南地区：冬旱主要影响地区

图7-1　我国干旱出现的地区与季节

等省。我国夏旱出现的机率虽不如春旱多，但此时正值春播和夏播作物旺盛生长期，北方田间作物正值一生中需水的临界期，需水量很大，一遇干旱损失严重。农谚“春旱不算旱、夏旱丢一半”、“卡脖旱、瞎一年”形象说明夏旱的严重影响。

（3）秋旱　秋旱发生在处暑至秋分时期，我国华北、华南和长江中下游地区最常见。秋旱影响夏播作物和部分晚熟春播作物的灌浆成熟，影响越冬作物的播种和出苗。

(4)冬旱　冬旱主要影响我国华南地区。冬旱仅对部分旱地作物有一定影响,但严重时会引起果树新梢抽干现象,使其减产。

(二)干旱对作物生理过程的影响

1. 生长与渗透势　作物的生长对水分逆境非常敏感。水分逆境对作物生长的直接影响是缺水时细胞紧张度降低,使细胞不能增大和正常分裂,间接影响是缺水对光合作用的不利效应而影响生长,导致整个生长率下降。水分逆境对作物不同器官生长的影响是:(1)节根(不定根)生长比率下降;(2)节根对总根长的比例降低;(3)叶茎比例下降。作物生长前期,轻度的水分亏缺足以使叶生长显著减弱。从盆栽向日葵的水分亏缺程度与叶生长速率和光合速率的关系

(图 7-2)可以看出,叶生长对缺水的敏感程度远远超过光合作用。当叶水势降至 -0.4MPa 时,叶生长已完全停止,但光合作用还未受到影响,说明土壤水分亏缺造成作物器官所受损失的程度是叶片为重。

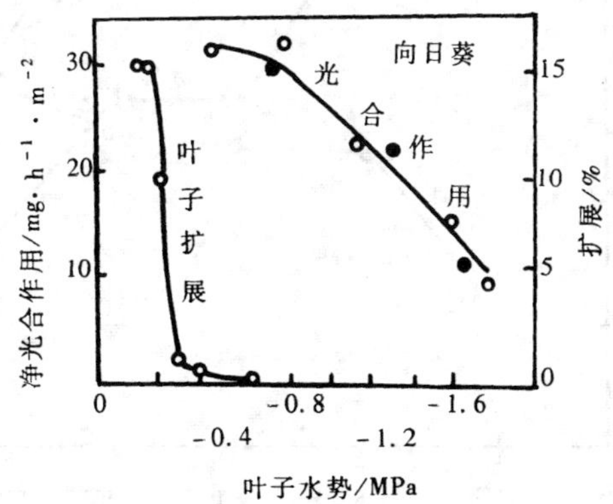

图 7-2　盆栽向日葵的水分亏缺程度和叶子生长速率和光合速率的关系

(引自刘友良　1992 年)

缓慢发展的水分逆境,会使有些作物细胞中溶质含量提高,而使渗透势明显下降,这种现象称为渗透调节。在水分轻度亏缺的情况下,作物可以通过渗透调节来降低水势,使其有足够的水势差从低水势的土壤中吸收水分。还可以通过渗透调节来恢复进行生长所必须的压力势(Ψ_p),使作物在水分逆境下仍能保持一定的生长能力和生理功能。

玉米、小麦、高粱、向日葵等作物有较强的渗透调节能力。沈阳农大(1988)对玉米进行不同时期的水分胁迫处理后,均使叶渗透势和水势下降。渗透势变化的总趋势是苗期下降多,后期下降少(图 7-3);呈现渗透调节随植株增大、蒸腾需水增多、水分胁迫进程加快而减弱。同时发现,玉米品种间凡渗透势下降值大,地上部生长受抑制的程度就小。这种生长随渗透势调节值而变化的现象,进一步说明渗透调节是作物维持细胞压力势和耐脱水的重要机制。

作物各部位的渗透调节能力是不相同的。一般作物是茎端的调节能力最强,嫩叶的调节能力比老叶强。可见,渗透调节对作物在水分胁迫中维持作物的压力势,保持继续生长具有重要意义。

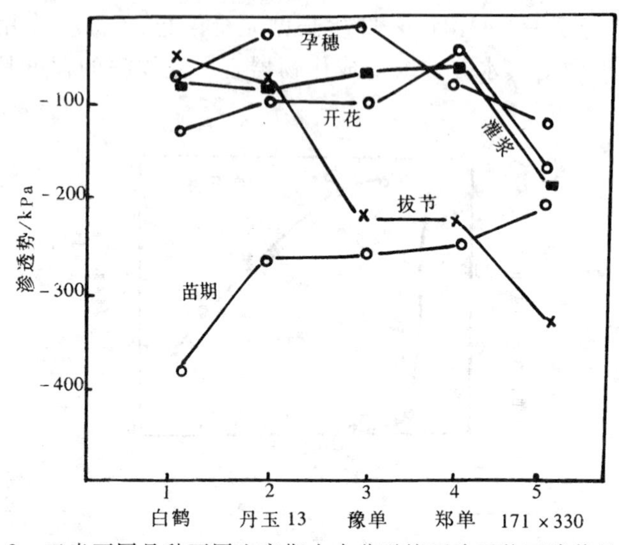

图 7-3　玉米不同品种不同生育期在水分逆境下渗透势下降值的变化

（引自郑丕尧　1992 年）

2. 气孔反应　水分胁迫导致气孔关闭。一方面因空气湿度降低使多数作物保卫细胞强烈蒸腾而失水多于相邻表皮细胞,保卫细胞膨压降低,气孔阻力加大,促使气孔开度减小直到关闭。不同植物发生气孔关闭时的水分胁迫程度及其对空气湿度的敏感性有很大的差异。另一方面,水分胁迫使植株渗透势明显下降时,叶子中脱落酸(ABA)含量开始增多,气孔开度减小。当压力势下降到等于零时,脱落酸大量增多,同时气孔完全关闭。浙江农大潘根生等对水分胁迫过程中茶树新梢 ABA 含量及其变化与茶树耐旱性的关系研究表明,在水分逆境过程中茶树叶片 ABA 的含量持续上升(图 7-4)。浙农 113、福鼎白毫、云旗和紫笋 4 个品种叶片的 ABA 含量在水分胁迫第 3 天时分别是灌水处理的 73.17%、237.62%、255.01% 和 581.85%,在胁迫第 3～6 天 ABA 含量分别是灌水处理的 146.57%、449.71%、475.73%、704.54%,胁迫第 6～9 天 ABA 积累量分别为灌水处理的 180.35%、322.01%、495.05%、402.95%。可见,水分胁迫 6 天和 9 天叶片 ABA 含量(在土壤含水量 <9% 和叶片含水量

小于 30% 的水分状况下)的积累均表现为浙农 113 < 福鼎白毫 < 云旗 < 紫笋,耐旱型茶树叶片的 ABA 累积速率低于干旱敏感型茶树品种。ABA 含量的变化与叶片含水量呈负相关($\hat{Y} = 3\ 890.19 + 59.17X, r = -0.6\ 944, P < 0.01$)。

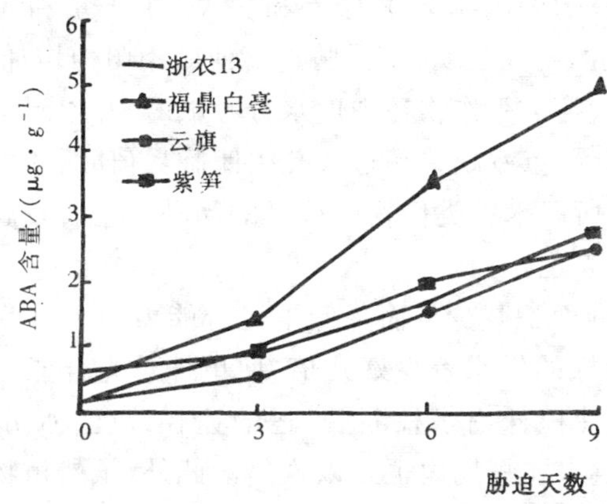

图 7-4 水分胁迫对叶片 ABA 含量的影响

(引自潘根生 1996)

水分胁迫使作物吸水不足或不能平衡蒸腾失水而使组织脱水,植株可借自身的生理和生长调节去增加根量或根系下扎来增加吸水,也可通过气孔反应减少蒸腾而抵抗干旱。通常气孔蒸腾可占总蒸腾量的 80% ~90% 以上,因此,减少气孔蒸腾是作物控制失水和抗旱的关键。戴俊英等对 7 个不同玉米品种的气孔阻力测定结果表明:在水分胁迫下,各品种的气孔阻力都有明显增加。较抗旱的豫玉 3 号等在缺水时气孔阻力增大较多,如孕穗期从 $1.6 s \cdot cm^{-1}$ 增至 $7.5 s \cdot cm^{-1}$,开花期从 $1.3 s \cdot cm^{-1}$ 增至 $8.3 s \cdot cm^{-1}$,灌浆期从 $1.4 s \cdot cm^{-1}$ 增至 $7.4 s \cdot cm^{-1}$。而抗旱性较弱的丹玉 13 号则增加较少,孕穗至开花期和灌浆期,分别从 $1.1 s \cdot cm^{-1}$ 增至 $5.8 s \cdot cm^{-1}$,从 $1.6 s \cdot cm^{-1}$ 增至 $7.6 s \cdot cm^{-1}$ 以及 $1.3 s \cdot cm^{-1}$ 增至 $6.3 s \cdot cm^{-1}$。说明在干旱条件下气孔调节往往可以反映一个作物或品种对干旱的抵御能力。

3. 光合作用　水分胁迫使作物光合作用减弱。水分亏缺对作物光合作用影响,可从三个方面解释:

(1)气孔的关闭阻碍 CO_2的交换　气孔是 CO_2进入的主要通道，而 CO_2的进入量是决定光合速率的关键因子之一。水分逆境导致保卫细胞中缺水，膨压降低，气孔阻力加大，使气孔关闭，阻碍外界 CO_2 向叶绿体的进入量，从而抑制了光合作用。

J. S. Boyer (1970 年) 对玉米和大豆的研究和 G. K. Hanson (1973)对棉花的研究证明，水分胁迫能使叶肉阻力增加，使 CO_2同化减弱。但小麦、谷子等作物在中度水分亏缺时，叶肉阻力反应不够明显；只有当水分严重亏缺并超过气孔关闭临界值时，才能影响 CO_2的传导和扩散。所以禾谷类作物中抗旱的品种受旱后较高的光合速率是其耐旱性的表现。

(2)作物叶面积减少从而降低了光合能力　干旱使作物单株叶面积比正常植株的供水者少好几倍，使单株总光合能力受到严重损失。水分逆境使植株内水柱断裂，运输途径改变，水分运输阻力增加，即使恢复供水在短期内也难以恢复。此外，虽然植物已充分恢复水合作用，而叶绿体活性还要十几个小时才能恢复，同时气孔开度仍然较小，有待于新叶发生才能全部恢复。

(3)对叶绿体活性的影响　很多研究表明，在水分亏缺中度至重度胁迫下，叶片中叶绿素含量、叶片光合放氧能力、叶绿体的希尔(Hill)反应、光系统Ⅱ活力、叶绿素荧光强度及表观量子产额明显降低，电子传递受阻，光合磷酸化解偶联，光合酶如磷酸烯醇或丙酮酸(PEP)羧化酶、1,5-二磷酸核酮糖(RuBP)羧化酶及丙酮酸激酶活性下降，光合器官的生理功能遭到破坏。电镜观察表明，水分胁迫下叶绿体膨胀、基质片层模糊、类囊体片层肿胀或解体，光合器官的超微结构遭到破坏。王邦锡等(1991)的研究表明，水分胁迫的小麦幼苗在遭受 -1.0MPa 胁迫 12 小时后，叶绿体在叶肉细胞中的排列呈现紊乱，液泡被分割成一些小液泡，基粒间的连接显得松弛，类囊体肿胀。水分胁迫 24 小时，叶绿体的双层被膜部分出现损坏，基粒间的连接更加松弛，类囊体内腔膨大，基粒片层间发生粘连，脂质小球增多，淀粉粒消失片和层排列紊乱。聂华堂等(1990)对水分胁迫下柑桔的生理变化与抗旱性的关系研究表明，在水分亏缺时，经干旱处理的各柑桔种类，叶水势皆大幅度降低，叶片的叶绿素含量有较大幅度降低。抗旱性不同的种类之间叶水势与叶绿素降低幅度有明显的差异。抗旱性强的香橙,叶水势与叶绿素含量下降幅度最小;抗旱性弱的化州橙下降幅度最大,抗旱性中等的构头橙和文旦柚下降幅度居中(表7-1)。

表7-1　水分胁迫下柑桔叶水势与叶绿素含量的变化

(引自聂华堂1991年)

种类	叶水势/MPa					叶绿素含量/($mg \cdot g^{-1}$)				
	对照	干旱6天	降低率	干旱12天	降低率	对照	干旱6天	降低率	干旱12天	降低率
香橙	-0.710 5	-1.004 5	41.38	-1.162 0	63.55	5.13	3.56	30.60	3.16	38.40
构头橙	-0.689 5	-1.148 7	66.60	-1.232 0	78.60	4.47	2.92	34.67	2.67	40.26
文旦柚	-0.731 5	-1.209 6	65.36	-1.281 0	75.12	4.78	3.19	33.26	2.61	45.39
化州橙	-0.725 9	-1.293 6	78.21	-1.3720	89.01	5.01	3.01	39.92	2.49	50.29

4.呼吸作用　干旱引起作物植株呼吸作用减弱。水分亏缺对作物呼吸作用的影响,虽然没有对光合作用的影响那样敏感,但还是明显和肯定的。近年来许多学者研究表明,叶子在干旱初期,净光合速率看不出变化时,呼吸强度就已出现了变化。T. S. boyer等指出,在水分亏缺开始时暗呼吸有所增加,到严重亏缺时,呼吸又大大降低。马铃薯叶的水势降到-0.9MPa时呼吸减弱不明显,到降至-1.4MPa时,呼吸速率可下降30%左右。大豆、玉米、向日葵等作物的幼苗当水势从-0.8MPa降至-1.8MPa时,呼吸作用明显下降。棉花、蚕豆、高粱在水分胁迫后再复给水,暗呼吸仍比对照还低。

王洪春(1981)对在水分逆境下呼吸作用的代谢类型进行了研究认为,在已有的抗性生理资料中,呼吸作用的变化趋势大体上可分为:呼吸强度下降,呼吸作用短期上升然后下降,以及呼吸作用明显增强、并维持相当长的时期、植株接近死亡时下降等三种类型。

5.内源激素　干旱影响植物体内细胞分裂素(CTK)及脱落酸水平及比例关系,使CTK减少,ABA大量增多,同时也使乙烯(Eth)产生,生长素(IAA)、赤霉素(GA)下降。

干旱时内源ABA含量随叶水势和压力势的下降而升高。由于干旱时首先是叶片缺水，ABA主要来自叶片的合成作用，通过木质部和韧皮部向其他部分运输，所以水分亏缺时叶片中ABA增加最明显，根、茎、木质部和韧皮部汁液中也有增加。ABA的累积有重要的生理效应，除促使叶片气孔关闭与阻止气孔开放外，还能增加作物植株根部对水的透性，增加根系的水分运输，同时又可抑制生长，促进衰老，使作物提早抽穗、开花、籽粒过早脱水成熟，千粒重降低而影响产量（表7-2）。

干旱促进乙烯（Eth）产生。缺水诱导Eth产生的机理尚待研究，但已有的研究表明，植物在缓慢缺水时Eth生成先于ABA的合成。小麦叶片水势在－0.7MPa～0.8MPa时Eth含量开始增加，－0.9MPa～－1.0MPa时Eth含量迅速增加。而ABA含量在叶水势为－0.8MPa～－0.9MPa时才开始增加，在－1.0MPa～－1.1MPa时迅速增加。如果植株失水迅速，则水势在－1.2MPa并保持萎蔫状态，ABA积累则比Eth快。缺水诱导Eth产生的主要生理效应是促进叶绿素降解、叶片衰老和脱落，产量降低，当然也相对地改善了植物的水分状况。

在水分胁迫下植株根系木质部汁液中细胞分裂素（CTK）活性明显下降，使其合成减少，因而造成植株体内CTK水平迅速下降。CTK的生理效应与ABA相对抗，对防止衰老、维持蛋白质的合成、保持水分等有积极意义。CTK的减少可能对植株生长不利。

水分亏缺还引起生长素（IAA）和赤霉素（GA）含量下降。番茄叶水势在－0.2～－1.5MPa之间，IAA含量下降，低于－1.0Mpa的水势抑制IAA向基部运输。由于缺水促进Eth合成，Eth降低IAA向离层区运输速率，促使叶片脱落。缺水对GA的影响类似于CTK。

水分胁迫使植物内源激素含量发生改变，比例失调，特别是在作物生育关键时期往往导致落花、落果和空秕粒发生。

6.酶活性　水分亏缺引起植物体内的酶活力变化，总的来说，水分胁迫使参与合成反应的酶类和一些本身周转很快的酶类活性下降，而使水解酶类和某些氧化酶的活性增加，植株因正常代谢受到影响而受害。如周转很快、对缺水反应极为敏感的硝酸还原酶（NR），在轻微缺水（水势下降0.1 MPa）时就能使其活力显著下降。大麦幼

苗叶片水势在 -0.2 ~ -0.4 MPa 范围内,2 ~4 天中 NR 活性下降要比亚硝酸还原酶,PEP 羧化酶和 RuBP 羧化酶明显得多(图 7-5)。水分胁迫解除后 NR 活性又迅速恢复。水分亏缺对硝酸还原酶活性的影响因作物的种类和生育期不同。小麦在开花期旗叶中 NR 对缺水最敏感。许多作物,如小麦、大麦、玉米、高粱等缺水时 NR 迅速下降,同时脯氨酸(Pro)迅速积累。用聚乙二醇(PEG)诱导植物缺水,同时饲喂 Pro,可缓解 NR 活性下降。因此缺水时 NR 迅速下降,减少能量消耗,形成保护物质可能是植物对逆境的适应反应。水分胁迫引起 NR 活性下降的原因是酶蛋白合成过程受抑制、还原剂数量下降和硝酸盐吸收减少、底物浓度下降等因素。

表 7-2　与植物对干旱反应有关的 ABA 的生理效应

效　　应	后　　果
气孔导性下降	减少失水 增加水分利用效率
抑制光合	生长发育和产量下降
增加根系的水分运输	增加吸水,影响离子浓度和膜性质
影响同化物的分配	增加根/条比,改变根系形态
降低叶片生长	降低蒸腾速率,细胞较小
叶形态学改变(角质层较厚,表皮毛状体较多,气孔数减少)	减少失水
分蘖减少	同化物利用更有效 减少蒸腾面积
提早抽穗、开花	矮杆,提前灌浆有利于延长灌浆期
花粉不育	减少粒数和产量
影响谷粒灌浆	结果不一致

(引自 W. J. Davies et al, 1986, Plant Growth Substances and the Regulation of Growth Under Drought. Aust. J. Plant Physiol. 13:105 ~125。)

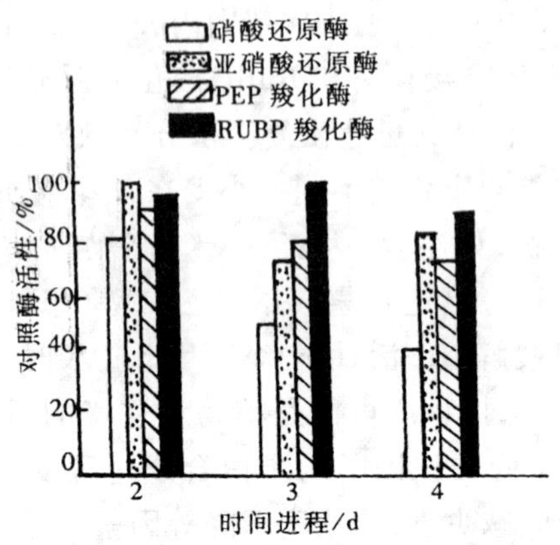

图 7-5 大麦水分胁迫对硝酸盐和碳素同化酶类的影响

(引自刘友良 1992 年)

水分亏缺使水解酶类活力增强。其原因一方面因水分亏缺削弱或破坏了酶在细胞中的区隔,使酶从膜上或细胞器中淀粉酶及释出参与水解活动。这种现象已在酸性磷酸脂酶、核糖核酸酶、β-呋喃果糖苷酶和 α-淀粉酶及 β-淀粉酶中得到证明。另一方面是通过酶本身构象的改变而提高酶活力。例如核糖核酸酶是具有四级结构的二聚体,平常与细胞质膜相连接,水分亏缺时这种连接被破坏,酶与质膜分离,转入溶液中解离成为两个活跃的亚基,活力提高 3~4 倍。

7. 吸收能力　干旱逆境使作物根系对养分的吸收能力减弱。无机离子既是植物的营养元素,又是细胞渗透势的重要组分。水分胁迫使土壤水势下降,根系对离子的吸收和运输减慢,玉米在 11,5,3.6mol 的不同含磷量土壤中,根系对磷的吸收随土壤含水量下降而下降(表 7-3)。某些元素,如氮,局限于干旱的上层土壤,最容易引起缺乏。

植物在低水势下吸收能力减弱的原因是:①土壤中离子向根表面的运输减慢;②蒸腾速率下降、离子在植物体内的运输速率下降,特别是 Ca^{2+} 主要经质外体运输,易受蒸腾速率的影响,而钾,NO_3^- 和磷主要经共质体运输,受蒸腾速率的影响较小;③根系活力下降,吸收能力下降;④菌根活性下降或丧失,部分根系死亡,减少吸收表面。

8. 氮代谢　干旱逆境使作物植株内蛋白质含量下降,游离氨基酸增多,植株氮代谢受到干扰。蛋白质氨基氮减少、游离氨急剧增加,使细胞受到毒害。

表 7-3　玉米在含水量和含磷量不同的土壤中 24 小时内的磷吸收量

土壤含水量 /%	土壤水势 /MPa	磷吸收量(干重)/($\mu g \cdot g^{-1}$)		
		高磷(11mol)	中磷(5mol)	低磷(3.6mol)
27.7	-0.033	28.0	12.9	4.5
25.9	-0.05	26.1	8.7	3.9
22.9	-0.1	24.6	7.9	3.7
18.8	-0.3	15.6	4.8	2.7
15.7	-0.9	7.3	4.0	2.1

水分亏缺在作物氮代谢方面的反应是脯氨酸(Pro)大量积累。Kemble 和 Macpherson(1954)首先发现多年生黑麦草的离体萎蔫叶片中 Pro 含量增加。1966 年三个实验同时报道植物在干旱逆境下 Pro 积累,不论整体植物或离体组织,光下或黑暗中都有这一生理现象。Pro 对细胞的渗透调节起着重要的作用,被认为是一种细胞防脱水剂。当水分亏缺时,植株体内 Pro 的升高率可作为植物抗旱性的生理指标,Pro 升高率越大,植物的抗旱性越强。聂华堂(1990)对水分胁迫下柑桔的生理变化与抗旱性的关系表明,干旱处理引起柑桔叶片的过氧化物酶活性与游离脯氨酸含量大幅度上升,且不同抗旱性的柑桔种类,酶活性与 Pro 的升高幅度差异明显。抗旱性强的种类(如香橙)上升幅度最大,与对照相比增高率为 46.03%,而抗进性弱的化州橙,酶活性与 Pro 含量升高幅度最小,增高率为 33.93%。

干旱逆境下植物体内脯氨酸的积累决定于干旱程度、持续时间、植物种类和叶片中 Pro 向其他组织运输所需的时间。向日葵、高粱和大豆在轻度缺水时,谷氨酸、丝氨酸和甘氨酸首先缓慢增加,严重缺水时 Pro 含量才迅速增加。高粱幼苗中游离脯氨酸含量(干重)一般为 $100\mu g \cdot g^{-1}$,占游离氨基酸总量的 2% 左右。当培养液的渗透压降至 -0.5MPa 时,Pro 含量迅速增加,在 -1.0MPa 时,Pro 含量(干重)可高达 $16.2mg \cdot g^{-1}$,占游离氨基酸总量的 46.9%。通常只有当叶水势下降导致气孔关闭以后，Pro 才开始积累，水势越低，积累越多。

水分胁迫抑制植物蛋白质的合成作用，促进蛋白质分解。在轻度水分胁迫时，抗性较差的植物叶片尚未萎蔫，但以干重为基础的蛋白质含量已明显下降。水分胁迫抑制蛋白质合成的原因与其胁迫的程度有关，主要原因有：(1)多聚核糖体解聚，蛋白质合成在翻译水平上受阻。水分胁迫下细胞内多聚核糖体迅速降解为单体，水分胁迫解除后，核糖单体又迅速聚合为多聚体，表明水分胁迫对蛋白质合成作用的抑制是可逆的，主要是翻译水平上的抑制。(2)核糖核酸酶(RNase)活性增加，植物严重缺水时，RNase 活性增加，mRNA 降解，引起多聚核糖体解聚。(3)DNA 复制和转录作用受阻，严重缺水时细胞核染色质可逆凝聚，阻止 DNA 复制和转录过程。

(三)作物干旱伤害的主要原理

1. 机械伤害　伊尔金(ILjin，1930)首先提出，活细胞快速失水时原生质收缩，细胞壁也收缩，由于细胞壁弹性小，细胞失水时质壁共同引起不规则收缩使原生质必须处于张力状态而被撕裂。当严重失水后存活的细胞恢复吸水时，由于细胞壁吸水膨胀的速度远远超过原生质吸水膨胀的速率，会因细胞壁扩张而引起再度机械损伤而死亡。机械伤害这一学说得到一些实验的支持，能解释植物迅速失水而容易死亡，而缓慢失水的植物到一定程度时还能存活的原因。

2. 膜结构与功能伤害　膜结构功能伤害的机理可能是脱水引起膜构型改变；自由基伤害，膜脂过氧化作用而降解；膜蛋白变性或主动运输过程受到抑制。

水分胁迫使植物细胞中的膜脂、酶的复合体或关键性结构受破坏，膜功能丧失，细胞内溶质通过质膜向外泄漏。Gileo(1974)研究表明，水分胁迫使细胞内叶绿体的类囊体及线粒体的嵴的数目减少，液泡膜被破坏。在非致死干旱情况下，复水后不可恢复。

干旱使自由基积累，对植物产生伤害。自由基是代谢过程中产生具有未成对电子的分子、离子或基团，非常活泼，具有很强的氧化能力。如氧自由基($O_2^{\bar{\cdot}}$)、羟自由基($^{\bullet}OH$)及 H_2O_2 等。自由基清除剂包括酶类和非酶类。酶类主要有超氧化物歧化酶(SOD)、H_2O_2 酶和过氧化物酶。SOD 催化氧自由基转变为 H_2O，即 $O_2^- + O_2^- + 2H^+ \xrightarrow{SOD} H_2O_2 + O_2$，再由过氧化氢酶（$H_2O_2$）催化生成水和氧，避免氧自由基（$O_2^-$）对细胞的伤害。非酶类包括维生素 C、谷胱甘肽、胡萝卜素、质体兰素、甘露醇、二苯胺等。在不正常供水下植物体内自由基的产生和消除之间的动态平衡遭到破坏，细胞中电子传递系统受到阻碍，自由基的产生增多或消除能力减弱。如自由基浓度超过了伤害"阈值"后，蛋白质、核酸和类脂分子被氧化破坏。不饱和脂肪酸是膜脂的主要成分，不饱和脂肪酸的双键是对自由基反应最敏感、最容易发生氧化作用的部位。因此，自由基使膜脂过氧化作用，膜的完整性受到破坏。所以，干旱使生物自由基的积累，膜脂过氧化作用引起膜降解是植物伤害的重要原因之一。

水分逆境还导致膜的透性改变。当水分供应不足时，细胞脱水，首先影响质膜和液泡膜的透性或膜上的酶活力的改变。随着膜的透性加大，外界非必需元素就可能入内，甚至重金属离子入内。而胞内的重要离子如 K^+、Mg^{2+}、Ca^{2+}、SO_3^{-2} 等外渗，以及营养物质如糖类等随之渗到胞外或体外，这对维持水分代谢及物质代谢都是十分有害的。如果旱期长、水分丢失过多，也可引起胞壁干燥机械收缩破裂而挤坏细胞膜，使透性更无法维持，进而使细胞质及细胞器遭到损伤。由于膜结构和功能受到伤害，使植物无法进行正常的生命功能。

3. 蛋白质结构遭到破坏　原生质的主要成分为蛋白质和核酸，植物缺水对蛋白质的直接伤害包括变构作用和不可逆变性。当干旱较重时，细胞大量失水，蛋白质分子内或分子间的 SH^- 彼此靠近，两个硫氢基经过氧化成为二硫键（-S-S-），使蛋白质氧化还原活性减弱，并使肽链空间位置发生改变。

另外，干旱缺水还导致核糖核酸酶活性加强，而蛋白合成酶反而减弱，因而不仅使原有蛋白质量相对减少，还减低了新蛋白质合成的数量。同时，因蛋白质降解加强，体内游离氨基酸加多，使代谢不正常，氨类物质积累，对原生质及细胞代谢显有毒性。

（四）作物对干旱的适应

1. 抗旱性与耐旱性　外国学者 Levitt 在 1956 年提出将植物对

干旱的适应分为逃旱、避旱和耐旱三类,其中避旱性和耐旱性统称为抗旱性。而我国学者郑丕尧教授则有不同看法。考虑到作物与植物的区别,作物必须充分利用有限的水分及其他环境条件,而获得较高产量,郑丕尧教授认为作物对干旱的适应方式只有抗旱性和耐旱性。抗旱性是作物的遗传特性,耐旱性是作物对干旱的适应性,而避旱性是人为技术措施的安排,与抗旱和耐旱无关。抗旱性是作物许多形态生理等生物学特性的综合表现,是在干旱条件下适应和抵抗干旱使自身不受旱害的特性。耐旱性则是指作物受害后而反映出的适应性。

作物的抗旱性涉及多方面的因素。如:

(1)根的抗旱特性　根是作物主要的吸水器官,根系分布的深度与广度对植物的抗旱能力有重要影响。增加根的深度,可从下层土壤中吸收水分,增加根系密度可增加根系从单位体积土壤中的吸水量。干旱条件下只有保持根系吸水植物才能维持气孔开放、光合作用和生长。抗旱品种一个普遍特点是根系生长快、根深、根重占全株干物重的比例较大。深根作物玉米比浅根的马铃薯抗旱性强,黑麦的根系比小麦发达,大旱年份黑麦产量一般比小麦高 30% ~ 100% 。但根系发育和抗旱性的关系也会因干旱持续时间和强度有关。长期干旱,作物水分来源是土壤中贮存水,根系发达的作物,生育前期耗尽了土壤贮水,导致成熟期缺水,产量损失更大。

(2)作物地上部的抗旱特性　植物体的水分绝大部分是通过叶子散失的,所以地上部的抗旱性主要表现在叶部。植物气孔反应灵敏度是重要的抗旱特征,可用气孔开始关闭时的叶水势值表示。抗旱植物对水分亏缺的敏感性较大,气孔关闭的临界水势值较高而气孔完全关闭时(气孔导度近于零)的叶水势值较低。

(3)植物的抗旱性还表现在细胞大小、原生质的性质和渗透调节作用有关　以谷子为例,高抗旱品种一般具有有利的种子根吸水输水结构、较强的根系活力和气孔调节能力、保水力和广泛的水分适应性,其耐旱性表现在植株受旱后净光合速率较高,膜受害轻微,游离 Pro 积累量少等。

2. 农作物种类间对干旱逆境的不同反应　按照植物完成生活史

对环境水分的需求，Warming(1895)把植物分为水生植物、中生植物和旱生植物三类。绝大部分农作物都属于中生植物和水生植物。不同种类的作物，抗旱能力不同，同一种作物品种间的抗旱能力也有很大差异。如玉米抵抗大气干旱的能力较强，但不耐土壤干旱，向日葵则相反。陆稻和豆类作物具有较深的根系，抵抗土壤干旱的能力较强。谷子、高粱是作物中最耐旱的，不论对大气干旱和土壤干旱都有较强的抵抗能力。

3. 农作物不同生育期的耐旱能力　农作物不同生育期的耐旱能力是不同的，其共性为种子发芽需要足够的水分，而苗期，特别是节根大量形成后比较耐旱，穗分化和开花期耐旱能力最弱，此时遭遇干旱将导致产量大幅度下降。如水稻的耐旱能力在各生育期的表现是:(1)分蘖前期抗旱能力比返青期强，而分蘖后期抗旱力也较强，这时水分不足对水稻的生育影响不大，受旱后供水植株容易恢复。(2)幼穗形成期抗旱能力弱，此时遇干旱，幼穗枝梗和颖花的形成受阻，使幼穗发育不充分，穗粒数减小。雌雄蕊分化时受旱，产生畸形颖花不能受精结实。(3)孕穗期抗旱力最弱，是水稻一生中对水分反应最敏感的时期，特别是花粉母细胞减数分裂期，如水分亏缺和温度过高，花粉粒发育受阻，造成颖花退化使颖花数减少，每穗结实粒减少或花粉发育不完全，影响受精结实，影响产量。(4)抽穗开花期抗旱力弱，这时需水仍较多，水分亏缺受旱或日平均气温≥30℃，日最高气温≥35℃，会严重影响开花和受精，尤以开花当时最为敏感，不结实率剧增，甚至形成白穗。(5)灌浆乳熟期抗旱能力较弱，这时缺水会影响光合作用和养分转运过程的顺利进行，使灌浆不饱满，秕粒增多、粒重减低。(6)蜡熟期抗旱力强，这时干旱对其影响小。可见干旱对水稻不同生育期的影响是孕穗期(特别是花粉母细胞减数分裂期)和抽穗开花期，其次是灌浆乳熟期和幼穗形成期。

顾慰莲等(1989)曾对5个抗旱性不同的玉米品种在不同生育时期给予干旱处理(土壤含水量10%左右，叶片含水量比对照低10%～15%，持续7天)，结果发现干旱使供试品种籽粒产量均有所下降，但在开花期处理的产量降低最多，其次是孕穗期和拔节期，苗期干旱反使产量略有提高。鲍巨松等(1990)对玉米类似试验也发现,苗期干旱可使植株地上部干重增加5.7%~16.5%,籽粒增产0.7%~5.3%;孕穗期干旱,抗旱性强的品种干物重为对照的55.6%,而不抗旱品种的干物重仅为对照的28.2%。

(五)作物旱害的预防措施

1. 大搞农田基本建设　兴修水利,增加灌溉面积,是防止土壤干旱的根本措施。治山治水、修建大、中、小型水利工程,做到蓄水、保水、合理灌溉、减轻或避免干旱危害,确保农业高产稳产。

2. 选育抗旱品种　凡是根系发达、分布深广、根冠比大、茎基部机械组织发达,叶面茸毛多、角质层厚、气孔小而密,叶内细胞液浓度高、原生质粘性大,亲水性强,细胞渗透压高的品种都较耐旱。选育抗旱强的品种是提高作物抗旱性的根本措施。

3. 合理布局与保墒耕作　扩大抗旱作物的种植面积,深耕细作,借墒、抢墒播种等都是防旱抗旱的有效措施,在少雨干旱地区起了重要作用。

4. 合理施肥　培肥地力、增施有机肥,改善土壤物理性状,提高土壤的蓄水保墒能力,做到以肥济水,是增强作物抗旱性的重要措施。

5. 抗旱锻炼　抗旱锻炼是将作物在适当的缺水条件下处理若干时间,使之能适应以后的干旱环境。例如种子的抗旱锻炼,是将种子湿润1~2天后,在15~25℃下干燥,反复数次,然后播种,可提高抗旱能力。禾谷类作物可以用药剂浸种、闷种,以提高抗旱能力。还可用硼酸稀溶液代替水来浸种,由于硼本身也能提高作物对干旱和高温的抗性,效果好。据河北省和河北农大试验,用氯化钙浸种、闷种,可使小麦植株细胞内钙离子增加,从而提高了小麦的抗旱能力。同时还改变了土壤结构,提高了土壤保水能力。

6. 覆盖与施用抗旱化学制剂　在生产中采用覆膜栽培,或用稻草,秸杆等物覆盖在地上,减少土壤水分蒸发,起防旱作用。农业生产中还常用保水剂、抗旱剂等抗旱化学制剂。保水剂为高吸水性树脂,吸水快,保水性强,使水分蒸发速度减慢。当周围环境缺水时,保水剂有均匀缓慢释放水分的能力,可调节土壤含水量,起"土壤水库"的作用。抗旱剂如从风化煤中提取的一种分子量较低的天然腐植酸,可抑制蒸腾作用。抗蒸腾的还有醋酸苯汞、α-羟基喹啉硫酸盐等,促进气孔关闭,减少水分蒸发,达到抗旱的目的。

7. 植树造林　这是一项有效的生物抗旱措施。“山上长满树,像个大水库,雨多它能吞,雨少它能吐。沿山沿水不种树,有土有水保不住”。

二、作物的热害与抗热性

在自然灾害中,干旱常常伴随高温发生。由于气温过高,作物组织又不能及时散热,便受到危害。凡作物由于高温或灼热而引起的组织伤害,称为热害。热害一般以作物局部危害较多,严重的热害可以使作物死亡。作物日灼病就是热害常见的例子。

(一)作物热害的特点

作物生长过程中,如果气温达到 40℃以上,时间偏长,就可产生热害。如有些年份不同的地区夏季(7、8 月份)出现的高温、低湿、热风会造成大田作物严重失水而枯死。北方小麦在扬花灌浆期间出现的一种高温(温度在 40℃以下)、低湿、伴有一定风力的综合性灾害天气——干热风,严重影响小麦产量。据北方 13 个省、市、自治区统计,干热风危害轻的年份一般减产 10% 以下,损失小麦约 19 亿 kg,危害重的年份减产 10% ~20% 以上,损失小麦 37 亿 kg。干热风是由于气象要素发生突变、使温度骤升、湿度突降、白天晚上都干热,风力强,造成作物大量蒸腾失水,即使土壤水分比较充足,仍使植物水分供需失调,水分平衡被破坏而抑制正常生理活动,使作物受害或因过热而死亡。干热风在成因上属于大气干旱的范畴,干热风仅仅发生在作物生长旺盛的温暖季节、湿、温、风气象要素具有明显的突变性和短期性、无规律的日变化,其危害表现为农作物在短期内发生青枯、灰白、甚至死亡。是农业生产上的主要自然灾害之一,严重危害水稻、小麦、玉米、棉花等主要农作物。

(二)高温和干热风危害的症状和机理

1. 高温和干热风危害的症状　高温、干热风危害的症状是叶片灼伤、茎尖脱落、雄花不育、青枯逼熟或花果脱落。水稻受干热风后,除产生机械伤害外,还使稻株强迫脱水,导致茎叶凋萎、枯死。还可使花粉雄蕊发育异常。叶绿素变质，丧失正常的受精机能，白穗增加，减产严重。小麦受干热风后，外部形态表现为叶片卷缩凋萎，由青变黄，逐渐变为灰白色，有的叶片撕裂下垂变脆；麦芒炸开、呈灰白色；颖壳呈白色或灰绿色；籽粒干秕、千粒重一般下降 1 ~ 3g，严重的可下降 5 ~ 6g，导致减产。

2. 高热和干热风危害的机理

(1)蛋白质受损，合成受阻　在高热下，蛋白质空间结构发生改变。轻度受热时，这种反应是可逆的，一定时间后可以恢复原状。严重受热害时，则产生不可逆的变性而形成凝聚状态。反应如下：

$$\text{正常的蛋白质}\underset{\text{正常温度}}{\overset{\text{高温}}{\rightleftharpoons}}\text{变性}\xrightarrow{\text{高热}}\text{凝聚状态}$$

在高热情况下，蛋白质合成受到阻碍。因为蛋白质的耐热能力不同，常温下合成的蛋白质往往不能忍耐高温，所以在高热中合成的蛋白质量比正常要少。Baker 和 Jung(1970 ~ 1972 年)证明在 35℃时，多年生野草中 RNA 含量减少。在高热中，热敏感的野草类型的 RNA 和 DNA 都减少。热敏感的品种比抗热品种的 rRNA 中含有较少的腺嘌呤和较多的鸟嘌呤。可见，当细胞或组织中水分减低时，膜组织结构组分变化小，合成耐热性强的蛋白质较多时，抗热性就加强。

(2)代谢失调及物质受损　高热使作物生长所需物质遭破坏，正常的生化活动过程受干扰影响正常代谢。还使光合有关酶失去正常活性抑制光合作用。安徽农学院在人工模拟干热风危害的试验表明，高温低湿持续的时间越长，小麦的净光合强度就越弱。小麦乳熟期在 37 ~ 38℃的高温和 35% 的空气湿度下，持续一个小时，旗叶的净光合强度只有自然环境下的 51.8%，持续 100min 后，仅有 25.7%。高温下的呼吸作用加强，消耗增加，积累减少。高温还可使细胞分裂素减少，细胞分生减慢，作物生长缓慢，而 ABA 含量可能增加，促进作物组织老化。总之由于代谢失调，作物正常的生理过程受阻。对作物的生长发育产生危害。

此外，由于高温使蛋白质合成受阻，作物体内氮代谢失调，体内有多余的 NH_3 存在，NH_3 含量增多，又不能及时合成氨基酸，对细胞产生毒性，也对整个代谢产生影响。

(3)脂类液化　高温低湿影响脂类或蛋白质的组成成分和性质。从而影响膜的结构性质，影响内部代谢过程。据测定，当温度达到55℃左右时，膜上脂类可液化。由于脂类液化，膜的透性难以维持，使膜的抗性降低。同时饱和脂酸也可能减少，作物抗热性减弱，对作物产生伤害。

总之，高热对作物危害有多种表现，可归纳成如下简图。

三、作物的涝害

作物在生长发育过程中除了受干旱的危害外，水分过多对其也有危害。由于年度间降水量过多，超过生育各期的最高需水量，产生地面渍水或江河泛滥、山洪暴发等水分过多，往往造成对植物的涝害。水分过多的危害并不在于水分，而是由于水分过多引起缺氧而产生的一系列危害。作物涝害可分为湿渍和淹涝危害两类。

(一)作物涝害的表现

渍涝是由于长期持续阴雨、低温寡照、低地积水，有时地面上虽无可见的水层，但由于土壤持水量太大，长期处于水分过饱和状态，土壤孔隙充满了水，大气与土壤内部的气体对流停止，土壤中空气和水的比例失调，作物根系缺氧，发生烂根和死亡。如果长期渍水，土壤缺氧将使土壤中的好气菌(如硝化细菌、氨化细菌和硫细菌等)的正常活动受阻，影响矿质的供应。而嫌气性细菌(如丁酸细菌等)活跃，增大土壤溶液的酸度，影响作物对矿质的吸收，阻碍作物生长，造成减产失收。

洪涝是典型的涝害。是在短时间内降水量过多或强度过大，由于防洪抗洪措施不力，造成城市泽国，农作物部分或全部被淹。作物淹水后，植株气体交换困难，光合作用受到抑制或无法进行，呼吸作用变为无氧呼吸，时间长了会积累有害的无氧呼吸代谢物(如酒精等)，最终造成植株淹死。退水后，叶片污泥沉积、气孔堵塞，无法进行正常的光合作用，作物饥饿生长受阻或死亡。

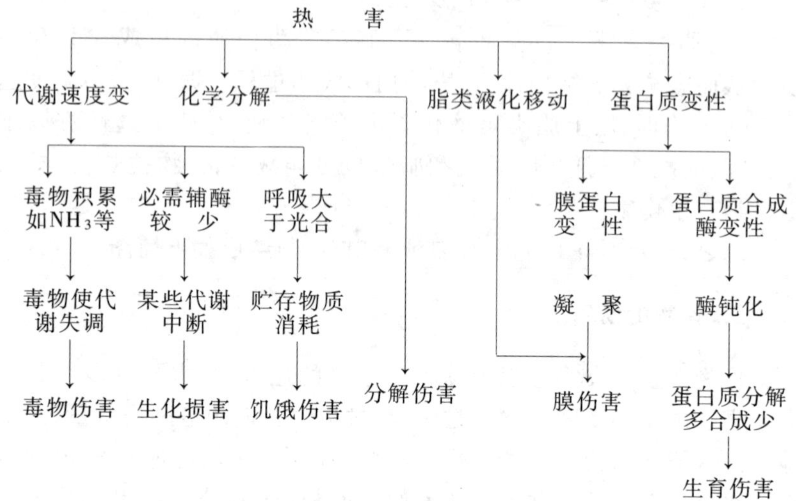

图 7-6 热害伤害简图

（引自庞仕铨，1990 年）

（二）作物涝害的机理

渍水和洪水淹没对作物的危害共同点是缺氧引起作物体内的生理生化过程的影响。涝害的原因，其机理有以下几方面。

1. 涝害缺氧对植株有氧呼吸的影响　土壤积水或作物被淹没，氧气缺乏，根只能进行无氧呼吸或发酵作用（如酒精发酵、乳酸发酵、丁酸发酵等），这些作用的产物（如乙酸、丙酮酸等）对根的生长不利。在这种情况下，常见的有氧呼吸酶类，如苹果酸去氢酶、丙酮酸脱氢酶以及氧化磷酸化作用的各种酶类受到抑制，使氧化合成及呼吸受阻，生长减慢甚至烂根死苗。

2. 涝害缺氧与根系代谢　缺氧使根能量代谢下降并抑制根系生长。根系生长和维持生理功能需要代谢能。有氧条件下大部分来自线粒体呼吸，O_2是呼吸链中电子传递的末端受体。1mol 葡萄糖在有氧呼吸过程中产生 38molATP，但在缺氧条件下只能产生 2molATP，可利用能量为有氧呼吸的 5%。根系生长速率决定于细胞分裂和伸长速率，对缺氧最敏感的是细胞分裂。缺氧抑制生长的主要原因是细胞分裂受阻，细胞间期延长，细胞分裂周期增长。对蚕豆的试验表明，用营养液培养的蚕豆植株根系缺氧 15～30min，有丝分裂的细胞数下降，12h 内，缺氧对细胞分裂的抑制可逆转移到含氧正常的环境中，根系能恢复生长。但 24h 后有丝分裂完全停止，部分根尖死亡。根系缺氧还不能为质子泵提供足够的能量，抑制对离子的主动吸收。缺氧还可能破坏木质部薄壁细胞对木质部原液中 Na^+ 的吸收或根系皮层细胞的排钠泵，使作物缺乏营养元素，生长受抑制。

缺氧使无氧代谢毒物增加，对作物产生毒害。无氧呼吸过程中产生的乙醇、乳酸、丁醛对植物是有害的。乙醇对作物细胞的毒害效应，Crawfard（1982）认为乙醇是导致膜伤害和细胞死亡的原因之一。按照植物积累乙醇和淹水的关系，他将植物分成恒态耐涝植物、加速糖酵解排除乙醇植物和加速糖酵解积累乙醇植物三类。恒态耐劳植物淹水时乙醇合成速率基本上无变化。第二类植物虽然根中乙醇合成速率增加，但乙醇可通过根系扩散或通过通气组织运输到植物的其他部位，根中乙醇含量不随其合成速率的增加而增加（如水稻等）。第三类植物淹水后大量积累，如西特喀云杉淹水 24h 内乙醇含量增加 16 倍。他推测，内在乙醇比外源乙醇对细胞毒害大的原因是细胞在有氧条件下具有高度氧化乙醇的能力，外源乙醇进入细胞后迅速地被氧化。

缺氧使膜结构与功能遭到破坏。不论是湿生、非湿生植物的离体根尖，缺氧数小时后线粒体结构异常，嵴肿胀、形状不规则，通常在 1～2 天内结构完全破坏。缺氧时线粒体结构功能破坏的机理目前还不清楚，可能的原因是：（1）ATP 和能量逐渐降低；（2）无氧代谢产生有毒物质；（3）膜脂不饱和脂肪酸合成受阻。

3. 涝害对作物地上部代谢的影响　涝害对作物地上部的代谢也产生一系列危害，主要表现在以下几个方面。

（1）水分代谢失调　淹涝不仅影响根系正常吸水、吸盐以及对矿质离子及其原子团的吸收，引起营养失调，还引起地上部水分代谢失调。淹水后，根系对水分的吸收率下降，气孔关闭，蒸腾作用降低，叶片萎蔫。

淹涝导致根系对水分的吸收速率下降，使作物体内水分亏缺叶片萎蔫的机理是水流阻力增加。淹水后土壤中 O_2 浓度下降，缺 O_2 使根系主动吸水过程受到抑制；CO_2浓度却增加，降低了原生质膜的透水性而抑制被动吸水。淹涝引起气孔关闭的生理现象有叶片失水萎蔫、气孔关闭和叶片保持膨压、气孔关闭两种情况。还涉及激素水平和营养水平的变化。淹水情况下，作物体内乙烯含量增加，改变 CO_2 同化率和保卫细胞膜对离子和水的透性，可能诱导气孔关闭。淹水使土壤缺氧，K^+吸收下降，叶片中 K^+浓度下降也可使气孔关闭。所以气孔关闭是植物在淹水后最先出现的生理反应之一。

(2)光合作用　土壤渍水或水淹没作物时，根吸收受阻，上部气孔堵塞，CO_2进入和扩散困难，气体交换受阻，影响光合作用及合成转化。浙农大吕军的研究表明，土壤渍水条件下，小麦叶片气孔导度显著降低，同时细胞间隙 CO_2浓度也下降。渍害使小麦叶面气孔收缩或部分关闭，造成叶片内外气体交换受阻，限制了 CO_2向叶片内进入，降低叶片的光合速率和蒸腾速率，削弱了植株的光合累积强度。长时间受渍情况下，光合有效面积损失，枯黄叶片发展是小麦渍害十分明显和重要的。黄叶的发展与根/冠比的变化呈显著负相关。由于渍害影响根的生长。根/冠比长期处于失调状态，加速枯黄叶发展，甚至全株枯黄。同时还指出，渍害不仅影响光合产物的积累速度，还改变光合产物在地上部分和根系中的分配比例。渍水条件下小麦地上部分或根系的日平均增重量均显著下降，而根系日平均增重的下降比例均大于地上部分，表明小麦根系受渍害比地上部更重。

(3)激素平衡　渍涝改变了植物内源激素的合成和运输，从而改变了激素平衡。淹水条件下根系缺氧，使根尖 GA 和 CTK 合成和运输受阻，还可影响地上部 GA 和 CTK 的生物合成，使其地上部 GA 和 CTK 的含量下降，从而抑制茎的伸长，促进叶片衰老、脱落。

淹水条件下，乙烯和 ABA 含量增加，根中 IAA 的合成受到干扰，而地上部的乙烯和 ABA 含量增加后，阻止地上部 IAA 向根系运输，使地上部 IAA 含量增加。激素平衡改变后，作物生长速率下降，气孔关闭，叶柄偏上生长，下胚轴肿胀，形成一些通气组织，促进不定根发育，加速叶片衰老，影响作物生长。

4. 渍涝对作物生长发育及产量的影响

(1)生长　淹水条件下，作物体内激素平衡改变（GA、CTK 含量下降、ABA 和乙烯含量增高、根系 IAA 合成下降）、根对矿质元素吸收减小，土壤和代谢中有毒物质产生、光合作用下降、同化产物积累减少等因素，抑制茎、叶生长，叶面积下降。有人测定小麦根系在21℃下缺 O_2 25 天叶面积下降83%，在9℃下缺 O_2 叶面积下降76%。而玉米在淹涝下，在缺氧中（4% O_2）生长 20 天左右，生长量降低50% 以上。即使是半水生作物水稻，种子在长期淹水下，萌发后叶片也可黄化。而中生植物的幼苗或整株淹水后呈饥饿状态，更说不上生长。

（2）产量　淹涝危害抑制作物生长发育，最终影响产量。小麦在中后期遭淹涝，削弱贮藏器官光合产物的积累，加速衰老，结实率低，千粒重下降。棉花 7 ~ 8 月受涝则蕾铃脱落。严重影响经济产量，且受涝时间越长，减产越重。

（三）影响作物涝害程度的因素

影响作物涝害程度的因素很多，作物不同种类、同一作物不同生育期、水质以及土壤性质、作物抗病能力等均与涝害程度有关。郑丕尧等根据作物的抗耐涝能力分为三类，即（1）抗涝作物，如水稻、高粱等；（2）一般抗涝作物，如玉米、小麦；（3）怕涝作物，如棉花、芝麻等。显然，抗涝作物受涝害程度轻，而怕涝作物受涝害程度重。

一般来讲，作物的种类不同，受涝害影响程度不同，小麦比大麦耐涝、玉米比大豆耐涝、油菜比马铃薯耐涝，它们受涝害程度轻。据日本但也利秋等的试验，对 17 种作物的耐涝性排列顺序是：水稻 > 洋葱 > 大豆 > 玉米 > 小麦 > 小豆 > 胡萝卜 > 豌豆 > 茄子 > 茼蒿 > 黄瓜 > 饲用甜菜 > 辣椒 > 菜豆 > 白菜 > 萝卜 > 甘蓝。

生育期不同，同一作物受涝害影响的程度也不同。从水稻各生育期的耐涝性来看，各生育期也是不同的。据中国科学院植物生理研究所的试验结果表明：苗期淹水 2 ~ 6 天，排水后数天即能恢复生长，只有部分叶片干枯；淹水 8 ~ 10 天叶片均干枯，但排水后秧苗还可恢复生长。分蘖期淹水 6 ~ 8 天，地上部全部干枯，分蘖芽和茎生长点还未死亡、排水后还能发新叶和分蘖，只是淹水时间越长恢复生长越慢。幼穗分化期淹水 10 天，颖花分化受抑制，幼穗不能抽出，以后发的高节位分枝又因抽穗太迟不能结实。孕穗期淹水抑制幼穗发育,形成畸形穗、白稃现象。淹水6天以上大部分不能抽穗或抽穗不结实。抽穗期淹水2~4天,排水后稻穗下部小花尚能开花、部分可结实,淹水6天以上,花粉花药被破坏,能开花但不能授粉,穗很快干枯。乳熟期受淹,影响灌浆,粒重低,米质劣。

据华南农学院对遭特大洪灾危害的调查,连作早稻孕穗期淹水7天,幼穗腐烂,完全无收;开花期淹水7天,不实率高达95%;乳熟期淹水7天,不实粒和腐烂粒占40%;蜡熟期淹水7天,受害较轻,有七、八成收获。

此外,淹水期长短、淹水层深浅,淹水的水质和流速快慢、水温等因素不同也使作物涝害程度不同。一般是淹水时间越长、作物受害程度越大、减产越重;淹水水层越深,受害越重;水质越浑浊且流速快,不但含氧量少,而且夹带大量流沙,对作物造成机械损伤;淹水的温度越高,氧气在水中的溶解度下降,作物呼吸作用旺盛,耗氧量增加,体内积累的营养物质消耗大,涝害程度重。

抗病能力弱的作物,由于淹水后影响了病原菌、寄主植物和土壤微生物的活动,加之湿度太大有利病菌繁殖,使作物感病性增加,更加重了危害程度。

(四)抗涝的生理依据与技术措施

涝害的实质是根系缺氧,进而引起作物体内代谢失调和生长受阻。作物对渍涝的生理适应主要有两方面:一是在淹水后能使空气中的氧气通过气孔和皮孔进入作物的地上部,并运输到根系,以满足根系呼吸和生长对氧的需求,即维持根系的氧气供应,避免缺氧。二是在淹水条件下作物对低氧或缺氧的代谢适应性。

1. 提高作物抗涝性的生理途径

(1)促进作物根组织发生变化,维持根的氧气供应　在淹水或土壤湿度太大时,许多作物,如水稻、小麦、玉米、大麦等能在茎基部或根基产生气根(不定根或支撑根),由于发根区临近淹水水面,通气良好,能很好地吸收氧气供根呼吸,这是受涝作物最常见的适应渍涝的形态变化之一。此外,促进作物根部木质化和栓质化、可增加根尖氧气浓度,限制土壤中还原性物质的侵入;皮孔增生和肥肿、厚壁组织产生有利于氧气向根系扩散,有利于乙醇等有毒物质排出,防止和抵抗酸性物质,有毒物质的浸入。

(2)加强代谢适应性,以适应低氧或缺氧环境　降低代谢强度,提高乙醇脱氢酶活性,维持能荷,有利于保持膜结构功能、延长根系在缺氧环境中的存活时间。水稻利用乙醇脱氢酶、丙酮酸脱氢酶活性增强可减轻毒性作用。此外,硝酸盐呼吸、排除根际有毒物质的危害等也可降低根系需氧量,提高耐涝性。

2. 防涝的技术措施

(1)重视水利工程、建立农田排灌系统　修建水利工程,在江河的上游和各河流汇集处修建水库、拦蓄洪水、调节河流冬枯夏涝的水量变化;修筑围堤、建立排灌站;挖蓄水坑、塘,并植树造林、种草,搞好坡地水土保持。这样上游修水库、中下游设围堤,并挖坑塘,调节蓄水、有蓄有排,既防涝又防旱。

在农田内外修建沟渠、暗洞,可排出地面水,并降低地下水位,抗涝保收。据报导,美国在淤泥壤土上种植玉米,如以无排水系统的玉米产量为100%,表面排干田块的产量为156%,管道排水为199%,表面排水加管道排水田块为210%。

(2)因地制宜、合理布局　在易涝地区,摸清渍涝发生规律,因地制宜,合理布局农业,合理安排耕作制度,避开涝害,争取有灾稳产、无灾丰收。在受涝害严重的地区,早稻以种植早熟品种为宜,重点抓好秋、冬季生产。在秋涝多的地区,适当多种冬季作物,扩大早稻面积,保证丰收。重庆市合川县,根据洪涝多出现在每年夏季的七月上、中旬的规律,利用易淹田种植双季稻避涝获丰收。早稻选用D优4号、威优49号、D优49,晚稻选用汕优63、D优63,这样,早稻可在6月上、中旬抽穗扬花,当7月上、中旬洪涝发生时,早稻已成熟、晚稻正处于苗期,即使受涝,对产量影响不大,两季亩产达880多公斤。1989年在100亩易涝田上,平均亩产800公斤以上。

在目前土壤按户承包制度下,更应重视作物的统一规划、合理布局,尤其避免插花种植,水旱田交错,实行连片种植、重视集体水利建设。

(3)加强抗涝栽培管理　对易渍地、春季应人工排水、反复深翻耕,促进土壤水分蒸发,并增施有机肥料,改善土壤结构和通气性。

灾前作物生长是否健壮，对灾后恢复生机和减少产量损失的影响很大。因此，培育壮秧壮苗，加强田间管理，使作物在灾前生长发育良好，能提高作物抗涝性。

缺氮时植株受涝害影响最大，土被水淹后作物根系分布靠近土壤表面，适当施用 N 肥可使僵苗转化。有试验表明，硝态氮有利于大麦根系合成 CTK，延迟叶片的衰老过程。

(4)选用耐涝品种　不同品种间耐涝性强的不同，对禾谷类作物来说，产生不定根和通气组织是耐涝的特征。如水稻，耐涝品种具有根系发达，茎杆强韧、株型紧凑，涝后恢复生长快，再生能力强等特点。据浙江嘉兴地区农科所的试验和调查，在相同的淹水条件下，粳稻死株率为 85%，损失最重；糯稻次之，死株率为 70%；籼稻较轻，死株率仅 45%。

在选用耐涝品种的同时，还要注意品种的合理搭配，根据当地渍涝可能出现的时间、强度、种植早、中、晚熟各类品种，防止品种单一化，错开生长季节，防止因涝害发生而招致全面损失。

(5)选择培育耐涝品种　在育种方面，从遗传、生理和结构特性上进行选育。筛选通气组织发达的品种，定向培育，加以人工定向锻炼，可提高品种耐涝性。也可应用基因工程、细胞工程的方法来选育抗涝性强的品种。目前此项工作正在进行之中。

(6)涝后管理　作物受涝后，及时加强田间管理、及时去污泥，进行中耕松土，适施速效肥，促进涝后生长，并注意防治病虫害等，减轻灾害损失。

第二节　作物的冷冻害与适应性

作物与温度的关系，就其生理方面来说有三个基本温度指标，即最适温度、最高温度和最低温度，人们通常称之为三基点温度。在最适温度下生长的作物发育良好；如果温度高于最高温度，作物就要遭受高温热害；若低于最低温度，作物就会受到冷害或冻害。

一、冷害和冻害的区别

作物在生长发育过程中受低温的影响和危害,分冷害和冻害两种类型。所谓冷害,是指作物在各生育期中遇到零度以上的低温所造成的生理障碍、直接影响产量的灾害。低温冷害是我国农业生产中主要的灾害之一。由于受夏秋低温影响最大,又是我国主要的粮食作物,所以常将水稻作为冷害的对象作物。就目前我国的耕作制度,南方双季稻或水稻——再生稻、东北-季稻、华北麦茬稻,水稻生育后期,正值北方冷空气加强、南移时期,若遭短时低温,就会影响孕穗扬花,导致减产。一般在北方,若7~8月的日平均气温下降到20℃以下时,就容易发生冷害,气温越低,危害越重。南方的长江流域,广东、福建及广西等地双季稻、再生稻地区,9月中、下旬至10月上旬正值后季稻抽穗扬花时,此时若日平均气温3天≤22℃,籼稻结实率就大大降低;如日平均气温连续3天≤20℃,粳稻也要受害减产。低温对作物的危害,长江中下游称之为秋季低温冷害,广西、广东、福建等地叫寒露风,东北地区称"哑巴灾"、"慢性病"。尽管对其称呼不同,出现时间有早有晚,其实质都是冷害。

冷害出现的频率及强度与海拔、纬度有关。一般海拔越高、纬度越高,冷害出现频率高而危害重。冷害与日照的关系,不如温度明显。当日照少而温度低时,也会发生冷害,即所谓的"睛冷型"冷害。导致冷害的低温,远远高于冰点温度,如吉林在水稻孕穗期中,以连续3天日平均气温≤17℃作为可能引起水稻生理障碍,发生冷害的指标。

冻害则是越冬作物生长期间遭受0℃以下低温的危害。冻害使作物体内水分发生冻结,造成植株部分组织或全株死亡。生长发育良好的作物,因短时间的零下低温而造成严重损失。

冷害和冻害对作物危害的实质不同,但对作物产量影响很大。如东北三省1969、1972、1976年因低温冷害粮食减产均在50亿千克以上;南方双季稻区1976、1980、1981年受寒露风危害分别减产40亿~50亿kg稻谷。1955年的冻害造成广大地区严重减产,其中浙江减产40%,湖南减产55.1%,江西省的萍乡市减产85%,南丰县减产 47%，鄂东有 95% 的柑桔发生不同程度的冻伤。可见，冷冻害是我国农业生产中急待研究解决的重要课题。

二、作物的低温冷害和抗冷机理

（一）作物遭受低温冷害的类型和特征

冷害因低温侵袭的时期不同而发生不同的危害。根据日本学者的研究，作物低温冷害可分为延迟型、障碍型和混合型三种。

1. 延迟型冷害　作物在营养生长期遭受低温危害，影响了作物正常的生理活动，使其生长迟缓、成熟受阻、产量下降，称为延迟型冷害。这种冷害的特征是，生长发育延迟、抽穗扬花也迟，开花期较早的穗顶部颖花虽能结实，但下部的许多小穗却受到阻碍，结实率低，严重时植株青枯、穗头直立，不仅产量锐减，质量也差，水稻表现在碎米多、青米率高。在我国的东北地区称这种冷害为“哑巴灾”。

2. 障碍型冷害　在作物生殖生长时期，即从幼穗分化到抽穗开花这段时间遭受低温危害，生殖器官正常的生理机能遭受破坏，造成颖花不育，空壳多而减产，这种冷害称为障碍型冷害。障碍型冷害的特征是穗上部的不育颖花多而穗基部较少，结实小穗和空壳一目了然。这种冷害发生的时间不长，但对产量影响却较大。我国南方将这种冷害对水稻的危害称“寒露风”。

3. 混合型冷害　这种冷害即延迟型冷害和障碍型冷害在同一年度同时发生或在同一生长季中相继出现。使作物在生育初期受低温冷害而延迟生育，在幼穗发育到抽穗扬花期又遭低温危害，使部分颖花不育，成熟延迟。产生大量空秕籽粒而大幅度减产，称混合型冷害。

（二）不同作物对低温冷害的反应

在低温胁迫下，作物有适应低温的忍耐能力，但对低温的忍耐能力因作物的种类不同或同一作物不同的生育期有很大的差异。因此，即使在相同低温的影响下，不同作物受害程度也不同，受害指标也有很大差异。以下就几种主要的作物对低温冷害的反应进行讨论。

1. 水稻　在水稻的整个生育期中，幼穗分化到抽穗扬花时期遭受低温危害对水稻影响最大，结实率低，空秕壳多，使产量大幅度下降。该时期的低温冷害多属障碍型，受害指标因地区、季节不同。北方稻区以7、8两月平均气温低于21.5℃等温线为水稻孕穗期障碍型冷害，如以月平均气温低于20.5℃等温线地区，危害程度较大。南方双季早稻的低温冷害，烂秧的指标为：春季日平均气温<12℃，连续阴雨4~5天，或在短时间内气温急剧下降，日最低气温降到5℃以下。而减数分裂期的低温受害指标为：常规籼稻日平均温度低于22~23℃，持续3天以上，籼型杂交稻为日平均温度低于23℃；粳稻为日平均温度低于19~20℃，最低温度低于15~17℃，持续3天以上。如持续天数增多、低温强度加大，空壳率迅速增加。南方双季晚稻在其生育阶段中有三个时期对低温最敏感；幼穗分化期（抽穗前25~30天）、花粉母细胞减数分裂期（抽穗前10~15天）和抽穗扬花期。一般抽穗扬花期受低温危害机率最大。抽穗扬花期冷害指标：籼稻为日平均温度≤20~22℃，持续3天以上，最低温度≤16℃；粳稻在晴冷型天气条件下为日平均温度≤18℃，持续3天以上；在湿冷型天气条件下为日平均温度≤20℃，持续3天以上。云贵高原和福建山区籼稻为日平均温度≤18℃，日最低气温≤14℃；杂交水稻日平均温度≤22~23℃，持续3天以上。

2. 小麦　低温冷害危害春播小麦。在春小麦生育期中，拔节期间对低温最敏感，此时对低温的抵抗力最弱，遇低温容易受害。如日最低气温降到-6℃时，茎节受害；抽穗期日平均气温<9℃会延迟开花，结实率降低而导致减产。

3. 玉米　玉米属喜温作物，对低温反应最敏感。通过分期播种、地理播种、不同海拔高度的低温处理、人工气候室（箱）模拟试验，以及大量的不同地理、省区的玉米产量与气候关系的数理统计，以及玉米生育、产量对低温的反应的研究确定玉米受中等强度的低温冷害的温度是日平均气温15~18℃；而13~14℃时严重受害。

玉米一生中以花粉母细胞减数分裂期和孕穗期对低温最敏感。各生育阶段的冷害指标（以生育速率降低60%的中度冷害指标）：苗期为15℃；生殖器官分化期为17℃；开花授粉期18℃；灌浆期为16℃。不同危害程度的冷害指标（以拔节期为标准）：轻度冷害为

21℃;中度冷害 17℃;严重冷害为 13℃。其发育速度依次降低 40%、60%、80%。而轻、中、重冷害对产量的影响,依据全生育期平均气温(T)与相对产量(Y)的回归方程 $Y = -4.206 + 0.4196T - 0.00842T^2$ 统计,轻度冷害(21℃)将减产 10.8%;中度冷害(17℃)将减产 50.6%;若在 14℃以下的重度冷害中,将绝产失收。

4. 棉花　棉花是喜温暖、怕寒冷的作物。棉花生长发育的最适温度是 20~30℃,不同的生育期对温度的要求不同。棉花生长过程中对温度要求较高,所以遇到低温就会产生危害。苗期过冷多死苗,蕾期过冷不发苗,后期过冷"水果桃"就是棉花各生育期遭低温危害的症状概括。据研究,我国目前种植的陆地棉品种,棉籽发芽的最低临界温度为 12℃左右,胚轴伸长的最低温度为 15.6~16.0℃。苗期当温度降至 0℃左右时部分叶子受害;苗龄 10 天的棉苗在温度为 0℃,持续 2~3h,50%的幼苗受害。开花期温度 <15℃,影响开花、棉铃脱落;吐絮和成熟期气温在 0~2℃时,部分叶片受害。当地表温度降到 -2~4℃时,持续几小时棉株停止生长而死亡。

5. 豆类　豆类作物以大豆为例是喜温作物,在其生长期内由于低温影响,可造成生育不良型、延迟型、障碍型三种类型的冷害。大豆各生育期中所要求的最低温度、可满足温度和最适温度不同,见表 7-4。

表 7-4　大豆各生育期所要求的温度范围

生育时期	最低温度/℃ (生物学下限温度)	可满足温度/℃	最适温度/℃
发芽	6~7	12~14	20~22
播种至出苗	8~10	15~18	20~22
生殖器官形成	16~17	18~19	21~23
开花	17~18	19~20	22~25
籽粒形成	13~14	18~19	21~23
成熟	8~9	14~16	19~20

(引自任久江,1996 年)

可见，各生育时期若温度低于生物学下限温度以下，大豆将受不同程度的危害。大豆对低温最敏感的时期是开花前11～17天。当开花结荚时期遇有15℃左右的低温，可使雄蕊发育受害，影响受精；当温度低于18℃时，有机物质运输受阻，导致落花、落荚而减产。

6. 油菜　油菜苗期较耐寒，可忍受0～3℃的低温。冬前旬平均气温下降到0℃左右，叶片大面积枯黄。越冬之后，当进入蕾苔期，气温若＜10℃，日开花数减少，若＜5℃，则不能正常开花。油菜受精后，子房膨大成角果，花柱膨大形成果喙。若此时气温低于9℃，就不能正常发育，轻者产生秕粒，重者造成无效角果而脱落。

7. 其他作物　其他作物如薯类作物甘薯，禾谷类作物谷子、高粱等喜温作物，低温也可造成不同程度的冷害。气温低于3℃，扦插后的甘薯就会受冷害，气温在＜1℃时，叶片会冻死。谷子、高粱等作物在花粉母细胞减数分裂期和孕穗期对低温反应最敏感，抽穗开花期所要求的温度，谷子为24～25℃、高粱为25～28℃，温度＜20℃以下，不能正常开花结实而导致减产。

（三）作物对低温冷害的理化反应

1. 冷害对细胞膜的伤害　低温冷害对细胞膜渗透性的影响，作物组织受低温冷害后，电解质（如K^+、Ca^{2+}等）外渗性加大，质膜透性增强，糖、氨基酸、有机酸，简单的N化物和其他溶解质外渗。这是由于冷害使膜的性质和结构发生了变化，使透性增强。在冷害较轻时，膜上产生孔隙或发生龟裂，蛋白质发生了变构，而加大了透性，K^+、Ca^{2+}等物质可向外渗透。冷害较重时膜的组成物质发生解体，正常结构遭到破坏，选择透性不存在，使胞内有用物质外向渗透。Christiansen等1964、Lewis等1964等许多人在研究热带、亚热带植物的冷害时发现，遭受低温（零上低温）侵袭后，植物细胞膜透性显著提高，并指出这种渗性增加是低温对细胞膜伤害的标志之一。郭金铨（1978）在冷害过程中咖啡离体叶细胞膜透性变化的研究中发现，经低温处理的咖啡离体叶细胞膜透性随温度的下降和作用时间的延长急剧增加，7.5℃以上低温对细胞电解质渗出量比对照（25℃）增加1/3强，5℃低温处理6h，细胞电解质渗出量比对照增加16倍；2.5℃低温处理的增至22倍。低温还能影响作物根的生长和活动，使根毛透性改变，半透性、选择吸收性破坏，而不能正常吸收，引起作物体内水分平衡失调。王育启等（1984）对水稻冷害的研究发现，用 0～1℃低温处理水稻根组织，引起细胞质膜离子大量外渗，造成细胞浓度下降，水势高而使水失外渗，造成失水。所以，每当低温入侵危害后，作物幼芽、幼叶、幼花常常干枯、下部叶片也出现萎蔫，甚至脱落。

2. 低温对光合作用的影响　低温导致作物光合速率降低。作物受低温影响，功能叶类囊体膜凝胶化或受到破坏，叶绿体活性受阻，光合酶活性降低；严重低温时叶绿素合成速度减慢或停止，甚至分解而出现白化叶，严重影响光合作用。王以柔（1985）等研究在光照和黑暗条件下低温对水稻幼苗光合器官膜脂过氧化作用的影响结果表明，不同品种的水稻幼苗叶绿素含量在低温胁迫下均呈现降低的趋势，在光照低温处理下叶绿素含量的降低显著大于黑暗低温处理。耐冷力较小的品种叶片中叶绿素的破坏要严重。同时对黄瓜和水稻幼苗的低温影响研究还发现，各细胞器对低温反应以叶绿体最为敏感。在有光照的低温下所引起的叶绿体膜系统的降解比黑暗下低温处理的更严重。何洁等（1986）对低温和光照对灌浆期水稻剑叶光合作用的影响的研究表明，水稻灌浆期剑叶的最大光合速率随测定时所保持的温度下降而降低，两个供试水稻品种（IR26 和 7 优 2 号）在 10℃时的最大光合速率分别为 25℃时的 40% 和 30%。无论在光和暗中，随低温处理时间延长，最大光合速率不断下降，而气孔阻力随之升高，变化幅度是有光照的低温处理大于暗下低温处理。其他作物，如玉米、高粱、大豆等在低温胁迫下光合速率也不同程度降低。

3. 低温对呼吸作用的影响　低温对呼吸作用的影响较为复杂，国内外许多科研工作者对此进行过大量研究指出，呼吸的异常是冷害的显著征兆，在冷害发生初期，可见的冷害征状出现之前，呼吸有增强的表现，随着冷害的发展，呼吸又显著下降。刘鸿先等（1982）的研究表明，黄瓜幼苗在低温影响下，在不可逆伤害出现之前，往往引起呼吸急剧上升，当呼吸作用明显下降时，就出现不可逆的冷害症状。在呼吸作用变化趋势上有差异，低温引起呼吸增高后开始转向下降的时间，耐冷性强的品种发生迟。Ching（1975）、Duke（1977）等许多学者的研究也表明,低温引起的呼吸增加是伤害的开始,而接近死亡时则呼吸下降。杨福愉等(1981)研究了低温对玉米线粒体氧化磷酸化和抗氰化的影响,也发现低温使线粒体的抗氰化途径基本失活,使呼吸强度下降。

4.低温对物质转化的影响　低温对物质代谢的影响,主要表现在作物体内蛋白质、氨基酸和碳水化合物含量的变化。陈权龙(1962)用低温处理水稻幼苗发现,水稻幼苗总含N量比对照明显降低,其中蛋白氮含量降低,可溶性N增加,可溶性N化物中的氨基酸和氨态氮含量均增加。伊腾(1972)的研究也表明,在水稻小孢子收缩期进行低温处理使总氨基酸含量在植株中逐渐降低,其中以天冬酰胺和辅氨酸含量最为明显。

Wadleigh等(1945)的研究指出,低温引起玉米植株水分亏缺时,叶片中淀粉含量减少。认为这一现象与淀粉酶活力有关,确切地说是磷酸化酶有了明显地增强,淀粉和磷酸经此酶作用而产生葡萄糖-1-磷酸。

有的研究结果表明,在低温逆境下,玉米植株中的氮、氨基酸和蛋白质代谢受到破坏,而破坏的程度和性质与低温的强度和持续时间密切相关。低温使植株生长缓慢和出现保护性反应,表现在含N化合物积累,蛋白体复合体的重组,以及可溶性蛋白质的积累。在6~10℃下玉米叶片中核糖核酸的积累较多,脱氧核糖核酸有一定积累,但变化幅度不大。

三、作物低温冷害的伤害机理

作物低温冷害的生理过程比较复杂,不同作物对其反应也不同。自70年代以来开展了对低温冷害的多方面的研究,总结出低温冷害的两种类型——即直接伤害和间接伤害。作物受低温冷害影响,细胞的正常功能和结构,特别是细胞质膜和细胞器膜受到破坏,而引起代谢紊乱失调以及膜的透性增高属直接伤害;而降低透性、组织萎蔫或脱水解体引起的水分逆境属间接伤害。其伤害的机理如下:

(一)膜脂相变论

这一假说是莱昂斯(lyons)根据生物膜结构功能和温度的关系

提出的。认为零上低温对作物组织的伤害首先是使细胞的生物膜(质膜、液泡膜和细胞器膜)发生膜脂的相变,从液晶相变为凝胶相,膜的结构和厚度发生变化。膜因收缩可能出现孔道和龟裂。因此产生两方面的效应,一方面是造成膜的透性增加,膜内离子外渗而使原有的离子平衡遭到破坏;另一方面使膜上的酶素列变化将使物质代谢失调和植物组织内有毒物质的积累。

当低温冷害加重导致膜脂发生降解时,作物组织便发生死亡,形成不可逆伤害。反之,如果冷害未达到膜脂降解程度,冷害解除温度回升后,膜的功能将逐步恢复,重新建立正常的代谢,这种伤害是可逆的。所以有人将膜脂降解作为冷害的不可逆指标。

J. M. Lyons(1973)从膜的生理变化开始,分析到植物内部代谢反常和失调,到组织死亡,提出了低温冷害模式(如图7-7),对我们认识、研究低温冷害的伤害有意义。

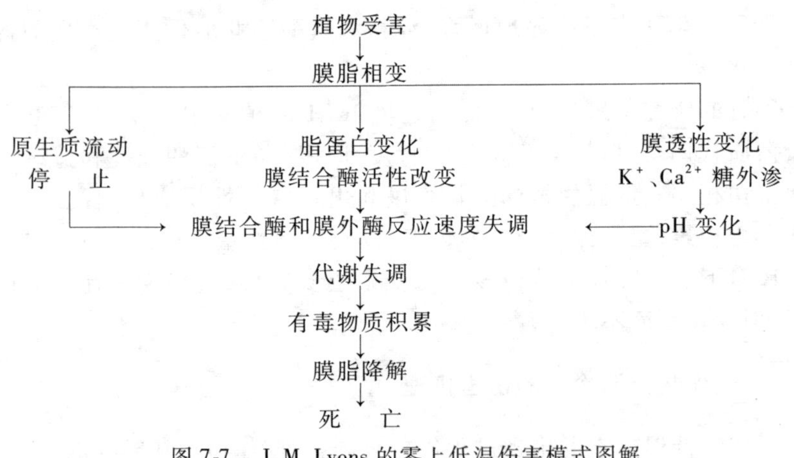

图7-7 J. M. Lyons 的零上低温伤害模式图解

(引自庞仕铨,1990年)

(二)蛋白质变性

这一假说认为,植物受低温冷害影响,特别是在有光照的低温胁迫下,可能使作物细胞中的保护系统受损而有利于氧自由基的产生,使细胞内自由基的产生与清除之间的平衡遭到破坏,从而使膜脂中不饱和脂肪酸发生过氧化作用,造成膜系统结构和功能的损伤,严重时引起整个细胞膜系统结构的破坏或解体,导致作物死亡。

Yamakai(1974)提出,植物膜蛋白在低温冷害中起着重要作用。膜蛋白是通过疏水键与膜脂相结合,而在低温条件下,疏水键不如在高温下稳固,所以当低温影响疏水键后,将造成蛋白质的脱离而发生冷变性。

四、作物的冻害

(一)晚霜对作物的危害

冻害是越冬作物生长期间受0℃以下低温的危害。霜冻通常是指在日平均温度为正值的时期中,夜间因辐射冷却,使近地面气温或植物体温降到0℃以下,产生的凝霜天气引起的喜温作物的冻害。晚霜冻害对作物产生的危害在我国经常发生,对农业影响很大。晚霜冻主要危害越冬作物,如冬小麦遭受霜冻危害的地区,主要发生在华北平原中南部,淮河以北的苏北、皖北、豫中、豫东、晋南、冀北和山东省中、西部广大地区,有霜冻危害年份,小麦受害损失严重。1953年仅河南省因霜冻危害小麦减产达一亿多千克,安徽省冻坏麦子三千多万亩。1954年4月山西省发生的晚霜冻,据54个县的调查,小麦受害达1040万亩。1954—1955年冬,华南发生严重霜冻,广西约有276万株橡胶树受害,有79.3%的树全枯死,半枯的9.7%。1987年发生的晚霜冻,京、津、沪、鲁、苏、皖等地蔬菜受到严重危害,损失重大。

晚霜冻危害冬小麦在拔节后,开始穗和小花分化,此时抵抗低温能力迅速减弱,如寒潮爆发就会发生霜冻害。晚霜冻对冬小麦危害的总的趋势是:拔节后抗寒能力减弱,扬花期对低温反应最敏感。拔节后第一星期受冻温度 -9 ~ -10℃;第二星期为 -6 ~ -7℃;第三星期为 -2 ~ -3℃;以后至抽穗期为 -1 ~ -2℃;扬花期若叶面温度降至 -0.7℃就受冻害。

(二)越冬作物对零下低温的反应

越冬作物对零下低温的反应在不同作物种类、或同一作物不同生育期、不同器官有很大差异。以冬小麦为例,受霜冻危害的程度分三种情况:叶尖、叶片轻微受冻,并很快恢复、不影响其正常发育的为不受霜冻害;叶尖、叶片受冻,受害率 <5%,不明显影响正常发育和

产量的为轻霜冻害;叶片受冻严重,需长时间才能恢复,影响到植株的正常生育或茎杆也受害,甚至死亡,明显对产量有影响的称重霜冻害。

据观测资料,小麦霜冻害发生在苗期、拔节期和开花、灌浆期。零下低温霜冻入侵,将导致细胞原生质脱水,而在细胞间隙结冰,细胞内水分外渗而细胞溶液浓度增大。结冰可使原生质膜机械伤害,使原生质凝固,植株受害或死亡。

小麦受霜冻危害的温度指标,据施世飞等研究,苗期最低气温降至-8℃时受轻霜冻害,-9.6℃时叶片受害率达45.2%~56.9%;三叶期<-7℃受害;分蘖期-4~-6℃发生一般性霜冻害,-6~-8℃时发生严重霜冻害。拔节期的受冻指标和受害程度与拔节后的日数不同有差异。一般拔节后5天以内抗冻能力急剧下降;拔节后10~15天(雌雄蕊分化时期)抗冻能力最弱,此时最低气温-0.5~-1.5℃,最低叶面温度-4.5~5.5℃就可形成重霜冻害,故称此时期为低温敏感期。开花期最低气温0℃时幼穗受害,-1℃时植株和小穗大量死伤。灌浆期最低气温0℃左右受害,-1.9℃时有30%的籽粒冻死。

(三)越冬作物冻害的原因

霜冻危害越冬作物的原因,目前普遍认为有以下几个方面。

1.作物组织结冰引起对组织的直接机械伤害　组织结冰受冻害分胞间结冰(胞外结冰)和胞内结冰。胞间结冰伤害表现在两方面:一是细胞间隙中冰晶体积增大时对细胞的挤压使原生物受到机械伤害;二是在形成结冰时细胞失水以及在冰溶化时细胞重新吸水的过程中,因细胞壁和原生质胀缩程度的差异,使原生质受到巨大张力而被撕裂。而胞内结冰是当温度剧降时(零下几摄氏度到十几摄氏度),使作物不仅细胞间隙中结冰,细胞内的自由水也同时结冰,某些细胞器也可结冰,细胞质、细胞液中可出现冰块。胞内结冰使细胞核的结构和功能破坏,从而对作物造成伤害。原苏联学者认为,胞内结冻若>25%以上,作物死亡是不可避免。

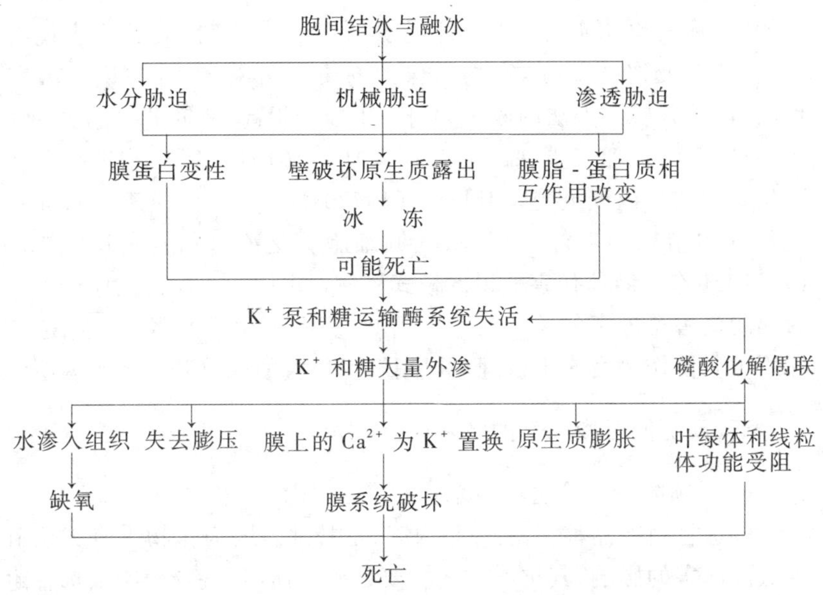

图 7-8 J. P. Palta 结冰伤害假说示意图

2. 细胞脱水后改变了原生质结构，结冰使细胞内的水分外移，导致脱水 当脱水超过细胞所能忍受的最大限度时，原生质因失去自由水和吸附水失去电性而产生凝固，造成不可逆的质壁分离。原生质脱水时质体收缩引起膜脂层破裂，破坏膜结构而影响正常透性。脱水还使蛋白质分子互相靠拢形成二硫键，破坏蛋白质正常结构，蛋白质产生沉淀。当细胞失水程度达到失水的临界点以下，形成不可逆状态时，作物将发生死亡。

3. 解冻时原生质受伤害 解冻时作物受阳光直接照射，温度迅速回升，使细胞外水分剧烈蒸发，受冻细胞来不及从根系吸收所需水分而造成水分平衡失调，原生质失水而使组织枯干，导致受冻部位枯萎、死亡。在快速解冻后，细胞壁吸水快很快恢复膨胀，而细胞质吸水较慢不能很快恢复正常状态，所以细胞质常因胞壁不均匀的膨胀造成损伤，使细胞质被撕裂而死亡。例如葱和白菜叶等突然高热化冻后摊软成泥，马铃薯、甘薯等作物解冻后破皮流汁甚至死亡，就是这种原因造成的。

至于作物结冰冻害的生理机理，70 年代以前，不少学者就提出了如“结冰胁迫伤害说”、“内部脱水伤害说”、“解冻胁迫伤害说”、“蛋白质改变伤害说”、“毒物及保护物质作用说”等等假说。70 年代以后，随着研究方法的改进和研究手段的提高，研究的内容更加深入，对冻害的机理有更深的了解。U. Heber(1976)提出结冰伤害机理是膜的透性改变问题。J. Levitt(1972)提出冻害的机理应首先从膜系统的结构和功能去探讨，强调细胞膜是冻害所在。J. P. Palta(1977)还作了结冰伤害假说的模式图解(图 7-8)。我国庞仕铨也认为膜的受害是冻害的关键所在。当然，还有不少研究者认为结冰破坏原生质使作物受伤害机理可以用解释旱害的硫氢基假说来说明。

五、预防低温冷冻害的技术途径

(一)预防低温冷害的技术途径

1. 选育耐冷品种　品种是内因，是基础。因为作物本身无法避免低温冷害的影响，其抗冷方式主要是耐冷而不是避冷，所以选育耐冷高产(北方选育耐冷、早熟品种)品种是抗御低温冷害的重要技术途径。

2. 合理布局、进行品种区划　要合理布局、因地制宜选好当家品种，早、中、晚品种适当搭配。当家品种应是在一般年份增产、冷害发生年份也能基本成熟的早、中熟品种。

3. 防冷栽培措施

(1)播前低温种子处理　据黑龙江肇东市的经验，将玉米种子在 26℃水中浸泡 12 ~ 15h 后，捞出放入 0℃左右冰窖中，下垫冰块 20cm 厚，冰块上铺草席或塑料布，种子平摊其上 10 ~ 15cm 厚，经常翻动，在低温下处理 10 ~ 15 天后即可播种。经低温处理的种子可提早 15 天播种，且发芽出苗快，苗齐苗壮，根系多，苗期可忍耐零下 4℃低温，成熟期提前 7 ~ 10 天，产量增加 7% ~ 10%。

(2)适时播种培育壮苗　如冬小麦，“晚播弱、早播旺，适时播种麦苗壮”。据调查，新疆北纳斯地区适时(9 月上、中旬)播种的，冬小麦越冬死亡率为 8% ~ 15%，而迟播的(10 月上旬)越冬死苗率达 44%。又据江苏宿迁县来隆乡试验，10 月 5 日播种的扬麦 3 号，死亡 32%；10 月 16 日播种的死亡 10%；而 10 月 25 日播种的死亡很少。说明冬性品种应适期早播，而春性品种适期迟播，受低温影响小。

(3)生理低温锻炼　提高作物耐冷性，其方法是将作物幼苗从适温生长环境转移到逐渐低温环境中生长后，再转至正常温度下生长。这样重复进行，提高耐冷性。生理低温锻炼能加强作物组织细胞膜的稳定性，减小膜的透性，不饱和脂类、脂酸成分增多，膜相变温度降低，ATP 酶含量增高，体内抗寒物质如糖类、氨基酸类保护物质增加，因而抗寒能力提高。

(4)合理施肥　肥料对作物生长有多方面的作用。一般 N 肥能加快作物苗期生长。P 肥可加快作物体内物质运转和催熟作用，K 肥能增加保水能力和加快运输能力。适当增施 K 肥对抗低温有益，而 N 肥过多容易使作物徒长，容易受低温危害。在低温期间尤其要考虑 P、K 的施用比例和作物体内 N、P 的相对含量。

(5)其他技术措施　其他技术措施如化学药剂处理、喷施叶面肥和根外追肥、应用增温剂，以水保温等都能有利提高抗低温冷害的能力，在生产中广泛应用，效果好。

(二)预防冻害的技术措施

1. 永久性的防御措施　查明当地冻害的气象特性，人工改变气候条件，使冻害不易发生。例如在易发生霜冻害的地方，有计划地营造防霜林，拦截从坡地上下泄的冷空气等。

2. 抵抗性防御措施　冻害与作物品种的抗寒特性有密切关系，提高作物的耐霜冻性以减轻受害，选育抗寒品种是减轻冻害的有效措施。

3. 人工防御方法

(1)调查当地霜冻特性，订立安全种植计划　停种不耐霜害的作物，回避作物耐霜性薄弱时期等均能减轻霜冻危害。

(2)抗冻锻炼　一是低温处理：在冬季到来之前，从秋季(北方)开始在短日照、供水少期间经过逐步低温锻炼，可提高抗冻能力。此种方法可采用零上低温和零下低温进行。二是提供保护物质：利用某些有机物质及无机离子的作用，来加强细胞及组织的抗冻能力。如有人用胆胺西红柿种菌，能改变磷脂乙酰基链的组成，也能提高组织的抗寒能力。一般从理论上讲，凡能降低冰点的物质或增加渗透势的物质或离子，都对抗冻有利。凡能提高细胞耐脱水能力的物质，都对冻害提高保护作用。

(3)激素的调节控制　激素不仅对植物生长起直接作用，而且对其抗冻能力有控制作用。如 CTK 对玉米、甘蓝有增强发育作用，有利抗冻；用 ABA 处理($20mg \cdot L^{-1}$)苹果菌，可减少冻害；用 C 氯化氯胆碱(矮壮素)处理小麦，能加强耐冻能力等。

(4)熏烟法或人工烟雾法　在霜冻之夜，当温度降到作物受害的临界值以上 1 ~ 2℃时，点燃预先堆放于田间的烟堆，使之形成稳定的烟雾称熏烟或人工烟雾法。此法可使贴地气层气温提高 1 ~ 2℃。

(5)灌水或喷水法　灌水可减缓夜间温度下降，喷水到作物表面，当水汽凝结时放出潜热也可缓解降温，对抗冻有效。

(6)覆盖法　作物稿杆、草木灰、塑料薄膜等覆盖，可减弱辐射冷却，对防霜害有利。

第三节　作物盐害及其适应性

作物盐害是指在气候干燥的干旱和半干旱地区、地下水位较高的地区以及沿海地区，土壤中含有较多的盐类，特别是易溶解的盐类(例如 $NaCl$、Na_2SO_4等)过多，对作物产生的危害。造成土壤中盐分过多的原因，主要是在某些地区由于降水量小而蒸发量大，致使可溶性盐和交换性钠大量集聚在上层土壤。如果在这些土壤表层盐分总含量超过 1% 以上，土壤溶液的浓度超过 0.5% 以上时，作物根系在土壤中取水困难而影响作物生长发育。根据土壤中含盐的类别和数量将土壤分为盐土和碱土。若含有可溶性盐类 $NaCl$、Na_2SO_4 偏多，含量在 0.6% ~ 1.0% 以上，pH 在 7 ~ 8.5 的土壤称盐土；若含有交换性盐类 Na_2CO_3 或 $NaHCO_3$ 多，含量在 5% 以上，pH 值在 8.5 ~ 10 之间的土壤称碱土。二者通称盐碱土。

在全世界陆地面积中，盐碱土壤面积较大，约占 10%，即为 4×10^7 ha(6×10^8 亩)。我国盐碱土面积达(3 ~ 4)亿亩左右，多分布在西北、华北、东北以及长江流域以北的滨海地区。国家非常重视盐碱地的开发和利用,如能将其改良,充分利用,将对我国农业生产作出贡献。

一、盐分过多对作物的危害

1.渗透胁迫危害 一般植物根的水势约为 -0.6 ~ -0.8MPa 左右,一般土壤溶液的渗透势约在 -0.2 ~ -0.6MPa 左右,而在盐碱土中,由于大量可溶性盐类存在渗透势可低于 -10 ~ -0.8MPa,这种外界环境过高,使植物根系吸水困难,或者根本不能吸水,甚至排水(形成反渗透),作物组织脱水产生伤害,形成生理干旱,使植物干枯。同时可溶性盐分还妨碍作物根系从土壤中吸收所需的营养物质,导致作物缺乏营养而阻碍生长发育。

2.离子的毒害作用 土壤中含有的各种盐类中,常常以某一种盐类为主。如果土壤表层某些离子含量过多,破坏了土壤离子正常生理平衡,作物根系不能正常选择吸收有用离子及正常的离子交换作用而造成单盐毒害。如 Na^+ 吸收过多,会抑制对 K^+ 的吸收;Cl^- 和 SO_4^{2-} 吸收过多,可降低对 Mg^{2+} 的吸收和对 HPO_4^{2-} 的吸收,造成作物营养亏缺,抑制生长。在生产中,已观察到当 NaCl 过多时,水稻、小麦、玉米等都表现出缺 K 或 P 的症状。

3.生理活动紊乱,代谢失调 从以上渗透胁迫和离子的单盐麦害作用可知,土壤中盐分过多实际上是使作物细胞遭到水分胁迫和离子胁迫,结果是使原生质膜透性增加,从而改变了细胞内的物质组成和酶的活动,使代谢系统失调。

(1)盐分过多对光合作用和呼吸作用的影响 盐分过多的土壤中生长的作物光合速率降低,呼吸(作用)强度增高,所以盐碱地中生长的作物产量低。光合作用降低的原因:一方面是作物的净光合率降低,增加了气孔和叶肉细胞的阻抗;另一方面是叶片气孔不能完全张开,增加了 CO_2 进入叶片的阻抗。而呼吸作用增高的原因,有的认为是 Na^+ 活化了膜上的 Na^+-K^+-ATP 酶,刺激了呼吸作用;而有的认为盐能促进呼吸作用是由质壁分离造成的,由于质壁分离容易造成创伤,而创伤引起呼吸作用加强。

(2)盐分过多对蛋白质合成的影响 盐分过多时,作物对氨基酸的合成减慢，从而抑制蛋白质的合成以及蛋白质的水解。由于蛋白质合成受阻，在作物体内反而积累氨基酸，如苯丙氨酸、酪氨酸、丙氨酸、谷氨酸等；还能积累酰胺及二元胺，如腐胺及尸胺等，对植物产生毒害。如玉米，盐可促使脯氨酸大量积累，可达到对照的十倍，对其危害作用很大。

二、盐害的机理及抗盐能力的本质

有关盐害的机理问题，目前正在进行进一步的研究、探索，虽然论点很多，但难以提出明确的中心盐害机理。上述的盐分过多对作物产生的渗透胁迫危害、单盐离子的毒害作用、以及对光合作用、呼吸作用和代谢方面的影响都得到证明。对盐害机理提出了如下假说（图 7-9）。我国的王洪春（1981）用不同浓度的 NaCl 和 Na_2CO_3 处理

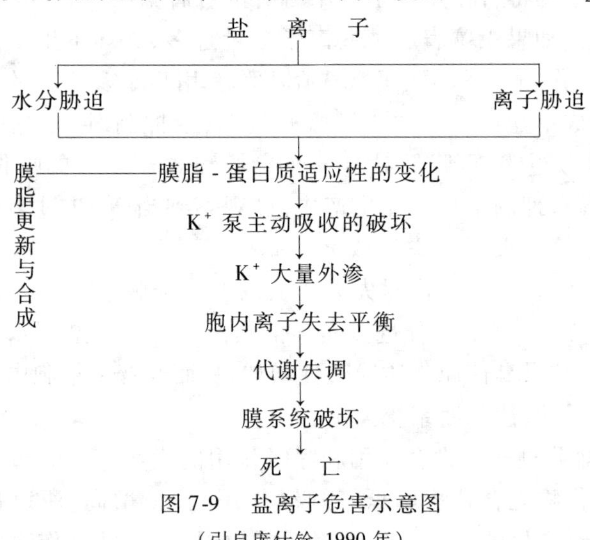

图 7-9　盐离子危害示意图

（引自庞仕铨，1990 年）

玉米幼苗后发现，膜的透性随处理浓度和处理时间的增加而加大，电解质外渗值也增加，而叶片膜脂肪酸中不饱和脂酸指数降低，饱和脂酸指数相对增多。说明盐离子能影响膜的透性及膜脂成分的组成。闫先喜等用 2% NaCl 溶液处理大麦种子表明：种子在盐液中吸胀时，细胞内积累了高浓度的离子，过量的离子使细胞内膜系统修复和细胞器结构分室重建工作受阻，导致细胞内溶质大量外渗；从而使膜系

统修复和细胞器重建更加困难,进一步加剧膜系统及细胞器的伤害,阻碍细胞内正常生理代谢活动的进行,在外观上表现出种子发芽率下降。

上述分析不难看出,盐分过多对作物的危害机理主要是对膜结构和功能的破坏,最终导致作物死亡。

作物抗盐能力的本质是:作物原生质两性蛋白和盐类的阴阳离子产生不稳定化合,使原生质减少透性,并能不因盐分过多而凝固。由此可见,蛋白质,特别是清蛋白和阴阳离子结合的程度对作物抗盐能力和适应性十分重要。

三、不同作物的耐盐能力

(一)植物的抗盐方式

植物的抗盐方式主要有以下几种:

1. 泌盐　有些植物如柽柳、碱蓬等,根部吸收大量盐分后并不积累在体内,而是通过茎或叶上的盐腺主动地分泌到体外,被冲洗、脱落掉。有人认为这可能是在盐腺表面有依靠 ATP 提供能量的离子泵能主动地排出盐分的结果。

2. 拒盐　有些植物如艾属、胡颓子等,根细胞质膜能减少盐浸入或“拒绝”一部分离子进入细胞。它们通过液泡内积累有机酸,可溶性糖等物质使水势降低,以保证根系吸收。

3. 稀盐　有些植物虽然吸收了大量盐分,但能通过根吸收大量水分和迅速生长,或增加肉质化程度使体内盐分受到冲淡稀释,从而免受盐害,如某些较耐盐的小麦、大麦等。

4. 耐盐　耐盐是植物通过自身的代谢适应性忍受盐分的侵袭,而不是像泌盐、拒盐和稀盐作用那样避免盐分在植物体内积累。当土壤盐分过多时植物的耐盐方式表现在:

(1)通过细胞的渗透调节,使液泡内的无机离子(K^+)或有机物的浓度增加,使水势降低以利吸水。

(2)细胞能消除盐碱或代谢的毒害作用,在高盐下保持酶的一定稳定性。

(3)能通过自身的代谢产物与盐相结合,以减少游离盐离子对原生质的毒害作用。

(二)不同作物的耐盐能力

作物的耐盐能力是对盐分过多的忍耐和抵抗能力,也称抗盐性。没有真正的盐生作物,其耐盐能力因种类不同有差异,并随不同的生育期而变化。

通常,不同作物的耐盐能力大小为:高粱、甜菜、向日葵耐盐力较强,小麦、玉米次之,大豆、花生、蚕豆等耐盐能力差。

同一作物在不同的生育期耐盐能力也不同。如水稻,某一些浓度对幼苗有害,但对成长的植株危害较轻。原中国科学院林业土壤研究所在吉林省郭前旗试验观测,得出了水稻正常生长和各生育期的临界盐浓度如表(表7-5)。

表7-5 水稻各生育阶段的耐盐能力

(吉林,郭前旗)

生育阶段	生育情况	土壤盐渍程度	
		含盐量/%	NaCl含量/%
幼苗-缓苗期	正常生长	<0.212	<0.088
	逐渐死亡	>0.265	>0.117
缓苗期-分蘖期	正常生长	<0.242	<0.088
	逐渐死亡	>0.348	>0.208
分蘖期-抽穗期	正常生长	<0.25	<0.117
	逐渐死亡	>0.400	>0.280
抽穗期-成熟期	正常生长	<0.280	<0.126
	逐渐死亡	>0.469	>0.322

四、提高作物抗盐性的措施

(一)培育抗盐新品种

培育抗盐能力强的新品种,是提高作物抗盐性的主要措施。品种的抗盐能力,不仅表现在当代,而且还能将其抗盐性遗传给下一代。利用基因工程、细胞工程、有性及无性杂交、组织培养等方法培育抗盐新品种,是提高作物抗盐性的有效途径。

(二)抗盐生理锻炼

抗盐的生理锻炼方法有两种。一是把吸胀的种子在较高的盐溶液(抗氯盐用 NaCl 或 $CaCl_2$ 溶液,抗硫酸盐用 $MgSO_4$ 溶液)反复浸泡几次,浓度逐渐提高,然后再播种,可提高作物耐盐性和在盐碱土中的发芽率。二是在苗期分次向土壤中施盐,使土壤中的含盐率逐步提高,待幼苗逐渐适应后,就能在含盐多的土壤中生长。这种方法处理对提高作物抗盐性有作用。

(三)科学施肥

在盐渍土上施用适量的 N、P、K 肥均可改善作物的生理状况,从而提高抗盐性。特别是增施 P 肥,可有效地提高作物抗盐能力。此外,用根外施肥法施用尿素、过磷酸钙或微量元素也能增强作物抗盐能力。

(四)激素处理

用激素处理可提高作物抗性,抵消盐水胁迫,促进作物生长。如用赤霉素处理,可促进作物在盐渍条件下的生长发育,抵消盐分过多对菜豆的生长和光合、运输的抑制作用。生长素和细胞分裂素对不同植物的抗盐性都有所提高。

第四节 环境污染与作物生长

随着人口增加以及工业、交通运输业的快速发展,排放到环境中的废气、废渣、废水等污染物日益增加,大大超过了生态系统(大气、水系和土壤)自然净化能力,造成环境污染。

环境污染不仅直接破坏生态系统,危害人类健康,影响人们的生活、工作、还严重影响农作物的生长发育和产量的提高,使农业生产受到巨大损失。根据污染物存在的场所,环境污染可分为大气污染、水污染和土壤污染,其中以大气污染和水污染的危害面积较大,同时也容易转变为土壤污染。

在我国,因环境污染给农牧渔业带来的危害和损失是巨大的。据不完全统计,我国因污水灌溉农田而造成农田污染近千万亩;在排入大气中的各种有毒有害物质中,仅 SO_2 对农田造成的直接危害达

1000多万亩；SO_2加上其他污染因子使20多个省、市、自治区的部分地区而出现酸雨，不仅破坏土壤结构，还影响作物生长；工业“三废”使4000万亩农作物减产20%以上，每年粮食减产达50亿kg以上。在农业生产中，大量施用化肥、农药，由于施用不当以及残留的有害物质造成对水和土壤的污染，使农作物严重受害，产量和品质均受严重影响。因此必须对环境污染有清醒的认识和高度重视，并采取强有力的措施控制，以确保农业高产优质。

一、大气污染对农作物的危害

大气污染是指自然界及人类活动向大气中排放的各种污染物，当超过环境所能允许的极限时，大气质量发生恶化而使人们生活、工作、健康状况以及生态环境遭到恶劣影响和破坏的现象。

（一）大气污染物的种类和来源

进入大气中的污染物可分为天然污染物和人为污染物两类。

天然污染物　天然污染物是指自然界向大气中排放的污染物。如煤田煤气中自然排出的天然气、瓦斯，活火山排出的火山尘、H_2S、SO_2等。

人为污染物　人为污染物是指人类活动向大气中排放出的有毒有害物质。如人类生活需要诸如烧饭、取暖、沐浴等燃烧化石燃料向大气排放的煤烟；工业方面由化工厂、钢铁厂、火力发电厂等在生产过程中排放的烟尘、粉尘和有机化合物等；在交通运输方面汽车、火车、飞机、轮船等交通工具排放的尾气等。

1. 大气污染物的种类　大气污染可根据污染物的物理性质和化学组成而区分。从物理方面，可分为气体和粒子。从化学方面可分为含硫化合物、含氮化合物、碳氢化合物、碳的氧化物和卤素化合物五种（表7-6）。污染物在大气中的反应分为以下几类：

（1）气体污染物之间的反应；（2）在催化剂作用下气体污染之间的反应；（3）空气中粒状污染物的吸附作用；（4）粒状污染物表面的某些化学物质与气体污染物之间的反应；（5）气体污染物溶于气体溶胶（气溶胶是指固体粒子、液体粒子或它们在气体介质中的悬浮体。）中的反应。而上述五种反应生成的一系列新的污染物称为二次污染物。

在大气污染物中,按照产生危害的机制又可将污染物分为六种。即:

氧化物质;如臭氧(O_3)、过氧乙酰硝酸脂类(PAN)、二氧化碳(CO_2)、氯气等。

还原物质:如二氧化硫(SO_2)、硫化氢、甲醛、一氧化碳等。

表 7-6 大气中气体污染物和种类

类别	一次污染物	二次污染物
含硫化合物	SO_2,H_2S	SO_3,H_2SO_4
含氮化合物	NO,NH_3	NO_2,HNO_3
碳氢化合物	C_1—C_5化合物	醛、酮、过氧乙酰硝酸脂(PAN)
碳的化合物	CO,CO_2	无
卤素化合物	HF,HCl	无

酸性物质:如氟化氢、氰化氢、二氧化硫、四氧化硅等。

碱性物质:氨等。

有机物质:乙烯等。

无机物质:镉、汞、铅、粉尘等。

据统计,在工业废气中含有的有毒物质达400多种,通常能造成危害的约有20~30种。在以上污染物中,尤以二氧化碳、氟化物、臭氧、过氧乙酰硝酸脂和氮氧化合物的分布最为广泛,危害较严重。

2. 大气污染物的来源

(1)硫氧化合物　硫氧化合物主要是SO_2,是当前最主要的大气污染物,不仅数量多而且危害面积广。

主要来自化石燃料(煤和石油)的燃烧过程和硫化物矿石的焙烧、冶炼等热过程。如火力发电厂、硫酸厂、炼油厂、所有燃烧煤或石油的工业锅炉、炉灶以及黑色和有色金属冶炼、合成纤维和合成氨工业等。其中约有96%来自燃料燃烧过程。

(2)氮氧化合物　氮和氧的化合物很多,污染大气的主要是NO

和 NO_2。NO 的毒性不大，但进入大气中可被氧化为 NO_2。NO_2的毒性为 NO 的五倍，当它参与大气中的是化学反应可形成是化学烟雾，毒性更大。氮氧化合物来源于煤和石油以及有机物的燃烧，石油精炼、氮肥和火药等。

(3)碳氢化合物和碳氧化合物　主要来源于燃料燃烧和机动车的排气。碳氢化合物，氮氧化合物和氧化剂之间发生一系列光化学反应，生成蓝色烟雾(有时是紫色或黄褐色)可造成二次污染，主要成分是臭氧(O_3)、过氧乙酰硝酸脂、酮类和醛类等。

(4)氟化物　氟化物来源于火山爆发和人类生活燃煤、氟矿物开采，加工和生产工艺过程。

(二)主要大气污染物对作物的危害

大气污染物是通过气孔，角质层裂缝、皮孔或根部进入植物体内的。当污染物进入的速度超过了细胞本身的解毒能力，作物组织就会受到伤害。

大气污染物对作物的伤害分为急性伤害和慢性伤害及潜伏性伤害。急性伤害是指植物在较高浓度的有害气体作用下，经过短时间(几小时，几十分钟或更短时间)内发生的叶组织坏死等伤害；慢性伤害则指污染物在大气中的含量较低，经过长时间作用后才显示出来的伤害，如叶片变黄、变白、影响生长发育；潜伏性伤害是指在污染物含量更低的情况下，长时间对作物的危害。这种伤害对作物的外部形态没有影响，不出现什么症状，只是对其造成生理障碍。受这种伤害后最普遍的变化是细胞质壁分离，结构受到破坏，细胞内含物形成颗粒并出现异常色彩。一般在组织结构受到伤害之前，代谢上早已受到严重影响。

下面主要介绍几种主要污染物对作物的危害。

1. 二氧化硫(SO_2)　SO_2是一种危害历史最长，世界范围内分布最广的主要污染物，它主要通过气孔进入作物内部。硫是作物不可缺少的营养元素，适量的 SO_2被作物吸收并及时同化，对作物生长发育有益，但当其浓度过量就会对作物造成伤害。SO_2伤害作物的机制有两种说法，一种说法是 SO_2被植物体吸收后在体内氧化为硫酸，给作物的细胞和组织以伤害；另一种说法是 SO_2与植物代谢过程中

产生的 α-醛化合,生成 α-羟基碘酸盐,对细胞结构有破坏作用。一般大气中 SO_2浓度达到 0.05 ~0.5mg · L^{-1}持续 8h,敏感作物就会受害。即使是有一定抗污染性的作物在 SO_2浓度 2 mg · L^{-1}持续 8h 或 10 mg · L^{-1}持续 10min 也要受到伤害。SO_2一旦进入叶组织,立即和水产生有强烈毒性的亚硫酸离子。所以植物受 SO_2危害表现出的症状是在叶片最敏感的区域产生暗绿色水渍斑,干燥后大多数植物变白或象牙色,在某些情况下坏死组织能转为红色、粽色,有时甚至是黑色。

SO_2危害作物的伤害机理是:SO_2通过气孔进入叶内,溶于浸润细胞壁的水分中形成重亚硫酸离子(HSO_3^-)和亚硫酸离子(SO_3^{2-}),并产生氢离子(H^+)。SO_2产生的这些离子对作物细胞产生如下伤害:

(1)H^+降低细胞 pH 值:各种植物细胞都有一定的 pH 值,氢离子通过降低细胞 pH 值而干扰代谢、干扰生命活动,如使气孔关闭,叶绿素破坏或转化为去镁叶绿素等。

(2)SO_3^{2-} 和 HSO_3^- 对作物直接作用引起直接伤害:

a、与二硫化物起作用,能切断双硫键。例如 SO_3^{2-}与含硫蛋白质的双硫键作用而切断双硫键,引起变构,使酶失去活性。

SO_3^{2-} 能与胱氨酸起作用;膜蛋白结构的破坏可能是 SO_2破坏选择透性的原因之一。

b、与某些酶起竞争性抑制作用 SO_3^{2-}、HSO_3^-与磷酸烯醇式丙酮酸(PEP)羧化酶、核酮糖 1,5-二磷酸(RuBP)羧化酶发生 HCO_3^-位点的竞争,与磷酸化酶发生 HPO_4^{2-}、PO_4^{3-}位点的竞争,抑制这些酶的活性。

(3)SO_3^{2-}、HSO_3^-产生的间接伤害:

a、HSO_3^-和酮或醛作用形成 α-羟基磺酸:该化合物抑制乙醇酸氧化酶活性,阻抑气孔开放,抑制 CO_2固定和光合磷酸化,干扰有机酸与氮代谢。对光合和呼吸作用中 ATP 形成及 H^+和 Cl_3^- 的越膜运输也有抑制作用。上述反应还截获了代谢中间产物醛和酮,使其脱离正常的代谢过程,从而影响整个生理活动。

b、通过自由基的形成而产生危害：光照使类囊体膜产生超氧自由基 O_2^-。O_2^- 能启动 SO_3^{2-} 和 HSO_3^- 氧化而产生更多的自由基，又促进 SO_3^{2-} 的氧化。新产生的自由基（如 O_2^-、HSO_4^-、·OH）以及其他活性氧（如 $^1O_2$、H_2O_2）使细胞中一些大分子化合物（DNA、IAA、叶绿素、NADH 和 NADPH）氧化分解，使细胞受伤。

据测定 O_2^- 只要 10^{-8} ~ 10^{-7}mol 就会引起叶绿素破坏，H_2O_2 达到 10^{-5} ~ 10^{-4}mol 就会钝化 CO_2 的固定。由此推测。SO_2 通过自由基的产生而引起的间接毒害可能比 SO_3^{2-} 和 HSO_3^- 的直接毒害更重要。也有证据证明 SO_2 可使类脂发生过氧化作用，膜结构被破坏，外渗增大。

可见 SO_2 对作物的危害可以由 SO_3^{2-} 和 HSO_3^- 直接引起，也可用 H^+、代谢产物、自由基的形成而间接引起。SO_2 不仅仅危害植物，严重时给人类生命财产安全带来严重危害。震惊世界的英国“伦敦烟雾”历时五天就死亡 4000 多人，就是因为大气中含有过多的 SO_2 而生成硫酸雾造成的。硫酸在雨天会形成“酸雨”，目前欧洲有 1500 万亩森林受到“酸雨”的威胁。

2. 氟化物　对大气造成污染的氟化物主要有氟化氢（HF）、四氟化硅（SiF_4）、氟硅酸（H_2SiF_4）和氟气（F_2）等等，在大气中存在量最多、毒性最大的是氟化氢（HF）。

作物受氟化物伤害的症状与 SO_2 伤害的症状有明显的区别。虽然氟化物也是通过气孔进入叶片的，但它并不损害气孔附近的细胞，而是顺着输导组织向叶片的尖端和边缘移动。所以在叶尖、叶缘最先出现症状，然后才向中部甚至基部扩展。当大气中氟化物浓度高而叶片吸收快时，叶片常形成大面积伤斑、形成散生的脉间坏死斑，甚至全叶失绿黄化。受氟化物危害的植物还有两个特点：一是受害叶组织与正常叶组织之间常形成明显的界线，有时会在两者之间产生一条红棕色带；二是叶龄不同的植物受氟化物危害的程度不同，在扩展中的未成熟叶容易受害，因此受氟化物污染的植物枝梢顶端枯死；随着叶片的伸展和成熟，抗氟性加强。

不同作物对氟化氢的抗性不同。棉花、油菜、小麦、甜菜等作物抗 HF 强，如棉花，HF 浓度达 500 $\mu g \cdot L^{-1}$ 接触 3 天植株就会受到伤害。抗氟性中等的作物有马铃薯、向日葵、大麦、花生、大豆、高粱等。

关于氟化物对作物产生危害的机理，有人认为氟首先与磷酸或钙（Ca^{2+}）、镁（Mg^{2+}）作用形成一种使体内酶类失活的氟磷酸络合物或难溶化合物而影响某些酶的活性。也有人认为氟化物在体内长期积累后可能与叶绿体、线粒体和微粒体等细胞器结合，使其功能受到伤害。

3. 光化学烟雾　光化学烟雾中对作物产生危害的主要成分是臭氧（O_3）、过氧乙酰硝酸脂（PAN）和氮氧化合物。这种由多种气体组成的浅蓝色的混合物与大气中的粒状污染物（硫酸液滴、硝酸液滴、烟尘或有机大分子）互相混合形成稳定的气溶胶，称为光化学烟雾。其中，以 O_3 含量最多，占 90%；其次是 PAN，氮氧化合物最少。光化学烟雾对作物危害极大，1964 年美国洛杉矶的光化学烟雾使农作物、果树都受到严重危害，蔬菜在一夜之间由绿变褐，就连在 100km 以外的 2000m 的高山上，很多松树也枯死，柑桔减产，葡萄小而不甜，产量降低 60% 以上。

（1）臭氧（O_3）的危害　当大气中 O_3 浓度为 10 $\mu g \cdot L^{-1}$ 污染持续 2 ~ 3h，最敏感的植物出现危性危害；当 O_3 浓度为 40 ~ 50 $\mu g \cdot L^{-1}$ 持续 2 ~ 4h，大部分植物受害。玉米、豌豆、燕麦等作物在 O_3 浓度为 10 ~ 12 $\mu g \cdot L^{-1}$ 下持续 4h 就会产生伤害。

O_3 是从叶背面的气孔进入危害作物的，通过周边细胞和海绵细胞的间隙，到达栅状组织后停止侵入，使栅状细胞和上表皮细胞最先受害，出现点刻状的褐色斑点或连片呈蜡质状。严重受害时，斑点透过叶片，使叶片黄化甚至褪成白色。当斑点连成片时，整个叶面呈古铜色、棕色。玉米受 O_3 危害，在成熟的中部叶上沿叶脉出现斑点。花生叶片上出现微细的白色斑点，合并成褪绿的黄化状。

O_3 的慢性危害症状是缺绿和出现杂色斑点，表现出落叶、落花和幼果脱落。

O_3 危害作物的机理是因为 O_3 有很强的氧化能力，能氧化多种氨基酸、蛋白质和不饱和脂肪酸，破坏细胞的膜系统。O_3 还能与氨基酸、蛋白质中的巯基（SH）作用，使之氧化成二硫键（S-S）。O_3 还能氧化以 SH 为活性基的酶，使之失去活性，使细胞内正常的氧化——还原平衡受到破坏,使代谢受阻。有证据表明,O_3干扰线粒体代谢活动,从而抑制呼吸作用;增加原生质透性;破坏细胞氮代谢,使游离氨基酸增多,合成蛋白质减少;叶绿体被氧化破坏,光合作用受抑制。例如柑桔和葡萄叶受害时,首先是叶绿素被破坏,使之出现棕色。

(2)过氧乙酰硝酸酯(PAN)　PAN 是光化学烟雾中的剧毒成分,对作物的危害程度根据各种作物对 PAN 的敏感程度而有很大差别。如禾本科作物和西红柿等对 PAN 最敏感,在$(15\sim20)\times10^{-9}$ $\mu g\cdot L^{-1}$浓度下暴露 2h 即可显示出严重受害;而玉米、棉花等对 PAN 抗性较强,在$(75\sim100)\times10^{-9}$ $\mu g\cdot L^{-1}$浓度下暴露 2h 并不受害。

PAN 造成的伤害与其他污染物有明显区别,叶片受 PAN 侵入后下表皮先受害而上表皮看不到症状。以后由于叶上表皮继续生长,叶片向下弯曲成杯状,并出现雏纹变形。在显微镜下观察到海绵组织细胞原生质破坏、细胞死亡。当大气中 PAN 浓度很高时,叶子两面均坏死,首先出现横跨叶片分散的水渍斑,然后干枯成黄褐色的带。如禾谷类作物受害时,常在叶面出现一条白色或暗棕色的坏死带。

作物受 PAN 伤害后,水分代谢和光合作用减弱,正常生长受阻,植株老化。

(3)氮氧化合物　氮氧化合物污染物主要是二氧化氮(NO_2)。NO_2通过叶片气孔进入细胞间隙,与水化合为硝酸和亚硝酸对作物产生危害。高浓度的NO_2在 1~2h 内能使叶脉间出现两面的坏死斑,与SO_2伤害相似。最初出现的是水渍斑,而后转成白色、褐色或古铜色,坏死斑多出现于叶缘和叶尖部分。

NO_2对作物危害与其他污染物不同的是:弱光照条件下的作物受害严重。在阴暗多云的天气里只需一半浓度的NO_2便可引起和晴天同等程度的伤害。这可能是能够将叶吸收NO_2产生的亚硝酸盐还原的铵盐的反应存在一种依赖于光照酶的反应,当光照不足(或黑暗)时,这个反应受到抑制,造成亚硝酸积累,酸度过高而伤害作用。

低浓度的NO_2污染常引起缺绿、落叶和生长受抑制。

(4)其他气体污染物

①乙烯　乙烯是一种广泛存在于植物体内的一种植物内源激素。乙烯不像其他污染物那样伤害作物组织，而是表现在生理方面的影响。大气中的乙烯能引起很多作物叶片下垂（有的称偏上反应），叶片、花和果实等器官脱落，抑制作物生长，影响花芽分化，使花朵发生枯萎，花和果实畸形等。如在 0.1 ~ 0.3μl · L^{-1} 含量范围内，棉花、芝麻等作物会发生蕾、花、幼果和叶片等不正常脱落，而对小麦、荞麦等作物则有抑制生长的作用。

不同的作物对乙烯的抗性不同。抗性较强的作物有水稻、玉米、小麦、高粱等；抗性弱的作物有芝麻、棉花、向日葵、甘薯等；而大豆、菜豆、豌豆、蚕豆等为中等抗性作物。

②硫化氢（H_2S）　在浓度为 20 ~ 40μl · L^{-1} 范围内对 H_2S 敏感的作物将受到轻微伤害，幼苗生长点最为敏感。抗性作物在 40μl · L^{-1} 浓度下，接触 5h 就出现受害症状。

③氯和氯化氢　氯和氯化氢对作物的伤害为急性伤害。作物因氧化作用使叶绿素遭到破坏，所以受害后在叶片上产生褐绿斑点。植株下部叶片呈半透明状，严重时整个叶片坏死。

氯气的毒性很大，对作物造成的毒性危害为 SO_2 的 2 ~ 4 倍。

④氨　氨对作物危害的症状是叶呈暗绿色，干燥后保持绿色或转为棕色。高浓度的氨在叶脉间产生块状褐黑色伤斑。用 150μl · L^{-1} 的氨气进行田间蒸熏时，棉花受害严重，花生、玉米则较轻。

二、水质污染对作物的影响

随着工农业生产的发展和城镇人口的集中增加，含有各种污染的工业废水、生活污水和矿产污水大量排入水系，造成水体污染。生产中如用污染了的水灌溉农田，作物就会受到污染物的危害。

（一）需氧污染物对作物的危害

污水中有机物含量多时，其生化需氧量（BOD）高。BOD 是指在氧气适量条件下，水中微生物的生化过程所需溶解氧的量。有机物质含量越丰富，土壤嫌气条件越强烈，因而抑制根系的呼吸作用，破坏根系的正常发育，严重时造成根腐，茎叶早衰死亡。国家规定工业废水最高允许排放标准的 BOD 值为 60mg·L^{-1}。

需氧污染物流入旱田土壤后，被分解成 CO_2 和水。流入稻田的污水中，要求有机物浓度低于 8μl·L^{-1}。如果浓度过大，常处于还原状态，生成氨、甲烷、有机酸和乙醇类代谢产物。由于消耗了土壤中的氧，导致土壤中氧化还原电位下降，产生二价的铁（Fe^{2+}）、硫（H_2S）、锰（Mn^{2+}）等，它们和有机酸一起被水稻吸收后，造成烂根、抑制生长，使稻株对 N、P、K 等营养物质的吸收发生障碍，而最终减产。

（二）石油污染对作物的危害

目前每年大约有一二十亿吨的石油通过水路运往消费地，由于运输不当或油轮失事等原因，使石油大量流入水体，由于油类能直接粘附于植株表面或直接渗入体内，使代谢失调。同时由于水面为油膜覆盖或渗入土壤，影响氧的供给，促使地温上升，造成土壤异常的还原。如水稻，少量的浮油易使稻叶挂油，影响叶片光合和呼吸作用，茎叶发黄，生育期延长。浮油多时，稻叶呈油浸状，引起稻株窒息死亡。同时根系发育不良或发生根腐。所以在水稻生长季节污水含油量应 $<10\sim20$mg·L^{-1}，土壤含油量 $<400\sim600$mg·kg^{-1}土，水稻才能正常生长。如超过这一含量，水稻轻度矮化，$>1\ 000$mg·kg^{-1}土时，水稻严重矮化，产量降低。

（三）毒物污染对作物的危害

1. 非金属无机毒物对作物的危害　非金属无机毒物有氰、硒、硼等。以氰化物为例，污水中的氰化物主要来自焦化、化肥、煤气和冶金等工厂的废水，常有氰氢酸、氰化钾和氰化钠。当氰离子浓度达到 50μl·L^{-1}时，小麦、油菜等作物受害，表现在植株生长缓慢、分蘖减少，抽穗延迟，空秕粒增多，籽粒不饱满。当浓度增至 100μl·L^{-1}时，油菜死亡。

水稻对氰化物的反应是：低浓度的氰化物能刺激水稻生长，用 30μl·L^{-1}浓度的污水灌溉水稻，生长健壮、籽粒饱满。当浓度增加到 50μl·L^{-1}时，水稻生长明显受阻，稻苗矮小，分蘖少，根短而稀。叶鞘和茎杆上出现褐色斑纹，成熟迟，千粒重轻，减产 20%。当浓度达到 100μl·L^{-1}时，水稻完全停止生长，逐渐干枯死亡。水稻吸收氰化物后，一部分转化为氰糖苷贮存在细胞内，一部分分解为无毒的营养物质。当浓度达到 $50\mu l \cdot L^{-1}$时，糙米中有氰残留，对人体健康有害。

氰化物对作物产生毒害的机理可能是在高浓度下，氰化物对作物呼吸的抑制作用超过了本身的代谢能力，使其生长发育不能正常进行。

2. 重金属对作物的危害　重金属对作物的危害，主要指的是铜、镍、钴、锌、锰等。以水稻为例，它们对作物的危害是：

铜(Cu)的浓度超过 $0.1\mu l \cdot L^{-1}$时，水稻根系吸收受阻，浓度增加到 $0.6\mu l \cdot L^{-1}$时，全株发生青枯死亡。

镍(Ni)离子的浓度 $>0.3\mu l \cdot L^{-1}$时，稻根生长发生障碍；浓度增加到 $1.0\mu l \cdot L^{-1}$时，叶脉间发光；增加到 $1.5\mu l \cdot L^{-1}$时，植株青枯死亡。

钴(Co)浓度 $>3\mu l \cdot L^{-1}$时，稻根生长受阻，全株青枯。

锌(Zn)浓度达到 $32\mu l \cdot L^{-1}$时，稻根生长受阻，全株青枯。

锰(Mn)浓度达 $65\mu l \cdot L^{-1}$时，水稻叶色变褐；增至 $100\mu l \cdot L^{-1}$时，出现畸形花。

此外，铅、镉、汞等重金属过量时，对水稻、小麦、玉米、油菜等作物的生长都有不利影响。

重金属对作物的危害机理可能是由于重金属含量过多而诱发养分缺乏。

3. 易分解有机毒物类的危害　酸类化合物浓度达 200～1000 $\mu l \cdot L^{-1}$时，栽培在这种浓度水中的水稻叶尖变褐色，最后延伸成深褐色斑点。严重时推迟成熟，秕粒和畸形谷增加，产量下降。

污水中的酚会伤害细胞质膜，影响代谢，抑制生长。用低酚含量的污水灌溉水稻，能起增产作用，但高酚含量对水稻有害。它能抑制发芽、幼芽和幼根的生长受阻，株型矮化、根系黑腐、叶片狭小而灰暗，阻碍水分和养分的吸收和光合作用的进行，导致严重减产。

三、土壤污染对作物生长的影响

土壤污染主要来自水体和大气。以污水灌溉农田，有毒物质会沉积于土壤;大气污染物受重力作用或随雨、雪落于地表渗入土壤内,这些都可以造成土壤污染。此外,施用某些残留量较高的化学农药,也会污染土壤。

（一）土壤中几种重金属对作物的危害

重金属对作物的影响是多方面的,它既可以改变土壤的理化性质,又能影响土壤微生物的繁殖和活性,抑制氮的矿化和二氧化碳的演化,破坏生态系统结构,导致土壤变劣、肥力降低,影响作物生长发育。

1. 汞(Hg) 汞在土壤中和籽中易于积累。据中科院植物研究所和环境化学研究所研究,含汞量在 0.74 ~2.5mg · L^{-1}时水稻开始受害;超过此浓度受害严重;达到 36.5mg · L^{-1}时稻株死亡。水稻对氯化汞最容易吸收,氧化汞次之,硫化汞最难被吸收。因此,要杜绝稻米的汞污染,土壤中汞的允许量不应超过 0.1mg · kg^{-1}土(氯化汞)和 0.5mg · kg^{-1}土(氧化汞)。

主要农作物对汞的吸收累积能力是:水稻 > 玉米 > 高粱 > 小麦。

2. 镉(Cd) 水稻抽穗期以前吸收的镉为全生育期吸收总量的 91%。镉在稻株各部位的分配规律是:根中含量最多,为总量的 82%,地上部分只有 17%。而地上部分镉的分配量是茎杆 > 叶、叶鞘 > 穗轴 > 糙米。籽粒中的镉主要在乳熟期运转而来,其含镉量随土壤 pH 的提高和氧化还原电位的降低而降低。

镉对土壤的污染评价,日本规定土壤含镉量要低于 1μl · L^{-1},灌溉水中要低于 0.01μl · L^{-1},糙米中以 0.4μl · L^{-1}为污染指标,含镉量达 1μl · L^{-1}时为镉米。

镉是对人体危害最大的重金属之一,人们长期食用含镉 1μl · L^{-1}以上的大米,就会造成骨痛病。故我国规定灌溉水中镉及其化合物含量不得超过 0.005μl · L^{-1}。我国的盆栽试验证明,灌溉水中镉含量小于 0.001μl · L^{-1}时才不会在土壤中积累镉。

3. 铅(Pb) 铅污染会抑制作物光合作用和蒸腾作用。土壤含铅量达 150μl · L^{-1}时,水稻生长受影响,农田中含铅量在 400 ~500μl · L^{-1}时,作物开始受害。灌溉水中铅含量越高植株体内积累铅越多。我国规定污水含铅标准为 0.1μl · L^{-1}。

4. 砷(As)　砷是一种剧毒物质，它包括有机砷化合物和无机砷化合物。水稻受砷毒害后，根系生长受阻，呈深褐色，分蘖少，植株矮小，叶片上出现褐色斑点。一般灌溉水中砷的含量高于1μl · L^{-1}时，水稻生长发育开始受阻，故以1μl · L^{-1}为水稻受害临界浓度。当砷浓度达5μl · L^{-1}时，受害症状明显，分蘖少，植株矮，开花延迟，千粒重降低，减产90%以上。当浓度达到20μl · L^{-1}时，稻株枯死。

(二)土壤中其他污染物对农作物的危害

1. 氟(F)　氟被作物从灌溉水中吸收而残留在体内。不同作物受氟危害程度不一样：水稻在灌溉水中的氟含量达113μl · L^{-1}时生长受阻，产量降低。而当灌溉水中含氟量达6 ~ 9μl · L^{-1}时玉米籽粒中的含氟量为清水灌溉的2.5倍。

2. 硼(B)　土壤中含硼过多时，将抑制作物生长发育。据华中农大研究，土壤中加入8μl · L^{-1}的水溶性硼时，水稻、小麦生长受阻；加入16μl · L^{-1}时，水稻减产21.97%，小麦减产12%。土壤中允许的水溶性的硼含量为8μl · L^{-1}。

3. 三氯乙醛　三氯乙醛主要随灌溉水或用含三氯乙醛的废硫酸生产的过磷酸钙等途径进入土壤中的。辽宁省1980年用含有三氯乙醛的过磷酸钙育苗，造成2.5万亩水稻秧苗遭受毒害。天津、郑州等地的稻田，灌了含有三氯乙醛的废水，也造成大面积水稻减产。三氯乙醛进入土壤后，很快被氧化为三氯乙酸，二者都对作物产生强烈毒害。三氯乙醛破坏细胞的极性和分化，导致细胞核分裂紊乱，代谢失常，阻碍正常发育。使产量降低。三氯乙醛对水稻秧苗期和分裂期危害严重。苗期危害的主要表现是抑制心叶和分蘖发生，营养体不发达，生育延缓，延长抽穗和成熟，最终减产。若水中的三氯乙醛浓度在5 mg · L^{-1}以上时，小麦也出现明显的受害症状。

四、防治环境污染的途径

防治环境污染应从以下几方面进行：

1. 制定防污染综合规划　首先要有环保意识，充分认识环境污染的危害性。制定环境污染综合规划，协调保护环境与发展经济的关系。建立监测网，进行污染预报；通过吸尘器在排气前清除污染物;发展无烟囱工厂的闭合工艺过程,以及合理布局工业等。

2. 植树造林,净化环境　在进行一系列技术措施防治、减轻污染的同时,植树造林,通过植物吸收和净化,使环境污染减轻。植物对减轻污染表现出以下两方面作用:

(1)植物对大气污染的吸收和净化作用　绿色植物是 CO_2 的吸收者和 O_2 的加工厂,它在光照下能吸收 CO_2 进行光合作用制造有机物,同时放出大量的氧气,维持 CO_2 和 O_2 在自然界的循环。据计算,地球上的植物能吸收 93.6×10^9 吨的 CO_2,而 15 亩阔叶树每天可吸收一吨的 CO_2,放出 0.73 吨 O_2。树木还能吸收 SO_2,氟和氯气以及重金属铝、镉等污染物,对净化空气和环境起着重要作用。

(2)植物的吸尘和杀菌作用　植物(特别是树木)对烟尘有明显的阻挡,过滤和吸附作用,从而降低污染。植物的减尘作用表现在:一是由于树木枝冠对风速有强大的减速能力。如对作物作用,空气中的大粒灰尘随风速的降低而下降;二是叶子表面不平,有茸毛,有的还有油脂、浆液和分泌粘液,对经过的尘埃有粘附过滤作用。植物还表现出杀菌作用,目前已发现许多植物能分泌出具有强大杀菌能力的挥发性物质,称为杀菌素。如洋葱、大蒜等。

3. 生产上增强作物抗污染能力的措施　在生产中可采取多种技术措施提高作物抗污种子和幼苗进行抗污染锻炼、改善土壤营养条件、应用生理活性物质处理(如用维生素和生长调节物质处理作物而增强抗污染性)、喷施能固定和中和有害气体的物质等等,都能起到抗污染能力作用。

主要参考文献

〔1〕郑丕尧. 作物生理学导论. 北京:北京农业大学出版社,1992年

〔2〕刘友良. 植物水分逆境生理. 农业出版社,1992年

〔3〕庞士铨. 植物逆境生理学基础. 东北林业大学出版社,1990年

〔4〕王沙生等. 植物生理学. 中国林业出版社,1991年

〔5〕任久江等. 农业减灾指南. 中国农业出版社,1996年

〔6〕易明晖. 气象与农业气象学. 中国农业出版社,1990年

〔7〕王以柔等. 在光照和黑暗条件下低温对水稻幼苗光合器官膜脂过氧化作用的影响. 植物生理学报,1996,12(3)

〔8〕郭金铃. 在冷害过程中咖啡离体叶细胞膜透性变化后的研究. 植物生理学报,1979,5(3)

〔9〕何洁等. 低温和光对灌浆期水稻剑叶光合作用的影响. 植物生理学报,1987,13(4)

〔10〕聂华堂等. 水分胁迫下柑桔的生理变化与抗旱性的关系. 中国农业科学,1991,24(4)

〔11〕潘根生等. 水分胁迫过程中茶树新梢内源激素水平的消长及其与耐旱性的关系. 中国农业科学,1996,29(5)

〔12〕. 王邦锡等. 水分胁迫导致小麦叶片光合作用下降的非气孔因素. 植物生理学报,1992,18(1)

〔13〕关义新等. 水分胁迫下植物叶片光合的气孔和非气孔限制. 植物生理学通讯,1995,31(4)

〔14〕许春辉. 冷害对黄瓜叶绿体类囊体膜的影响. 植物学报,1997,39(12)

〔15〕刘鸿先. 低温对不同耐冷力黄瓜幼苗呼吸代谢的影响. 植物生理学报,1984,10(3)

〔16〕闫先喜等. 盐胁迫对大麦胚根细胞膜系统的影响. 植物

学报,1994,11(36)

〔17〕吕军．渍水对冬小麦生长的危害及其生理效应．植物生理学报,1994,20(3)

〔18〕何念相．孟赐福．植物营养原理．上海:上海科学技术出版社, 1987

〔19〕董振国．高产栽培理论与技术．气象出版社, 1997

〔20〕王永锐．作物高产群体生理, 科技文献出版社, 1991

〔21〕赵微平．作物生理．农业出版社, 1982

〔22〕郑广华主编．植物栽培生理．山东科学技术出版社, 1980

〔23〕山东省农业科学院玉米研究所．玉米生理．农业出版社, 1987

〔24〕李尧权主编．薯类栽培生理．农业出版社, 1992

〔25〕浙江农业大学作物栽培教研室．作物栽培学．上海科学技术出版社, 1994

〔26〕饶立华．植物矿质营养及其诊断．农业出版社, 1993

〔27〕秦遂初．作物营养障碍的诊断及其防治．浙江科学技术出版社, 1988

〔28〕Walter Larcher (奥地利)著．翟志席、郭玉海、马永泽、柏长青译．詹英贤、翟志席校．植物生态生理学(第五段)．中国农业大学出版社, 1997

〔29〕杨大旗主编．植物生理附生物化学．成都科技大学出版社, 1993

〔30〕王三根、王西瑶主编．植物生理学．成都科技大学出版社, 1998

〔31〕江苏农学院主编．植物生理学．农业出版社, 1986

〔32〕王成俊．作物种子贮藏．四川科技出版社, 1985

〔33〕浙农大种子教组．种子学．上海科学出版社, 1980

〔34〕王光明等．耕作与栽培, 1991(1)

〔35〕叶常年等．种子学．中国农业出版社, 1994

〔36〕山东农大主编．作物种子学．中国农业出版社, 1997

后 记

本教材由西南农业大学任昌福教授主编,王三根教授任副主编,王光明副教授和陈国惠副教授为参编。参加审稿会的有:西南农业大学杨大旗教授、中国农业大学徐楚年教授和四川省西昌农业高等专科学校夏明忠教授。最后由主审杨大旗教授审定。在此一并表示衷心的感谢!

全国高等教育自学考试指导委员会

农科专业委员会

2000 年 2 月

全国高等教育自学考试

作物栽培生理
自学考试大纲

全国高等教育自学考试指导委员会制订

出版前言

为了适应社会主义现代化建设事业对培养人才的需要,我国在20世纪80年代初建立了高等教育自学考试制度,经过近20年的发展,高等教育自学考试已成为我国高等教育基本制度之一。高等教育自学考试是个人自学,社会助学和国家考试相结合的一种新的高等教育形式,是我国高等教育体系的一个组成部分。实行高等教育自学考试制度,是落实宪法规定的"鼓励自学成才"的重要措施,是提高中华民族思想道德和科学文化素质的需要,也是造就和选拔人才的一种途径。应考者通过规定的考试课程并经思想品德鉴定达到毕业要求的,可以获得毕业证书。国家承认学历并按照规定享有与普通高等学校毕业生同等的有关待遇。

从80年代初期开始,各省、自治区、直辖市先后成立了高等教育自学考试委员会,开展了高等教育自学考试工作,为国家培养造就了大批专门人才。为科学、合理地制定高等教育自学考试标准,提高教育质量,全国高等教育自学考试指导委员会(以下简称全国考委)组织各方面专家对高等教育自学考试专业设置进行了调整,统一了专业设置标准,全国考委陆续制定了几十个专业考试计划。在此基础上,各专业委员会按照专业考试计划的要求,从造就和选拔人才的需要出发,编写了相应专业的课程自学考试大纲,进一步规定了课程学习和考试的内容与范围,有利于社会助学,使自学要求明确,考试标准规范化、具体化。

全国考委根据国务院发布的《高等教育自学考试暂行条例》,参照教育部拟定的普通高等学校有关课程的教学大纲,结合自学考试的特点,组织制定了《作物栽培生理自学考试大纲》,现经教育部批准,颁发试行。

《作物栽培生理自学考试大纲》是该课程编写教材和自学辅导书的依据,也是个人自学,社会助学和国家考试(课程命题)的依据,各地应认真贯彻执行。

全国高等教育自学考试指导委员会

2000年3月14日

Ⅰ　课程性质与设置目的

《作物栽培生理》课程，是全国高等教育自学考试农学专业本科必考的课程之一，是作物栽培的生理基础，为培养和检验自学应考者对大田作物高产、稳产、优质、低成本的生理生态基本理论知识和应用能力方面设置的一门专业课程。

《作物栽培生理》是作物栽培学与植物生理学和作物生态学紧密地结合起来的一门综合性较强的学科。它从农业生产的实际需要出发，去研究有关的生理问题，反过来又从生理的观点去分析解决作物栽培有关的实际问题，应考者通过自学在理解本学科基本理论基础上，掌握其基本方法和技能，在农业科技工作岗位上，具备发现问题和解决问题的能力。作物栽培生理，它不同于作物栽培学和植物生理学和农业生态学，具有综合性、实用性、宏观与微观相结合的特点。在自学考试命题中应充分体现本课程的性质和特点。

由于本课程的综合性较强，它与本专业学科的专业基础课和其他专业课，既有密切的联系，又有分工和区别，它必须是在学习植物学、植物生理学、作物栽培学、种子学、生物化学、气象学等学科的基础上，才能学好本课程。本课程是从生理角度探讨作物优质高产栽培技术中的理论问题，并为进一步改进栽培技术提供科学理论依据。如从种子的萌发生理，明确培育壮苗的科学技术；从作物的生育生理，弄清作物的生育与环境关系的规律性与调控的基本原则；从作物的光合生理阐明各类作物群体光合机理与产量形成的关系；从作物的营养水分生理明确优质、高产、低耗科学肥水管理的原理与技术；从作物的成熟、衰老机理、探讨作物成熟过程中优质高产的调控原则；从作物的逆境生理，弄清作物在逆境条件下的生理反应，为抗灾措施提供依据。自学考试者，对本学科全面了解的基础上，掌握主要理论依据和应用原则，联系自己的工作，在实际中灵活应用。以便毕业后能更好地适应社会市场经济的需要为农业现代化服务。

Ⅱ　课程内容与考核目标

第一章　作物种子萌发与出苗生理

一、学习目的与要求

通过本章学习，了解作物种子萌发、出苗生理在高产栽培、培育壮苗中的重要意义；明确种子萌发与出苗过程的生理原因及影响因素；较好地理解种子萌发过程中的生理生化变化与培育壮苗的关系；掌握培育壮苗、保证全苗的技术原则。

二、课程内容

第一节　作物种子的贮藏与后熟生理

（一）收获后种子的生理变化特点
（二）种子的后熟

第二节　作物种子的萌发与出苗

（一）种子萌发出苗过程
（二）影响种子萌发、出苗的内外条件

第三节　作物种子萌发过程中的生理生化变化

（一）种子萌发过程中的呼吸作用
（二）种子萌发过程中的物质变化

三、考核知识点

(一)种子的贮藏与后熟生理

1. 收获后种子的生理变化特点

(1)种皮较疏松、孔隙增多;(2)酶活性钝化;(3)呼吸强度下降;(4)细胞膜和细胞器原有功能的变化。

2. 种子的后熟

(1)种子后熟中的生理变化特点;(2)种子后熟中的“出汗”现象;(3)种子后熟中贮藏物质的变化。

(二)种子的萌发与出苗

1. 种子萌发、出苗过程

(1)种子萌发过程:吸胀阶段、萌发阶段、发芽阶段;(2)出苗:分子叶出土型和子叶不出土型两种。

2. 影响种子萌发、出苗的内外条件

(1)内因:种子成熟度、种子休眠、种子的寿命;(2)外界环境条件:水分、温度、氧气、土壤。

(三)种子萌发过程中的生理生化变化

1. 种子萌发过程中的呼吸作用

2. 种子萌发过程中的物质变化

(1)碳水化合物;(2)蛋白质;(3)脂肪

四、考核要求

(一)识记

种子成熟的含义;种子后熟中“出汗”现象;收获后种子的生理变化特点;种子萌发与出苗过程;影响种子萌发与出苗的内、外因素。

(二)领会

种子后熟中贮藏物质的变化特点;种子萌发过程中的呼吸作用、物质变化。

(三)综合应用

根据种子萌发生理在栽培上如何培育壮苗。

第二章　作物的生育生理与调控

一、学习目的与要求

通过本章学习，全面了解栽培作物生长发育的基本规律，生长发育与环境条件的关系；理解单子叶和双子叶作物各营养器官与生殖器官的生长特点与相互关系，并了解生长发育过程中的主要生理，形态指标；基本掌握作物生长分析方法、作物春化现象、光周期现象的原理，作物器官间的生长关系，生育规律的调控原则及其在生产上的应用。

二、课程内容

第一节　作物的生长发育

（一）生长和发育的概念

（二）营养生长与生殖生长的关系及其调控

第二节　作物的生长生理

（一）根的生长

（二）叶的生长

（三）茎的生长

（四）作物的徒长、倒伏问题

（五）作物的生长分析及其应用

第三节　作物的发育生理

（一）作物生殖器官的分化发育

（二）作物对温度的感应

（三）作物对光照的感应

第四节　作物生育的一般进程及器官间生长关系

（一）“S”型生长进程

（二）禾谷类作物营养器官间的生长关系

（三）禾谷类作物穗分化与外部形态的关系

（四）双子叶作物器官间的生长关系

第五节　作物生育规律的调控

（一）对作物营养器官的调控

（二）对作物生殖器官的调控

（三）植物激素和生长调节剂

三、考核知识点

（一）作物的生长发育

1. 生长和发育的概念

2. 营养生长与生殖生长的关系与调控

（二）作物的生长生理

1. 作物根的生长

（1）单子叶作物的根系；（2）双子叶作物的根系；（3）根系在土壤中的分布；（4）影响根系生长的环境条件：土壤水分、温度、土壤通透性（氧气）、矿质营养、土壤 pH。

2. 作物叶的生长

（1）叶的形态与分化；（2）叶片大小、数目和功能期；（3）叶层分组；(4)影响叶片生长的环境因素：温度、光照、水分、矿质营养；(5)与叶片有关的几个生理指标：叶面积指数、比叶重、净同化率、光合势。

3. 作物茎的生长

(1)单子叶作物的茎；(2)双子叶作物的茎；(3)影响茎、分蘖(分枝)生长的因素：品种特性、光照条件、温度、矿质营养。

4. 作物的徒长、倒伏问题

5. 作物的生长分析及其应用

(1)作物生长分析法及其原理：相对生长率、净同化率、叶面积比率、作物生长率；(2)作物生长分析的应用(附实例)。

(三)作物的发育生理

1. 作物生殖器官的分化发育

(1)禾谷类作物穗的分化和发育；(2)双子叶作物花芽的分化和发育；(3)开花和传粉；(4)受精、结实。

2. 作物对温度的感应

(1)作物生长、发育的基本温度；(2)春化现象：春化概念、春化作用的温度条件及其在生产上的应用、春化作用与器官建成和生理反应；(3)积温与作物生产。

3. 光周期现象

(1)光周期现象的概念；(2)作物光照阶段所需要的光照条件；(3)光周期反应在作物栽培上的应用。

(四)作物的生育进程及器官间的生长关系

1. "S"型生长进程

(1)"S"型形生长曲线；(2)生长进程理论的应用。

2. 禾谷类作物营养器官间的生长关系

(1)主茎叶龄与分蘖发生的关系；(2)叶片、叶鞘、节间伸长的关系——同名异位器官间、同位异名器官间、异位异名器官间；(3)地上部器官与地下部器官生长的关系。

3. 禾谷类作物穗分化与外部形态的关系

4. 双子叶作物器官间的生长关系

(五)作物生育规律的调控

1. 对作物器官(营养、生殖)的调控

2. 植物激素和生长调节剂

(1)生长素;(2)赤霉素;(3)细胞分裂素;(4)脱落酸;(5)乙烯;(6)人工合成的生长调节剂;(7)其他。

四、考核要求

(一)识记

生长和发育的含意;营养生长与生殖生长的关系;单子叶与双子叶作物根系区别;根系、叶片和分蘖及影响其各自生长的因素;叶面积指数、净同化率、光合势、相对生长率、叶面积比率、作物生长率等的含义;作物生长发育的基本温度;春化现象及光周期现象的含义;禾谷类作物叶龄与分蘖发生的关系、幼穗分化与外部形态的关系。

(二)领会

叶片的分化、叶片大小、数目与功能期;作物生长进程规律;作物生长分析的原理;春化现象,光周期现象与作物生长发育的关系;作物器官间的生长关系;作物生育调控的基本原则。

(三)简单应用

作物生育进程的分析方法、作物生长分析的基本方法;作物生长发育调控方法、作物各器官间生长关系观察法。

(四)综合应用

作物生长分析法在高产栽培分析中的应用;春化现象和光周期现象在作物生产中的综合应用。

第三章　作物光合作用与产量形成

一、学习目的与要求

通过本章学习，较全面了解作物对光能利用的特点、光合生理与作物高产潜力的关系、作物光合器官——叶片的光合特点及影响因素；理解各类作物在高产栽培中群体结构与光能利用关系、群体对光能利用与合理密植的关系；深刻理解作物产量形成过程中产量构成因素的互补作用及源、库、流关系。自学者在优质、高产栽培中能正确应用本章的基本理论和基本技能，去组织实施作物高产栽培。

二、课程内容

第一节　作物对光能的利用

（一）作物与光能

（二）作物的光合特点

（三）光合生理与作物的生产潜力

第二节　作物的光合器官及其功能

（一）叶片的光合作用

（二）光合作用的日变化

（三）作物单株的光合特点

第三节　作物群体及其生产结构

（一）作物群体

（二）作物群体的层次结构与光能利用

（三）作物群体结构及物质生产的影响因素

第四节　作物的产量及产量形成

（一）作物的产量

（二）产量构成和产量成分的互补

（三）产量形成中同化产物的积累

（四）作物产量形成中的源、流、库关系

三、考核知识点

（一）作物对光能的利用

1. 作物与光能

2. 作物对光能的利用特点

（1）作物对投射到地球表面的太阳辐射能的波长利用范围；（2）投射到作物群体上光能的各类损失，如叶面反射、叶绿体色素的吸收、同化中的损失，以及透射和漏射的损失等；（3）作物的最大光能利用率与产量的关系。

3. 作物光合同化碳素的途径

（1）C_3 途径；（2）C_4 途径；（3）CAM 途径。

4. 光与 CO_2 在不同作物上各自的饱和点和补偿点

5. 主要光合生理指标与作物生产的潜力

（1）作物的光合面积；（2）作物的光合时间；（3）作物的光合速率；（4）作物的呼吸消耗；（5）作物光合产物的运转与分配。

（二）作物的光合器官及其功能

1. 叶片的光合作用

（1）作物的主要光合器官——叶片；（2）叶片在伸长过程中的光合特点；（3）影响叶片光合作用的因素——不同作物种类、类型、品种的光合作用、叶片的基本特征和光合作用，环境条件的影响（光照、CO_2 浓度、温度、水分、土壤营养元素）。

2. 光合作用的日变化

(1)光合作用的日变化类型:单峰型、双峰型、严重型、平坦型;(2)光合作用“午休”原因分析。

3. 作物单株的光合特点

(1)单株光合速率在生育过程中的变化;(2)单株的绿叶面积;(3)单株平均光合速率的变化;(4)不同叶位光合性能与单株的物质生产。

(三)作物群体及其生产结构

1. 作物群体

(1)群体概念;(2)作物群体组成;(3)作物群体的自动调节。

2. 作物群体的层次结构与光能利用

3. 作物群体结构及物质生产的影响因素

(1)株型;(2)环境因素(光、CO_2、温度、水分、风速);(3)种植密度和种植方式;(4)肥料。

(四)作物的产量及产量形成

1. 作物的产量

(1)生物产量;(2)经济产量;(3)光合产量;(4)收获指数。

2. 产量构成和产量成分的互补

(1)作物产量的构成(含各类作物);(2)作物产量构成因素的自动调节。

3. 作物产量形成过程中的“源、流、库”关系

(1)供给能力;(2)贮积能力;(3)运输作用。

四、考核要求

(一)识记

作物光能利用特点;作物光合同化碳素的途径;影响作物光合作用的因素;光合作用的日变化类型(单峰型、双峰型、严重型、平坦型);光合作用“午休”概念;作物群体概念与组成;影响群体物质生产的因素;作物的产量(生物产量、经济产量、光合产量、收获指数);各类作物产量的构成因素;供给能力;贮积能力;运输作用。

(二)领会

作物光合生理与作物生产的潜力;作物的光合器官及其功能特

点;光合作用“午休”原因分析;作物单株的光合特点。

（三）简单应用

光合生理与作物生产的潜力;作物群体的层次结构与光能利用;

（四）综合应用

提高作物光能利用途径;作物产量形成过程中的“源、流、库”关系。

第四章　作物的水分生理与合理排灌

一、学习目的与要求

通过本章学习，系统了解在作物高产栽培过程中水分参与一系列的生理过程。着重了解作物对水分的吸收及其在体内的传导、分配、散失的生理机制，深刻理解作物高产栽培中对水的合理灌溉和排水的生理基础与技术原则，要求自学者能学以致用。

二、课程内容

第一节　作物体内水分系统与特性

(一)作物体内水分的状态与分布
(二)作物细胞的水势
(三)细胞间水分的传递过程

第二节　作物对水分的吸收与散失

(一)作物对水分的吸收——主动吸收与被动吸收
(二)水分在作物体内的运输与分配
(三)作物体内水分的散失

第三节　合理灌溉和排水的生理基础

(一)作物的需水规律
(二)适时适量灌溉的依据
(三)灌溉定额及灌溉方法

（四）排水

三、考核知识点

（一）作物体内水分系统与特性

1. 作物体内水分的状态与分布

（1）细胞水分的组成及其特征；（2）细胞结构和水分的关系；（3）作物体内含水量及其变化。

2. 水分在作物体中的传导

（1）作物细胞的水势；水势的概念、水势的组分（渗透势、衬质势、压力势）；（2）水分在细胞间传递的基本过程；（3）根-土之间的水分传导；（4）根表细胞到木质部的水分传递；（5）导管系统中的水分传递；（6）叶脉、叶肉细胞与大气间的水分传递。

（二）作物对水分的吸收与散失

1. 作物对水分的吸收

（1）根系对水分的吸收——被动吸收与主动吸收；（2）影响根系吸收的外界因素——土壤有效水量、土壤通气状况、土壤温度、土壤溶液浓度；

2. 水分在作物体内的运输与分配

（1）水分在作物体内的运输——运输系统、运输的动力——根压、蒸腾拉力；（2）水分在作物体内的分配——作物体内的水分平衡、作物体内水分的分配原则。

3. 作物体内水分的散失

（1）作物水分散失的部位及方式；（2）蒸腾作用——蒸腾散失的生理作用、影响作物蒸腾作用的因子（太阳辐射、温湿度、风速、土壤条件、作物因子）；（3）溢泌作用。

（三）合理灌溉和排水的生理基础

1. 作物的需水规律

（1）不同作物和品种的需水量；（2）不同作物在不同季节的需水量；（3）作物在不同生育期需水不同；（4）作物耗水量与叶面积的关系；（5）作物需水量随不同环境而变化。

2. 适时适量灌溉的依据

(1)适时灌溉的依据——根据不同生育期土壤持水量确定灌溉、测定植株水分含量来确定灌溉、测定土壤水分张力来确定灌溉、测定植株生长速度来确定灌溉;(2)适量灌溉的依据——作物需水量、土壤蒸发和渗漏水量。

3. 灌溉定额及灌溉方法

(1)灌溉定额;(2)灌溉方法——地面灌溉、地下灌溉、喷灌、滴灌。

4. 排水

四、考核要求

(一)识记

水势的概念;水势(ψ_w)组分——渗透势(ψ_s)、衬质势(ψ_m)、压力势(ψ_p);作物根系对水分的被动吸收与主动吸收;影响根系吸收的外界因素;作物的需水规律及灌溉方法。

(二)领会

细胞水分的组成及其特征;水分在作物体中的传导系统;水分在细胞间传递原理;作物体对水分的吸收与散失;水分在作物体内的运输与分配;作物体内水分散失方式。

(三)简单应用

不同作物和品种需水量确定原则;不同作物在不同季节需水的确定;作物在不同生育期需水的确定;适时适量灌溉的依据。

(四)综合应用

作物合理灌溉定额和灌排原则。

第五章　作物的矿质营养生理与合理运筹

一、学习的目的与要求

通过本章的学习，了解主要矿质营养元素在作物体内的生理作用，作物对矿质元素的吸收机理，运输、分配和再分配原则；深刻理解和掌握作物优质高产栽培中合理施肥的生理基础和技术措施。要求自学者能在生产实践中合理应用。

二、课程内容

第一节　作物必需的矿质元素

（一）作物必需的矿质元素和含量

（二）作物必需矿质元素的生理作用

第二节　作物对矿质元素的吸收

（一）作物组织中矿质养分状况与生长的关系

（二）作物对矿质养分的吸收

（三）影响根系对矿质元素吸收的环境因素

第三节　作物对矿质元素的运输、分配和再分配

（一）矿质元素的运输

（二）矿质元素的分配和再分配

第四节 作物优质高产施肥的生理基础

(一)作物的需肥特点
(二)不同营养成分的合理配比
(三)施肥与环境条件
(四)根外追肥

三、考核知识点

(一)作物必需的矿质元素
1. 作物必需的矿质元素
2. 作物必需大量矿质元素的生理作用
(1)氮素营养;(2)钾素营养;(3)磷素营养;(4)钙、镁、硫。
3. 作物微量元素的生理作用
(1)铁;(2)锌;(3)锰;(4)钼;(5)铜;(6)硼;(7)氯。
4. 作物的有益元素
硅、钴、硒、烯土。
(二)作物对矿质元素的吸收
1. 作物组织中矿质养分状况与生长的关系
2. 作物对养分的吸收
(1)养分离子到达根系的过程;(2)根系对养分的吸收机理。
3. 影响根对矿质元素吸收的环境因素
(1)土壤 pH;(2)温度;(3)土壤通气;(4)光;(5)土壤溶液浓度。
(三)作物对矿质元素的运输、分配和再分配
1. 矿质元素在根内的径向运输
2. 矿质元素在植物体内的纵向运输
3. 矿质元素的分配和再分配
(1)氮的分配与转移;(2)磷的分配与转移;(3)钾的分配与转移。
(四)作物优质高产施肥的生理基础

1. 作物的需肥特点

(1)作物不同需肥量不同;(2)不同作物对肥料形态和要求不同;(3)不同作物器官矿质元素含量的差异;(4)不同生育时期对矿质元素的吸收量和作用。

2. 不同营养成分的合理配比

(1)作物体内有机与无机营养平衡;(2)矿质元素间的相对平衡;(3)C、N有机养料的相对平衡。

3. 施肥与环境条件

4. 根外追肥

四、考核要求

(一)识记

作物必需的主要矿质元素;微量元素与有益元素的概念及代表种类;养分离子被根系吸收机制;影响根系对矿质元素吸收的环境因素。

(二)领会

作物必需矿质元素的生理作用;作物组织中的矿质养分状况与生长的关系;作物体内矿质元素的运输、分配和再分配原则;作物优质高产施肥的生理基础。

(三)简单应用

作物不同高产施肥应注意的问题;同一作物不同生育期施用矿质元素时有何不同;施肥与环境条件的关系;根外追肥的作用和方法。

(四)综合应用

从生理角度考虑,作物优质高产施肥应遵循的原则。

第六章　作物的成熟与衰老生理

一、学习目的与要求

通过本章学习，了解作物在成熟过程中，其产品器官的建成、产品器官营养物质的积累、生殖器官的脱落与败育以及衰老过程的生理基础，深刻领会不同作物在产品器官成熟过程中优质高产与环境和栽培技术的关系，掌握各类作物在成熟过程中尽可能采取的有益的促控措施。

二、课程内容

第一节　作物成熟的基本概念

（一）生理成熟

（二）工艺成熟

第二节　产品器官的形态建成

（一）产品器官的发育生长过程及其与品质的关系

（二）产品器官建成的环境条件

第三节　产品器官营养物质的积累

（一）同化产物的积累特点

（二）植株光合特性与物质积累的关系

（三）主要贮藏物质的合成、积累与产品品质

（四）激素与成熟

（五）影响物质积累的环境条件

第四节　生殖器官的脱落与败育

（一）生殖器官脱落的生理原因
（二）籽粒败育的生理原因
（三）环境条件对脱落与败育的影响

第五节　作物的衰老及其机理

（一）作物衰老的基本概念
（二）作物衰老的表现
（三）作物衰老机理及其生产意义

三、考核知识点

（一）作物成熟的基本概念
1. 生理成熟
2. 工艺成熟
（二）产品器官的形态建成
1. 产品器官的发育生长过程及其与品质的关系
（1）禾谷类作物；（2）豆类作物；（3）纤维类作物；（4）油料作物；（5）块根、块茎类作物
2. 产品器官建成的环境条件
（1）温度；（2）光照；（3）水分；（4）矿质营养。
（三）产品器官中营养物质的积累
1. 同化产物积累的特点
（1）产品器官中同化产物的积累过程均呈“S”型曲线；（2）积累强度一般是呈单峰曲线变化；（3）提高积累强度是增加同化产物积累的关键。
2. 植株光合特性与物质积累的关系
（1）光合强度、叶绿素含量与物质积累；（2）净光合生产率、光呼

吸与物质积累；(3)光合势、叶片衰亡与物质积累；(4)产品器官自身的光合与呼吸作用。

3. 主要物质的合成、积累与产品品质

(1)淀粉的合成与积累；(2)蛋白质的合成与积累；(3)脂肪的合成与积累；(4)纤维素的合成与积累；(5)蔗糖的合成与积累。

4. 激素与成熟

(1)生长素；(2)细胞分裂素；(3)脱落酸；(4)赤霉素；(5)乙烯。

5. 影响物质积累的环境条件

(1)光照；(2)温度；(3)水分；(4)矿质营养。

(四)生殖器官的脱落与败育

1. 生殖器官脱落的生理原因

(1)有机养料与脱落的关系；(2)内源激素与脱落的关系。

2. 籽粒败育的生理原因

(1)同化产物的供给与籽粒败育；(2)籽粒库容量与败育；(3)贮藏物质的合成能力与籽粒败育；(4)激素对籽粒败育的调节作用。

3. 环境条件对脱落与败育的影响

(1)温度；(2)光照；(3)水分；(4)无机养料；(5)病虫害；(6)机械损伤。

(五)作物衰老及其机理

1. 作物衰老的概念

2. 作物衰老的表现与过程

3. 作物衰老的机理及其生产意义

(六)作物贪青晚熟原因及预措

四、考核要求

(一)识记

作物成熟的概念；禾谷类作物、豆类作物、纤维类作物、油料作物、块根、块茎类作物产品器官的发育过程；作物衰老的概念、衰老的表现与过程。

(二)领会

产品器官建成与环境条件；产品器官中同化产物积累的过程；植

株光合特性与物质积累的关系；生殖器官脱落与败育的原因；作物衰老的机理及其生产意义。

（三）简单应用

提高产品同化产物积累的途径；激素与成熟；环境条件与技术措施对脱落与败育的关系；

（四）综合应用

提高产品器官中营养物质积累的途径。

第七章　作物的逆境生理与防御原则

一、学习目的与要求

通过本章学习，了解作物在不同的逆境条件下的生理反应，重点认识作物在旱害和涝害、冷冻害、盐害、环境污染等逆境下的伤害表现及机理。基本掌握作物对各类逆境的抵御技能。

二、课程内容

第一节　作物的旱害和涝害

（一）作物的旱害
（二）作物的热害与抗热性
（三）作物的涝害
（四）预防旱害和涝害的措施

第二节　作物的冷冻害与适应性

（一）冷害和冻害的区别
（二）作物的低温冷害和抗冷机理
（三）作物低温冷害的伤害机理
（四）作物的冻害
（五）预防低温冷冻害的措施

第三节　作物的盐害及其适应性

（一）盐分过多对作物的危害

（二）盐害的机理及抗盐能力的本质

（三）不同作物的耐盐能力

（四）防治盐害的措施

第四节　环境污染与作物生长

（一）大气污染对农作物的危害

（二）水质污染对农作物的影响

（三）土壤污染对农作物生长的影响

（四）防治环境污染的途径

三、考核知识点

（一）作物的旱害

1. 干旱对作物的影响

2. 水分逆境对作物生理过程的影响

(1)生长与渗透势;(2)气孔反应;(3)光合作用;(4)呼吸作用;(5)酶活性;(6)吸收能力减弱;(7)内源激素;(8)氮代谢。

3. 作物干旱伤害的主要原理

4. 作物对干旱的适应方式

(1)抗旱与耐旱;(2)农作物种类间对干旱逆境的不同反应;(3)农作物不同生育期的耐旱能力。

5. 作物旱害的预防措施

（二）作物的热害与抗热性

1. 作物热害的特点

2. 高温和干热风危害的症状和机理

（三）作物的涝害

1. 作物涝害的表现

(1)渍水的表现;(2)洪水淹没的表现。

2. 作物涝害生理上的表现

3. 影响作物涝害程度的因素

4. 抗涝的生理依据与技术原则

(四)作物的冷冻害与适应性

1. 冷害和冻害的区别

2. 作物的低温冷害和抗冷机理

(1)作物遭受低温冷害的类型;(2)不同作物对低温冷害的反应;(3)作物对低温冷害的生理反应——生理生化和物理化学方面变化。

3. 作物低温冷害的伤害机理

4. 作物的冻害

(1)晚霜对作物的危害;(2)越冬作物对零下低温的反应;

(3)越冬作物冻害的原因。

5. 预防低温冷冻害的技术途径

(五)作物的盐害及其适应性

1. 盐分过多对作物的危害

2. 盐害的机理及抗盐能力

3. 不同作物的耐盐能力

4. 预防盐害的措施

(六)环境污染与作物生长

1. 大气污染对农作物的危害

(1)SO_2;(2)氟化物;(3)光化学烟雾;(4)其他气体污染危害。

2. 水质污染对作物的影响

3. 酸雨的形成与危害

4. 土壤污染对作物生长的影响

5. 防治环境污染的途径

四、考核要求

(一)识记

作物旱害、热害、涝害的概念;作物冷害和冻害的概念;作物盐害的含义。

(二)领会

干旱对作物的影响;水分逆境对作物生理过程的影响;干旱伤害的主要原理;作物热害的特点;高热和干热风危害的症状和机理;作

物涝害的表现;影响作物涝害程度的因素;作物遭受低温冷害的类型;作物对低温冷害的生理反应;作物低温冷害的伤害机理;越冬作物冻害的原因;大气污染对农作物的危害;水质污染对作物的影响;土壤污染对作物的影响。

(三)简单应用

作物对干旱的适应方式;抗涝的生理依据与技术原则;盐害的机理与提高作物抗盐能力;大气污染对农作物的危害程度。

(四)综合应用

防止作物旱害的综合措施,预防作物受低温冷冻害的技术措施。

Ⅲ 有关说明与实施要求

为了使大纲的规定在个人自学、社会助学和考试命题中得到贯彻和落实，兹对有关问题作如下说明，并进而提出具体实施要求。

一、关于各章课程内容、考核知识点及考核要求中有关标准的说明

为使考试内容具体化和考试要求标准化，本大纲在列出学习目的与要求及课程内容的基础上，对各章的考核目标、考核知识点和考核要求作了规定，可使应考者能够有目的地系统地学习教材；使考试命题能更加明确命题范围，更准确地安排试题的知识能力层次和难易度。

本大纲在考核要求中，按识记、领会、简单应用和综合应用四个层次规定考试应达到的能力层次要求，四个能力层次是递进等级关系，各能力层次的含义是：

识记：能知道有关的名词、概念、知识的含义，并能正确认识和表述。是低层次要求。

领会：在识记的基础上，能全面把握基本概念、基本原理、基本方法，能掌握有关概念、原理、方法的区别与联系。是较高层次的要求。

应用：在领会的基础上，能运用基本概念、基本原理、基本方法分析和解决有关的理论问题和实际问题。其中"简单应用"，是指在领会的基础上，能用学过的一两个知识点分析和解决简单的问题；"综合应用"，是指在简单应用的基础上，能用学过的多个知识点，综合分析和解决比较复杂的问题，是最高层次的要求。

二、关于自学教材

《作物栽培生理》，全国高等教育自学考试指导委员会组编，任昌福主编，高等教育出版社出版。

三、自学方法指导

1. 在全面系统学习教材的基础上,掌握基本理论、基本知识、基本方法和基本技能。本课程涉及作物高产栽培中的多方面生理生化基础知识和技术原理,知识面较广,有助于自学者独立发现和解决生产实践中存在的问题。各章内容有相对独立性,从作物生长的整体性讲,各章之间又有内在联系。自学应考者应首先全面系统地学习教材各章内容,在全面学习的基础上,按照本大纲规定的考核知识点和考核要求,记忆应当识记的基本概念,有关名词等,正确理解其含义;对要求领会的内容,则应在记忆的基础上,理解其内涵,领会其实质;对要求应用的内容,在教材相关的章节内作了较为详尽的介绍,应考者应联系当地生产实际和本人的工作实际,综合地提出切实可行的解决问题的途径和办法。

2. 本课程是理论联系实际,突出理论的指导性,以理论和实践并重的课程。自学者应在全面学习深刻领会的基础上,特别注意理论联系实际,真正把书本知识转化为实践技能,并能结合当地生态环境、生产水平加以灵活应用。

四、社会助学的要求

1. 社会助学者应根据本大纲规定的考试内容和考核目标,认真钻研自学教材,明确本课程的特点和学习要求,对自学应考者进行切实有效的指导,引导他们防止自学中可能出现的各种偏向,把握社会助学的正确导向。自学教材应选全国统编本。

2. 要正确处理基础知识、基本理论和应用能力的关系,努力引导自学应考者把识记、领会与应用相互联系起来,把书本上的理论和技术原则转化为解决实际问题的本领,在全面辅导的基础上,着重培养和提高自学应考者的分析问题和解决问题的能力。

3. 要正确处理重点和一般的关系。课程内容有重点和一般之分,但考试内容则是全面的,而且重点和一般是相互联系的,不是截然分开的。社会助学者应指导自学应考者全面系统地学习教材、掌握全部课程内容,在此基础上,再按考核知识点和考核要求突出重点，切忌孤立地抓重点而忽视一般，更不能把自学应考者引向猜题押题。

五、关于考试命题的若干规定

1. 本大纲所规定的各章的基本要求、知识点及以下的知识细目均为考试内容。考试命题要覆盖到章，并适当突出重点章节，加大重点内容的覆盖密度。本课程考试时间为 2.5 小时。

2. 本课程在试题中对不同的能力层次要求的分数比例大致是："识记"占 20%；"领会"占 30%；"简单应用"占 30%；"综合应用"占 20%。

3. 要合理安排试题的难易程度。试题难度一般分为：易、较易、较难和难四个等级，每份试卷中不同难度试题的分数比例一般为 2∶3∶3∶2。必须注意试题的难易程度与能力层次不是一个概念，在各个能力层次中对于不同的考生都存在着不同难度的问题，切勿混淆。

4. 本课程考试试题的主要题型有：名词解释题、填空题、单项选择题、多项选择题、简答题、论述题。各种题型的具体形式可参见本大纲附录。

附　录

题型举例

一、名词解释

1. 春化现象

2. 工艺成熟

二、填空题(将正确答案填入空内)

1. 作物光合作用的"午休"现象,是作物对午间________变化的一种________上的反应。

2. 不同作物对肥料形态的要求不同,如水稻宜用________氮,甜菜宜用______氮。

三、单项选择题(在备选答案中只有一个是正确的,将其选出并把它的标号写在题的括号内)

1. 存在于作物细胞壁、细胞间隙、液泡、导管和管胞以内的水分称为(　　)。

A. 束缚水　　B. 结合水

C. 自由水　　D. 化合态水

2.(　　)是属于 C_4 类型作物,CO_2 补偿点为 0 ~ 10ppm。

A. 麦类　　B. 高粱

C. 薯类　　D. 棉花

四、多项选择题(在备选答案中有二至五个是正确的,将其全部选出并把它们标号写在题后括号内,错选、多选或漏选均不给分)。

1. 作物的光合特性是一个全面的综合概念,如从作物的光合生理来说,包括的内容有(　　)。

A. 光合面积　　B. 光合时间

C. 光合速率　　D. 光合产物的消耗

E. 光合产物的运输和分配

2. 作物进行正常生长发育所必需的微量元素其中包括(　　)

A. 铁　　　　B. 钙

C. 锌　　　　D. 硼

E. 硫

五、简答题

1. 作物的衰老现象。

2. 作物对水分的被动吸收和主动吸收。

六、论述题

1. 试述作物产量形成中的“源、库、流”关系。

2. 试述作物高产施肥应遵循的基本原则。

后　记

本大纲由西南农业大学任昌福教授、王三根教授、王光明副教授和陈国惠副教授编写。参加审稿会的有:西南农业大学杨大旗教授、中国农业大学徐楚年教授、西昌农业专科学校夏明忠教授。最后由主审杨大旗教授审定。

在此一并表示衷心的感谢!

全国高等教育自学考试指导委员会

农科专业委员会

1999 年 12 月